漫谈机关干部

出主意
写文章
抓落实

刘邦基 著

新时代出版社
New Times Press

图书在版编目（CIP）数据

漫谈机关干部出主意写文章抓落实 / 刘邦基著.
北京：新时代出版社, 2024.11. -- ISBN 978-7-5042
-2651-8

I. E22

中国国家版本馆CIP数据核字第20241P3Z54号

※

新时代出版社 出版发行

（北京市海淀区紫竹院南路23号　邮政编码100048）
雅迪云印（天津）科技有限公司印刷
新华书店经售

*

开本 710×1000　1/16　　印张 38¼　　字数 443 千字
2024 年 11 月第 1 版第 1 次印刷　　定价 128.00 元

（本书如有印装错误，我社负责调换）

国防书店：（010）88540777　　书店传真：（010）88540776
发行业务：（010）88540717　　发行传真：（010）88540762

机关工作的"良师益友"
评刘邦基《漫谈机关干部出主意写文章抓落实》

同时同地应征入伍,同在空军工作多年,我和邦基同志的经历多有交集,思想多有交流,彼此熟悉,并引为知己。尽管如此,捧读邦基同志《漫谈机关干部出主意写文章抓落实》这部洋洋洒洒近45万言的大作,还是令我感慨良多。说熟悉,文如其人,行文的风格无处不见这位老友做人的风采;说陌生,邦基在著作中表现出的广阔视野和深厚底蕴却让我"士别三日,当刮目相看"。

如今的年轻机关干部大抵有院校培训的经历,学习过严谨的教材——这是由机关工作的现代化、正规化所决定的。不过理论的严密、教材的严谨容易给人枯燥无味的感觉,于是作为院长的我经常要求教员们尽量用鲜活的案例和热烈的讨论营造生动的课堂氛围,增强教学的吸引力和感染力。邦基的著作,用他的话说是"讲稿汇成",是足以为教员们做示范的。虽是鸿篇,但不乏灵动,灵动活泼间又彰显功力和定力。

一则著作知识面非常广阔。举凡古今,不拘中西,跨越军地,或是名家论述,或是经典案例,或是哲理故事,均被作者挥洒自如地融入行文。如谈参谋人员必须"心细如发"一段,作者没有空谈道理,而是用了多个案例来论证,从冯玉祥中原大败到抗战盟军飞机误炸张发奎司令部,从东京证券市场刹那间灰飞烟灭到比尔·盖茨细心体察,从北宋赵旭一字丢功名再到清代太平军误烧仪征城。故事生动,教训深刻,使读者自然而然地强化了对于观点的认同。

值得一提的是,作者并没有一味地掉书袋子。这些看似信手拈来的例证,实际上是他长期工作实践、阅读过程中的积累,因此用得贴切自然,绝无牵强附会之感。

二则著作体现出丰富的实用性。出主意、写文章、抓落实,可以说是机关工作的三大要素和必备素养。从基层机关到空军机关,从普通干事到空军宣传部部长,再到知名军事学府的领导,作者的机关经历长达三十多年,这些工作经验都被作者浓缩到著作中。我了解邦基,他是个注重实干又勤于思考的人,且行且思,三十多年的工作实践为他提供了大量的思考素材,他将这些思考集纳在本书中提炼给读者。在细细品味著作开阖有致的论述中,我分明看到一个极富进取心、责任感的政治工作者的人生缩影。小而言之,邦基同志成功的机关工作实践是足以为每个年轻的机关工作新人示范的;大而言之,他的思考立足于我军新时期以来政治机关工作前进发展的宏阔背景上。从这个意义上说,其论著就不仅仅是为机关工作者提供业务指导,而且更是一部人生指南。

三则著作富有充沛的创作激情。除了汪洋恣肆的行文格局,我还注意到本书排版的特别之处:几乎在每个段落之中,都会有些刻意用黑体字强调的语句。要么是警句箴言,要么是提纲挈领,要么是作者的画龙点睛之笔。我可以想象,他在灯下伏案写作时,笔尖上流淌的热血激情,键盘上敲出的铿锵重音。那些曾经的灵感火花，那些给他以人生启迪的智慧，那些积淀多年的深邃思考，跃然纸上。他是辛苦的，岁月的霜露浸染两鬓；又是快乐的，终于留德留绩又留言了。他是在与自己对话，又急切地想与读者交流，生怕他们在阅读中有所疏漏。不能不说，这是一个老机关工作者对后人的期待和指导，也是作为朋友的叮咛和交流。所以我乐意把这本书称之为机关工作的"良师益友"，强力推荐给正在或即将步入机关工作的每一位年轻读者。

蒋乾麟
中国人民解放军原南京政治学院院长
教授，博士研究生导师，博士后合作导师

讲在前面的话

这是一本系列讲座稿再版。2010年，空军政治部为建设学习型机关，促进干部能力素质的提高，安排我在空政大讲堂作"机关干部'会出主意、会写文章、会抓落实'纵横谈"系列讲座。纪要印发后，机关、部队的同志嘱我整理成书。我觉得所讲内容东拉西扯的，愧见读者，就缓下来了。我达到最高服役年龄解甲后，从空军工程大学回到空政机关"发挥余热"，就遵嘱对讲座内容作充实完善汇编成书。由于是讲稿汇成，通篇口语风格，虽然读起来比较通俗，但也不够严谨精练。还有，讲座主办方为方便选用讲座内容作教材，要求所讲的出主意、写文章、抓落实综述和四种常用文体撰写，应独立完整阐述，导致一些共性论述和要求，在书中不同篇章有点交叉重复，这些都请读者海涵。本书2013年6月在蓝天出版社出版后，先后6次重印仍脱销。新时代出版社应读者需求，责成我对拙作作了修订，再版本书呈现给大家。

这是一本老话题新作。早在20世纪50年代，空军第一任司令员刘亚楼就提出，空军机关每一名干部都要用"会出点子、会写文章、会办事情"（后来简称"三会"）来衡量过磅，强的重用，弱的补课，差的淘汰。从此，"三会""三过磅"就在全空军叫响、推开了，对各级机关干部提高能力素质起到了很好的促进作用，也不同程度地沿用至今。因而今天再讲"三会"，从一定意义上说是新形势下弘扬空军机关工作的优良传统。需要说明的是，我尝试将"出点子"调整为"出主意"，将"办事情"调整为"抓落实"，主要考虑"出主意"一词外延宽些，更为常用，"抓落实"则突出了机关主要职能，新老提法在本质上是一致的，调整后的提法针对性、时代感更强一些。

这是一本基本功参考。"出主意、写文章、抓落实"是机关干部三大基本功。无论新老成员，只要学会了、练精了，到哪级机关、在哪个岗位上工作，都可以游刃有余；反之就会落伍，甚至会被淘汰。考虑到"授人以鱼不如授人以渔"，因而讲座前三讲，重点探讨"三会"需要打牢哪些素质基础，对应该具备哪些动力、智慧和能力，讲得宽泛了点；后三讲，主要探讨"三会"的具体技能，其中应听众要求，突出探讨写作技能，比较详细地讨论了经验材料、领导讲话、调查报告和工作总结这四种常用文体的撰写要领。每一讲，我注意尽可能介绍清楚来龙去脉、特点规律，并讲点实际运用的心得体会，还摘引了不少"三会"方面的经典故事、名言警句和实例。总之，很想为大家多提供一些既有理论，又有实操性，便于使用的资料。

这是一本"土八路"杂谈。我跟机关比较有缘，在团、师、军、军区空军、空军这五级机关待了33年，其中在军以上机关工作26年。当过参谋、干事、秘书，担任过军、军区空军政治部组织处处长，空军政治部干部部副部长、宣传部部长，还先后在团、师、军级政治机关当过主任,在作战部队任过团政委,在大学当过校领导。任职时间最长的岗位是空政宣传部部长,干了6年整。这些,几乎都是对"出主意、写文章、抓落实"要求比较高的岗位,因而在这方面尝到的酸甜苦辣相对多了点,现都凝聚在这本书里了。但我是文革"老三届"毕业生,较早失学务农,参军后也只在院校培训过半年,大专是自考的,本科是函授的,研究生是在职读的,因而貌似一个"老机关",实际是一个文化基础弱、理论功底浅、仅凭实践悟点门道的"土八路"。"三会"是门大学问,我悟得不深不透,离"会"差得很远。所谈的很多是从名人、学者那里学来摘来的,自己组装的一些"土特产",多属一孔之见,诚挚地欢迎读者批评和指正。如果这本讲稿能对年轻的机关干部学练"出主意、写文章、抓落实"本领有点帮助的话,我作为一个解甲老兵,将会为反哺领导和机关的培养、给年轻人当了回人梯而由衷欣慰。我对蓝天出版社的出版和多次重印本书、新时代出版社的高看和再版,以及对讲座中引用的经典论述和例文,也一并向相关著述者表示衷心的感谢。

2024年12月于北京

目 录

第一讲 志存高远 胸有大爱
谈谈怎样夯实"出主意、写文章、抓落实"的根基

一、志存高远才能增强"出主意、写文章、抓落实"本领
（一）"不甘平庸，不留遗憾"是有无志向的标尺 /// 3
（二）追寻自己最有激情的兴趣是正确立志的不二法门 /// 10
（三）立"蹦一蹦就能够得着"的进取目标 /// 17
（四）将"大工程"化成"小单元"去做 /// 21
（五）"该出手时就出手" /// 26
（六）"坚持不懈地把简单的事做到极致" /// 28

二、坚定信念才能保证"出主意、写文章、抓落实"成效
（一）信念是脊梁，支撑着不倒的灵魂 /// 38
（二）信念是源泉，迸发着无穷的力量 /// 44
（三）信念是杠杆，创造着成功的奇迹 /// 49

三、胸有大爱才能赋予"出主意、写文章、抓落实"高光

（一）大爱是中华民族传统文化的瑰宝 /// 59

（二）大爱是当代中国精神文明建设的柱石 /// 62

（三）大爱有无与伦比的感召力 /// 64

第二讲　洞明时事　见微知著
谈谈怎样拓展"出主意、写文章、抓落实"的睿智

一、天赋再好，不学哲学也不能算明白人

（一）哲学素养是机关干部的第一素养 /// 70

（二）哲学是最根本的创新学 /// 74

（三）要善于在实践中感悟和用好哲学 /// 76

二、正确处理五个重要关系使你耳聪目明

（一）主观和客观相统一就是实事求是 /// 79

（二）真正透过现象看本质 /// 82

（三）具体分析矛盾普遍性与特殊性 /// 85

（四）理性驾驭全局与局部的关系 /// 88

（五）辩证处理变与不变 /// 89

三、未来属于拥有科学思维的人

（一）科学的思维方法是一把金钥匙 /// 92

（二）七种常用思维方法浅析 /// 94

（三）学会用"两面观"看问题 /// 111

（四）定性定量分析及"穆勒五法" /// 123
（五）试一试改变思维方法来解难题 /// 131

第三讲 学贯古今 一专多能
谈谈怎样积攒"出主意、写文章、抓落实"的本领

一、机关干部应具备的知识能力结构
（一）没经过实践转化的知识不能形成真正的能力 /// 138
（二）建立适合自己的知识结构 /// 141
（三）健全知识结构应遵循的要则 /// 145
（四）重在提高理论素养 /// 147

二、最为紧要的是善于重新学习
（一）"不学习就会变得平庸" /// 151
（二）读书是天下第一好事 /// 155
（三）择书如择友 /// 160
（四）书海无边，得法是岸 /// 162
（五）从无字句处读书 /// 169
（六）要有"将溺亡时想拼命呼吸"的求知精神 /// 173

三、勤于积累使学习事半功倍
（一）处处留心皆学问 /// 180
（二）积少成多勤为贵 /// 183
（三）科学分类效率高 /// 186

第四讲 运筹帷幄 能参善谋
谈谈机关干部"出主意"的基本技能

一、"良士一计，胜过三军"
（一）"出主意"是机关干部的首要职能 /// 190
（二）实在管用是"出主意"基本要求 /// 195

二、站位高低决定主意高低
（一）站到高两三个职级出主意是适宜的高度 /// 199
（二）掌握大智慧才能登高望远出好主意 /// 202

三、出主意贴谋略需求越紧越管用
（一）谋略需求是出主意的出发点 /// 207
（二）准确领会意图才能把握准谋略需求 /// 210

四、确保领导"见事早、得计早"
（一）能否助领导"见事早、得计早"关系事业成败 /// 217
（二）"当其时一语千金，过其时一文不值" /// 220

五、始终围绕谋大事解难题出主意
（一）只有全局在胸，才能下出一盘好棋 /// 223
（二）捉住了这个主要矛盾，一切问题就迎刃而解了 /// 225
（三）碰到难题别绕开，办法总比困难多 /// 227

六、出主意要有创新性

（一）创造性是衡量人才能力素质最重要的标志 /// 231

（二）出主意力求"人无我有、人有我新、人新我独" /// 238

（三）抓住结合点、空白点、差异点、闪光点出新主意 /// 241

七、胆大包天、心细如发，是出主意"车之两轮"

（一）胆大包天是勇敢、是气势、是精神 /// 243

（二）心细如发是谨慎、是作风、是智谋 /// 246

八、因地制宜、因人而异，使出主意"如鱼得水"

（一）超前预测法 /// 252

（二）随机提醒法 /// 253

（三）咨询建议法 /// 254

（四）提供资料法 /// 255

（五）比较优选法 /// 256

（六）漫谈聊天法 /// 258

（七）补充完善法 /// 259

（八）先同后异法 /// 260

（九）"上中下"三策法 /// 261

第五讲 经天纬地 妙笔生花
谈谈机关干部"写文章"的基本技能

一、请先品一品写文章的甜酸苦辣

（一）写文章——经天纬地所倚 /// 265

（二）写文章——立身处世所重 /// 267

（三）写文章——腾飞跨越所凭 /// 269

（四）学写文章——痛并快乐着 /// 271

（五）会写文章——难又容易着 /// 276

（六）写好文章——苦亦金贵着 /// 283

二、经验材料写作实用技能

（一）认识经验材料 /// 286

（二）经验材料写作通常步骤 /// 293

（三）"三要素"是写作经验材料的入门"钥匙" /// 302

（四）经验材料17种常见层次观点样式 /// 313

（五）如何解决观点缺乏"新、准、深" /// 328

（六）如何解决总体组织"肿、碎、乱" /// 338

（七）如何解决具体行文"歧、虚、呆" /// 341

三、领导讲话稿写作实用技能

（一）领导讲话稿与其他文体的区别及主要类型 /// 345

（二）领导讲话稿常见格式框架和特点难点 /// 349

（三）领会意图要清楚讲话背景、领导主旨、应达目的 /// 363

（四）凝练思想要善于登高望远、辩证思维、推陈出新 /// 370

（五）布局行文要服从主题需要、务实要求、个性特点 /// 380

（六）运用语言要做到准中见活、雅俗得体、言如其人 /// 392

四、调查报告写作实用技能

（一）调查报告的基本概念和主要类型 /// 404

（二）"题好，是调查报告成功的一半" /// 410

（三）"七分调查三分写" /// 412

（四）"眼里进去、心里出来" /// 418

（五）"一切为了解决问题" /// 424

（六）"到什么山上，唱什么歌" /// 426

（七）调查报告例文剖析 /// 434

五、工作总结写作实用技能

（一）工作总结的特征、类别及构思特点 /// 452

（二）悟透上级精神和领导意图是首要前提 /// 463

（三）广泛深入的调查研究是重要基础 /// 465

（四）谋篇布局舍得下功夫是必然要求 /// 466

（五）科学的高度概括是基本方法 /// 468

（六）富含思想性指导性是精髓所在 /// 471

（七）精雕细琢不厌改是质量保证 /// 474

六、文章修改基本方法举要

（一）公文"三分写、七分改" /// 476

（二）修改基本要领和方法 /// 477

第六讲 求真务实 行则必果
谈谈机关干部"抓落实"的基本技能

一、贵在落实、难在落实
　　（一）"工作不落实，一切等于零" /// 485
　　（二）"这能力那能力，不落实就没能力" /// 486
　　（三）"一分布置，九分落实" /// 489

二、小赢靠智、大赢靠德
　　（一）练好"善思考"内功 /// 492
　　（二）练好"淡名利"内功 /// 496
　　（三）练好"重修养"内功 /// 499
　　（四）练好"秀口才"内功 /// 510

三、文化是本、精神是源
　　（一）创新是抓落实第一动力 /// 518
　　（二）求实是抓落实核心理念 /// 522
　　（三）责任是抓落实根本支柱 /// 526
　　（四）法治是抓落实长效机制 /// 528
　　（五）诚信是抓落实稳固基石 /// 532
　　（六）细节是抓落实关键环节 /// 535
　　（七）和谐是抓落实必备环境 /// 543
　　（八）慎独是抓落实重要保证 /// 547

四、作风如玉、效率似金

（一）培养"准、快、细、严、实"作风 /// 551

（二）实现时间利用的最优化 /// 557

（三）谋求工作流程的最佳化 /// 562

（四）创造工作效率的最大化 /// 569

五、抓落实最高境界是遵循规律

（一）价值观决定律 /// 580

（二）合力推动律 /// 581

（三）层级衰减律 /// 583

（四）封闭循环律 /// 584

（五）人才为本律 /// 586

（六）机制适合律 /// 589

第一讲 志存高远 胸有大爱

谈谈怎样夯实"出主意、写文章、抓落实"的根基机关干部学习"会出主意、会写文章、会抓落实"（以下简称"三会"）的本领，好比建一座巍峨的大厦。这座大厦是靠个人能力素质作基石，一块一块堆砌起来的。能力素质越强，"三会"大厦越宏伟、越坚固。

这座大厦最重要的根基是什么？我认为，是志向、信念和大爱。因为机关干部练"出主意、写文章、抓落实"的本领，是需要吃大苦、流大汗，下真功夫、细功夫、长功夫的。如果没有志向作奠基、信念作操守、大爱作动力，必然浅尝辄止、畏难而退，是没法学好、练精的。

一、志存高远才能增强"出主意、写文章、抓落实"本领

志向，用一句简单的话概括，就是将来要做什么样的人、做什么样事的意愿和决心。

《吕氏春秋》提出："凡举人之本，太上以志，其次以事，其次以功。"

陈胜曾在当长工时曰："燕雀安知鸿鹄之志"，"王侯将相宁有种乎"，遂"斩木为兵，揭竿为旗，天下云集响应，赢粮而景从"。

三国时，诸葛亮在写给他外甥的信中告诫说："志当存高远。"

南北朝时期的宋人宗悫，年幼有志。叔父问他的志向是什么，他说"愿乘长风破万里浪"。

唐朝的李白高唱："我志在删述，垂辉映千春。"

南宋思想家朱熹告诉学生："百学须先立志。"

法国微生物学奠基人巴斯德强调："立志是一件很重要的事情。

工作随着志向走，成功随着工作来，这是普遍的规律。立志、工作、成功是人类活动的三大要素。"

历览古今中外，可以说，凡有大成就者，都有坚定的志向追求。人贵有志。有志者事竟成。

机关干部作为领导干部的"助手"、指挥部门的"智囊"、管理机构的"骨干"，如果没有远大、坚定、正确的志向追求，那么学出主意、写文章、抓落实的本领，就如同在沙滩上建大厦，是不可能成功的。

究竟怎样立志？这是个很大的题目。这方面的著作论述，如汗牛充栋，随处可见。但也确有不少人是"看看激动，想想感动，不知道如何行动"。

我的看法是：立志，说容易，确实不易；说很难，亦不很难。

（一）"不甘平庸，不留遗憾"是有无志向的标尺

说立志并不很难，首先，从志向的内涵上看，既然志向就是"确定将来要做什么样的人、做什么样的事的意愿和决心"，那么，正如革命前辈谢觉哉对年轻人讲的："一个人到了15岁，就应该想想自己将来要做个什么样的人。"也就是说，确立志向是任何一个人应该直接面对、不能回避的现实问题。每个人成年懂事后，都应该思考自己的将来，设计自己的人生目标，套用一句流行语：这是必须的。

再者，志向是"意愿和决心"，说到底是个心态问题，而心态是比较容易受人的主观能动性控制的。美国成功学专家拿破仑·希尔所讲的心态的意义是：**人与人之间只有很小的差异，但是，这种**

很小的差异却造成了巨大的差别！很小的差异，就是所具备的心态是积极的还是消极的；巨大的差别，就是前者成功，后者失败。

每个人在成长发展的道路上都避免不了各种各样的选择，你的心态左右你的选择方向，决定你的选择结果。要么你去驾驭生命，要么生命驾驭你。人生没有绝对的苦乐，凡事只要肯往好的方面想，就能转苦为乐。强者看待事物，不看消极的一面，只取积极的一面。如果摔了一跤，把手摔出血了，他会想：多亏没把胳膊摔断；如果遭遇车祸，撞折了一条腿，他会想：大难不死必有后福。以这种心态看问题，不仅可以用微笑面对磨难，还可以激发攻坚克难的决心去拓展人生新的领域。海伦·凯勒说得好：面对阳光，你就看不到阴影。积极的心态，就是人心里面的阳光！让人的心灵成为一只翱翔的雄鹰，保持旺盛的进取斗志，它是人生的希望、生命的雨露、成功的起点。消极的心态使人沮丧、失望，对生活、对人生充满抱怨，往往自我封闭，使人受制于自我设置的阴影之中，限制和扼杀自己的潜能，它是失败的源泉，是生命的慢性杀手。从这个意义上讲，心态决定一切。只要你学会理性驾驭和调适自己的心态，你就能牢牢掌握立志的主动权和制高点。立不立志，立什么样的志，是你自己能够左右得了的事。而且这个世界也容许人各有志，立大志、中志、小志，任由你掌控。从这个角度看，何难之有呢？！

那为什么有的人有志向，有的人无志向？

讨论这个问题，先应明确怎么来衡量一个人有无志向。

衡量人有无志向，智者见智，仁者见仁，可有多种标准和方法。我的看法，或许可以用一个简单而又鲜明的尺子来衡量，那就是：**如果你能将"不甘平庸，不留遗憾"作为行为准则，那么，你**

就是有志者，反之，就是无志者。

为什么"不甘平庸，不留遗憾"能成为有无志向的标尺？让我们作具体分析。

先来看什么是平庸。平庸，指的是普通寻常而不突出，没有作为，即使能有作为也不去努力。从表面上看，平庸是个人学习、工作、生活上的安于现状，得过且过，碌碌无为。实质是精神上的自我安慰，自我麻醉，自我解脱，是一种消极颓废的表现。一个人的平庸，至多也就影响一人一家；而群体的平庸，则会丧失团队核心价值，涣散意志，妨碍社会的进步。

有人问哲学家亚里士多德：你和平庸的人有什么不同？亚里士多德这样回答：他们活着是为了吃饭，而我吃饭是为了活着。这句话，将平庸、非平庸刻画得入木三分，耐人回味。

再来看什么是遗憾。遗憾，即因未能称心如意而惋惜。往往伴随着后悔，对自身未尽全力做好的某种行为感到难过、伤心、悔恨。遗憾是一种空耗精神的情绪。一个人的遗憾，也许无伤大雅；但群体的遗憾，则会导致丧失发展机遇，丢弃到手的果实，是奋斗进取的涣散剂。

总之，"不甘平庸，不留遗憾"是基本的人生态度，揭示了有志者的本质特征。有它，意味着你不会愿意庸庸碌碌、无所作为地虚度光阴；有它，标志着你乐意尽己所能、超越一般地做番事业；有它，你就有积极的人生价值观，笑对奋斗过程中的酸甜苦辣。无它，则一切均反向而行之、衰之、毁之。

请你留心古今中外青史留名的成功人物，请你观察周围熟悉的人群，请你想想自己的同学、战友，或许你也很容易赞同这样的看法：只有靠自我塑造和自我创造的能力，才能最后决定你要成为一个怎样的人和能否成为那种人。主观条件也好，客观条件也罢，它们只能影响人，而不能决定人。杰出人士与平庸之辈的根本差别，并不在天赋、机遇，而在于是否坚持"不甘平庸，不留遗憾"。

我任空军政治部宣传部部长时，与空军文艺创作室主任韩静霆共事多年。他多次跟我讲：**世俗总有这样那样的诱惑，做人最困难的，还是抵御自己的世俗。一个人一生只有不断地和自己的平庸作斗争，才有可能不断地超越自己。**他又说，**我的一生，都坚持跟平庸作斗争！都要求自己不留遗憾！**这些话，是韩静霆与众不同艺术生涯及其杰出成就的真实写照。他曾这样概括自己：我是大兵、琴师、写手、画工。年轻时，韩静霆以优异的成绩考入中央音乐学院民族器乐系，成为二胡演奏高才生；入伍后，他为不留遗憾，就搁琴拿笔，小说《凯旋在子夜》《战争让女人走开》等一批作品脍炙人口，多次荣获"全国优秀中篇小说奖"。韩静霆成为演奏、文学领域的双重艺术家后，该乐享其成了吧？他不，为永不留遗憾，他竟然又跟贺敬之学诗，跟韩不言、许麟庐学画，将写诗、作画等业余爱好推向专业的巅峰。他创作的《今天是你的生日——中国》等歌词传唱神州大地；他的诗作和朗诵文稿大气磅礴，摄魂夺魄，担任总策划或总撰稿的"中国北京欢庆香港回归""欢庆澳门回归""世界妇女大会开幕式"等国家级大型演出活动，产生了广泛的社会影响。他以意境深邃、脱俗飘逸、独树一帜的风格，创作了一批"文人画"，驰骋画苑，声震中外。这使韩静霆成为当代中国少有的集音乐、文学、编剧、诗歌、绘画"五艺"于一身的杰出艺术家。每当我吟读韩静霆的作品，观摩他的墨宝时，都能从字里行间，从浓墨重彩中，看到处处溢淌着的"不甘平庸，不留遗憾"的精气神！

第一讲 志存高远 胸有大爱

海军总医院原副院长、免疫专家冯理达,是著名将领冯玉祥和新中国第一任卫生部部长李德全的长女。她虽是将门虎女、大家闺秀,却不图安逸、不甘平庸,为了发展新中国医疗事业,主动放弃旅欧留美的机会,数十年如一日,坚持在狭小简陋的办公室和枯燥冷清的实验室里求索人生价值,研究前瞻医术,率先提出了中国免疫学、中国气功学、免疫物理学、气功免疫学等新的学科思想。她说:"人活着总要留下一点金钱之外的东西,那么,还有什么比爱国主义更有价值呢?"她呕心沥血投身科技报国,主编学术专著8部共计260万余字,在中国免疫学的理论研究与实践领域取得开创性成果,成为蜚声海内外的免疫学权威,被国务院、中央军委表彰为"有突出贡献的早期归国定居专家"。冯理达平时生活极为节俭,80多岁了还拒坐应享有的专车,经常骑自行车上下班,一条毛裤穿了20多年,病逝前还穿在身上。临终前,她仍坚持"不留遗憾",嘱咐儿子代她交了1万元的"最后一次党费"。她的工资卡在上交完这次党费后,仅剩下85.46元!而她一生扶贫帮困及资助患者看病的钱物,据不完全统计,超过了300万元。冯理达虽然没有给自己儿女留下像样的物质财富,但却给中华儿女留下了她"少小即怀报国志,毕生几曾敢息肩"的珍贵精神财富。

精英人物靠"不甘平庸,不留遗憾"的精神,能攀上成功的顶峰。那么,平民百姓如果也坚持"不甘平庸,不留遗憾",就能在平凡岗位上成就不平凡的事业吗?回答是肯定的。

东北林区的马永顺,是新中国第一代伐木工人,一生和树木打交道,从事着平凡的劳动。马永顺年轻时总想"不甘平庸"。国家建设急需木材,他苦干加巧干,一个人完成六个人的工作量,创造了全国单人手工伐木产量之最。他总结并被推广的《安全伐木法》

《四季锉锯法》，成为全国手工伐木的教科书，使林业局伐木生产率提高了35%以上。马永顺多次受到毛泽东主席以及党和国家其他领导人的亲切接见，荣获市、省、全国劳动模范等光荣称号，事迹被编入中小学生课本。更可贵的是，马永顺中老年时仍想"不留遗憾"。当他意识到国家发展需要保护生态环境时，就坚持义务植树，并且一干就是40年。他不但自己干，还竭其所能，把儿子、孙子都动员起来"向大山还债"，先后栽活5万多棵树，远超了他以前的采伐量。85岁高龄时，他仍然生命不息、造林不止，获得联合国颁发的"全球环保奖"和"全国十大绿化标兵"称号。从一名普通工人，到伐木劳模，再到植树英雄，马永顺之所以能感动中国、感动世界，就是因为他始终在践行着"不甘平庸，不留遗憾"！

柏拉图说，没有经过思考的人生是不值得过的人生。但丁说，人不能像走兽一样活着，而应当追求知识和美德。人生一世草木一秋，在历史的长河中，不过是弹指一挥间。然而，在这稍纵即逝的岁月中，有多少人平淡地耗费了易逝的时光，庸碌地虚度着宝贵的年华，在无知中降临，又在遗憾中离开。每个人的人生经历都像是一本书，写得好、写得差，写得厚、写得薄，写得精彩、写得平庸，全看你自己如何下笔，别人是没法代替的。

仔细想想，人与人之间差异并不大，每个人原本都可以是优秀的。只不过不少人由于缺乏自信心或贪图安逸，一步一步地把自己从优秀的位置上拉了下来，一直拉到了平庸的层面上。

有这样一个实验：一位长跑运动员参加一个五人小组的比赛。赛前，教练对他说，据我了解，其他四人的实力并不如你，于是，这名运动员轻松地跑了第一名。后来，教练又让他参加了一个十人小组比赛，教练把这些运动员平时成绩拿给他看，他发现都不如自己,又轻松跑了第一名。再后来,这个运动员又参加了二十人小组比赛,教练说,你只要战胜其中的某一个人,你就能取得胜利。结果,比赛中他紧跟着教练说的那个运动员,并在最后冲刺时超越,又取得了第一名。接着换了一个地方,赛前,教练并没和他沟通其他运动员的情况,在五人小组的比赛中,他勉强拿了第一名,后来十人小组的比赛中他滑到了第二名,二十人的比赛中,他仅仅拿了第五名。而实际情况是,换地方前后各个组参赛运动员的水平是相同的。

这个经典实验启示我们,面对着周围越来越多的竞争对手,如果知悉对手实力不如自己,是比较容易取胜的;反之,则会茫然不知所措,患得患失,或者妄自菲薄,主动地把自己"安排"到一个较低的位置上。这也许是人生道路上许多人曾经出现过的情况。可见,自甘平庸,是人生的一大误区,也是人生的一场悲剧。只是,更多的时候,是我们自己导演了这场悲剧。尤其在知识爆炸、竞争激烈的现代社会,每个人或许都会经历迷茫与困惑,或许都曾经有过恐惧与逃避,但不能把迷茫与困惑当作可以自我放弃、甘于平庸的借口,更不要酿成自怨自艾、祭奠失意的苦酒。生命需要自己去承担,命运更需要自己去把握。

总之,甘不甘平庸,留不留遗憾,就像人生道路上一道必经的门槛,它并不很高。你、我、他,几乎所有人,只要想跨,使点劲,抬起腿,都能跨过去的,都是有条件、有潜能成为有志者、成功者的。一旦"不甘平庸,不留遗憾"真正成为你行为准则和自觉行动,不管你后来的成就是大还是小,是多还是少,就如一首诗中说的"我们可以不美丽,但我们健康;我们可以不伟大,但我们庄严;我们可以不完满,但我们努力;我们可以不永恒,但我们不遗憾"。你只要努力过了，奋斗过了，就会觉得自己的人生很有意义，你就能始终微笑面对一生。因此：

如果说人生能成为一块光芒四射的金子，那么，不甘平庸便是点石成金的手指。

如果说人生能成为一座万紫千红的花园，那么，不留遗憾就是笑洒汗水的园丁。

如果说人生能成为一片广袤无垠的天地，那么，不甘平庸就是照亮苍穹的霞光。

如果说人生能成为一幅波澜壮阔的画卷，那么，不留遗憾就是勾勒蓝图的画笔。

（二）追寻自己最有激情的兴趣是正确立志的不二法门

有一本书的作者曾访问了几百个成功者，问他们今天已经懂得，但在年轻时却留下了遗憾的是哪件事情。受访者给出最多的一种回答是："希望在年轻时，就有前辈告诉我、鼓励我去正确追寻和确立自己的志向。"可见，正确追寻和确立志向，是一个带有普遍性的很不容易处理好的问题。年轻人往往会遇到困惑或走入误区，在里面绕来绕去，磕磕碰碰，年长后才真正明白过来。

追寻和确立志向，有两种常见的倾向。一种是"一切任其自然"。请读一个故事：

三伏天，禅院的草地枯黄了一大片。"快撒点种子种点草吧！好难看哪！"小和尚忧愁地说。

"等天凉了。"师父挥挥手，"随时！"

中秋，师父买了一包草籽，叫小和尚去翻地播种。秋风起，草籽边撒、边飘。

"不好了！好多种子都被吹飞了。"小和尚着急地喊着。

"没关系，吹走的多半是空的，撒下去也发不了芽。"师父说，"随性！"

撒完种子，跟着就飞来几只小鸟啄食。

"要命了！种子都被鸟吃了！"小和尚急得直跳脚。

"没关系！种子多，吃不完！"师父说，"随遇！"

半夜一阵骤雨。小和尚早晨冲进禅房：

"师父！这下真完了！好多草籽被雨冲走了！"

"冲到哪儿，就在哪儿发芽！"师父说，"随缘！"

五六天后，原本光秃的地面，居然长出许多青翠的草苗。一些原来没播种的角落，也泛出了绿意。

小和尚高兴得直拍手。师父点头，"随喜！"

这"五随"：随时——随性——随遇——随缘——随喜，概括起来就是"一切任其自然"。

这个禅理故事很有美感。它劝人顺其自然，不怨忿、不躁进、不过度、不强求；劝人把握机缘，不悲观、不刻板、不慌乱、不忘形。但它只强调了遵循自然的一面，忽略了发挥人的主观能动性的一面，因而有较大的片面性，一定程度上会诱使人无所追求、逆来顺受、不去作为。试问：假如购草种不挑选，"随性！"买来假冒伪劣的种子，能种好草吗？假如飞来的不是几只小鸟，而是一群群大鸟，不去赶，"随遇！"草种能剩下吗？假如天旱老不下雨，不浇水抗旱，"随缘！"草能发芽吗？……

有些年轻人立志方面也有"五随"倾向，"一切任其自然""脚踩西瓜皮，滑到哪里算哪里"，志向不明确，不主动作为，始终跟着感觉走。显然，这种倾向会妨碍人发挥潜力潜能，导致机遇丧失、碌碌无为，与成功无缘。

另一种是"一切任凭兴趣"。

所谓兴趣，是一个人力求认识某种事物或爱好某种活动的心理倾向，这种心理倾向是和一定的情感联系着的。兴趣对人成才、成功的影响有积极的一面，也有消极的一面。一个人往往有多种兴趣爱好，而且兴趣爱好会随着环境改变、年龄增长等发生变化。有的人任凭一时兴趣来确立人生的目标，志向常变换。今天热爱这个，发誓要做某某领域"大师"；明天喜欢那个，决心要当某某专业"权威"；后天迷恋另一个，又想成为某某学科"领军人物"。结果像熊瞎子掰苞米一样，掰一个，夹一个，掉一个。有的人是凡有兴趣就追寻，不分青红皂白，没有重点，学而不精，爱好、癖好都舍不得放弃。有的人兴趣是"五分钟热度"，稍纵即逝。有的人见异思迁，这山望着那山高，登了那山又觉这山好。俗话说："无志者常立志"，指的就是这些情况。"一切任凭兴趣"者，往往志向目标变来变去，到了而立之年，仍两手空空；过了不惑之龄，亦一无所成。于是感叹，立志难，难于上青天！

我的看法，每个人追寻和确立志向时，一定要想清楚三个问题：

第一，你擅长什么？有哪些优势可以有大的作为？擅长是独具某种特长，很大程度上是天赋，优势是个人擅长加客观因素形成的有利势能。每个人都有自己的所长和优势，要从比较中找出自己的长处，在长处中找出优势，在优势中找出第一优势。只有找准优势，才有可能发挥和利用优势。为防止自我评价不够准，还应综合亲友评价、同学、同事评价和实践检验等结果，真正找准自己现实及潜在的优势所在。

第二，你喜爱什么？应注意的是，每个人都可能有很多不同的兴趣爱好。要客观地评估自己的兴趣，必须把兴趣和才华区分开。做自己有才华的事才容易出成果，但不能因为自己做得好就认为那是你的兴趣所在。不要以为有趣的事就是自己喜欢，也不要以为喜欢的事情都可以成为自己的志向，更不要把社会、家人或朋友认可和看重的事当作自己的爱好。你需要认真区分对它是最感兴趣，还是比较感兴趣；是最有激情，还是一般喜爱；是魂牵梦萦，久久不能忘怀，还是一时热血沸腾，时过境迁就淡忘。只有最感兴趣、最有激情、最想得到的，才是自己真正的爱好。

第三，你能放弃什么？对大多数人而言，前两个问题相对好回答，这个问题最难答。你掂量再三，权衡左右，就是不愿、不敢、不知道放弃什么——恰恰这一点，决定了你想要的东西能否真正实现。善于射鸟的猎人，决不会去追逐满林子的鸟，而是一次只瞄准一只鸟，对其他鸟都视而不见。立志也是如此，你必须学会专注于你最强烈的欲望，舍弃其他的欲望，这是你能否达到目标的关键。世界上最成功的人，实际也是最善于放弃的人。没有人可以不放弃就得到一切！

想清楚了这三个问题，确立志向的问题就好办了。**你应该挑选自己最擅长又最感兴趣的、最有激情的爱好，作为自己的志向。同时毫不犹豫地放弃或搁置与志向相悖的其他兴趣爱好。**

美国盖洛普公司出过一本畅销书，名为《现在，发现你的优势》。该公司的研究人员发现：大部分人在成长过程中都试着"改变自己的缺点，希望把缺点变为优点"，但他们却碰到了更多的困难和痛苦。而少数最快乐、最成功的人的"秘诀"，是"加强自己的优点，并管理自己的缺点"。"加强自己的优点"，就是把大部分精力，花在自己最有兴趣的事情上，从而获得成功和无比的自信。"管理自己的缺点"，就是在不足的地方，尽可能做得好点，但不去求全。我很赞赏这些观点。一个人确立志向、追寻成功，最重要的是将自己的专长、兴趣、优势发挥到极致。至于缺点，注意管理，尽量让它变小变弱。人无完人，如果过于追求完美，一心想变短为长或无缺点，往往活得太累，事倍功半，得不偿失。

有专家研究证明，一个对本职工作有兴趣的员工，其工作积极性高，工作中能发挥全部才能的80%~90%；一个对本职工作缺乏兴趣的员工，其工作积极性低，工作中只能发挥全部才能的20%~30%。比尔·盖茨说：**在你最感兴趣的事物上，隐藏着你人生的秘密**。因为，当你对某个领域很感兴趣时，你的意识和潜意识相互和谐一致，大脑会很兴奋，产生亢奋的热情，积极性将会得到充分调动，即使在工作中尝尽了艰辛，也乐此不疲。困难一个大于一个，也不灰心丧气，能想尽办法，百折不挠地去克服它。你会在走路、乘车、上班，甚至看电影或洗澡时，都对它念念不忘，你在这个领域内就容易取得成功。更进一步，如果你对该领域非常有激情，甘于为它放弃名利、为它不顾健康、为它冷落恋人……甚至在睡觉时想起一个相关主意，都会跳下床来，伏案工作，迎接曙光。这时候的"苦"已不是"苦"，而是乐和甜。你已经不是为了成功而工作，而是为了热爱！不是为了荣誉而努力，而是为了享受！痴迷到了这个境地，毫无疑问，你必将会得到惊人的成就。即使自己不求成功、不慕荣誉，成功、荣誉也会双双推门进来"亲吻"你。可见，**兴趣和激情是打开幸福、快乐、成功、荣誉之门的钥匙**。

这在中外成功人士身上，都可得到验证。比尔·盖茨曾说：我每天清晨醒来的时候，都会为技术进步给人类生活带来的改进而激动不已。从这句话中，我们可以看出他对软件技术的兴趣和激情。1977年，因为对软件的热爱，他放弃了自己拔尖的数学专业和耀眼的哈佛大学学历，毅然退学创立了微软公司。如果他当年留在哈佛继续读数学，并成为数学教授，你能想象他的潜力将被压抑到什么程度吗？而且也会失去创办世界最大的电脑软件公司的极佳机会。比尔·盖茨正是因为追寻最爱，懂得放弃，才取得了后来的成功。2002年，他在领导微软25年后，又毅然把首席执行官的位置交给了鲍尔默，因为只有这样，他才能全身心投身于他最喜爱的工作——担任首席软件架构师，专注于软件技术的创新。虽然比尔·盖茨曾是一个出色的首席执行官，但当他改任首席软件架构师后，他对公司技术方向作出了新的重大贡献，更重要的是，他更有激情、更快乐了。

美国华裔篮球明星林书豪在 NBA 大赛中匪夷所思的杰出表现震动了篮坛，很多人探求他成功的"秘诀"。林书豪在接受采访时，说了这样一段堪称经典的话："当我完成一场比赛或练习时，如果打得不好，我发现回家后的心情会很不好。我发现我的快乐和定位完全取决于我在篮球上的表现，打得好情绪就高，打得不好就下降，这时我需要检查自己，来发现我的自我定位在哪里。很多人打球的动机是金钱、女孩子和明星的生活方式……我也是人，我也经常被世俗所诱惑。但我知道我打球不是为了这些。我打球的动机是追求'永恒的快乐'，不是输赢的快乐。想明白了一点，我的心灵就得到了神奇的'安宁'。这种神奇的'安宁'带来了奇迹的表现。"我读完这段话后感慨不已，原来，当你在球场上真正不为名利、不为输赢，只为热爱、只为永恒快乐而打球时，就能即使"泰山压顶"也始终心灵"安宁",能在终场哨音响起前几秒,且本队落后2分,令人窒息的最紧张最关键时刻,从容不迫地快速运球,闪过对方顶级球星凶狠防守,如平常一样地稳稳起跳,超远距离、压哨投中反败为胜的3分球,让亿万观众瞠目结舌!兴趣、热爱、激情以及善于放弃,就有这样神奇的魔力!球场如此,战场、市场、商场等也概莫能外。

志向是罗盘,兴趣是风帆,兴趣应在志向的引导下扬帆远航。人的兴趣爱好有先天的成分,但后天是主要的,根源于客观环境的熏陶影响。崇高的人生观、爱国心、民族情、使命感等潜移默化的引导,常常使人将某方面的小爱升成大爱,浅爱化为深爱,甚至将不爱变成热爱,并乐于奉献一切。因此,既要从自己最擅长、最有激情的兴趣中追寻志向,也应在志向的引导下进一步培养、发展、升华自己的兴趣爱好。最聪明的父母,会既让孩子的天赋毫无压抑地得到发展,又善于引导孩子养成正确的兴趣爱好,还重视及时纠正孩子的不良癖好。真正的成功人士,都会为适应事业而理性地驾驭或主动调整培养自己的兴趣,使工作变成自己的热爱。

你做一项工作,如果只是为了谋生,对它并不喜欢,那么这项工作对你来讲只是职业。如果因为喜欢,且不在乎它带来利益的多少,那么这项工作对你来讲就是事业。最佳的情况是,事业和职业一致,做的是自己喜欢又擅长的事。一般的情况是,事业和职业不大一致,只能业余做喜欢的事。比较糟糕的情况是,事业和职业大相径庭,又没有条件做自己喜欢做的事。请不要想象和追寻仅靠强迫自己,靠意志毅力,而在不喜欢的领域取得成就,那种成就大多数人获取不了,即使获得,幸福指数也实在太低,不宜推崇。每个人都应发挥主观能动性,争取事业职业相一致的最佳状态,力避压抑潜能潜力、事业职业不一致情况。

我在大学工作时,有位优秀教师在介绍执教体会时曾说:"**当你从事既热爱又擅长的工作时,就会觉得人生就是天堂**。我现在就有这种感觉。因为热爱教师岗位,付出越多,心中甜蜜越多;因为教学是我所长,授课越多,享受快乐也越多。"这段话发人深省。原来,**天堂离我们每个人都不遥远**!当你追寻到自己最擅长又最感兴趣、最有激情的事业,并将其作为终生志向时,你已经打开了天堂的大门……

(三)立"蹦一蹦就能够得着"的进取目标

追寻和确立人生志向后,紧接的重要问题,是如何把握好进取目标。

让我们先来看看人生有无进取目标,会出现哪些不同情况。

心理学家的实验研究表明,目的性行为的效率大幅度地高于非目的性行为的效率。因为当人们明确了应达到的目标,就会激发起更大的动力。

哈佛大学有一个著名的25年跟踪调查案例。调查的对象是一群智力、学历、环境、年龄都差不多的美国大学生。开始调查时发现:27%的人没有人生进取目标;60%的人目标模糊;10%的人有着清晰但比较短期的目标;其余3%的人有着清晰而长远的目标。以后的岁月,他们行进在各自的人生旅途中。

25年后,哈佛大学再次对这群人进行了跟踪调查。结果是这样的:原先有着清晰而长远目标的3%的人,在25年间朝着一个方向不懈努力,几乎都成为社会各界的精英人物,其中不乏明星级的行业领袖；原先有着清晰但比较短期目标的10%的人，大都成为各个领域中的专业人士，生活在社会的中上层；原先目标模糊的60%的人，他们比较安稳地生活与工作，但没有什么特别成绩，几乎都生活在社会的中下层；剩下没有人生进取目标的27%的人，他们普遍过得不如意，几乎都生活在社会下层，并且常常在抱怨他人，抱怨社会，当然，也抱怨自己。其实，他们之间的差别仅仅是在25年前，其中一些人就已经明确了自己最想要做的是什么，而另一些人则不清楚或不很清楚而已。

美国耶鲁大学也进行过一次类似的跨度为20年的跟踪调查。开始时，耶鲁大学的研究人员对参加调查的学生们提了一个问题："你们有目标吗？"90%的学生回答说有，10%的学生回答说没有。研究人员又问："你们有了目标，那么，是否把它写下来呢？"这时，只有4%的学生回答说："写下来了。"

20年后，耶鲁大学的研究人员跟踪当年参加调查的学生们。结果发现，那些有目标并且用白纸黑字写下来的学生，无论是事业发展还是生活水平，都远远胜过了另外的没有这样做的学生。他们创造的价值大于其他96%的学生的总和。那么，那96%的学生今天在干什么呢？研究人员调查发现：这些人忙忙碌碌，都在直接或间接地帮助那4%的同学实现志向呢！其实，他们之间的差别在于，4%的学生有明确的人生目标，而且通过"写下来"表明了对志向的执着，会时时对照"写下来"的目标去做；86%的学生虽有目标，但没"写下来"，可见既不清晰，也不打算一定会去做；还有10%的学生根本没目标，只好几十年如一日为成功的同学"打工"了。

这两个经典的调查，生动且深刻地揭示了：一个没有人生目标的人，就像一艘轮船没有舵一样，只能随波逐流，早晚会搁浅在消沉、失败、绝望的海滩上；一个有清晰人生目标并坚持不懈付诸行动的人，就像一艘有着精密导航仪和强大发动机的巨轮，迎着朝霞，劈波斩浪，能一往直前地到达目的地。

实际上，几乎每个人在懂事后，对生活都是充满幻想的，对什么事情都充满好奇心，想将来做出一番事业——发明、创业、宇航、探险、旅行、文学、音乐、从军等等，但是很多人没有确切的目标，往往墨守成规，从不冒险，也谈不上向自己挑战。所以梦想只是梦想而已，随着年龄的增长，"神马都成了浮云"。一位哲人说："人生就是一连串的抉择，每个人的前途与命运，完全把握在自己手中，只要努力，终会有成。"人生本来就是一种挑战，不要活在别人的嘴里，不要活在别人的眼里，而应把命运握在自己手里。只有接受挑战，不断追求，才能有充实的生命，才能体验到生活的美妙绝伦。所谓有志者事竟成，正是这种人生的写照。

那么，怎样把握人生进取目标的高低大小呢？

有些人认为，志向越远大越好，目标越宏伟越好。相当多的年轻人认同和接受这种看法，对此我不敢苟同。我是"志向适度论"的推崇者。我认为，追求"远大志向""宏伟目标"，是应该被充分肯定和鼓励的。但脱离了实际可能，盲目求高求大，或许会欲速不达，适得其反，甚至会误导年轻人。必须从客观实际出发，辩证地看待志向的高低及目标的大小。要将志向的远大与现实的可能有机统一起来，高低适度才是最佳的，大小适合才是最好的。

我想引用杰出的遗传学家摩尔根讲述的一段成功经验。他说："不要把志向立得太高，太高近于妄想。没有人耻笑你，而是你自己磨灭目标的。目标不妨设得近些，近了，就有百发百中的把握。

标标中的，志必大成。"我很欣赏这段话，既朴素深邃，又辩证，体现了实事求是，富含了成功真谛。

心理学家曾把目标激励比作摘桃子。桃子吊在空中，怎样才能调动人的最大积极性呢？坐在地上举手可得，不行。因为目标太低，缺乏"挑战性"。穷尽最大的劲跳起来，还摘不到，也不行。因为太高的目标，超越了能达到的极限，等于没有目标；太高的目标，与现实结果落差过大，会挫伤追求成功的信心。只要努力跳跃就能摘到的高度，才是最合适的。用八个字来概括，就是"伸手不及，跃而可获"，它能最大限度地调动人的积极性。

确立志向，就应该高低适度。这个度，就是根据你的实际蹦跳能力，确立"蹦一蹦就能够得着"的进取目标。这就像你拿起手中的一个射击武器，你的综合素质就是这个武器的射程，向目标瞄准的时候，超越射程极限了，子弹就掉在了目标的前头，那么你这个瞄准和射击就劳而无功。每一个具体目标都应设计在射程内，射中后再往前树立新的目标。

倡导志向要适度，也不是绝对地反对立大与高的志向。正如孔子在《论语》中所说："取乎其上，得乎其中；取乎其中，得乎其下；取乎其下，则无所得矣。"一个人的目标追求如果定为高标准，最后有可能只达到中等水平；如果向着一个中等的目标努力，最后有可能只达到低等水平；如果目标很低，就可能一事无成。所以，志向的适度，是指目标既不能太高，导致"自己磨灭目标"；也不能太低，造成发挥不了潜能。要立全力蹦跳起来还能够得着的高标准，这样，每次蹦跳不但能一蹦一个准地实现目标，而且在不断地蹦跳中，能力越练越强，就能由低到高地真正实现自己的志向。

如果用比例来进一步说明的话，我的观察，凡立"蹦好几蹦也够不着"的偏高偏大志向的人，实践中进取心容易大幅衰减，甚至不蹦了，成功率往往不超过一两成；凡立"蹦一蹦就够得着"的适度化志向的人，进取心往往良性循环、越来越强，成功率常常大于八九成。孰好孰孬，显而易见。

军营里有一句被经常引用的名言："不想当将军的士兵，不是好士兵。"这句话从励志的整体效果来讲，它是积极的，应当肯定。但我有点异议，这句话有片面性，一定程度上还存在着"误区"。应该看到，一万个士兵中，有三五个能当将军的。就绝大多数士兵来说，脱离了个人的素质、潜能和客观可能，一味追求当将军的志向，是过高的、不切实际的，会使士兵产生追求与现实的巨大反差和失落感。我觉得，不想当将军的士兵，不一定不是好士兵；总想当将军的士兵，也不一定就是好士兵。绝大多数士兵应该立足于自身的素质潜能和岗位实际，将具体奋斗目标，分别定在当一名优秀的士官，或优秀的基层干部，或优秀的指挥军官，或学有专长的科技干部等。而且要认清，目的不是为了当官，是为了更好地实现自己的人生价值，为祖国、为人民、为打赢多作奉献。正如革命先驱孙中山所说的："要立志做大事，不要立志做大官。"还要坚信"三百六十行，行行出状元"，不管干哪一行，只要矢志不渝，都有可能成才成功的。青年士兵的楷模向南林有一段话就说得非常好："人常说不想当将军的士兵不是好士兵，而我要说，军人生来为国家！即使我当不了将军，也要成为将军手中的一把利剑。"

（四）将"大工程"化成"小单元"去做

确立了高低适度、大小适合的进取目标后，实现它的基本途径，就是将志向分阶段、具体化地付诸行动。也就是将确定的宏观目标，分解成一个个可以度量、有时间节点的具体目标，由近及远，由小到大，环环相扣地争取实现。用句通俗的话讲，就是将志向"大工程"变成行动"小单元"。这样，你就能在坚持不懈、持之以恒地实现一个个具体小目标的过程中，积小为大，变弱为强，越来越接近于实现自己的大目标。

一位哲人说过这样一句话：没有远大的目标会使人失去动力！没有具体的目标会使人失去信心！

心理学家曾经做过这样一个实验：组织人数相同的三组人，让他们分别向着10公里以外的三个村子进发。

第一组的人，未让他们知道村庄的名字，也不说路程有多远，只告诉他们跟着向导走就行了。刚走出两三公里，就开始有人叫苦；走到一半的时候，有人几乎愤怒了，抱怨为什么要走这么远，何时才能走到头，有人甚至坐在路边不愿走了；越往后，他们的情绪就越低落，队伍成了一盘沙盘，越拉越长……

第二组的人，知道村庄的名字和路程有多远，但路边没有里程碑，只能凭经验来估计行程的时间和距离。走到一半的时候，大多数人想知道已经走了多远，比较有经验的人说："大概走了一半的路程。"于是，大家又簇拥着继续往前走。当走到全程的四分之三的时候，大家情绪开始低落，觉得疲惫不堪，而路程似乎还很长。当有人说："快到了！快到了！"大家才振作起来，加快了行进的步伐。

第三组的人，不仅知道村子的名字、路程，而且公路旁每一公里都有一块里程碑，人们边走边看里程碑，每缩短一公里，大家便有一小阵的快乐。行进中他们用歌声和笑声来消除疲劳，情绪一直很高，所以很快就到达了目的地。

心理学家由此得出了这样的结论：当人们不但有明确的行动目标，而且又将目标阶段化、量化后，就能把行动与目标不断地加以对照，进而清楚地知道自己的行进速度和与目标之间的距离，人们行动的动机就会得到维持和加强，就会自觉地克服困难，加速到达目标。

阶段性目标一次次实现的过程，也是自我完善的过程。我国有一位身残志坚的女性叫赵长稳，出生于 1961 年，幼年因意外事故失去双臂。她懂事后确定的志向是"做一个有用的人"，然后将这一志向具体化和分阶段一步步去实现。她定的第一个目标是生活能自理，经过艰苦的锻炼，她的双脚充分发挥了潜能，实现了生活自理这个目标；第二个目标是用脚翻书和写字，成为有文化的姑娘，为此，她流了无数汗水，也实现了；第三个目标是用脚做针线活，后来她也达到了。这使她的信心越来越足，接着确立了第四个目标：常人用手能做的事，我也要学会用脚去做。于是她学会了用脚剪纸、绣花、编织等好几种技巧，以及扫院子、铲煤、过磅秤等工作，成为一名能正常上班的优秀工人。她于 1987 年获全国五一劳动奖章、1989 年获铁道部劳模、1991 年获"全国自强模范"称号。她又用脚苦练书法，毛笔字越写越好，先后获得了中青年书法大赛金奖、"五环杯"书法大赛金奖等。可见，将志向从大处着眼、小处着手，分阶段、具体化地付诸行动，就能创造人间的奇迹。

大的成功都是由阶段性小成功铺垫而成的。日本著名运动员山田本一曾在 1984 年和 1987 年的国际马拉松比赛中，两次夺得世界冠军。当记者几次问他凭什么取得如此出色的成绩时，山田本一总是面带微笑地说："凭智慧战胜对手。"大家都知道，马拉松比赛主要是运动员体力、耐力和意志的较量，技巧、爆发力等都不是取胜关键因素，因而对山田本一"凭智慧取胜"的回答，很多人疑而不信，总觉得他的说法"不靠谱"，是在故弄玄虚。然而十年后，人们终于从山田本一退役后写的自传中，验证了"凭智慧取胜"确实是他获得成功的关键所在。他在自传中写道：国际马拉松运动员的实力，实际上相差不多，很重要的是赛场上自我激励。每次比赛之前，我比其他运动员赛前准备多做了一件事，就是要乘车将比赛的路线仔细地勘察一遍，把整个赛程长度，分割成长短差不多的单元，将每个单元终点处比较醒目的标志画下来，比如第一个标志是一家银行，第二个标志是一棵独特大树，第三个标志是一座风格迥异的公寓……这样一直标到赛程的终点，并默默地记牢。比赛开始后，我奋力向第一个目标冲去；到达第一个目标后，又以同样的速度向第二个目标冲去……40多公里的路程就这样被我分解成若干个小目标而轻松地跑完。以往比赛，我并不是这样做的，而是把目标一下子定在终点线的那面旗帜上，结果跑到十几公里就觉得疲惫不堪了，因为我被前面那段遥远的路程吓倒了，与冠军就无缘了。改为小单元分段冲刺后，我时时被小成功激励，越跑越兴奋。世界冠军就这样夺到手了。

山田本一所画下的那些标志，实际是为自己寻找到达目标的"里程碑"。他所越过的每一块"里程碑"，都如同一座"心灵加油站"，不断地向他的心灵输送能量，最终使他一马当先抵达终点。我们在实现自己的人生目标时，也需要找到独属于自己的"里程碑"；或者是一份自己详细拟定的"人生规划"；或者是自己具体记录下来的各阶段"成绩册"……有了人生"里程碑"作参照，我们就能清楚地看出自己人生每一阶段的进步，就能不断地收获成就感，增添新力量。每当实现了一个近期目标，就应该把原来的成功当作是新的成功的起点，有了这样一种归零的心态，永远有新的目标和动力，你就在获得一个个成功的乐趣中，由近而远地到达胜利的终点。

我自身的一些经历和感受，也许能说明立"蹦一蹦就能够得着"的目标是走向成功的捷径。我参军后，只想"不甘平庸，不留遗憾"，但并没有想当将军的志向。首先想的是当一个好兵，服役三年，我前两年都被评为优秀士兵，受到嘉奖，第三年还当了标兵，立了三等功。第四年年初提干后，让我去做参谋工作，我就想不但要在团里，而且要在师里当优秀的作训参谋。组织上送我到军区空军参谋集训队学习三个月，在将近两百名学员中，我的成绩是很靠前的，成为军区空军、军机关挂号的"尖子参谋"苗子。再往下呢，上级政治机关来选人，说这个小伙子还可以，阴差阳错，我当了一年的团司令部作训参谋，直接被选到军政治部组织处当干事了。我一天的政治工作都没干过，所有业务都要重新学起，觉得很难干好。但仍然定了一个目标，要在军政治部几十名干事中，努力成为德、能、勤、绩有优长的人。一年后，我虽然是新干事，但在机关干部考评中第一个受表彰并获嘉奖。接着，军区空军司令部办公室选秘书，又将我调去了。当时我仅当了三年兵、两年干部，要给军区空军首长当秘书，还要执笔写重要材料，五年的阅历太浅了，这是一个艰巨的挑战。那时我的目标就是争取在人才济济的军区空军机关当优秀的秘书，后来也达成了。在更高的工作岗位上也是如此，在军区空军政治部当组织处长时，我的目标就是争取在全空军7个军区空军组织处长考评中，大的工作要走在前列。当处长两年后我被空军评为十佳"领导和机关干部标兵"中的一员，并被选调进空军机关。就是这样的每一步定"蹦一蹦就能够得着"的目标并付诸实践,让我一步一个脚印地往前走,直到成为共和国空军的将军。

(五)"该出手时就出手"

在人生重要的选择关口,优柔寡断、踌躇不前的人,往往由于知道得太少,或者因为知道得太多。知道得太少,眼界如井底之蛙,没有洞察大势的前瞻之本;知道得太多,容易背上精神包袱,有着没完没了的后顾之忧。选择人生目标不但要适度,还必须"该出手时就出手",才能将梦想变成现实。

古希腊哲学家苏格拉底有一次给学生上课,他将所有的学生带到一块长长的已经成熟的麦田边。对学生说:"你们只能向前,不能后退,一人只有一次选择机会,看谁能选择到一枝最大最好的麦穗。"有的学生刚进田间便选择了一枝麦穗,后来发现前边还有更好的麦穗;有的学生进麦田后一直细细地看,拿不定主意,彷徨、迟疑,心想还可能有更大麦穗在前边,走着、选着、犹豫着直到田头;有的学生一开始进田间没有认真选,认为选择的机会多着呢,当快到田头的时候发现麦穗越来越小,才懊悔不已。结果,学生们都没有选到自己认为最大最好的麦穗,这里的问题就出在该出手时未出手。

请问,假如让你去选最大最好的麦穗,你会如何出手呢?……如果让我去选,我会站在田埂上,先尽可能地远眺,判断前面的麦子长势在哪一地段相对最为强壮和成熟,然后走到这一地段,挑最大最好的麦穗摘一枝,接着不再左顾右盼,径直拿着去回复老师："这就是最大最好的麦穗！"如老师问："何以为据？"我会回答："世界上只有相对完美的事，没有绝对完美的事。自己认定并能够摘下的就是最大最好的，看不到或没机会摘到的，就不当它是最大最好的。"我不知道这样的选择和答复，大家会如何评判？

还有一个发人深省的故事。有一个农民带着老婆、孩子、母亲，划着小船过河。忽然遇到山洪暴发，洪水将小船打翻了。千钧一发之际，这个农民奋力将儿子拖到岸边。再准备救母亲和妻子时，她们都已被洪水卷走不知去向。邻居们纷纷前来看望，有人想，这个农民为什么只救儿子不救母亲和妻子，可能是母亲年龄大了，妻子可以再找，儿子不能没有。又有人这样想，如果把我换成他，我会救母亲，因为妻子可以再找，儿子可以再生，可母亲只有一个。也有人这样想，如果换成我，我会救妻子，因为母亲年龄大了，儿子还小，只有妻子能和我共度余生白头到老。这种情况下，到底如何救亲人才是最有道理的呢？众说纷纭，莫衷一是。

这件事引起了一位哲学家的思考，但也没有想明白到底怎样抉择才是正确的，他便去找这个农民询问："为什么只救儿子，不救他人，你当时究竟是怎么想的？"这位农民回答说："我当时什么也没有想，只是一把抓住靠我身边最近的能抓得住的儿子，再来救母亲和妻子时，已经没机会，洪水将她们卷走了。"哲学家听后，如醍醐灌顶，茅塞顿开：**稍纵即逝的紧要关头，必须毫不犹豫把手头的机会抓住，先做能做成的事，这才是压倒一切的正确选择！**人生关键时刻的目标选择，也是同样的道理。

《孙子·虚实篇》说得好："凡先处战地而待敌者佚，后处战地而趋战者劳。"这是说，凡先到达战地等待敌人的，就从容主动；反之，仓促应战的就疲劳被动。可见，抢占先机，争取主动，是十分重要的。认准了的事情，不要优柔寡断；选准了一个方向，就只管上路，不要回头。机遇就像闪电，只有快速果断才能将它捕获。要毫不迟疑地选出属于自己的那枝最大最好的"麦穗"。千万别挑花了眼，那样会事与愿违。**成功的人不是赢在起点，而是赢在转折点。起点可以相同，但主动选择了不同的转折点，终点就会大不相同。**

任何目标规划都有缺陷，但可以在执行中修改完善。"万事齐备，只欠东风"，这是小说、戏剧中才有的理想化情景。现实生活中，往往是"万事尚未齐备，东风频唤不来，曹军马上杀到"。看准了马上出手，是所有成功人士的共同特质。不要机械地等一切条件都具备了再动手，否则会"秀才造反，十年不成"，留下永远的人生遗憾。

（六）"坚持不懈地把简单的事做到极致"

人一辈子若喜欢做一件事，并认真地坚持、坚持、再坚持地做下去，这件事的结局，十有八九将是理想的。但世界上最容易的事是坚持，最困难的事也是坚持。说它容易，是因为要做的事情往往很简单，只要愿意去做，大多能做到。说它困难，是因为坚持不懈做简单的事情需要恒心，大多数人常常坚持不住而舍弃目标，或者沉溺于缺乏行动的空想中自娱。真正能做下去、做到底只是少数人，因而把志向变为现实的也只是少数人。

古希腊的哲学家苏格拉底曾在上课时对他的学生们说："从今

天开始，我要求你们每天做一件最简单也是最容易做到的事情。就是每个人把胳膊尽量往前甩，然后再尽量往后甩。总共甩300下。"

说着，苏格拉底做了一遍示范动作。然后问："大家能做到吗？"

学生们笑着回答道，就这么简单的事情，有什么做不到的？

过了一个月，苏格拉底问学生们："有多少同学每天坚持甩手300下？"有90%的同学骄傲地举起了手。

又过了一个月，苏格拉底问了同样的问题。这回，有80%的同学自豪地举起了手。

一年后，苏格拉底再一次问大家："我要求你们每天坚持甩手300下，一年来都坚持做到的请举手。"结果，只有一个人举起了手。这个学生就是古希腊另一位流芳千古的大哲学家柏拉图。

大家都很熟悉的国防大学著名教授金一南，他的成长经历也深刻地揭示了这方面的规律。下面是他在《三尺讲台激荡四海风云》演讲中的精彩摘要：

33年前那趟满载新兵的列车上，周围战友在新兵连长指挥下高唱"我是一个兵""日落西山红霞飞"，整个车厢热血沸腾。我坐在车厢一角也跟着唱，但声音很小，仿佛不是这欢乐群体的一分子。我觉得周围哪一个人的条件都比我好，自己是这个群体中最差的一个。

这就是我军旅生涯的起点。

参军之前，我当过两年工人。当工人，也是从最简陋的工厂——街道小厂和最艰苦的工作——烧玻璃瓶干起。记得在师傅带领下第一次走进车间时，我被眼前景象惊呆了：车间四壁被煤油灯熏得漆黑，大白天一进去，眼睛好长一会才能逐渐看清室内布局：两条长长的木桌上，四排煤油汽灯在鼓风机的作用下吐着蓝色火焰，工人们坐在长桌两边的木椅上，急速转动着手中一截截玻璃管，烧制装阿司匹林药片的药瓶。

一张张脸分不清男女，都是鼻翼灰黑、满头淌汗、面颊被高温煤油汽灯烤得通红。

这个烟熏火燎的车间，就是我走上社会的最初起点。30多年来，不管我遇到什么挫折或受到什么赞誉，都没有忘记自己的这个起点。2003年我被评为国防大学首届"杰出教授"，有人说我"天生是当教员的料"，我一下就回想起30多年前在工厂时，被称为"天生的好工人"。当时我一天能烧两千多个瓶子，作为优秀徒工被选送外厂学习车工。为了磨好车刀，我在充满氧化铝粉尘的砂轮间一待就是40分钟。为了完成支援越南前线、加工代号为"525"的输油管接头，我在C620车床上连续突击36小时，下班时脚下就像踩着棉花一样，昏昏沉沉不知怎么回的家。紧张的工作中我右手背被车床尾座顶尖撞破，血一下涌出来，因为金属切削不能停止，我一边往工作裤上抹血一边继续干。师傅走过来，看见我工作裤右侧全是血，吓得大叫，以为我受了严重工伤。她强行把我从车床上拖下来到卫生所包扎，才止住了血。在卫生所门口，车间主任说了一句我至今清晰记得的话："金一南天生是个好工人。"

从"天生是个好工人"到"天生是个好教员"，还相隔了很远。其间包含参军入伍12年基层连队生活，当我在全团技术竞赛中取得优胜、被破格提拔为连技师时，有人说我是"天生当技师的料"。后来又在图书馆工作了11年。下部队搜集资料，学计算机、学外语，开发"国防相关信息情报系统"。当该系统获军队科技进步奖、成为全军军事训练信息网上运行的第一个大型情报信息系统时，又有人说我是"天生干图书馆的料"。

从"天生的好工人"到"天生的好技师"；从"天生的好馆员"到"天生的好教员"，这些经历恰恰证明一点：没有什么事是注定的，没有什么人是天生的。**特别是我们这一代人，从一个大动荡的年代走来，注定了没有比别人更优越的条件，注定了在同样时间内，要比别人做更为艰苦的工作，走更为艰苦的路程。**我从来没有赶上什么潮流，当上"时代的弄潮儿"。在刻苦自学的道路上，我也没有找到捷径，用的是最简单和最笨的办法。在埋头工作的过程中，我更没有进行今天十分时髦的"自我设计"。当工人时没有想到自己还能当兵，埋在图书馆资料堆里的时候，更未想到有一天还能当上"杰出教授"。**人生途中很多事情自己无法把握，我能把握的唯有一条：从来没有厌弃过、后悔过自己干的任何工作。**对自己所从事的工作，都是全身心投入，一心一意把它干好。我相信一句话：一个人如果热爱生活，就从热爱工作开始。一个人如果热爱祖国，就从干好工作开始。

对事物的热爱，源于对它的珍惜。珍惜则源于深知其来之不易。回想走过的路程，每一步都非常不易。多么不易才当上工人，多么不易才参了军；多么不易才进入国防大学，多么不易才成为一名教员。在别人那里也许是举手之劳的事情，我必须竭尽全力。就是这些"不易"，使我不管干什么工作，内心很少埋怨，总是充满感激。

有人可能说：这不就安于现状了吗？还能够创新、能够前进吗？我觉得不是。正是这种充满感激的心理状态，使我从来不把工作看作是累赘或重负。我从工作中感到的从来是欢愉，而不是苦难。我十分同意一句话：人们不是先产生灵感再去工作的，而是在工作过程中产生灵感。如果说自己在工作中还能够有所创新的话，那么其中的悟性并非来自聪明的大脑，而归功于长期对工作专心致志的投入。这种在旁人看来甚至带几分"愚"的投入，使我最终能有所超越。哲学家老子说："知人者智，自知者明。胜人者有力，自胜者强。"他说的"自胜"，就是超越自身局限。我体会所谓超越，一是要超越艰难，二是要超越功利。我们哪一个人没有个人难题、家庭难题、工作难题、事业难题。这些难题有些能够解决，有些一时解决不了，还有一些甚至永远无法解决。我们哪一个人不曾面对多种多样的功利：获取学历、评定职称、晋级晋衔、立功受奖……把全部注意力都投上去，也不一定够。一个人如果被眼前的难题和心中的功利框住，失去的就是向前看的视野和超越自身的境界。1980年我在北京军区通信团当技师，夏季炎热不堪，蚊虫叮得胳膊上腿上全是包；冬天滴水成冰，早晨醒来脸盆里的毛巾都冻得梆梆硬。就在这样的环境里，自学世界通史和西方哲学史。没有任何功利，只为探求未知。当时根本不会想到20年后，它竟然成为我在英国皇家军事科学院取得优异成绩的基础。1987年我进入国防大学图书馆，感觉就像高尔基说的"扑在书上，像饥饿的人扑在面包上"一样，如饥似渴地看了很多书。这种对多学科的广泛涉猎，既不为求学历也不为评职称，没有任何功名利禄的考虑，而恰恰是当好一名国防大学教员的基础。这些年来我深深体会到，正是来自对工作的热爱、对求知的执着，使自己能够不断超越周围环境、超越工作分工、超越业务范围，虽然没有"有心栽花"，却实实在在地在"无心插柳"。1997年到美国国防大学学习，除完成图书馆业务的学习外，我利用这个难得的机会，对美国国防大学以至美军院校的编制体制进行详尽了解，掌握大量第一手资料。没有人要求我这么做，完全是"自找苦吃"地去啃一块硬骨头。为了弄清问题，没有时间去转大街，去观光游览，整天待在美国国防大学内，或者从这个院校到那个院校，从这个基地到那个基地，然后每天晚上在自己那间小屋整理了解的情况。回来后撰写了三篇报告——《美军院校信息化建设》《美军院校编制体制及教育训练情况》《美国人与战争》，后两篇报告完全超出了图书馆工作范围，超出了去美国学习领受的任务。也正是后两篇报告产生了更大反响。第二篇成为全军院校改革领导小组的参阅材料，后来成为我讲的两个课题"美军院校建设情况"和"外军建设与军事改革"的基础；第三篇由新华社解放军分社采用，网络上广泛转载，后来很多媒体记者认识我，就是从那篇文章开始。

金一南从"天生的好工人"到"天生的好技师"；从"天生的好馆员"又到"天生的好教员"，非常生动地说明：没有什么事是注定的，没有什么人是天生的。用金一南的话来说，就是："我相信一句话：一个人如果热爱生活，就从热爱工作开始。""从来不把工作看作是累赘或重负。我从工作中感到的从来是欢愉，而不是苦难。""我也没有找到捷径，用的是最简单和最笨的办法。"他成功了！

把简单的事做到极致，必须目标始终如一。记得我们上小学时做过这样的试验，在大晴天的阳光下，将一面放大镜放在报纸上面十多厘米处。如果放大镜总是不断移动，照再长时间，报纸也不会被点燃。如果放大镜不动，阳光就会聚集到报纸一个点上，不一会儿报纸就会被点着燃烧起来。可见，坚持不懈地把所有的光和热聚焦到目标上才能成功。如果你的目标游移不定，光和热聚不到一起，即使有再大的太阳能量，也是点不起火焰的。

把简单的事做到极致，必须耐得住寂寞枯燥。我读到过一个资料，说的是外国有一位德高望重的企业家，他的事业非常成功。临退休时，应大家的要求做一场离职前的报告，讲讲成功的心得。会场上人挤得满满的。拉开帷幕后，主席台上摆的东西让大家惊呆了，是一个结实的铁架子，上面悬挂着一个很大的铁球，边上放了一个大铁锤和一个小铁锤。这位即将退休的企业家说，我想请两个年轻人上台来，用大铁锤来锤这个铁球，让它晃动起来。两个年轻力壮的小伙子自告奋勇上去后，拼命地锤了几十下，只听到音响，但铁球的质量太大，动不起来，两个年轻人就放弃不再锤了。老企业家请他们下去后，自己拿起了小铁锤，开始敲这个大铁球。礼堂里的听众就很好奇，这么大一个铁球，用小铁锤敲，是纹丝不动的，但他仍然不停地有节奏地敲。人们都不知道什么意思，3 分钟、5 分钟、10 分钟、20 分钟过去了，这位老人一直在重复着同一个动作，大家都有点儿不耐烦了，坐不住了。突然坐在前排的一个妇女尖叫了一声，眼尖的她发现这个铁球有了轻微的晃动，她就喊："啊，铁球动了！"老人仍然很有节奏地一下、两下地敲大铁球，大家都看到铁球晃动的幅度慢慢地越来越大，到后来使整个铁架子都嘎吱嘎吱地响，整个主席台木板、会场的地板都开始震颤了。一看表，已经 40 分钟了，这位老人就放下锤子，一声不吭，给大家深深鞠了个躬，就离开了主席台。这时候，礼堂里的观众终于悟出其中的道理，用经久不息的热烈掌声感谢这位可敬的企业家作的最后一场震撼式教育！

简单的事情如不能做到极致，往往功亏一篑。有位小伙子爱上了一位才貌双全的姑娘。他壮着胆子给姑娘写了一封求爱信。几天后，他收到了姑娘的回信。这是一封奇怪的回信，信纸上空无一字，只是在信皮上署有姑娘的名字。小伙子继续给姑娘写爱慕的信，姑娘继续寄来无字信函。一年多，小伙子整整寄出99封信，姑娘也回了99封信。小伙子拆开过前98封回信，全是空白纸。对第99封回信，小伙子没有拆开它，因为他已经对这份爱情不再抱什么希望。他心灰意冷地将那99封回信放在一个精致的木匣中，从此也不再给姑娘写信。两年后，小伙子跟另一位姑娘结婚了。结婚后的一天，新婚的妻子整理物品，无意间发现木匣中那些信。她很奇怪，拆开最后一封看，只见里面有一张信纸，上面写着："我已做好了嫁衣，在你第100封信寄来的时候，我就会答应做你的新娘。"拆信是举手之劳的简单事，小伙子已坚持拆了98次，也经受了98次考验。但面对第99次载有他梦寐以求的爱的果实的回信，他却不再有耐心、恒心、信心，重复做简单的拆信动作，选择了放弃，结果小错酿成大错，与心爱的姑娘失之交臂，留下终生悔恨。正是"胜利就在坚持一下的努力之中"呀！

如果一个人坚持每天的行动比昨天多一点点，每天的创新比昨天多一点点，每天的效率比昨天高一点点……假以时日，有什么能阻挡得了他最终的成功？一个单位，如果将"每天进步一点点"作为单位文化的一部分，每个成员每天都能进步一点点时，试想，还有什么障碍能阻挡得住它创造辉煌？

一定意义上可以说，**简单的事重复做，做到极致，就是专家；重复的事用心做，做到终端，就是赢家；成功就是每天进步一点点。**

二、坚定信念才能保证"出主意、写文章、抓落实"成效

志向能端正"出主意、写文章、抓落实"的方向,但要保证见到成效,还必须进一步解决好信念问题。

列宁讲,研究科学的最好办法是从概念开始。因为概念是思维的基本单位。只有在准确把握概念内涵和外延的基础上,才能对研究的问题得出准确的判断和分析。

让我们先一起探讨有关信念的几个重要概念。

信念是什么?信念是人们对自己的想法观念的一种强烈的坚信不疑的确信和信任。信念不仅仅是简单的认知或想法,而是情感、认知和意志的有机统一体,是人们在一定的认识基础上确立的对某种思想或事物坚信不疑并身体力行的心理态度和精神状态。它是人的精神支柱,是意识的核心部分。没有信念,人们就不会有意志,更不会有积极主动性的行为。信念也是一种心理动能,激发人们潜在的精力、体力、智力和其他各种能力,以实现与需求、欲望和信仰相应的目标。

信仰又是什么呢?信仰是人们对某种理论、学说、主义的极度信服和尊崇,并把它奉为自己的行为指南。它是一个人做什么和不做什么的根本准则和态度。信仰是人类特有的精神现象,也可以说,是不完美者对于完美境界的永远憧憬和追求。信仰是信念的一部分,是信念最集中、最高的表现形式。

那么,理想和信念是什么关系呢?理想是对未来事物的想象或希望,这两个概念既有联系又有区别。联系之处,理想是信念的根

据和前提，信念是理想实现的重要保障；理想和信念的内涵有交叉，都相互含有对方部分内容，在某些时候，理想本身就是信念，信念本身就是理想。区别之处，理想重在标志人与奋斗目标之间的关系，主要是指向未来的，为人们的行动指明方向；而信念重在标志人对事物的看法和态度，主要是面对现实的，为人们的行动提供精神支持。这两个概念不可以完全替代，但可以捆绑一起使用，如"坚定理想信念"等。

再来看信念与观念有什么区别。信念和观念，都是指一个人对某一事物的看法和态度，区别在于看法态度的牢固程度不同。信念是极为牢固的观念，或对事物根深蒂固的习惯性的看法；观念是正在形成、检验、巩固中的信念。信念具有坚定不移的属性，观念则有可能因时因地而改变。

信念又是怎么形成的呢？每个人的头脑中有许许多多观念，有些是正确的，有些是错误的；有些是固定不变的，有些是会随着时间、地点、条件的变化而变化的。当我们从中提取一种观念，而这种观念又被许许多多理由和事实支撑，从而使你坚信不疑它的正确性，这时候，这种观念就转化成了信念。受主客观条件的制约，信念也有正确与错误之分。正确的信念对人生的发展、目标的实现有积极促进作用，而错误的信念则有消极负面的影响。

志向和信念虽同属于价值观体系，但也有明显区别。志向是指某种目标，是意愿和决心；信念是指为达到目标而坚定不移的意志力和实际操守，也就是为实现一定的目标、理想而产生的强烈责任感和行为动机。志向是导航，信念是支撑，在作用功能上是相辅相成的，共同成为人们的精神支柱。

作为机关干部，谁不想提高能力素质？谁不想突破事业瓶颈？

谁不想攀上成功顶峰？但不少人试了很多方法，并没有达到理想中的效果。问题究竟出在哪里呢？往往出在信念上。机关干部要学好、练好"出主意、写文章、抓落实"的基本功，光有志向还不够，必须拥有坚定的理想信念，才能"长风破浪会有时，直挂云帆济沧海"。

（一）信念是脊梁，支撑着不倒的灵魂

信念，从精神层面讲，它是人的脊梁，灵魂的核心。

有位哲人形象描述：信念是脊梁，支撑着不倒的灵魂。

说信念是脊梁，是因为真正使人站起来的不是双脚，而是信念、智慧、意志和创造力。现代社会，一个人有知识固然很重要，但比知识更重要的是有能力，而比能力更重要的，是有一个正确的信念。有什么信念，就选择什么态度；有什么态度，就会有什么行为；有什么行为，就产生什么结果。就像倪萍的《姥姥语录》中的一句话"自己不倒，啥都能过去；自己倒了，谁也扶不起你"。

说支撑着不倒的灵魂，是因为信念存在于人的意识的核心内层，它从精神上支撑着人不断地创造生命、更新生命、丰富生命、升华生命。离开了信念的生命，是失去灵魂的毫无活力的枯燥乏味的生命。

法国著名哲学家萨特曾经说过：世界上有两样东西是亘古不变的，一个是高悬在每个人头顶上的日月星辰，一个是深藏在每个人心底的高贵信仰！

在福州林则徐的故居里，挂有他在少年时写的一副对联："海到无边天作岸，山登绝顶我为峰"，可见其少年时志向之远大。后

来林则徐遭贬，赋闲在家，又写了一副对联："静坐读书各得半日，清风明月不用一钱"，身处逆境却心态平和，潜心学习和思考，可见他信念之坚定。再后来，他又留下一句感人肺腑的诗句："苟利国家生死以，岂因祸福避趋之？"揭示了正是这种无比炽热的爱国信念，支撑着他不屈不挠地禁烟抗英，献出生命也在所不辞。

1928年，共产党人夏明翰不幸被捕。在狱中，他受尽酷刑。敌人审问他："有没有宗教信仰？"他不慌不忙地回答："我们共产党人不信神，不信鬼，不像你们的蒋总司令，又当基督教徒，又当杀人刽子手！"敌人又重复提问，企图使他回答没有宗教信仰，以便断章取义宣布他放弃了自己的信仰。他识破敌人的用心，理直气壮地回答："我有信仰！我信仰共产主义！"当他被押到刑场时，执行官问他还有什么话要讲。他大声地说："有，给我纸和笔！"于是饱蘸浓墨，在纸上飞快地写下了一首气壮山河的就义诗："砍头不要紧，只要主义真。杀了夏明翰，还有后来人。"然后，将笔往地上一丢，挺起胸，大义凛然直面刽子手。第一个行刑者被夏明翰视死如归的气概吓得两手颤抖，怎么也扳不动枪机，执行官不得不另换行刑者……夏明翰的身体虽然被枪弹击倒了，但他的信念支撑着他的灵魂如泰山般屹立不倒，成为后来人永远的精神偶像！

我们敬爱的周恩来总理，他是真正称得上为他所信仰的共产主义事业奋斗一生的人。在他生命的最后时刻，他还要求身边的工作人员为他播放《国际歌》。当那磅礴的旋律盈满一室时，总理的嘴唇分明在翕动，在吟唱！在连放三遍后，周总理对守在身边的邓颖超同志断断续续地说："我坚信，全世界，共产主义，一定，能实现。"虽然，讲这个话的声音很细微，却给身边人强烈的震撼。病体已瘦至六十多斤，体力极度衰竭，已近弥留之际的他，还吟唱

《国际歌》，显示了周总理终生不渝的信念。尽管每个人的人生信念可能不同，但能够为信念奋斗终身，奉献一切，那么，就连他的敌人也会为他的人格肃然起敬。

伟大的科学家爱因斯坦在谈他的人生观时，有几段话感人肺腑。他说道："每个人都有一定的理想，这种理想决定着他的努力和判断的方向。就在这个意义上，我从来不把安逸和享乐看作是生活目的本身——这种伦理基础，我叫它猪栏的理想。照亮我的道路，并且不断地给我新的勇气去愉快地正视生活的理想，是善、美和真。要是没有志同道合者之间的亲切感情，要不是全神贯注于客观世界——那个在艺术和科学工作领域里永远达不到的对象，那么在我看来，生活就会是空虚的。人们所努力追求的庸俗的目标——财产、虚荣、奢侈的生活——我总觉得都是可鄙的。""当我还是一个相当早熟的少年的时候，我就已经深切地意识到，大多数人终生无休止地追逐的那些希望和努力是毫无价值的。而且，我不久就发现了这种追逐的残酷，这在当年较之今天是更加精心地用伪善和漂亮的字句掩饰着。每个人只是因为有个胃，就注定要参与这种追逐。而且，由于参与这种追逐，他的胃是有可能得到满足的；但是，一个有思想、有感情的人却不能由此而得到满足。""我每天上百次地提醒自己，我的精神生活和物质生活都依靠别人（包括活着的人和死去的人）的劳动。我必须尽力以同样的分量来报答我领受了的和至今还在领受的东西，我强烈地向往着俭朴的生活，并常常为发现自己占有了同胞过多的劳动而难以忍受。"爱因斯坦不仅是这样说，更是这样做的。在他创造力最丰富的青年时代，他的生活非常艰苦，经历过歧视和失业，但他从不屈服去追求庸俗的目标，而是全神贯注于科学研究。法西斯上台后把他视为犹太人的领袖，增多了迫害的手段，迫使他移居美国。即使到美国定居以后，他主动要求不要给他很高的薪水，继续过着俭朴的生活。此后，他一直以他个人的威望反对法西斯和关心弱小民族的命运。他对中国人民的苦难深表同情，多次支持中国抗日和中国人民争取民主权利的斗争。爱因斯坦多次告诫科学家要履行自己的社会职责。他说："任何技术的应用都必须以人为本，关怀人的命运。""要关心如何安排人的劳动和分配财富，以保证科学的成果用于造福人类，而不是用于破坏那些尚未解决的大问题。"他还说："国家是为人而存在，而不是相反，科学也是一样。"引导、激发爱因斯坦创造了20世纪最伟大的科研奇迹的正是他摒弃了"猪栏的理想"，用"关怀人的命运""造福人类"的信念作脊梁，撑起了"善、美和真"的灵魂！

行为科学研究告诉我们，人的行为95%以上都是按照习惯行事的。信念的力量之所以巨大，正是因为人行为的95%以上，尤其是关键时刻的行为，都是按照自己大脑潜意识中的习惯看法，即信念的指挥而行事。所以，如果一个人的信念系统出了问题，那么他的习惯性行为中出问题的概率就会大大增加，结果就可想而知。云南大学学生马加爵因生活小事纠纷，故意杀害四名同学，他在行刑前接受记者采访时说："我觉得没有理想是最大的失败。这几年没什么追求，就是很失败。"他还说："有信念的人，活着才会快乐。"这是马加爵在生命最后时刻的人生感悟。

行为科学研究表明，对事物的看法由一般性观念最终转化成牢固的信念要经过两大基本途径：一个是不断地被重复灌输，另一个是不断地被验证。可见信念并非与生俱来，它是"软件"，由后天获得的。既然信念是后天获得，我们就有选择和"安装"的自由。信念的坚定正确与个人的成就大小成正比。灌输和验证了什么样的信念，往往就有什么样的人生。

鲁先圣写的一篇叫《信念的力量》的文章中，介绍鲁西南深处有一个小村子叫姜村。这个小村子因为这些年几乎每一年都有好几个人考上大学，与周围村子三五年出不了一个大学生形成巨大反差而闻名遐迩。方圆几十里以内的人们没有不知道姜村的，人们会说，就是那个出大学生的村子。久而久之，人们不叫姜村了，"大学村"成了姜村的别名。姜村只有一所小学，每一个年级一个班。以前一个班只有十几个孩子。现在不同了，方圆十几个村，只要与村里有亲戚关系的，都千方百计把孩子送到这里来。大家说，把孩子送到姜村，就等于把孩子送进大学了。在惊叹姜村奇迹的同时，人们也都在问，都在思索。是姜村的水土好吗？是姜村的父母掌握了教孩子秘诀吗？还是别的什么原因？假如你去问姜村的人，他们不会告诉你什么，因为他们对于原因似乎也一无所知，只知道奇迹始于二十多年前。那时姜村小学调来了一位五十多岁的老教师，听说是一位大学教师，不知什么原因被贬到了这个偏远的小村子。这个老师教了不长时间后，就有一个传说在村里流传，说这个老师能掐会算，他能预测孩子的前程。原因是，孩子们回家，纷纷向家长说，老师说了，我将来能成数学家；老师说了，我将来能成作家；老师说了，我将来能成音乐家；等等。不久，家长们又发现，他们的孩子与以前不大一样了，他们变得懂事而好学了。老师说会成为数学家的孩子，对数学的学习更加刻苦；老师说会成为作家的孩子，语文成绩更加出类拔萃；老师说会成为音乐家的孩子，一有空就抚琴弄笛。孩子们不再贪玩，不用像以前那样严加管教，变得十分自觉。因为他们都被灌输并自己也确信了这样的信念：他们将来都是杰出的人才，而如果贪玩、不刻苦学习是成不了杰出人才的。

家长们很纳闷，也将信将疑，莫非孩子真的是大材料，被老师点破了天机？就这样过去了若干年，奇迹发生了。这些孩子到了参加高考的时候，竟然以优秀的成绩考上了大学自己心仪的专业。后来，这位老师年龄大了，回了城市，但他把预测的方法要领教给了接任的老师。接任的老师还在一级一级给孩子们预测着，而且，他们坚守着老教师的嘱托：不把内中的秘密告诉给村里的人们。

实际上，姜村的学生们在那位睿智的老师因人而异的预测和反复灌输中，牢牢确立了"我有很好的潜质，将来一定能成为杰出人才"的信念，并激励他们自觉养成了刻苦学习的习惯，在不断验证中又极大地强化和升华了学生的这一信念。你有什么样的信念，就决定了你选择什么样的方向，具有什么样的力量。当你坚信某一事物时，就无疑给自己潜意识下了一道不容置疑的命令，你的一切思考、感受、决定、行动都受控于它。当你迷茫时，它会为你指明前进的道路；当你懒惰时，它会提醒、催促你奋发努力。产生"大学村"的原因就是如此简单，又如此深刻！

有一年，一支英国探险队进入撒哈拉沙漠的某个地区，在茫茫的沙海里跋涉。阳光下，漫天飞舞的风沙像炒红的铁砂一般，扑打着探险队员的面孔。大家口渴似炙，又心急如焚——因为最糟糕的事出现了：水喝没了！这时，探险队长拿出一只水壶，说："这里还有一壶水，但穿越沙漠前，谁也不能喝。"一壶水，成了穿越沙漠的信念之源，成了求生的寄托目标。水壶在队员手中传递，那沉甸甸的感觉使队员们濒临绝望的脸上，又露出坚定的神色。终于，探险队顽强地走出了沙漠，挣脱了死神之手。大家喜极而泣，用颤抖的手拧开那壶支撑他们的精神之水。结果，缓缓流出来的，却是满满的一壶沙子！实际上，炎炎烈日下，茫茫沙漠里，真正救了他们的，岂是那一壶沙子呢？他们执着地战胜沙漠的信念，借助着那壶重似水的沙子，如同一粒种子，在他们心底生根发芽，成为不倒的灵魂，最终领着他们忘却酷暑炎热、忘却渴死的威胁，走出了"绝境"。

上述这些事例告诉我们，能够决定人的一生的，不是环境，也不是机遇，而是看你用什么样的信念，看待和处理周围的一切。只要一个人的心中还怀着一粒信念的种子，就有了奋发的脊梁，就有了不屈的灵魂，就能够摆脱"山重水复疑无路"，迎来"柳暗花明又一村"，让生命灿烂开花，结出硕果。

（二）信念是源泉，迸发着无穷的力量

信念，从现实层面讲，它是力量的源泉，能取之不尽，用之不竭。

人们常说一句话：思想决定行动，行动决定习惯，习惯决定性格，性格决定命运。一个人所有的努力，所有的成功，都开始于思想。而思想，其实是由若干信念组合的；信念又是通过实践不断反复地自我确认而产生、巩固和延续的。显然，人的改变，首先应从思想开始。要想改变自己的思想，一定要先改变自己的信念，尤其是隐藏在自己心中最深层的潜意识里的信念。一旦形成坚定准确的信念，就会产生左右成败，甚至决定生死的无穷力量。

美国作家欧·亨利在他的小说《最后一片叶子》里讲了个故事。病房里，有一个生命垂危的病人从房间里看见窗外的一棵大树，树叶在萧瑟的秋风中一片片地掉落下来。病人望着窗前的片片落叶，悲哀地觉得自己的身体也每况愈下，一天不如一天。她对旁边的人

说：当树叶全部掉光时，我就会死了。一位老画家得知后，用彩笔画了一片叶脉青翠的假树叶，牢牢地挂在树枝上。最后一片叶子始终没有掉下来，这极大地激发了这位病人求生的信念，她竟奇迹般地战胜病魔，活了下来。

信念坚定的人，为了信念无怨无悔地工作，尽心尽力地奋斗，甚至甘愿洒下最后一滴鲜血。能够运用信念的力量，就掌握了最强大的武器。因为，由坚定的信念黏合在一起的团体，是世界上最坚强的团体；怀有坚定信念的人，是世界上最难战胜的人。

方志敏烈士被捕后，敌人用高官厚禄引诱他，用严刑拷打折磨他，但他毫不动摇，慷慨激昂地宣示："敌人只能砍下我们的头颅，决不能动摇我们的信念。"他又在牢房中写道："为着阶级和民族的解放，为了党的事业的成功，我毫不稀罕那华丽的大厦，却宁愿居住在卑陋潮湿的茅棚；不稀罕美味的西餐大菜，却愿嚼刺口的苞粟和菜根；不稀罕舒适柔软的钢丝床，宁愿住在猪窝狗巢似的住所！不稀罕闲逸，宁愿一天做十六点钟的劳苦！不稀罕富裕，宁愿困穷！不怕饥饿，不怕寒冷，不怕危险，不怕困难。屈辱、痛苦，一切难以忍受的生活，我都能忍受！这些都不能丝毫动摇我的决心，相反的，能更加磨炼我的意志！"

有着"保和平、卫祖国"崇高信念的中国人民志愿军将士，在朝鲜战场上的英勇顽强，书写了世界战争史的丰碑。如果自我评价可能带有主观意识，那么，请看看敌方对我志愿军的评价。"联合国军"爱尔兰装甲旅准将旅长在其装甲部队受到重创后说："最令我吃惊的一幕：那些志愿军！前面的士兵就此倒地翻滚！平扑！为后面攻击的战友挡住烈火！上帝！我是在说他们竟然用人当防火板，这样的部队，天下谁见过？""这不是军队！战神获拉迪斯也不会这样！"美军四星上将范弗里特说：中国军队"没有防弹背心，没有钢盔……他们所携带的数枚制造粗劣的手榴弹，爆炸力不及美军的一半。粮食是用米和杂粮磨成粉状而成的……但是，他们永远是向前作战的，奋不顾身"。有一个美国军校生专门研究朝鲜战争的中美军队战例，他运用西方人最能接受的统计法，比较中美军队的战斗力谁更强。在对上甘岭战役的战例研究中他发现，美军进攻时，在相对面积每秒钟落下6发炮弹，中国军队都能够组织有效的抵抗，而美军在相同的地方和优于中国军队（例如美军还有空中火力支援、坦克部队的掩护）的情况下，中国军队开展进攻，发射炮弹达到相对面积每秒钟1发的密度时，美军的抵抗几乎就瓦解了。这个美国军校生面对自己的研究成果胆战心惊，说：难道中国人真的有巫术？他的教师对其结论重复研究后说，这是真的！中国人民志愿军正是靠着崇高的政治信仰、爱国主义精神、战争的正义性和良好的军事素质，把英勇、无畏和善战等军人要素发挥到了极致，连战场上的敌人也不能不肃然起敬。

据金一南撰写的《苦难辉煌》记载，当年参加围剿中央苏区红军的国民党军旅长王耀武一心想见一见那些装备极差、几乎没有供应的红军将领，凭什么本事让一个又一个国民党的骁将如此头疼。在江西怀玉山抓获红二十一师师长胡天桃后，他当天去见胡天桃，想解开这一疑团。但第一次见面就让他呆住了，他回忆说："这位师长的上身穿着三件补了许多补丁的单衣，下身穿两条破烂不堪的裤子，脚上穿着两只不同色的草鞋，背着一个很旧的干粮袋，袋里装着一个破洋瓷碗，除此以外，别无他物，与战士没有什么区别。"时值严冬，天寒地冻。若不是由别的被俘士兵确认，王耀武绝对不相信面前这个人就是红军师长胡天桃。他压下震惊，与胡天桃展开如下对话：

王耀武：蒋委员长对你们实行宽大及感化教育，只要你们觉悟，一样得到重用。

胡天桃：我认为只有革命，坚决打倒帝国主义、封建主义及军阀，中国才有办法。

王耀武：我们也希望国家好，也反对帝国主义的侵略。你说国民党勾结帝国主义，有什么根据？

胡天桃：国民党掌握着军队不抗日，却来打内战，还请帝国主义的军官当顾问，这不是勾结帝国主义是什么？

王耀武：共产主义不适合国情，你们硬要在中国实行，这样必然会失败的。

胡天桃：没有剥削压迫的社会，才是最好的社会，我愿为共产主义牺牲。

王耀武：你家在哪里，家里还有什么人？告诉我们，可以保护你的眷属。

胡天桃：我没有家，没有人，不要保护。

由于胡天桃坚贞不屈，他被枪杀了。

一直到 25 年后，王耀武作为首批特赦战犯在中华人民共和国成立十周年前夕被释放，他仍然清清楚楚地记得那天与胡天桃的谈话。因为那场谈话中胡天桃表现出来的共产党人的意志与信念，令王耀武想了几十年。当年，王耀武是胜者、强者，他一身戎装，与寒冬中衣衫褴褛、脚穿两只颜色各异的草鞋、干粮袋内只有一个破洋瓷碗的红军师长胡天桃，谈论国家命运和个人生死，反差是如此之大。但在思想交锋中，王耀武却不是胜者，是弱者。在后来的岁月中，更是胡天桃及战友们坚定正确的信念，造就了共产党人以弱胜强的辉煌现实。

约翰·斯图亚特·密尔在《论自由》一书中曾说过：一个有信念的人，所发出来的力量，不亚于99位仅心存兴趣的人。当我们内心深信，信念便会传送一个指令给神经系统，各个细胞沉睡的潜力被纷纷唤醒，全身便会不由自主地处于兴奋状态，这也就是为何信念能启开卓越之门的缘故。

在诺曼·卡真斯所写的《一个病理的解剖》一书中，说了一则关于20世纪最伟大的大提琴家卡萨尔斯的故事。卡真斯和卡萨尔斯会面的日子，在卡萨尔斯九十大寿前不久。卡真斯说，他实在不忍看那老人所过的日子。他是那么的衰老，加上严重的关节炎，不得不让人协助穿衣服。呼吸很费劲，看得出患有肺气肿；走起路来颤颤巍巍，头不时地往前颠；双手有些肿胀，十根手指像鹰爪般地钩曲着。从外表看来，他实在是老态龙钟。就在吃早餐前，他贴近钢琴——那是他擅长的几种乐器之一。他很吃力地坐上钢琴凳，颤抖地把那钩曲肿胀的手指抬到琴键上。霎时，神奇的事发生了。卡萨尔斯突然完全变了个人似的，透出飞扬的神采，而身体也跟着开始随着弹奏动了起来，仿佛是一位健康的、强壮的、柔软的钢琴家。卡真斯描述说："他的手指缓缓地舒展移向琴键，好像迎向阳光的树枝嫩芽，他的背脊直挺挺的，呼吸也似乎顺畅起来。"弹奏钢琴的念头，完完全全地改变了他的心理和生理状态。当他弹奏巴赫的《平均律钢琴曲集》时，是那么的纯熟灵巧，丝丝入扣；随着他奏起勃拉姆斯的协奏曲，手指在琴键上像游鱼般轻快地滑过。"他整个身子像被音乐融解，"卡真斯写道，"不再僵直和佝偻，代之以柔软和优雅，不再为关节炎所苦。"在他演奏完毕，离座而起时，跟他当初就座弹奏时全然不同。他站得挺直，看来更高，走起路来也不再拖着地。他飞快地走向餐桌，大口地吃着，然后走出家门，漫步在海滩的清风中……卡萨尔斯热爱音乐和艺术，那不仅曾使他的人生美丽、高贵，并且源源不绝地带给他神奇。就因为他相信音乐具有神奇的力量，这一信念让他每日从一个疲惫的老人化为活泼的精灵，振奋的状态让人匪夷所思。真是信念迸发出无穷的神力，在延续着他近乎衰竭的生命呀！

我参观重庆的渣滓洞、白公馆，其中展出的一幅老太太的照片和她的经历给我很大震撼。作为一个富豪的女儿，她当年参加共产党，变卖了家产，交给组织当活动经费。在国民党撤退前的大屠杀中，她是侥幸冲出监狱的几个幸存者之一。她拼命地为党工作，即使后来被不公平对待，也仍然对党忠心耿耿，将补发的20年所有工资，一笔巨款，一分不留地全作为党费交给了组织。是什么力量支撑着她几十年如一日地爱党忠诚、爱国奉献呢？是信念的力量！

（三）信念是杠杆，创造着成功的奇迹

信念，是神奇的"杠杆"，能倍增力量、鼓舞信心，创造出成功的奇迹。

只要我们心中充满阳光，阳光就会普照大地；只要我们心中充满信念，希望就能变成现实。怀有坚定信念的人，无论是在多么艰难、恶劣的环境下，总能对未来充满希望，能极大地激励和开发人的创造本能，从而笑对明天，甚至绝处逢生。

人类自有田径赛纪录以来，人们一直认为四分钟内跑完一英

里（1609米）超过了人的体能和速度的极限，不可能做到。有世界顶级选手多次尝试突破，都铩羽而归，因而大家都对此深信不疑。1954年，罗杰·班尼斯特在四分钟内跑完了一英里，打破了这个信念"魔咒"！他能创造这项里程碑式的世界纪录，不但归功于在体能、速度上的苦练，更是得益于精神上的突破。因为在此之前，他努力地在脑海中无数次模拟四分钟内成功跑完一英里的全过程，长久下来便形成极为强烈的信念："我必须要！我一定能完成这项使命！"这如同对神经系统下了一道绝对命令，果然，他石破天惊地做到了大家都认为不可能的事。

后来的发展让世界惊愕：班尼斯特给其他运动员的破纪录带来"杠杆"效应，随后一年内，竟然有37人创造了四分钟内跑完一英里的纪录，再后面的一年内，更有高达三百多人超越此纪录。

之所以产生这个现象，是班尼斯特的成就给其他人提供了一个新的信念：所谓"不可能"的速度极限，实际上是能够突破的。许多人常常会对自己的能力"自我设限"，可能因为过去曾经失败过，因而对于未来不敢期望；也可能是没有一个活生生的具体参照目标，所以对愿望能否实现心存疑虑。长久下来就安于现状，不思创造，终归平庸。你如果能突破信念"自我设限"的"魔咒"，你也会撬动成功的"杠杆"，排除原来认为越不过去的障碍，惊世奇迹就会拥抱、亲吻你！

有个俄国人做了一个堪称经典的实验。他将两只大白鼠丢入一个装了水的器皿中，它们拼命地扑腾求生，结果维持8分钟左右，体力衰竭溺亡了。然后，他在同样的器皿中放入了另外两只大白鼠，在它们挣扎5分钟后，又放入一个可以让它们爬出器皿的跳板，这两只大白鼠得以活下来。若干天后，他再将这对大难不死的大白鼠放入同一个装水的器皿中，结果令人吃惊，因为两只大白鼠竟然扑腾着坚持了24分钟才沉下去！

这位俄国心理学家总结说，前面两只大白鼠，没有任何逃生经验，只能凭自己本来的体力挣扎求生。而有过逃生经验的大白鼠却多了一种精神力量，相信在某一个时候，会有跳板伸下来救它们出去，这使得它们能够坚持更长的时间，这就是信念产生的"杠杆"效应，能超常激发出好几倍的力量！

这个实验虽然残酷了一点，但给人很大的教益。在人生旅途上，尤其是艰难困苦之中，心中有信念和心中没信念，对行动有完全不同的影响，结果也就大不一样了。大白鼠的信念是人给的，而我们人类自己，在任何时候、任何地点、任何困难的情况下，都能够自己给自己信念。这一天然的优势，这一精神的"杠杆"，如弃之不用，将是人生一大遗憾！请你珍惜，务必用够用好呀！

卡耐基在自己的办公桌上挂了一块牌子，上面写着：**你有信仰就年轻，疑惑就年老；你有自信就年轻，畏惧就衰老；你有希望就年轻，绝望就变老。**

英国一位盲童在谢菲尔德皮特金中学上学时，写了一篇《未来我是内阁大臣》的作文，认为自己将来必定是英国的一位内阁大臣。要知道，历史上英国还从没有一位盲人进入内阁。他从那时起，将自己的梦想一直保存在大脑中，并且一天也没有放弃过对实现梦想的努力。50年以后，他成功了，他真成了英国第一位盲人大臣，他就是英国著名的内阁教育大臣戴维·布伦克特。

信念根植于血液，无论身处何种残酷的境地，只要信念不倒下，就能凭借顽强的毅力穿越苦难的风雨，重新谱写生命的壮丽与辉煌。

汉代的司马迁，只是一个级别不高的史官，因为触怒了汉武帝，被判死刑。在当时，被判死刑的人若要不死，有两种选择：一种是花重金赎罪，另一种就是接受宫刑。司马迁这个小官吏可没有什么钱，为了自己的事业，他又不想死。他毅然选择接受宫刑，蒙受了莫大的耻辱，但修史的信念却如钢铁般坚硬，他不仅活了下来，还给后人留下了一笔光耀青史的宝贵财富——《史记》。

明末清初著名史学家谈迁，29岁开始编写《国榷》。经过27年的辛勤笔耕，前后修改6次，写出了长达500万字的初稿。不幸的是，书稿还未出版，在一个深夜被人偷走。27年的心血付诸东流，谈迁心痛欲裂，悲愤地仰天长啸。但是，沉重的打击没有动摇谈迁的志向，书稿丢了，可人还在，只要自己还有一口气，书就一定要写出来。谈迁擦干泪水，重新拿起了笔。尽管年事已高，体弱多病，记忆衰退，行走不便，但是倔强的秉性和执着的信念支撑着他千里奔波搜寻史料，夜以继日，笔耕不辍。又经过9年，他终于完成了《国榷》这部巨著。这时，谈迁已经是一位65岁的白发苍苍的老人了。

苏联也有一位伟大的作家，像谈迁一样，被命运捉弄了一番。他一身伤病，双目失明，在病榻上完成了长篇小说《暴风雨中诞生的》。可是，书稿被邮局不负责任的邮差在投递中丢失，作者的痛苦和愤怒无以复加，他心如槁木，想就此作罢。经过一番冷静思索，他选择了从零开始、从头做起。又经过两年的呕心沥血，名著《钢铁是怎样炼成的》终于问世。他的名字——尼古拉·奥斯特洛夫斯基，也传遍了全世界。

是金子总会闪光，真正的信念一定会有达成的一天。20世纪80年代，美国有个闻名于世的制造机械的维斯卡亚公司，其产品销往全世界，代表着重型机械制造业的最高水平。很多人毕业后到该公司求职遭拒绝，原因很简单，该公司高端人才人满为患。史蒂芬虽是哈佛大学机械制造专业的高材生，但他和很多哈佛同学的命运一样，自荐信被该公司退回。然而史蒂芬并没有死心，他发誓一定要进入维斯卡亚重型机械制造公司。于是他采取了一个特殊的策略——找到公司人事部，提出为该公司无偿提供劳动，公司分派给他任何工作，他都不会计较任何报酬来完成。公司起初觉得这简直不可思议，但因为不需要任何花费，也用不着操心，于是便分派他去做打扫车间卫生的清洁工。史蒂芬勤勤恳恳地重复着这种简单但劳累的工作。为了糊口，下班后他还要去酒吧打工赚钱。这样固然得到老板及工人们的好感，但仍旧无一个人录用他。

1990年年初，公司的很多订单纷纷被退回，理由均是产品质量出现问题，为此公司将蒙受巨大损失。公司董事会为了拯救颓势，紧急召开会议商议解决办法。当会议开了六个小时尚未见眉目时，史蒂芬敲响了会议室大门，向正在开会的总经理说："我能用十分钟时间改变公司！"他对产品出现问题的原因作了令人信服的解释，并且就工程技术上如何改进提出了看法，拿出了自己对产品改造的设计图。这个设计非常高明，恰到好处地留存了原来产品的长处，同时克服了弊端。总经理及董事会的董事见到这个编外清洁工如此的精明，便询问他的教育背景及工作现状，都大为惊讶和叹服。经董事会讨论表决，史蒂芬立即被聘为公司负责生产技术项目的副总经理。

原来，史蒂芬在做清扫工时，利用清扫工到处走动的特点，细心察看了整个公司各部门的生产状况，并且一一作了详细的记录。半年后，他发现了公司生产中存在的一个重大技术性缺陷，他又花了近一年的时间搞设计，终于想出解决的办法，为最后展现自己奠定了基础。10年之后，史蒂芬不仅荣升维斯卡亚公司总经理，也跻身于美国的富豪榜。

史蒂芬的成功是因为他始终坚信一个信念："只要是金子，总会有发光的时候。"他在推销自己的过程中，能够不争一时的先后，锋芒内敛，不怕掉价，甚至忍辱负重；他目光远大，脚踏实地，从最基础环节做起，一步步积累，为自己的发展做了充分的准备，最终赢得了成功。他告诉我们："**不要畏怕现在的默默无闻，不要嫉妒别人的名声大振，不要期盼天上会掉下馅饼，只要你坚持信念、不懈努力，等待你的一定是成功的喜悦。**"

我曾读到过一则"一支铅笔有多少种用途"的故事。说的是纽约里士满区有一所穷人学校，它是贝纳特牧师在经济大萧条时期创办的。1983年，一位名叫普热罗夫的捷克籍法学博士生，在做毕业论文时发现，50年来，该校出来的学生与其他学校相比，在纽约警察局的犯罪记录都低。为延长在美国的栖身期，他突发奇想，上书纽约市市长，要求得到一笔市长基金，以便就这一课题深入开展调查。当时市长正因纽约的犯罪率居高不下受到选民的责备，于是很快就同意了普热罗夫的请求，给他提供了15万美元的经费。普热罗夫凭借这笔钱，展开了漫长的调查。从80岁的白叟到7岁的学童，从贝纳特牧师的亲属到在校的老师，总之，凡是在该校学习和工作过的人，只要能打听到他们的住址或信箱，他都要给他们寄去一份调查表，问：圣·贝纳特学院教会了你什么？他共收到3756份答卷。在这些答卷中有74%的人回答，他们知道了一支铅笔有多少种用途。普热罗夫本来的目标，并非真的想搞清楚这些从未进过监狱的人到底在该校学了些什么，他的真实意图是以此拖延在美国的时间,以便找一份与法学有关的工作。然而,当他看到这些稀奇的回复时,再也顾不了那么多了,决定马上进行深入的研究揭开这一谜底,哪怕结果出来后被立刻赶回捷克。

普热罗夫首先走访了纽约市最大的一家皮货商店的老板,老板说:"是的,贝纳特牧师教会了我们一支铅笔有多少种用途。我们入学的第一篇作文就是这个题目。当初,我以为铅笔只有一种用途,那就是写字。谁知铅笔不仅能用来写字,必要时还能用来做尺子画线,作为礼品送人表示友爱,能当商品出售获得利润,铅笔的芯磨成粉后可作润滑粉,演出时也可临时用于化妆,削下的木屑可以做成装饰画。一支铅笔按相等的比例锯成若干份,可以做成一副象棋,可以当作玩具的轮子;在野外有险情时,铅笔抽掉芯还能被当作吸管喝石缝中的水;在碰到坏人时,削尖的铅笔还能作为自卫的武器……总之,贝纳特牧师让我们这些穷人的孩子明白一个信念,这就是,一支铅笔都有无数种用途,有着大脑和健全四肢的人更是有无数种用途。我原来是个电车司机,后来失业了。现在,你看,我是一个多么成功的皮货商。"

普热罗夫后来又采访了很多圣·贝纳特学院毕业的学生,发现不管贵贱,他们都有一份职业,生活得非常乐观。而且,他们都能说出**一支铅笔至少20种的用途**。尤其是,他们都从中牢牢确立了这样一个终生铭记在心的信念:**连一支铅笔都有无数种用途,那么有着眼睛、鼻子、耳朵、大脑和四肢的人更是有无数种用途,并且任何一种用途都足以使我们生存下去。为了更好地生存下去,我们应该尽量开发自己的潜能,而不是想歪门邪道,以致走上犯罪的道路。**

这一信念给了普热罗夫茅塞顿开般的震撼!他再也抑制不住这

一调查发现给他带来的兴奋，一结束调查就抛弃了在美国寻找律师工作的想法，匆匆赶回国内。其后的一个圣诞之夜，他通过 E-mail 给纽约市政厅发了一份调研稿《醒着的世界及它的休眠状态》，算是对市长当年资助他调查并发现珍贵信念的答谢。不久，他成为捷克最大的一家网络公司的总裁。

让一个球开始滚动，远比保持这个球继续滚动所需要的力量来得大。第一步往往是最困难的，它需要更多的勇气。你如果已坚定信念踏上征程了，那么旅途中最困难的部分已解决了。唐朝的玄奘，决心去天竺取得真经，从长安出发，只身一人，徒步穿越沙漠、戈壁、高山、丛林，其中虽没有什么妖魔鬼怪，但他所经历的磨难可远不止《西游记》里说的九九八十一难。他也没有神通广大的孙悟空、忠诚的猪八戒、沙僧等人的全程护送，他只有信念，那种对于人生、对于真理、对于取得真经的比钢铁还要坚硬的信念，一路呵护他创造了被人千年传颂的奇迹。

是啊，你可以不成功，但你不能不成长。也许有人会阻碍你成功，但没人能阻挡你成长。有了坚定正确的信念，你就能快速健康成长，你就能不懈追求，什么苦都能忍受，什么环境都能适应，什么诱惑都能抵御，什么奇迹也都能创造，也就没有任何人阻碍得了你成功。

无数事实证明：

人生是船，信念是桨；没有船桨的划动，船就会停滞不前；没有信念的生命，是一天抄袭一天。

人生是树，信念是根；没有根系的支持，树就会枯萎死亡；没有信念的生命，活着与死亡无异。

信念是航道上灯塔，指引着人生的航向。

信念是冲锋的号角,激励着人生的奋发。

信念是黑夜中火炬,照亮着人生的征途。

信念是沙漠里绿洲,滋润着人生的饥渴。

信念是绽放的鲜花,铺满着人生的道路。

想学"出主意、写文章、抓落实"本领的机关干部,如果你有了坚定正确的信念,还用担心学不好、练不精"三会"本领吗?!

三、胸有大爱才能赋予"出主意、写文章、抓落实"高光

机关干部学练"出主意、写文章、抓落实"的本领,要持久地上水平,还需要有大爱作不竭的动力。

爱,在全人类的生活中具有普遍性。古今中外,无论什么地域、什么肤色、什么民族的人们,都有自己的爱的情感、爱的意识和爱的行为。爱,含有爱护、爱惜、爱戴、敬爱、慈爱之意,爱是恒久,又有恩慈。爱,凡事包容,凡事忍耐,不嫉妒,不张狂,不计较,不求回报。爱,是永不止息,是一种精神、是一种奉献、是一种责任感,是人类普遍存在的人道精神。是爱,推动着心灵去创造,推动着头脑去思考,推动着身体去行动。**在人所有的能力素质中,爱是最无私、最崇高、最伟大的。**

著名作家冰心对"爱"的形容更是动人心扉:"爱在左,同情在右,走在生命的两旁,随时撒种,随时开花,将这一径长途,点缀得香花弥漫,使穿枝拂叶的行人,踏着荆棘,不觉得痛苦,有泪可落,却不悲凉。"

弗洛伊德认为,爱和工作是文化的两个生身父母。

孔夫子说得好："知之者不如好之者，好之者不如乐之者。"

歌德更深刻地指出：天才要求最先和最后的东西，都是对真理的热爱。

管理学上有一句名言：如果你对工作始终充满情感，真正让敬业融入血液，那么，从事任何行业都容易成功。

创造了"苹果"成功奇迹的乔布斯对年轻人说：成就一番伟业的唯一途径就是热爱自己的事业。如果你还没能找到让自己热爱的事业，继续寻找，不要放弃。跟随自己的心，总有一天你会找到的。

可见，热爱是最好的老师，热爱赋予有志者不竭的动力。

我这里想进一步讨论的，是比热爱更高层面的"大爱"。

什么是"大爱"呢？现有的各种辞书字典，找不到"大爱"的定义。西方有一种说法，最早的大爱精神是美国斯坦福大学的创始人——老斯坦福夫妇在痛失爱子后提出的。其"大爱"理念和做法，是把家庭全部财产都用来创建斯坦福大学，把失去爱子的痛，转化为对全天下年轻后代的培养和塑造。

国内理论界近些年对"大爱"含义和特征做过很多讨论。

一些理论工作者认为，"大爱"是人类相互之间自觉自愿的、稳定持久的、深沉深远的情感，是人类对自身价值和前途命运的关爱精神和高度负责的行为。

有人认为，"大爱"从精神方面说，是对人类自身命运的关爱精神，也就是常说的"爱心"，从实践方面说，"大爱"是指主体对客体在行为上的高度负责。"大爱"具有爱人之爱、深远之爱、自觉之爱、持久之爱等四个特征。

也有人认为，中国特色社会主义的"大爱"精神，同中国优秀道德传统有着密切的继承关系，是对中国革命"大爱"精神传统的直接继承和发展，是中国特色社会主义的民族精神，与社会主义核心价值体系本质上是一致的。还有的人概括了中国特色社会主义"大爱"精神，包含有爱党、爱国、爱人民、爱劳动、爱科学、爱社会主义的价值原则等。

或许可以概括地说，大爱，是人们对人自身的价值、前途和命运的自觉关爱精神和高度负责行为的统一。它发源于人类社会的生活实践，表现为人类社会的自我意识，传承于社会的价值文化，是人类之爱发展的高级阶段和高级形态。

（一）大爱是中华民族传统文化的瑰宝

说起大爱，我们不妨回到古代去追根溯源。

人都具有不可抗拒的爱的能力，也有不可或缺的爱与被爱的需要。大爱，作为一种道德精神，广泛地存在于人类社会。尽管在早期人类思想发展史上，"大爱"一词并未被思想家们广为使用，但在整个中华民族漫长的历史文化长河中，可以寻找出大爱精神的许多思想元素。

中华民族传统文化是融合百家，包括墨家、道家、法家、兵家，以及道教、佛教等于一体，并以儒家文化为主要内容的。自从汉代董仲舒提出"罢黜百家，独尊儒术"后，儒家文化就以"独尊"的地位，从汉代至清代一直支配了中国思想文化两千多年。

1988年，75位诺贝尔奖获得者在巴黎集会，研讨"21世纪的挑战和希望"。在会议的新闻发布会上，汉内斯·阿尔文博士（瑞典人，1970年诺贝尔物理学奖获得者）讲：**如果人类要在21世纪**

生存下去，必须回到 2500 年前去汲取孔子的智慧。这句话影响非常大，给人振聋发聩的感觉。目前，世界上近百个国家的"孔子学院"应运而生，跟此不无关系。

以孔子为代表的儒家文化为什么能延续千年不衰，至今在中国，乃至全世界仍有顽强生命力呢？一个重要原因，就是孔子有"仁爱"学说。孔子一生对"仁"极为关注，多次谈论关于"仁"的话题。孔子认为，"仁者，人也"。"仁"是人的本质属性，仁爱是做人的根本。虽然"仁"的思想在中国历史上早已有之，但将"仁"同人的本质结合在一起，把"仁"作为人的本质来看，却是孔子首创。孔子又提出，人只要能做到恭、宽、信、敏、惠这五点，就可以称之为志士仁人。他把"爱人"作为"仁"的主要内容，说"爱人"即是"仁"。而所谓"爱人"就是人应该通过自己安身立命到成就他人，以此来实现天人合一的充满仁爱的思想人格。孔子认为"仁"的基本形式是"礼"。由"自爱"出发，转化为"他爱"，进而升华为对国家礼仪文化、民族传统精神之爱。孔子的社会理想是要实现充满"仁爱"的大同世界，这就是孔子"仁爱"思想的逻辑发展，它放射出"人性"的光芒，闪现出"大爱"的道德精神和永恒价值。"仁爱"思想是儒家哲学里的基石和重点。孔子的代表作是《论语》，历史上曾有"半部论语治天下"一说，而在两万多字的《论语》中，提到"仁"字的就有58章，"仁"字共出现109次。可以说，《论语》篇篇有"仁"，章章有"爱"，称得上是我国最早一部论述"大爱"的著作。孟子发展了孔子的"仁爱"思想，提出"仁则荣，不仁则辱""老吾老以及人之老；幼吾幼以及人之幼"等人与人之间相爱的伦理观念。孙中山说把仁爱恢复起来，再去发扬光大，便是中国固有的精神。可见，源于儒家的仁爱精神，它历经千年，一定程度上孕育着一个民族的灵魂、铸造着一个民族的精神家园，成为这一民族团结和睦的重要文化支撑。当然，一分为二地看，以孔子为代表的儒家文化虽然有很多精华，对中华民族的发展有重大的积极影响，但也确有一些因社会历史条件局限所形成的糟粕，对中华民族的发展有消极影响。我们应当取其精华，去其糟粕，有选择地继承发扬儒家文化。

除了儒家的"仁爱"学说之外，其他学派，也在一定程度上继承了孔孟的"仁爱"思想。比如，法家的代表管子，首次提出"以人为本"理念，以及"爱人""惜民"之说；还提出"国有四维，一曰礼，二曰义，三曰廉，四曰耻"。比如，道家的代表老子，提出了"守柔""不争"，所谓"上善若水""水利万物而不争"的"慈爱"之说。又比如，墨家创始人墨子，提出了"爱无差等"的"兼爱"之说。再比如，佛教在公元一世纪传入中国，经过了与中国文化不断融合、不断中国化和本地化的过程，一直弘扬"慈悲为怀"。这些，都蕴藉了"大爱"的精神元素。

在我国传统文化中，无论儒家的"仁爱"、墨家的"兼爱"、魏晋玄学的"大爱无私"，还是各种宗教关于"爱"的道德等，都突出表现为追求至善。认为唯有至善、至高、至远的人格境界之"爱"，方能称之为"大爱"。认为"大爱"贵在胸怀广博、境界高远、义薄云天，大爱通天、大爱无言、大爱无疆，关键时刻甚至可以使人做到"舍生而取义"。认为"大爱"至善，它能够砥砺德行，使人成为重义之人，像孔子所说的君子那样，做到"义以为质""义以为上"。追求至善，实际就是将"大爱"精神付诸行动，表达了中华民族对大爱精神的理想追求和行为准则。

可见，以"仁爱""博爱""兼爱""慈爱""至善"等为载体的

"大爱"精神和行为，是中华民族传统文化中由来已久的人文精神，在我国文明宝库中熠熠生辉。

（二）大爱是当代中国精神文明建设的柱石

大爱精神属于社会文化，是建立在一定社会经济基础之上的上层建筑，具有鲜明的时代和民族特征。大爱精神具有两大功能：在主体认识世界、改造世界的过程中，具有巨大的能动作用；也为主体自身的发展完善，建设精神家园，提供强大的动力。

我党我军的发展壮大史，一定程度上可以说是"大爱"精神的传承弘扬史。湖北红安（中华人民共和国成立前称黄安）是中国共产党早期农民武装起义的重要策源地、人民军队的重要诞生地，也是人民革命战争的重要根据地。当年，"小小黄安，人人好汉。铜锣一响，四十八万。男将打仗，女将送饭。"革命先烈在这里留下了脍炙人口的"要革命，不要钱、不要家、不要命"和"图奉献，不图名、不图利"的精神财富。这"一要三不要""一图两不图"，既是一种品质、秉性，珍贵朴实的价值取向和行为取向，更是一种"为有牺牲多壮志，敢教日月换新天"，毫无保留地给予和付出的大爱！

在当代中国，大爱精神是对人民群众、对中华民族乃至对全人类的自觉关爱、高度负责和无私奉献，说到底是集体主义的人生观、价值观，这与社会主义核心价值体系在本质上是一致的。我国社会主义精神文明建设一贯倡导的"五讲四美三热爱"以及爱憎分明的"社会主义荣辱观"等，正是这种"大爱"精神的具体体现和实现途径。

第一讲 志存高远 胸有大爱

复旦大学前校长、中国科学院院士杨福家，在2002年9月6日成都举行的中国科技协会年会上，提出"一流大学需要大楼、大师与大爱"。后来，他在上海市民办高等教育协会首届年会上的演讲中进一步指出，所谓大爱，就是"爱国家，急国家所急；爱人民，做好公民；爱真理，求是崇真；爱科学，激励好奇心；爱师生，营造环境、点燃火种"。

温家宝2006年农历除夕在东北大学视察时，深刻指出：

爱是一切道德的基础。对祖国和人民有爱心，对社会有责任感，对国家有奉献精神，这三点的基础还是爱。对人民要有真挚的大爱。

2009年6月1日，温家宝在中南海与56个民族的小朋友代表共度六一儿童节，他问小朋友：是什么东西把我们56个民族凝聚在了一起呀？你们要记住，是爱！有爱才有教育，有爱才有道德，有爱才有一切。

在我国科技界，一些老一辈科学家是践行"大爱"精神的楷模。为了国家的强大，为了民族的复兴，为了中国人民的根本利益，他们无条件服从国家需要，不计名，不计利，到几乎与世隔绝的基地去工作，研制镇国的"神器"。他们生活条件之艰苦，物质待遇之菲薄，完全超出了我们想象。他们"吃的是草，挤出来的是奶"，有一些人甚至牺牲了自己的生命，成了无名英雄。我曾给军区空军首长张梦山做过秘书，他给我寄来自己的革命生涯回忆录，其中记载了他听亲历者介绍的一件令我震撼的史实：我国研制"两弹"的元勋邓稼先同志病重住院时，著名物理学家杨振宁去探望，提起国家给研制"两弹"有功人员发奖金的事情，他的夫人许鹿希说："就发了10元钱。"邓稼先忙说："不对，是20元！"原来，当时规定给参加研制原子弹、氢弹人员的奖励分三个等级：10元、5元、3元。因邓稼先参与了原子弹和氢弹两个项目，因而发了20元奖金！我读后感慨万千，邓稼先他们顶天立地、彪炳史册的贡献与区区20元微不足道的奖金，形成了多么大的反差呀！这一反差，彰显了"两弹一星"英雄们物质待遇之菲薄和精神境界之高尚！树立起的是真正的共产党人大爱无私、大爱无言、大爱无垠的丰碑！

由此我们也就不难理解，为什么在革命战争年代，无数共产党人甘愿抛头颅、洒热血，追求国家独立和民族解放；在和平建设时期，同样有无数党员、干部、军人甘愿舍小家、为大家，无私奉献。这种对人民的大爱，对国家的热爱，对民族的深爱，正是中国共产党人的根本宗旨和道德基石，也是战胜困难、夺取胜利的最伟大的动力。

（三）大爱有无与伦比的感召力

有位哲人说过："人不一定能使自己伟大，但一定能使自己崇高。"

大爱，就是能使自己崇高的不二法门。

大爱既大又小。

说它大，因为"大爱"之大，囊括人间，包容天地。而"爱是一切道德的基础""有爱才有一切"的论断，则深刻地揭示了"大爱"滋生天下美德。

说它小，因为平常人做平凡事也能做到"大爱"。

《华北电业》2006年第3期刊登了山东省枣庄供电公司的一名叫李明强的农民电工的事迹，他当年每个月收入二三百元，却要月月拿出100元资助一个烈士遗孤，连续坚持了11年。1998年，我国南方发生特大洪灾，收入微薄的他，却捐出1000元救灾款。

汶川大地震后，一个街道的捐款箱前，步履艰难地走来了一个身有残疾的老人，他用颤抖的手，往箱内装入五元钱后走了。过了好一会儿，他又走来了，又用颤抖的手往箱内装入一张百元大钞。工作人员经询问才知道，老人身上的钱总共只有105元，而最大面值的只有一张五元的。他第一次捐钱时本想将身上所有零钱一起放入箱内，忽然想到不要给工作人员添数零钱的麻烦，就自己又颤巍巍地走了挺远的路到银行，将这一大把一元两元的零钱，换成了一张百元钞后再来捐。这位老人可能是最贫穷的捐款者了，但这好几十张零钱凑成的105元，折射出了草根民众身上最动人的"大爱"光芒！

无论大人物、小人物，从小事做起，把小事做好，也能拥抱"大爱"，拥有"大爱"，表达"大爱"，做出极不平凡的事。

大爱既远又近。

说它远，因为"大爱"无疆，崇高无比，是大众偶像，似乎遥不可及。

说它近，因为"大爱"之心，在凡有人的地方就存在，它渗透到人类社会的经济、政治、文化、法律、道德、宗教等各个领域，你能在生活中每时每刻、随时随地触摸它、感受它。

在人民子弟兵的军营内，这样的"大爱"更是随处可见。2009年空军工程大学组织"感动空工大模范人物"评选活动，让全校1万多名师生员工，用投票的方式，评出身边最感动自己的模范。高票当选的10名模范中，有"课比天大"的普通教员，有心中只有"大家"、不顾"小家"的基层主官，有"愿做春蚕吐丝尽，甘当红烛照来人"的退休老干部，还有用3千多个日日夜夜无微不至呵护植物人丈夫恢复意识的好军嫂。大二学员李乾坤，出生在河南商丘一个贫苦农家，父亲早年受伤失去劳动能力，一家全靠他母亲种田养家糊口，拉扯大4个儿女。他哥哥在地方读大学，一个妹妹上高中。为了减轻家里负担，高考成绩非常优异的李乾坤，选择了上军校，而且在空工大创造了多个"第一"。别的学员大多是父母亲友簇拥着送来大学报到，而他是第一个用自己暑假打零工挣的钱，带着母亲来报到，就为了使从未离过家乡，更没坐过火车的母亲，能够见见外面的世界；新学员训练一结束，他主动申请到食堂勤工俭学，成为空工大生长干部学员勤工俭学第一人；一年后，他就用省下的津贴费加勤工俭学所得，给哥哥汇去5000余元，成为空工大学员挑起供哥哥读大学重担的第一人。学校放寒假，他主动申请留下来护校，而且将战友们的被褥拆洗得干干净净，又在每个被套、床单上用针线绣上了战友们的名字。这样的好事，他做得数不清。李乾坤假期护校结束返千里外的家乡看父母，居然在行李包里塞了两包沉甸甸的各色饮料。队长不解地问他，他回答说："我爸爸妈妈从来没喝过饮料，我就用饭卡刷些，背回去让他们尝尝鲜。"

这样的爱家庭、爱父母、爱战友、爱集体，"洒向周围都是爱"，难道不是"大爱"精神的具体体现吗？你的身边难道没有吗？很显然，"大爱"近在身边，人人可学，人人能做。

大爱既虚又实。

说它虚，因为"大爱"是抽象的、是道德精神领域的、非物质的。

说它实，因为它是自觉持久的关爱精神和高度负责行为的统一，有了"大爱"的精神境界，必有"大爱"的实际行为，必然结出"大爱"的丰硕果实。

著名军旅作家王树增创作了脍炙人口的长篇历史小说《长征》《解放战争》《朝鲜战争》。他在部队演讲时说，战争年代为什么我军总能够以弱胜强，为什么那么多的士兵敢打敢拼、英勇无畏，一个重要原因，就是广大士兵为被尊重而舍生忘死。王树增说，从采访到的资料看，当年红军队伍里的很多士兵在从军之前，都过着非人的生活，而从军后，官兵一律平等，人格受到尊重，军官有什么，士兵就有什么，军官即使有一个红薯，也要和士兵一分两半。这种官兵平等的作风始终贯穿于我军建设发展之中。在解放战争中，曾有外国记者在采访，最让他们感到困惑的，就是在共产党领导的军队里，分不出谁是官、谁是兵。

这段演讲给人深刻的启迪。一支军队凭什么所向披靡、横扫千军？光靠装备是做不到的，光有谋略也不行，更重要的是靠人的精神和意志。而这种精神和意志，既来自信仰，也来自每个人的人格受到尊重。尊重是一朵开在心间的花，它用谦逊、宽厚、理解、包容和友爱，来温暖人的心灵；尊重是一团火，它能给人以帮助，给人以希望，催人奋进，促人向上；尊重是一条通往美好的路，它使人不用扬鞭自奋蹄，不达目标誓不回。有尊严地活着，才能做到为尊严而献身。总之，尊重是一种精神，被尊重产生力量。而尊重的核心是对人类自身命运的关爱，也就是常说的"爱心"，是指主体对客体在行为上的高度负责，是自爱、他爱的高度统一。这不是"大爱"精神的体现吗？

中央电视台每年都组织"感动中国"十大人物评选，我有幸到过颁奖现场亲身体验并深受感动。因为当选人物身上处处闪耀的"大爱"精神，深深地感动了全国亿万观众的心灵，我和很多观众都是边看边流泪。它反映出"大爱"有巨大的亲和力、感召力、影响力和生命力。

从另外一个方面也可以看到，一切逆时代而动的、背离优良传统的、违背道德准则的腐败、丑恶、颓废等现象，其深层次的原因，也程度不同地表现在"大爱"的缺失上。比如一个网络红人有句"名言"：宁愿坐在宝马车上哭，也不愿坐在自行车上笑，这样的价值观、幸福观，找不到丝毫大爱的痕迹，充满了拜金主义的铜臭味。

建设中国特色社会主义需要"大爱"，构建社会主义和谐社会呼唤"大爱"，筑牢社会主义精神文明大厦渴盼"大爱"，做个高尚的人、纯粹的人、有益于人民的人、脱离了低级趣味的人，更不能没有"大爱"。

各级机关干部只要有了"大爱"的精神境界，就有了"出主意、写文章、抓落实"的真正灵魂，就有了高尚的境界，就有了深厚的情感，就有了不竭的动力。只要"大爱"在心中，学"三会"板凳再冷，也会乐于久坐；练"三会"付出再多，也会乐在其中。因此，学出主意、写文章、抓落实本领，必须从培育"大爱"入手，努力打牢价值观、道德观和思想作风基础。

第二讲 洞明时事 见微知著

谈谈怎样拓展"出主意、写文章、抓落实"的睿智

睿智，指的是见识卓越，富有远见。

哲学是理论化、系统化的世界观和方法论，人要达到睿智，无时无刻离不开哲学。

英国哲学家罗素说：要了解一个时代或一个民族，我们必须了解它的哲学。

德国哲学家黑格尔强调，哲学的意义在于引导人们尊敬他自己，并自视能配得上最高尚的东西。

我国哲学界泰斗冯友兰则在哲学与其他学科的对比中提出，哲学以外的学科都是"使人成为某种人"，而哲学是一门"使人作为人能够成为人"的学问。

有学者总结概括了研究事物的四种境界：

一种是历史境界，目的是通古今之变；

一种是科学境界，目的是识事理之常；

一种是艺术境界，目的是探无形之秘；

一种是哲学境界，目的是究天人之际。

其中的哲学境界，是研究事物的最高境界。提高机关干部"出主意、写文章、抓落实"的能力素质，必然要努力攀登这一研究事物的最高境界。

一、天赋再好，不学哲学也不能算明白人

（一）哲学素养是机关干部的第一素养

有一种力量让我们在混沌中清醒，在纷乱中自觉，在彷徨中坚定，在万象中固本，这就是哲学的力量。哲学可以帮助人们建立自

己的人生观和价值观,从而确定自己对现实世界的信念。选择一种哲学,就是选择了一种信仰,将从根本上影响你的一生。

独立的思考是人脑的特殊功能,但如果不通过后天的教育和思维的训练,哲学素养是不可能呈现出来的。所以,哲学素养是人们在先天禀赋的基础上,通过后天的哲学学习和教育,以及自我锤炼而获得的相对稳定的品质,它是人的一定哲学知识、哲学思维能力和哲学品格的综合体现,对个人与社会的发展起着不可替代的重要作用。

革命领袖对学哲学有很多精辟的论述。

马克思曾说:"没有哲学我就不能前进。"(《马克思恩格斯全集》第40卷)

毛泽东曾多次讲过,马克思主义有三个东西:马克思主义哲学、马克思主义政治经济学和科学社会主义,其中哲学是基础。不懂得马克思主义哲学,我们就没有共同语言,结果是扯了好多皮还扯不清楚,所以我劝同志们学习哲学。并说:有了辩证唯物论的思想,就省了许多事,也少犯许多错误(1955年3月毛泽东在《在中国共产党全国代表会议上的讲话》)。

邓小平指出:现在我们的干部中很多人不懂哲学,很需要从思想方法、工作方法上提高一步。(《邓小平文选》第2卷)

关于哲学教育部哲学学科教学指导委员会主任孙正聿有一段很精彩的论述,他讲:我用"凝重""亲切"和"睿智"来概括哲学和哲学教育的特性。

一是"凝重"。哲学问题是关于人生在世的大问题。求索天、地、人的人与自然之辨,探索你、我、他的人与社会之辨,反省知、性、意的人与自我之辨,追求真、善、美的人与生活之辨,凝结成理解"人生在世"的哲学范畴，构成作为"思想性的历史"的哲学史。恩格斯说，"辩证哲学"就是"一种建立在通晓思维的历史和成就的基础上的理论思维"，所以哲学和哲学教育是"凝重"的。

二是"亲切"。任何一种哲学，都是哲学家以时代性的内容、民族性的形式和个体性的风格去求索人类性问题的思想结晶。可以说，哲学既是哲学家以个人的名义讲述人类的故事，又是哲学家以人类的名义讲述个人的故事。哲学家个人的体悟和思辨，与人类的思想和文明，熔铸于百家争鸣的哲学思想之中，由此便构成了作为"历史性的思想"的哲学和作为"思想性的历史"的哲学史。这样的"哲学"和"哲学史"，蕴含着哲学家呕心沥血的理性思辨和洗涤灵魂的心灵体验，所以哲学和哲学史又是"亲切"的。

三是"睿智"。哲学的世界观是人生在世和人在途中的人的目光，是现实的和历史的，而不是超现实和非历史的，因而是实践的智慧。我在《哲学通论》中说，哲学"是人类思想的批判性的反思的维度、理想性的创造的维度。它要激发而不是抑制人们的想象力、创造力和批判力，它要冲击而不是强化人类思维中的惰性、保守性和凝固性，它要推进而不是遏制人们的主体意识、反思态度和创造精神。学习哲学，需要高举远蹈的心态，慎思明辨的理性，真切体会的情感，执着专注的意志和洒脱通达的境界"。凝重、亲切和睿智的哲学，提升人的理论思维能力和人生境界，因而是一门"使人作为人而成为人"的学问。

机关干部的素养按不同类别可划分为许多种，如政治素养、职业素养、科学素养、文化素养等，其中第一位的是哲学素养。因为哲学素养赋予人的睿智，不是关于某一具体科学的技巧性能力，而是一种整体的认识和改造世界的能力,是建立在理性独立思考的基础之上形成的。具体来说,包括哲学知识、哲学能力和哲学品格三个层次。其中哲学知识构成哲学素养的基础部分。哲学能力是人的智力结构中的精华部分,它是通过哲学知识的学习而培养、锤炼出来的思维特质。在掌握了丰富的哲学知识、形成了多方面的哲学能力之后,最终铸成一定的哲学品格。哲学品格是哲学知识和哲学能力的升华,是人们通过后天学习,加上自我锤炼而形成的稳定的世界观、人生观和价值观。

具体地剖析,首先,**哲学素养有利于提高思想政治素质**。因为哲学能够使人确立高瞻远瞩的视点,能够帮助人发现真相和认识真理,哲学素养为远大的政治眼光、坚定的政治信念和良好的政治道德提供了世界观基础。其次,**哲学素养有利于提高人格素质**。人格素质是人在后天实践中形成的,通过行为方式经常表现出来的,体现人本质的心理特征。哲学能够使人不断地追问人生,能够激发人的睿智至善的激情,能够培养人执着专注的意志,因而哲学素养是人格素质提高的人生观基础。再次,**哲学素养有利于提高专业素质**。人的专业素养指的是具有广博扎实的专业理论和基本技能,能掌握自主的学习方法,并有解决实际问题的能力。哲学能够培养人的问题意识和创造精神,为人具有良好的专业素质奠定坚实的思维基础。

新时代,我们怎样在纷扰的世俗生活中,使自己内心深处仍然有一个高尚淳朴的精神世界;怎样不因社会上拜金主义、极端的个人主义和利己主义的浪潮裹挟而随波逐流,仍然保有自己独立的人格及正确的人生态度;怎样对社会主义与资本主义现实前景与预想的社会之间的差异做出哲学的辩证判断。对于诸如此类的问题,只有提升自己的哲学素养,才能形成符合客观规律的科学判断和适应时代要求的价值导向，并指导自己正确行动。

请你仔细观察一下周围，有些机关干部的年龄、文化、经历、职务都相近，但有的理论水平高一点，办事能力强一些；有的理论水平低一些，办事能力弱一点；有的善于思考问题，勇于开拓创新；有的不善于思考问题，习惯因循守旧。从个人素质深处来找差距，主要是他们的哲学素养存在着明显差别。

总之，**离开人生，哲学是空洞的；离开哲学，人生是盲目的。哲学素养好，其他素养差不了；哲学素养差，其他素养强不了，即使凭天赋能短时强，也巩固不了。**

提高哲学素养，首要的是多学点马克思主义哲学。马克思主义的立场、观点和方法不是抽象的、孤立存在的，它需要通过一定的载体，如著作、文献等表现出来。要认真地而不是敷衍地，系统地而不是零散地多读一些马克思主义哲学原著，特别是当代中国马克思主义哲学的基本文献、基本著作。还要重视加强对机关干部哲学素养的考核，用考核这一"杠杆"，带动和促进学习提高。应将学哲学、用哲学纳入机关干部经常性学习计划，纳入述职述学的内容，纳入德才考察标准，形成促进机关干部勤奋学习并善于运用马克思主义哲学指导实践的长效机制。

（二）哲学是最根本的创新学

为什么说哲学是最根本的创新学？

因为从本质上看，哲学不是一种知识体系，而是系统的反思性的批判性思维活动。马克思认为自己思想的优点恰恰在于不是教条式地预测未来，而是在批判旧世界中发现新世界。在批判中发现，在批判中扬弃，这正是创新的灵魂所依。基于这种本质特征，哲学要求对社会科学和自然科学的新知识进行新的概括，对整个世界的发展图景形成新的总体理解。勇于挑战现有观念，不断地提出和解决新问题，坚持不懈地开辟新的思维空间，这是哲学特殊的思维方式。这些本质特征和特殊思维方式，深刻揭示了哲学是最根本的创新学。

又因为，哲学作为关于整体世界观的学问，能够促进人认识和理解上的整体性，让人具备思维的全局性和系统性，在思考任何具体问题时关照全局，把部分置于整体框架中加以考虑，把局部放在全局的视野中来估量，把当下与过去和未来联系起来思考。这对于把握好创新的方向、判断好创新的关键、选择好创新的途径都是极为重要的。

还因为，学习哲学能够通晓历史发展规律和发展趋势，从多样性和繁杂性的事物中，发现本质性、趋势性和全局性的问题。人们常说实践出真知，但并不是实践多了就一定有真知。关键在于，你能否把实践经验上升为理性知识，这个上升过程离不开哲学。一旦有了对规律的正确认识，突破了陈旧思想观念的束缚，掌握了发现问题的"望远镜"和"显微镜"，就能更好地解放原先被禁锢的思想，就会发现原先不以为是问题的问题，就会形成原先未曾有的崭新观念。

机关的工作在很大程度上是创造性劳动，必须以原有的知识经验为重要根基，又必须依凭哲学素养来跳出原有知识经验的圈子，以俯看、审视、批判、扬弃的态度来看待已有的知识经验，发现它们之间的内在联系和发展规律，从而产生新颖独特的思路办法，来解决新的问题。可见，机关干部只有学好哲学才能从根本上提升见微知著的洞察力、形成新观念的创造力。

海军工程大学教授马伟明是一位蜚声国际电力电子科技界的"国宝级"科学家。马伟明一连串的重大发明创造,使他仅34岁就被破格晋升为教授,38岁成为博士生导师,41岁当选中国工程院院士,是当时最年轻的院士,42岁晋升海军少将军衔。他荣膺国家科技进步奖一等奖、"中国发明创业奖"特等奖、"军队专业技术重大贡献奖",还获授全国十大"杰出专业技术人才""国家有突出贡献的中青年专家"和"当代发明家"等荣誉称号。

为什么马伟明教授有这么杰出的创造能力?去调查采访他的人员惊奇地发现,这位长年累月在实验室等科研教学一线,每天工作十几个小时,惜时如金的科学家,在极有限的业余时间里嗜好是研读哲学著作。他不但读马列主义哲学经典著作,而且读古希腊哲学、古罗马哲学、中世纪哲学、近代哲学、现代哲学,他通涉博览,乐此不疲,对现代西方哲学流派的代表人物及其哲学思想,诸如叔本华、尼采、萨特等,有独到的见解。他如此精湛扎实的哲学功底,令在高级机关宣传部门当过多年领导的我觉得汗颜不已,因为我读过的哲学著作显然不如马伟明教授多。由此,我也进一步明白了马伟明教授这么多世界领先水平的发明创造的智慧源泉到底在哪里,是哲学这门最根本的创新学,给予了马伟明教授最奇特的创新灵感、最深邃的智慧!

(三)要善于在实践中感悟和用好哲学

有学者归纳了哲学需要重点研究的五大问题:

一是人生意义的无尽追问;

二是人类命运的深切关怀;

三是现实世界的批判反思；

四是理想世界的观念建构；

五是改造世界的现实道路。

可见，哲学是一种建立在通晓思维历史和成就的基础上的理论思维，是思想中所把握到的时代和时代精神的精华，它既有厚重的历史感，又有强烈的现实性，因而应重在实践中感悟和用好哲学。

有一句关于实践的谚语是这样说的：我听到的会忘掉，我看到的能记住，我做过的才真正明白。

马克思在《关于费尔巴哈的提纲》中说："人的思维是否具有客观的真理性，这不是一个理论的问题，而是一个实践的问题。"

要看到，哲学素养作为思想中的现实，它同现实之间保持着一定的距离。正是由于人的哲学素养超越了人的感觉的杂多性、表象的流变性、情感的狭隘性、意志的主观性，从而能更为全面地反映现实，更为深刻地剖析现实，更为理智地引导现实。正因为哲学素养超越了现实，当它还原到现实中去时，就必须经过实践这一必不可少的环节。离开实践，哲学素养只是观念的东西，而观念的东西是不能在自身的范围内得到证明和提高的。观念并不能改变事物本身，改变的只是对事物的认识，但观念可以改变人，人可以改变世界。

在实践中印证真理、认识规律，入脑入心，并触类旁通，指导实践，这就是我们常说的感悟。感悟是一种高超的思维品质。人们认为感悟很神秘，近在眼前又远在天边，若隐若现，可遇而不可求。实际并非如此。

任何思维方式都是将感悟和计算作为根本。感悟，就是依靠推断大趋势来获得某种结论，是带不确定性和超脱感的。计算，就是根据已知条件和因果关系，推算出结论，是带局部的精确性和可控性的。古人说，做人要"外圆内方"，"外圆"实际就是感悟，"内方"实际就是计算。感悟和计算在任何时候都是并存的，感悟往往大于计算。

感悟和计算具有不同的运用手法。感悟主要是登高望远，扩大视角，是宽，是容，是合，主要指向大的方面，由大入小，把面的范畴照顾到，把正的方向搞清楚，以立于不败之地。计算主要是集中视角，是窄，是细，是分，在感悟的统筹下，把细节因素算清楚、内在联系理明白、优长利弊量准确。

加强哲学素养，不仅要勤于学习，更要注重实践运用，在用中感悟，在悟中升华；在计中取胜，在算中结果。

毛泽东不仅劝同志们学习哲学，而且身体力行。在延安时期，他亲自组织学哲学小组，每到星期三晚上，艾思奇、何思敬、杨超等七八个人，都到他办公的窑洞里，围坐在一支蜡烛前，学习马克思主义哲学和古今中外的各哲学流派。那个时期毛泽东读了大量哲学书，比如1931年苏联出版的《辩证唯物论教程》，仅仅在"辩证法三大原则"这一章里，毛泽东批注的文字就达9000多字。其中，关于质量互变规律的批注有1600多字，关于否定之否定规律的批注有1500多字，关于对立统一规律的批注则有6000多字。毛泽东还鲜明地强调"读书是学习，使用也是学习，而且是更为重要的学习"。他正是通过对城市斗争、武装暴动等一连串失败的感悟，将马克思主义普遍真理辩证地运用到中国革命斗争的实践中，总结提炼了农村包围城市，进而夺取政权的正确道路。他又将马克思主义哲学思想运用于指挥抗日战争、解放战争等实践，创造了世界战争史上极其辉煌的料敌如神、用兵如神，以弱胜强、以少胜多的奇迹。革命领袖深钻细研、在实践中感悟和用好哲学的精神，为我们后辈树立了光辉榜样。

二、正确处理五个重要关系使你耳聪目明

提高哲学素养，应重视学会用马克思主义哲学思想，正确处理主观与客观、现象与本质、普遍与特殊、局部与全局、变与不变的重要关系。这五个重要关系，机关干部都耳熟能详，由于日常工作中三天两头都会遇到，对其把握得好不好，影响很大，因而有必要加深感悟，提高正确处理具体问题能力。

（一）主观和客观相统一就是实事求是

主观和客观的关系问题，是认识论中的基本问题。能否对其正确认识和处理，是做到实事求是的关键。

通常所说的主观，是指人的认识活动，包括被人的意识所支配的一切。比如，人们想问题、下结论、做事情，都属于主观范畴。客观，是指存在于人意识以外的各种事物，包括不由人的意识活动控制的制约事物发展变化的规律。客观既包括有形的，也包括无形的。

客观不依赖于主观而独立存在着。比如万有引力，在牛顿发现它之前，尽管人们认识不到，但自打有宇宙开始它就存在，因而它就是客观的。太阳不会因为你的失意，明天不再升起；月亮不会因为你的抱怨，今晚不再降落。蒙住自己的眼睛，不等于世界就漆黑一团；蒙住别人的眼睛，不等于光明就属于自己。总之，不管你喜

欢与否、需要与否，客观事物都会照样存在。

客观决定主观，主观反映客观又能动地反作用于客观，对客观事物的发展起促进或阻碍作用。唯心主义颠倒主观与客观的真实关系，提出主观决定客观，否认客观的独立性和主观对于客观的依赖性。而机械唯物论虽然承认客观的独立性及其对主观的决定作用，但不懂得主观对客观的能动性和反作用。

只有辩证唯物主义全面科学地解决了主观与客观的关系问题。认为主观与客观是对立统一的关系，而且告诉我们，主观与客观在实践基础上的统一，是一个过程。由于客观事物本身的复杂性及其处在不断的变化发展之中，而主观认识受社会历史条件、阶级地位和科学知识水平等的限制，使主观认识常常落后于客观实际，主观与客观之间常常产生矛盾。这个矛盾，只有经过不断实践、不断总结成功与失败的经验，才能逐步做到主观与客观具体的历史的统一。

毛泽东讲："'实事'就是客观存在着的一切事物；'是'就是客观事物的内部的联系，即规律性，'求'就是我们去研究。"（毛泽东，《改造我们的学习》）邓小平强调指出：解放思想，就是使思想和实际相符合，使主观和客观相符合，就是实事求是。（邓小平，《贯彻调整方针保证安定团结》1980年12月25日《邓小平文选》第2卷）陈云说：不唯书，不唯上，只唯实。（《陈云文选》第3卷）这些都是正确处理主客观关系的重要准则。当年王明能将马列的经典著作倒背如流，在延安作报告仅凭一两张纸的提纲，甚至在火柴盒上写几行字，就能引经据典讲马列主义，可以滔滔不绝连讲三四个小时。但他只知道照搬书本，搞教条主义，他的主观认识不符合客观实际，结果把中国革命引向了绝境。毛泽东从中国革命客观实际出发，坚持实事求是，将马列主义本土化，主观认识符合中国的国情，最终引导中国革命战胜艰难险阻，走向了胜利。

正确处理主客观关系，很重要的是学会全面地看问题，防止片面性和主观随意性。假如只看到客观事物的一个侧面而看不到另一个侧面，只看到有利的一面而看不到不利的一面，就容易得出错误的结论。只看到成绩而看不到问题，会使人盲目乐观，对今后发展有负面影响；只看到问题而看不到成绩，又会使人丧失信心，同样对今后发展有负面影响。只有既看到成绩又看到问题，既看到困难又看到希望，才能正确认识形势和把握现状，在勇于揭露和解决问题的过程中，到达成功的彼岸。

准确把握主观与客观的关系是很不容易做好的。因为对同一个复杂事物，可能一百人会有一百种不同的认识。实现主观认识与客观实际的吻合和统一，必须付出艰辛的努力。实现了，就是实事求是；达到了，就接近了真理。

美国著名企业家费尔在担任贝尔电话公司总裁时，力排众议作出四项重大决策：一是提出"以服务为目的"的经营理念；二是主动对经营业务实行"公众管制"；三是花巨资建立贝尔研究所；四是开创一个大众资金市场。费尔的这四项决策，同当时"众所周知"的看法大相径庭，看起来都不是解决贝尔电话公司当时问题的"对症良药"，因而引起人们极大议论，费尔本人甚至遭到贝尔公司董事会的解聘威胁。然而，若干年后，费尔的四项重大决策，正好应对和化解了贝尔公司遭遇的巨大困难和危机。那时，能否向顾客提供最佳服务成了企业继续生存发展的重大问题，而费尔此前提出的"以服务为目的"的经营理念，以及为此制定的提高服务质量的科学机制，使贝尔公司能顺应时代的要求。美国政府依据民间舆情发出了将电话收归国营的警报,而费尔此前提出的"公众管制",兼顾各方利益,使贝尔公司得以继续生存。由于科学技术的飞跃进步,电讯事业获得升级换代大发展。费尔投巨资建立的贝尔研究所研发的顶级通信技术,成了更新换代新技术的先导。资金市场从20世纪20年代的投机市场转向所谓"莎莉妈妈"的中产阶层的主妇市场,而费尔设计的大众资金市场有保证的股息,享有资产增值,可免于通货膨胀的威胁,正投合了"莎莉妈妈"的意愿,从而保证了贝尔公司持续50年享有充裕的资金来源。显然,不被浮云遮眼,用哲学思维使主观与客观实现具体的历史的吻合和统一,是费尔及其他成功企业家创造奇迹的根本原因。商场如此,战场如此,人生征程也同样如此。

机关干部比较容易犯自以为是、主观臆断、以偏概全、凭想当然办事、不尊重客观现实等主观主义的错误。任何时候都要高度重视和自觉坚持一切从客观实际出发,努力实现主客观具体的历史的吻合和统一,这样"出主意、写文章、抓落实"就能少犯或不犯错误,质量和效益都能实现不断提高。

(二)真正透过现象看本质

大千世界千姿百态、千变万化,展示在我们面前的现象有真假之分、虚实之分、表里之分,本质躲藏其中,难于捉摸。

无论自然界还是人类社会,现象与本质间的联系都是极为复杂的。有的联系是直接的,有的联系是间接的,有的联系则很难看清。太阳每天东升西落,似乎在围绕地球转动,这一现象就曾长期迷惑着人类。"周公恐惧流言日,王莽谦恭未篡时",这说明自古以来都有现象与本质之间不一致的现象。

世界上的事情既复杂，又简单。说它复杂是因为没能看到简单的本质；说它简单是因为看透了复杂现象的根源。把简单的问题复杂起来并不复杂，把复杂的问题简单起来却很不简单。

透过现象看本质，将复杂的问题简单化和本质化，是提高哲学素养必须练好的基本功。

请读一篇《智者与愚者的对话》。

一个愚者对智者说："我曾经在人生之路上艰难跋涉，后来才发现，我始终生活在一个表象的世界，而真实的障碍，却把我绊得一个趔趄接一个趔趄。当我第一次被她的甜言蜜语所迷醉，选择她做我的爱人时，却发现她用同样的语言在与别人约会；当一个脸上充满忧郁、衣衫褴褛不堪的路人从我的身边经过，我欲把我的所有赠与他时，却发现他对我毫无所求，而真正有求于我的，却是一个西装革履、脸上充满自信的人；当我把骂我的人当作敌人，把朝我笑的人当作朋友时，却发现，欲将我推下悬崖的正是那个朝我笑的人。不爱我的人，为何偏偏说爱我？怯懦者在平时，为何穿上勇武的外壳？明明不有求于我，为何偏偏把一箱珍品奉送于我？人在我身边，为何心却走了？尊敬的智者，表象的世界实在令人迷惑，告诉我吧，我该如何面对……"

智者回答道："年轻人啊！我们用眼睛所看到的，无非是一团迷雾，遮住我们用心才能感受到的万物；我们用耳朵所听到的，无非是些扰乱心灵的声响，往往歪曲了我们应该用心去把握的东西。离你而去者或许正是真心爱你者，送你珍品者可能正是有求于你者；今天的幸福可能成为明天的痛苦，闪烁即逝的或许正是永恒存在的……"

愚者说:"我明白了,在你对万事万物没有真正感悟之前,请不要说'明白了'。"

智者说:"生命不在表象,而在内蕴,可见的东西并不在于它的皮壳,而在于它的内核;世人之本并不在他们的面孔,而在他们的内心。"

这则故事寓意深刻,生动地揭示了现象与本质之间的辩证关系和如何透过现象看本质。

怎样具体把握现象和本质之间的区别呢?

首先,现象是事物的表面特征和外部联系,是可以被人们的感官直接感知的;而本质是事物的根本性质和内在联系,它是不能直接感知的,只有通过抽象思维才能把握。

其次,现象是个别的、具体的、多种多样的;而本质则是同类现象中一般的、共同的东西。现象比本质生动、丰富,本质比现象普遍、深刻。

再者,现象是多变的、易逝的;本质则是相对稳定的。正像列宁说所的:"非本质的东西、外观的东西、表面的东西常常消失,不像'本质'那样'扎实',那样'稳固'。"

美国前国务卿基辛格有个著名的战略判断:谁控制了能源,谁就控制了世界经济的命脉;谁控制了粮食,谁就控制了人类的生存;谁控制了货币,谁就控制了整个世界。这是透过现象看本质的经典判断。

以下这篇资料,对了解现象与本质的不一致也很有启迪:

这里是对一座冰山的描写。在湛蓝的天幕下,在浩渺的海洋上,在阳光的照射中,冰山宛若一座巨型的汉白玉雕成的海上宫殿,晶莹剔透,绚丽多姿。它动人心魄,给人带来无尽的遐想和憧憬，那迷幻般的色彩和造型，如诗、如画，它是大自然最杰出的艺术品之一。

然而，让人惊异的是，我们看到的这美丽的景色，却不是冰山的全部，潜水人员经过详细的海底调查，得到了一座冰山的全幅画面。原来浮在海面的冰山部分，只占整座冰山12.6%的体积，冰山在海水下的部分，才是它的本来面目：体积比海面部分大将近七倍，充满了沟沟岔岔、暗洞裂隙……

冰山的这一特征被心理学家用来比拟人心。俗话说，"人心不同，各如其面"，每个人看来千差万别，都有自己的闪光点和不足之处，正如南极洲海面上形态各异的冰山。对于每一个人来讲，我们观察到的这些，其实只是冰山浮在海面上的一小部分，即外显的知识和技能。而看不到的冰山之下的东西却更加丰富和强大，那是一个人的动机、个性特点和社会角色等。前者受到后者的制约，而决定人的本质的也正是我们看不到的部分。

能否学会透过现象看本质，是评判一名机关干部成熟与否、老练与否、能胜任与否的重要标志。要充分认清人们对事物本质的认识，是一个不断深化的过程，机关干部只有对事物进行周密的调查，对感性材料去伪存真、由表及里地分析筛选，经过正反两方面的研究和比较，缜密的推理和论证，上升到对事物本质、内在规律认识的层面，才能在"出主意、写文章、抓落实"中看得准、抓到根本处，收到事半功倍的效果。

（三）具体分析矛盾普遍性与特殊性

不同事物具有不同的矛盾，这是世界上的事物千差万别的内在原因。一个事物和其他事物在比较中显示出来的共性和个性，就是矛盾的普遍性和特殊性。

掌握唯物辩证法，最关键的就是学会分析矛盾和解决矛盾。一是在分析矛盾的时候，不仅要研究矛盾的普遍性，更要研究矛盾的特殊性。二是在研究矛盾的特殊性时，要特别注意对主要矛盾和矛盾的主要方面的分析。三是在分析矛盾诸方面的关系时，要深入研究矛盾诸方面的同一性和斗争性；而在研究矛盾的斗争性时，应特别注意斗争形式的区别，不同质的矛盾要用不同质的方法来解决。四是同一事物在发展的不同过程和不同阶段有不同的矛盾，矛盾着的事物及其每一个侧面各有其特点。矛盾的普遍性与特殊性不是凝固不变的，而是在不同的场合可以相互转化的。

在矛盾普遍性原理的指导下，具体地分析矛盾的特殊性，并找出正确解决方法，这是马克思主义的重要原则，是马克思主义活的灵魂。这也就是人们通常所说的：解决矛盾必须具体问题具体分析。这一条做到做好，才能真正坚持实事求是，才会科学解决问题。

从哲学上讲，任何真实的存在都是个性与共性、个别与一般的统一体。概念的形成，从个别到一般；概念的运用，从一般到个别。不从个别到一般，停留于个别，则思维无法揭示本质；不从一般到个别，停留于一般，则概念无从发挥作用。比如，《军队基层建设纲要》这一法规的制定，是"从群众中来"，由个别上升到一般；这一法规的落实，是"到群众中去"，用一般指导个别。

如果将特殊事物作为普遍事物来看待，那就是将个性当成了共性，犯了"盲人摸象""一叶障目、不见泰山"的错误。如果将普遍事物作为特殊事物来看待，那就是将共性当成了个性，将必然看成偶然，大事看成小事，同样犯了主观主义的错误。我们常讲要"解剖麻雀""抓好典型",实际上就是从矛盾特殊性中寻求和发现矛盾普遍性,通过解剖麻雀,找出同类事物的一般本质和发展趋势,拿出指导面上工作的对策,这是我们正确认识事物和解决问题的根本方法。

有一则故事:一个后生从家里到一座禅院去,在路上看到一件有趣的事,想以此测测禅院里的老禅师智慧到底有多大。他来到了禅院,与老禅师一边品茶一边闲谈,冷不防地问了一句:"老师父,请问什么是团团转?"老禅师随口答道:"皆因绳未断。"

后生听老禅师这样回答,顿时目瞪口呆。老禅师问道:"什么使你如此惊讶?"后生说:"我今天在来的路上,看到一头牛被绳子穿了鼻子,拴在树上,这头牛想离开这棵树,到草地上去吃草,谁知它转过来转过去都不得脱身。我以为既然老师父没有看见,肯定答不出来,哪知老师父出口就答对了。我惊讶的是,您是怎么知道的呢?"

老禅师微笑着说:"你问的是事,我答的是理。你问的是牛被绳缚而不得解脱,我答的是心被俗务纠缠而不得超脱,一理通百事啊。"后生大悟。

老禅师讲的是矛盾普遍性,心被俗务纠缠而不得超脱;而后生讲的是矛盾特殊性,牛被绳缚得团团转而不得解脱。"皆因绳未断"是共性原因,牛被绳缚则是个性原因。

机关干部要特别注意研究事物的共性、个性及其具体条件,坚持一切以时间、地点、条件为转移,在运动中把握事物及其矛盾。譬如"一人得病、大家吃药",在那个人得传染病的情况下,这种做法是正确的,可预防更多人得传染病;但在非传染病的情况下,这种做法是不可取的,没必要让大家都遭罪。也就是,不同的矛盾及矛盾发展的不同阶段，要坚持用不同的方法去解决，坚决抵制和纠正不管时间、地点、条件的变化，"一刀切""一风吹""一锅煮"等形式主义和机械片面的做法，增强"出主意、写文章、抓落实"的科学性和实效性。

（四）理性驾驭全局与局部的关系

世界上任何事物都存在着全局和局部两个角度。全局是指事物的整体及其发展的全过程，局部是指组成事物整体的个别部分、方面及其发展中的个别阶段。全局和局部的区别是相对的，在一定场合为全局的东西，在另一场合则变为局部，反之亦然。

全局不是局部的简单相加，而是互相联系、相互作用的各个局部所形成的整体，它们之间的关系是对立的统一。全局是由局部组成的，全局的利益和局部的利益在根本上是一致的；但全局高于局部、统率局部，对局部的发展变化起着主要的决定的作用。局部是全局的一部分，局部总是隶属于全局，局部不能孤立地存在和发展，只有全局搞好了，局部的问题才好办。"大河有水小河满，大河无水小河干"，讲的就是这种情形。强调全局利益的重要，并不是对局部利益的否定，局部利益包含在全局利益之中。

正确处理局部和全局的关系，是每一个领导机关的干部经常碰到和必须处理好的一个重大原则问题。常见到有的机关干部一事当前，片面强调局部的重要性，或者需要无条件服从大局时，又不自觉地把局部与全局对立起来，囿于小团体利益圈中，陷入以自我为中心的误区，甚至让局部利益凌驾于全局利益之上，使局部的发展游离于全局之外。这是机关部门之间有时办事难于协调形成合力的根源之一。

毛泽东《中国革命战争的战略问题》一书中指出：指挥全局的人，最要紧的，是把自己的注意力摆在照顾战争的全局上面。邓小平说过："考虑任何问题都要着眼于长远，着眼于大局，"（《邓小平文选》第3卷）"眼界要非常宽阔，胸襟要非常宽阔。"（《邓小平文选》第3卷）每一个领导机关的干部所从事的工作，都是全局的一部分。只有牢固树立全局意识，才能在思想、行动上与上级决策、党委意图保持高度一致，始终从全局发展的高度思考谋划局部发展，把局部发展纳入全局发展的大系统中，不断增强在大局下行动的自觉性；才能在看待问题时，既见树木又见森林，把自己所承担的责任与全局联系起来，把本部门工作作为实现党委决策意图的必要步骤和环节，倾心尽责完成好本职工作；才能提高分析和处理复杂问题的能力，在错综复杂的全局与局部关系中，分清轻重缓急，统筹兼顾，抓住重点带动一般，抓好一般促进重点，从而达到既局部活，又全局顺。

（五）辩证处理变与不变

万物皆变，这是哲学的基本理念。

2000多年前，古希腊哲学家就看到了世界变化的永恒性，说"太阳每天都是新的"。其中赫拉克利特有一句千古名言："人不可能两次踏进同一条河流"，这是说河流奔流不停息，时间稍纵即逝，你再踏进这条河流时，它已经不是第一次踏进去的河流了，而且你也不再是当时的你了，也就是空间、时间、人物是无时无刻不在变化的。

关于变，有两个侧面的内涵。一个是：变是必然的，是绝对的、永恒的；不变是暂时的、相对的。这个世界唯一不变的真理就是变化。另一个是：变和不变总是对立统一的，变中有不变，不变中有变，任何客观事物的发展、变化都是一个渐进的过程，是在一步步地从量变到质变中进行的。

对某一个有特定内涵或质的规定性的客体来说，在特定的历史时期内，变中必须有不变，必须有相对的稳定性，特定阶段变化中的质的规定性是不能变的。如果把不能变的给变了，就会丧失根本；如果应该变的不改变，则丧失机遇，延误了发展。如建设中国特色社会主义，邓小平强调要大胆地试、大胆地闯，勇于改革，但"四项基本原则"不能变，这就是辩证把握变与不变的关系。

目前有两种倾向，一种是：有些同志看不到"变"的必然性、紧迫性，往往墨守成规，故步自封，结果滞后于时代发展；另一种是：有些同志看不到变中有不变的辩证统一，一味地追求新，结果将应该"扬弃"的，变成了全部"抛弃"，也同样不适应科学发展要求。看到有些文章或领导讲话，从不同角度连用很多个"新"，好像只要是新的，就是好的，但实际上离真正把握好变与不变的辩证关系还有差距。世上并不是所有的新东西都是好东西，同样也不是所有的旧东西都应该"抛弃"。中华民族传统文化中的精髓至今仍有生命力，就不能"抛弃"，而应该继承和发展。

《百喻经》中有这样一则故事：有个人饿了，去一家小饭馆买了个烧饼。他吃完了这个烧饼，觉得不饱，就又买了一个。吃完这个还是没有饱，就又买了一个。就这样，他一共买了六个烧饼，也还没有吃饱。当他买第七个烧饼时，他吃了一半便饱了。这个人很后悔，一边用手打自己的嘴巴子，一边责怪自己："真笨，吃了这半块饼就饱了，前面的六个饼白花了钱，为什么不早买这半块饼？"

这是一个有趣的故事。它包含着的哲学道理就是：任何事物的变化，都是从量变开始的。当量变达到一定程度时，必然引起事物的质变。事物在量变阶段呈相对静止状态。当量的积累达到一定程度才会发生质变。所以，量变是质变的前提，是必要准备，而质变是量变的必然结果。如果没有前面吃六个饼的量的积累，哪会在吃第七个饼时有饱的感觉呀！

机关干部只有坚持求真务实，一切从实际出发，学会辨别本质和非本质的东西，既能看到变，又能看到不变，在变中把握不变，不变中把握变，"出主意、写文章、抓落实"才能立于不败之地。

三、未来属于拥有科学思维的人

人的思维从大的方面说，包括人与物质世界、人与人、人与精神世界三个方面，即天人关系、社会关系和本我关系。思维总体上分为两种方式，一种是偏经验和主观的感性思维；一种是偏数据和客观的理性思维。感性思维更多地依赖于人的情商，理性思维更多地依赖于人的智商。

拿破仑说，世上只有两种东西最有力量，一是剑，二是思想，思想比剑更有力量。恩格斯把"思维着的精神"誉为"地球上最美的花朵"。他说：当技术浪潮在四周汹涌澎湃的时候，最需要的是更新、更勇敢的头脑。这里所说的"更新、更勇敢的头脑"就是思维活动。

（一）科学的思维方法是一把金钥匙

《学习的革命》一书中提出，当今学校应教的两个最重要的"科目"，一个是"学习怎样学习"，另一个是"学习怎样思考"。这个提议非常深刻，只有真正学会了学习、学会了思考的人，才能成为富有创造力的杰出人才，才能引领未来。

专家研究表明，左右一个人成功的最关键因素不是智商，而是思维模式，思维和观念才是控制成功的核心密码。俄国作家托尔斯泰说：知识，只有当它靠积极思维得来而不是凭记忆得来的时候，才是真正的知识。现代科学的发展也充分证明，思维创新活动始终是拉动科技革命的"火车头"。只有思维站在了时代的潮头，理论创新、制度创新、体制创新等才有可能，建设发展才会有大的突破。没有创新思维的"牵引"，与创新有关的实践活动就会成为无源之水，无本之木。人们常说，要让智慧驾驭行动，不能让耳朵支配行动；要用理智控制情绪，不要让情绪左右理智。怎么才能做到？只有科学思维这把金钥匙才能做得到！

一些专家、学者认为，我们从"五四运动"以来，一直在破除传统的落后的思维习惯，但这个工作直至今天仍然没有完成。传统的落后的思维习惯，像学者楚渔《中国人的思维批判》一书中谈到的模糊型思维、混乱型思维、非理性思维、感性思维等，在我们现实生活当中还大量存在。如情大于法、重实用主义，中国人讲天上的天鹅不如手中的麻雀，要注重眼前实用的东西，这种思想随处都能看到。因此，如果不认真对待我们的传统思维，反思我们自身的问题，从思想最深处，从源头上来纠正思维方式落后的问题，那么建设创新型国家可能会落空。

联想到我读过的一篇文章，作者写了一个方程式：**人生及其工作结果＝思维方式×热情×能力**。这一方程式可以解释为：人生及其工作的结果，由"思维方式""热情""能力"三要素相乘而得。在这个方程式里，热情和能力是1～100分。由于是乘积，所以不同的分值，其结果会有很大甚至成倍数的变化。例如，以优异的成绩毕业于重点大学，那么此人能力出众，假定为"90"分。然而，此人如不认真努力地工作。那么"热情"只能得到"20"分。所以90×20分结果是1800分。有一人并非毕业一流大学，成绩也算不上优秀，能力大约在中等水平，设为60分。但他为了弥补自身不足，非常认真刻苦，"热情"能得到90分。60×90分结果为5400分，是资质优秀但懒惰之人的3倍。这就是人生方程式显示出的人生及其工作结果的差异。特别需要留意的是，这个方程式里，思维方式的分值范围是–100分至100分。也就是说，无论才能何等出众，也无论付出的努力有多大，倘若思维方式出现偏差，那么人生及其工作结果就是一个很大的负值。当然，反之就会创造成功的奇迹。作者把思维方式放在人生方程式之首，实践也充分显示要追求最佳的工作结果，持有正确的思维方式是极为重要的。

每个人的身体内，都隐藏着巨大能量，只有很少的人点燃它；每个人的大脑中，都有一座金矿，只有很少的人深采它；每个人的身后，都沉睡着神通广大的巨人，只有很少的人唤醒它，它就是科学的思维方法。一个人之所以能发挥出这些能量，最大的导火索，就是思维、思想、思考。一个伟大人物与一个普通人物的根本区别在哪里？伟大人物只不过是善于思维、善于思想、善于思考而已。正如爱因斯坦所说："想象力比知识更重要，因为知识是有限的，而想象力概括着世界上的一切，推动着进步，并且是知识进化的源泉。"

（二）七种常用思维方法浅析

机关工作中，以下七种思维方法使用频率比较高，很有实用价值。机关干部应重点学习领会和努力达到"融入习惯，自如运用"。

1. 从一点向四面八方想开去——发散思维

发散思维也称辐射思维或求异思维，是指在思维过程中，充分发挥人的想象力，突破原有的知识圈，通过知识观念和实际情况的重新组合，找出更多更新的可能答案、设想或解决方法。

根据美国学者吉尔福特的理论研究：凡是有发散性加工或转化的地方，都表明发生了创造性思维。创造性思维的突破性、求异性等特征，决定其思维方式首先是发散的、扩张的、开放的，因此发散思维是创造性思维基本的普遍的方式。发散思维能力的强弱决定了创造性思维能力的强弱，进而决定了创造力的强弱。

其技巧要领，就是从思维的各个角度出发，对事物进行多角度、多方面、多变量的系统考察，寻求解决问题的最佳方法。常用的有：结构发散，功能发散，形态发散，组合发散，方法发散。

打一个形象的比喻，这种思维方法就是以事物的结构、功能、形态、组合、方法为发散点，像旋转喷头一样，从一点向四面八方想开去，以此设想出各种可能性和各种结果。发散思维的实质，就是要突破常规和定式，打破旧框框的限制，提供新思路、新思想、新概念、新办法。

2007年,空军工程大学研究制定《关于进一步推进科学发展观进入教材、进入课堂、进入学员思想的措施》。起草组拟制的初稿中,除了提出要抓好主讲课堂、办好第二课堂、建设实践教育基地这三种方式外,没有其他新的举措。后来,我就领着大家一起,尝试运用立体、多路的发散性思维,来思考拓宽教育渠道。很快,三种方式变成了六种方式:

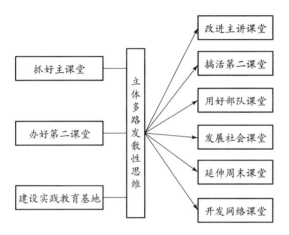

可见,发散思维可以从不同的方面、不同的角度、不同的程序、不同的逻辑起点,来考察事物和解决新的问题。只要用心去想,穷尽各种方法,然后细细权衡挑选合适的,就能运用好。

罗马一出版商为售出滞销的书,想尽办法托人给总统看,但总统工作很忙,无暇顾及。被再三请求提意见,总统随便说了句"此书甚好"。该出版商马上推出广告词:"现有总统评价甚好的书出售。"结果积压的书一售而空。另一出版商见状,也用此法,总统被利用了一回,这次说了句:"此书很糟。"相应出台的广告词为:"兹有总统批评甚烈的书出售。"结果书也很火爆。又一出版商马上也送了一套书给总统,总统这次决心不加理睬,于是,第三个出版商广告词表述为："现有连总统也难以下结论的书出售。"此书销路居然也很好。

1972年，新加坡旅游局给总理李光耀的一份报告上说："新加坡不像埃及有金字塔；不像中国有长城；不像日本有富士山；不像夏威夷有十几米高的海浪。我们除了一年四季直射的阳光，什么名胜古迹都没有，要发展旅游事业，实在是'巧妇难为无米之炊'。"李光耀批了一行字："你想让上帝给我们多少东西？……阳光，阳光就够了！"后来，新加坡就在利用灿烂阳光上拓展思路，用各种模式风格广植花草，在很短的时间内，成为世界上著名的花园城市、旅游胜地。

值得注意的是，当前机关干部的发散思维模式还比较缺乏，有的同志更多地是用经验思维在工作，不仅思考处理问题视野窄，容易产生"瓶颈""盲点"，也阻碍新知识的吸收、新观念的出现。还有的同志虽然思维活跃，具有独创性，但理论背离实践、思想脱离实际的倾向时有发生，不善于运用逻辑思维对已有的知识和经验进行鉴别、筛选、联结和组合，这样就可能只获得"消极的思维独创性"。

培育发散性思维，要努力拓宽知识面。知识和信息是创造的基础和原材料，大量接受知识和信息是进行发散思维的前提条件，没有足够的积累，发散思维便无法启动。要积极开拓视野，善于运用哲学、社会学、心理学、信息学等相关学科知识，深入分析、比较和解决面临的问题。要把思维的触角伸向各个角落，在掌握信息、分析处理、有效应对中锻炼创新思维。要善于把出现的新情况、新问题放到历史和社会大背景下去思考去研究，不断提升发散思维的层次。

2. 将四面八方的光线集中到一点——收敛思维

收敛思维也称聚合思维或求同思维。与发散思维的特点正好相反，指以某个问题为中心，运用所有的经验和知识，从不同的方向和角度，将思维聚焦到这个中心点，从而解决问题。

其基本技巧是瞄准一个中心点，集中多路思维成果的精华，通过增强对问题认识的全面性和系统性，提出有利于突破性解决重大疑难问题的对策。这就好比凸透镜的聚焦作用，可以使四面八方的光线集中到一点，从而达到能量高度集中、难题迎"光"而解。

收敛思维同发散思维一样，是一种创造性的思维方式，它并非保守的，它对各个方面、领域都是开放的。在实践活动中，收敛思维和发散思维往往是反复交织、相辅相成的。借助发散，思路可以广泛辐射，自由联想，提出多种解决问题方案；借助收敛，思维可以对发散结果进行筛选、整合，找出最佳方案。它俩像创新思维的两翼，缺一不可。

如果教师在讲授时，采用分析的方法，一章一节地相继进行，就会打破知识信息体系的整体性，弱化了学生的整合思维能力。我们的机关干部就常常弱化了对"整体"的把握，因而综合意识不够强，导致创新性思维缺乏。格式塔心理学认为，学习知识首先要从整个关系模式中认识事物，机关干部的岗位特点要求从整体关系中把握个别事物，因而很有必要强化收敛思维的培养。

一个是，学会运用好"去粗取精、去伪存真、由此及彼、由表及里"的抽象与概括。我们在思考问题时，最初认识的往往是问题的表层（表面），是很肤浅的。这就需要我们像剥笋那样，层层分析，向问题的核心一步一步地逼近，抛弃那些非本质的、繁杂的特征来揭示本质。

另一个是，学会运用好从特殊事物推出一般结论的归纳推理法和从一般到特殊的演绎推理法。在认识过程中，归纳和演绎是相互联系、相互补充的。尤其是特殊到一般的归纳法，更有助于收敛思维的培养。

再一个是，学会运用好比较与类比、分析与综合的方法。收敛思维是一种综合性思维。通过："发散→收敛→再发散→再收敛"和"感性认识→理性认识→付诸实践"的认知过程，提出独特性的方法。

1991年，我担任空军某军政治部组织处处长期间，曾对122个基层党支部作专题调查。主要是调查党组织生活的制度时间、内容、人员、质量不落实的种种表现及原因。发现四个方面都有不落实的问题，但主要症结是质量不落实，只要抓好落实质量这个核心问题，就能牵一发而动全身地带动七项组织生活制度的全面落实和充分发挥职能作用。我于是和某航空兵师、团、场站的同志一起，在抓一批先行试点单位总结经验做法的基础上，制订并在军属部队全面推行了基层党支部落实组织生活制度32条质量标准和17项质量监控措施，取得了比较好的效果。军区空军在我们军召开大型现场会，总结推广军属部队13个不同类型的基层党支部抓组织生活质量的经验做法，空军也转发了此经验，这些做法至今仍有生命力。其成功的重要原因，就是运用收敛思维，聚焦于解决质量不落实这个核心问题上，制定要素齐全、求真务实的质量标准，和全方位、全员额、全闭环的质量监控办法，从而取得创新性成效。

请看一个关于收敛思维的经典实例。1940年11月16日，纽约爱迪生公司大楼一个窗沿上发现一个土炸弹，并附有署名为F·P的纸条。上面写着："爱迪生公司的骗子们，这是给你们的炸弹！"后来，这种威胁活动越来越频繁，越来越猖獗，至1955年竟然放上了52颗炸弹，并炸响了32颗。报界连篇报道，惊呼此行动恶劣，要求警方尽快侦破。纽约市警方在16年中煞费苦心，但所获甚微。所幸还保留几张字迹清秀的威胁信，字母都是大写。其中，F·P写道：我正为自己的病怨恨爱迪生公司，要使它后悔自己的卑鄙罪行。为此，不惜将炸弹放进公司大楼、剧院等。束手无策的警方于1956年请来了著名的犯罪心理学家布鲁塞尔博士来帮忙。布鲁塞尔博士依据渊博的犯罪心理学知识和破案经验，应用层层剥笋的收敛思维技巧，在警方掌握的材料基础上做了如下的分析推理：

（1）制造和放置炸弹的大都是男人。

（2）他怀疑爱迪生公司害他生病，应属于"偏执狂"病人。这种病人一过35岁后病情往往加重。所以1940年时他35岁左右，现在（1956年）将是50岁出头。

（3）偏执狂总是归罪于他人。因此，爱迪生公司可能曾对他处理不当，使他难以接受。

（4）字迹清秀表明他受过中等以上教育。

（5）约85%的偏执狂有运动员体形，所以F·P可能胖瘦适度，体格匀称。

（6）字迹清秀、纸条干净，表明他工作认真，是一个兢兢业业的模范职工。

（7）他写"卑鄙罪行"一词过于认真，对爱迪生公司也都用全称，不像美国人所为。故他可能在外国人居住区。

（8）他在爱迪生公司之外也乱放炸弹，显然有 F·P 自己也不知道的理由存在，这表明他有心理创伤，形成了反权威、反社会情绪，乱放炸弹就是在反抗社会权威。

（9）他常年持续不断乱放炸弹，证明他一直独身，没有人用友谊或爱情来愈合其心理创伤。

（10）他无友谊，却重体面，一定是一个衣冠楚楚的人。

（11）为了制造炸弹，他会选择独居而不住公寓，以便隐藏自己和不妨碍邻居。

（12）地中海各国的罪犯爱用绳索勒杀别人，北欧诸国的爱用匕首，斯拉夫国家恐怖分子爱用炸弹。所以，他可能是斯拉夫人后裔。

（13）斯拉夫人多信天主教，他必然定时上教堂。

（14）他的恐吓信多发自纽约和韦斯特切斯特。在这两个地区中，斯拉夫人最集中的居住区是布里奇波特，他很可能住那里。

（15）持续多年强调自己有病，必是慢性病。但癌症难以活 16 年，恐怕是肺病或心脏病，肺病现代已易治愈，所以他很可能是心脏病患者。

根据这种收敛思维的推论结果，布鲁塞尔博士建议警方将上述 15 个可能性公诸报端。F·P 重视读报，又不肯承认自己的弱点。他一定会作出反应以表现他的高明，从而自己提供线索。果不其然，1956 年圣诞节前夕，各报刊载这 15 个可能性后，F·P 从韦斯特切斯特又寄信给警方："报纸拜读，我非笨蛋，决不会上当自首，你们不如将爱迪生公司送上法庭为好。"依循推论结果和有关线索，警方详细查询了爱迪生公司人事档案，发现在 30 年代的档案中，有一个电机保养工乔治梅特斯基因公烧伤，曾上书公司诉说染上肺结核，要求领取终身残疾津贴，但被公司拒绝。数月后离职。此人为波兰裔，当时（1956年）为56岁，家住布里奇波特，父母早亡，与其姐同住一个独院。他身高175厘米，体重74公斤。平时对人彬彬有礼。1957年1月22日，警方去他家调查，发现了他制造炸弹的工作间，终于破了历史悬案。

布鲁塞尔博士在此案中，将"去粗取精、去伪存真、由此及彼、由表及里"的抽象与概括方法，将特殊事物推出一般结论的归纳推理和从一般到特殊的演绎推理方法，都运用到了出神入化的地步，令人惊叹，也充分显示出了收敛思维的无穷魅力。

3. 办法可能就在事物的另一面——反向思维

反向思维也称逆向思维，是指为解决用常规思路难以解决的问题或实现某一创新，采用从反面提出问题、思考问题、解决问题的思维方法。

反向思维是发散思维的特例。因为发散思维是向四面八方扩散，而反向思维是通过朝着相反方向思考问题来确定解决方法。反向思维常常与事物常理相悖，却能达到出其不意的效果。因而在创造性思维中，反向思维往往是最活跃、最出奇的部分。

其基本技巧包括：反转型反向思维法，是指从已知事物的相反方向进行思考，常常从事物的功能、结构、因果关系三个方面作反向思维；转换型反向思维法，是指在研究一问题时，由于解决问题的某一手段受阻，而转换成另一种手段，或转换角度来解决问题的思维方法；缺点反用法，是一种利用事物的缺点，将缺点变为可利用的优点，化被动为主动，化不利为有利的思维方法，这种方法并不直接克服事物的缺点，而是化弊为利；还有反推因果法等。这些名词概念比较抽象,讲几个故事来说明什么叫反向思维和如何运用它。

古时候,一位老农得罪了当地的一个富商,被陷害关入死牢。当地有这样一项法律:一个人被判死刑后,还可以有一次抓阄复活的机会。只有"生""死"两阄,"死"阄判处死刑,"生"阄改为流放。陷害老农的富商怕这个老农运气好,抓了"生"阄,便决定买通制阄人,要两阄均为"死"阄。老农的女儿探知这一消息,大为震惊,认为父亲必死无疑。但老农一听此事,反倒喜形于色:"我有救了!"执行之日,老农果然轻易得活,让陷害者大惊失色。他用的是什么方法呢?原来,当要抓阄时,老农随便抓了一个一口吞下,然后说:"我认命了,看余下的是什么吧?"结果打开一看,余下的是"死"阄。制阄人自然不敢说自己造了假,于是断定所吞之阄是"生"阄,老农死里逃生。这就是"倒过来想"的魅力!

有一个少女掉入冰冷的水库,岸上百余人围观而不救。这时跑来一名解放军战士,跳入水中,冒着生命危险把少女救了上来。有个记者报道了这名战士舍己救人的事迹,报上只登了200字。又有个记者写了《救救这些"落水"者》,文章指出,落水者当救,岸上这些见死不救的"落水者"也当挽救。后者不仅登2000多字,而且编辑还加了编后评论。两个记者一个顺向思维,一个逆向思维,报道反响大不一样。

思维逆转本身就是一种灵感的源泉。《三国演义》中"草船借箭"的典故大家都很熟悉,按照周瑜和大多数人的思维习惯,要造箭就要有造箭的材料和人员,而在当时条件下,诸葛亮怎么也不可能3天内造出10万支箭。而诸葛亮的高明之处就在于跳出了这种思维定式,不是在"造"箭上做文章,而是从"不造"箭又能得到箭上想办法，从而取得出奇制胜的效果。

无数事实说明，只从一个角度去想问题，很可能进入死胡同，这时探寻逆向可能，反倒会有出乎意料的结果。往往在"众里寻他千百度"而不见时，猛然回头，"她就在灯火阑珊处"。

4. 用明天的需求审看今天的作为——超前思维

超前思维也称前瞻思维或未来指向型思维，是指对事物发展进行的预见性思考，进而对将要发生的事情作出科学预测，并调整对眼前事物的认识和决策的一种思维过程。通俗地说，就是未雨绸缪，以长远的眼光，对未来早作预测，预做准备。

其实，超前思维是人的本质特征之一。人的思维都有一定的超前性。马克思就曾指出，最差劲的建筑师比最聪明的蜜蜂高明之处在于：他在行动之先，建筑物已存在于他的头脑中了。

邓小平就我国如何办好教育的问题提出："教育要面向现代化、面向世界、面向未来。"（邓小平1983年10月1日为北京景山学校的题词）这"三个面向"，既立足于现代的客观现实，又着眼于未来发展，用未来发展来规划现在，是超前思维的科学方法在制定大政方针中的深刻体现。

日本索尼公司的总裁盛田昭夫具有非凡的超前思维。1947年12月，美国贝尔实验室的研究人员用两根针压在一小块锗片上，成功地研制出世界上第一个晶体管放大装置，可以将音频信号放大上百倍。科学家肖克利在对这种早期晶体管的工作原理进行分析的基础上，推出PN型晶体管，美国西方电器公司将其用于助听器，仅此而已。然而，盛田昭夫却超越当时的功用，用未来的眼光敏锐地预见到晶体管将会给世界微电子工业带来一场革命。他力排众议，在1953年以2.5万美元买下生产晶体管的专利。经过多次试验，索尼公司于1957年成功地研制出世界上第一台能装在衣袋里的袖珍式晶体管收音机，首批生产的200万台"索尼"收音机，一投放市场，就出现爆炸性的销售效果。索尼公司由此而名扬全球，甚至带动日本的微电子工业在世界上独领风骚数十年——超前思维帮他们抢得了先机。

5. 敢于打破思维的定式——开放思维

开放思维也称新陈代谢型思维，是根据事物的发展规律，在科学继承传统的基础上，克服思维定式，善于扬弃，推陈出新，与时俱进，不断确立新理念，研究解决新问题。

作为机关干部，一定要善于摒弃不合时宜的观念，善于掌握与时俱进的理论，善于接受新生、新鲜事物。尤其要重视克服先入为主、简单直线、因循守旧、唯上唯书等常见的思维定式。

开放思维，要重视用好"外脑"。个人的学识、思维，相对来说是"内脑"，是提高思维效益的主要基础，但在当今的信息时代，必须重视用好他人、外单位和社会知识积累这些"外脑"。使自己的"内脑"在利用现代传媒信息工具中，扩大信息吸收、交流、联系，在空间的广度和深度上得到延伸扩展。通过"内外脑"的科学结合，提高思维的水平和效益。

我国空军曾连续多年派专机接送在空军指挥学院培训的中高级军官，到国外军事院校和作战部队参观访问，这是一项很好的培育指挥军官开放思维的做法，在利用"外脑"更新陈旧观念、借鉴军事强国建军治军方法、提高能力素质上收到了很好的效果。一些师长、师政委就很有感慨地说：短短20天出国参观学习，所见所闻，振聋发聩。感受到我们的差距，明确了下一步改革方向。

6. 绝妙常常存在于简单变化之中——和田法思维

和田法思维也称和田思维十二法，是中国创造学研究者许立言、张福奎和上海市和田路小学的教师，在检核表法和其他技法基础上，提炼总结出来的。它在创造力潜能开发中是常见而容易操作的基本方法。

第一法：加一加。可在这件东西上添加些什么吗？把它加大一些，加高一些，加厚一些，行不行？把这件东西和其他东西加在一起，会有什么结果？需要加上更多时间或次数吗？航天飞机实际是火箭、飞机和宇宙飞船的组合。机器与电子加一加形成的工业品和生活用品已屡见不鲜，如程控机床、全自动洗衣机、电子秤、数码照相机等。加法思维就像画龙点睛故事当中那个点睛的神奇一笔，虽然就加那么一小点，而原有的价值，就一下猛增起来，这种1+1的结果，往往远大于2。

第二法：减一减。能在这件东西上减去什么吗？把它减小一些，降低一些，减轻一些，行不行？可以省略取消什么吗？可以降低成本吗？可以减少次数吗？可以减少些时间吗？无线电话、无线电报以及无人售票和无人驾驶飞机等都是减一减的成果。用减一减的办法，将眼镜架去掉，再减小镜片，就发明了隐形眼镜。随着科技的发展，许多产品向着轻、薄、短、小的方向变化。在减法思维中，1-1>1。因为减少而丰富，这就是减法思维的要义。

第三法：扩一扩。使这件东西放大、扩展会怎样？功能上能扩大吗？宽银幕电影、投影仪、投影教具等，都可以说是"扩一扩"的结果。一物多用的工具和生活用品越来越多，如多用刀、多用剪、多用起子等，均属功能方面的扩展。

第四法：缩一缩。使这件东西压缩一下会怎样？能否折叠？目前，一些小巧玲珑产品在竞争中吃香走俏。上海市某小学五年级女学生方黎在上体育课时，觉得全班几十名学生排队轮番投篮，大部分时间站着，既锻炼不了身体，也提高不了技术。篮球架高度固定，也不适合不同年龄的同学用。她从高度可调的落地电扇得到启示，发明了"多功能升降篮球架"，获奖并投产。原国家体委副主任徐寅生赞叹不已，说：这个小发明解决了大问题，我多年来就想有这么一个篮球架，没想到被一个小孩子搞出来了。

第五法：变一变。改变一下形状、颜色、音响、味道、气味会怎样？改变一下次序会怎样？现代化企业管理，要求产品不断更新换代，你无我有，你有我专，你专我变。只有走在别人前头，想别人所未想，干他人尚未干，才能永远立于不败之地。在新产品开发中，坚持生产一代，试制一代，研究一代，构思一代。圆珠笔由单色改变结构后，生产出双色、三色等多种款式和花色的圆珠笔。

第六法：改一改。这种东西还存在什么缺点？还有什么不足之处？需要加以改进吗？它在使用时是不是给人带来不便和麻烦？有解决这些问题的办法吗？目前，许多产品向多样化、微型化、简单化、省力化、实用化方向发展。宁波市标准件二厂工人魏山发明的变形金刚式的万能自行车，仅用一把扳手，不用任何附件，可将一辆自行车变换出108种样式。如脚刹车、脚转向、前轮驱动，可用于代步、康复、娱乐、载货、车技训练等。

第七法：联一联。每件东西或事物的结果，跟它的起因有什么联系？能从中找出解决问题的办法吗？某东西与事物联系起来，能帮我们达到什么目的吗？英国一家图书馆准备搬入新址，负责组织计划的人在考虑如何节省经费时，偶尔听到有人谈话中提到"化整为零"，他马上想到图书馆搬家如何化整为零呢？经过思考确定，搬家前取消借书数量限制，发广告敞开借书，但要求到图书馆新址还书，通过读者借还书，图书馆从旧址搬到新址节省了大量人力物力。

第八法：学一学。有什么事物可以让自己模仿、学习一下吗？模仿它的形状和结构会有什么结果？学习它的原理技术，又会有什么创新？在产品开发过程中，东家花红学东家，西家叶绿学西家。一件新产品开发出来，头像东家，身像西家，脚像北家，五脏像南家，局部相同，整体不一致。美国福特汽车公司为开发新产品，广泛搜集各国名牌车逐项分析各自优点，组织人员评出400多项优点，有80%体现在金牛座和黑貂车上，创出了自己的名牌。

第九法：代一代。这件东西有什么能够代替？如用别的材料、零件、方法等，行不行？用纸代布，制成纸衬衣领、纸领带、纸太阳帽等一次性产品，色彩鲜艳，造型别致，价格低廉，在国际市场上甚为走俏。解放军某部队用科技进步的成果代替土法制作"障眼法"，一夜之间，可在旷野上造出"千军万马"之势，"汽车"列队、"火炮"昂首、"导弹"指天。开动迷彩车喷射涂料，使真的车辆、兵器顷刻与周围环境浑然一体；为阵地覆盖高科技新材料制作的伪装网，飞机反复侦察，雷达光屏上无回波信号，红外摄像看不出异常，这些都是代一代的杰作。

第十法：搬一搬。把这件东西搬到别的地方，还能有别的用途吗？这个想法、经验、道理、技术搬到别的地方也能用得上吗？金属电镀使产品闪闪发光，电镀能否搬到塑料上呢？后来开发出的塑料电镀已使塑料制品面目全新。过去超声波技术用于清洗、测量、探伤、熔解、研磨、切割等。近年来，通过对超声波技术进一步开发，使某些传统产品出现"革命"性变化。超声波洗衣机把超声波和空气流一起压入水中，从而使衣物中的油脂和污垢很快脱离纤维，将衣物洗得更干净。

第十一法：反一反。如果把一件东西、一个事物的正反、上下、左右、前后、横竖、里外颠倒一下，会有什么结果？以前加工木料的刨床旋转的刨刀滚动是固定的，木料靠人用手来推动，推到最后，一不小心，手可能被刨刀切了。这种结构世界通行，尽管人们采用各种光电、机械防护装置，但都是在"防"字上做文章。农村木工李林森运用"反一反"的方法，采用了与通行结构相反的结构，木料不动刨刀滚动往复行走，从根本上解决了木料刨床的刨刀"吃"人手的问题。

第十二法：定一定。为了解决某一问题或改进某一件东西，为了提高学习、工作效率，防止可能发生的事故或疏漏，需要规定什么？制定一些什么标准、规章、制度？某单位组织植树，计划下午五点完工。上午大家大呼隆混着干，只完成三分之一。下午分成三人一组，定任务，挖坑、培土、浇水分工明确，结果全部任务提前一小时完成。同样的人员和工具，由于定了任务，下午的效率比上午提高了一倍多。

和田思维法给了我们这样一个启示，我们的大脑，经常需要摇晃一下，打乱原来的秩序来一个新组合，这样的话，我们的"视界"里才会风景常新，奇思妙想才能不断涌现。

7. 对单个要素优化组合后实现 1+1>2——系统思维

系统思维也称整体思维，是指以系统论为思维基本模式的思维形态，着眼于事物的整体与部分、部分与部分，整体与环境之间的相互联系，多侧面、多角度、多层次、多变量地考察事物，追求最佳处理效果。

系统思维运用了单一和多样、纵向和横向、静态与动态、时间和空间、正向和逆向、求同和求异、反馈和超前、维序和超常等多种思维技巧的精华部分。它本质上是一种全局性思维，总是从事物的整体出发，思维程序是整体——部分——整体，通过对相互割裂的诸要素进行有机链接，从而在最佳的协调机制下，达到部分与部分之间最合理组合，产生最大的整体效应，是思维方法中综合性最强，也是高级的模式。请看两个典型事例：

张军和王倩夫妇需要做三件家务：（1）用吸尘器打扫地板。他们只有一个吸尘器。这项活需要30分钟。（2）用割草机修整草坪。他们只有一架割草机。这项活也需要30分钟。（3）给婴儿喂食和洗澡。这项活也需要30分钟。张军和王倩如何合作，才能尽快完成家务？

上述家务问题的答案，通常的结论应当是60分钟。但对一个善于动脑的智者而言，似乎还有更大的统筹优化空间，诀窍是让张军和王倩两人在整个过程中都一直在做家务，只要运用系统性思维对全过程进行协同配置，就会找出这一似乎不存在的空间：让王倩先用吸尘器完成一半的地板清扫任务（15分钟），接着让她完成照顾婴儿的任务（30分钟）。而张军一开始用割草机修整草坪（30分钟），然后接着用吸尘器清扫地板（15分钟）——总时间为45分钟，比常规思维和分工节省了四分之一时间。

　　第二次世界大战时期，奥斯威辛集中营中一位犹太人对儿子说："现在我们唯一的财富就是我们的智慧。当别人说一加一等于二的时候，你应该想到大于二。"1946年他们来到美国，在休斯敦做铜器生意。一天，父亲问儿子一磅铜的价格是多少？儿子答35美分。父亲说："对，整个得克萨斯州都知道这个价格，但作为犹太人的儿子你应该说3.5美元。你试着把一磅铜做成门把柄看看！"20年后，父亲死了，儿子独自经营铜器店。他做过铜鼓、瑞士表上的簧片、奥运会的奖牌。他曾将一磅铜的产品卖到3500美元，不过，这时他已是麦考尔公司的董事长。1974年，美国政府为清理给自由女神像翻新扔下的废料，向社会招标，正在法国旅行的这位董事长得到信息后立即飞往纽约。他看过自由女神像下面堆积如山的铜块、水泥块和木料后，马上投标签约。纽约许多公司都为他的愚蠢举动暗自发笑，因为该州对垃圾的处理有严格的规定，弄不好就要受到环保组织的投诉。他让人把废铜熔化，铸成小自由女神像，把水泥块和木头加工成女神像底座；把废铅、废铝做成纽约广场的钥匙，这些产品都标明源自自由女神像，一下子成了抢手货一售而空。最后，他甚至把从女神像身上扫下的灰尘都包装起来，出售给花店。他让这堆废料变成了350万美元的现金，其中每磅铜的价格比按废铜处理整整翻了1万倍！这位犹太人在处理自由女神像废料过程中，充分展示了其娴熟的系统性思维方法。他先整体看待这堆废料，它们都直接联系着自由女神像；再分门别类地处理垃圾，根据其质地不同做成不同的东西；最后又打着"自由女神"的旗号卖掉，获得了惊人的整体收益。其思维模式就是经典的"整体——部分（分类）——整体"。

这些思维方法对于我们做好工作是很有意义的。有些同志常常抱怨自己的工作多而杂，两眼一睁，忙到熄灯！可问他究竟在忙些什么？往往说不太清楚。要改变这种被动局面，就要学会用科学的辩证的系统的思维去分析问题，善于用全新的视角观察、思考新情况，勇于用新的思路办法解决新问题，尤其要从结构与功能的角度审视自己的工作任务，通过将单个元素放在系统中实现"新的综合"，实现"整体大于部分的简单总和"的目标，成功就会紧紧地拥抱你。

（三）学会用"两面观"看问题

一分为二，对立统一，是万事万物属性和运动的根本特征。一切变化都是以此为基础。事物都有其两面性，问题就在于当事者怎样去看待它们。大家很熟悉《贞观政要》里的几句名言："以铜为镜，可以正衣冠；以古为镜，可以知兴替；以人为镜，可以明得失"，诸葛亮讲"欲思其利，必虑其害；欲思其成，必虑其败"。这些都是观察问题选择参照系、辩证分析的科学方法。

看待事物的角度可以无穷多个，对同一件事情，不同的人在不同层面、不同角度，得出的看法、判断是不一样的。

如，对人生用减法去看待，那么处处充满悲观，充满危机，充满压力：20岁的人，失去了童年；30岁的人，失去了浪漫；40岁的人，失去了青春；50岁的人，失去了理想；60岁的人，失去了盼头；70岁的人，失去了自在；80岁的人，失去了健康……

要是换个角度，用加法思考人生，那么，处处都充满希望，充满生机，充满快乐：20岁的人，拥有青春；30岁的人，拥有才干；40岁的人，拥有成熟；50岁的人，拥有经验；60岁的人，拥有轻松；70岁的人，拥有彻悟；80岁的人，拥有恬静……

可见，换个角度看风景，感觉大不相同；换个观念看问题，结论各不相同。

我在实践中经常运用一些"两面观"来观察和分析事物。以下七个"两面观"或许会对年轻的机关干部观察、分析问题有些帮助。

1. "上面下面"两面观

"上面下面"两面观，就是观察事物既要从上面往下看，又要从下面往上看。上下结合、点面比较，有助于看清事物全貌和发现具有普遍指导意义的规律性、本质性的东西，形成比较科学的认识。古诗云：

横看成岭侧成峰，

远近高低各不同。

不识庐山真面目，

只缘身在此山中。

站在山底，是看不清山峰全貌的；而站在峰顶，"一览众山小"，也不容易看清山峰真实高度和气势。只有从山底往上看，与从峰顶往下看相结合，才能真正地看清庐山真面目。观察事物必须"上面下面"两面观，就是这个道理。

这种观察问题的方法，既要求学会登高望远，站在全局高度，深刻领会大政方针的科学性、重要性，又要求沉到底下，立足末端，在一线实践中进一步领悟大政方针的指导性、操作性。这样上下结合起来看，思想境界高了，认识的片面性少了，贯彻大政方针的坚定性、行动的自觉性就更强了。

2."外面里面"两面观

"外面里面"两面观，就是观察事物既要从外面向里看，又要从里面往外看。这种换位思考法，是克服自我封闭、嗅觉不灵、认识片面和思维定势的好方法，有助于帮助我们及时发现和纠正见怪不怪、错误判断的问题。

常言道："身在福中不知福""身在宝山不识宝"，说的就是自己处在被分析的事物里面，受环境影响，往往很难准确判断真实状况和把握是非曲直。时常听到有人说"我是本单位的，最了解情况，最清楚该怎么办"，这句话多数情况下是准确的，但也有一定的片面性。因为有些情况下是"旁观者清，当局者迷"。"外面里面"两面观后，你原先视为宝的，可能已成了"大路货"而不值钱了；你原先不认为是宝的，或许"物以稀为贵"，成了"抢手货"了。

事物的发展是经过不断否定实现的，是"外在否定"和"内在否定"协同促成的结果，是事物自我完善、自我发展的运动过程。任何事情都具有两面性，能够清楚认识到转化条件，那就是高手。理解是两个不同影子的重合，只有站在对方的视野里才能理解，只有走进对方的世界里才能彻悟。

一个单位为推动建设发展更上一层楼，组织骨干到兄弟单位参观取经，或请外面专家来"会诊"；或在本单位组织发扬民主，自我剖析，查找问题等，也都属于"外面里面"两面观的运用。

用"外面里面"两面观来观察分析对孩子的教育，也就是不但用作为家长的眼光看孩子的缺点，而且用孩子的眼光、周围人的眼光看家长在孩子缺点成因中的作用，您或许会吃惊地发现：

您的孩子喜欢谴责别人，是因为平时您对他批评过多。

您的孩子凡事喜欢抱怨，是因为您总是挑剔他。

您的孩子喜欢对抗，是因为您对他有敌意和强制。

您的孩子不够善良，是因为您是一个缺少同情心的人。

您的孩子胆小、羞怯，是因为他经常被嘲弄、辱骂。

您的孩子不跟您说心里话，是因为您抓孩子的话把儿，翻老账。

您的孩子不辨是非，是因为您专制，没有给孩子自主和思考的机会。

您的孩子很自卑，是因为您对孩子总是失望，不能耐心鼓励。

您的孩子嫉妒、敏感、怕受伤，是因为家里缺乏宽容和温暖。

您的孩子不喜欢自己，是因为您对他缺少接纳、认可和尊重。

您的孩子不上进，不努力，是因为您对他要求过高他做不到。

您的孩子很自私，是因为您对他太溺爱，要什么给什么。

您的孩子不懂父母的苦心，是因为您没有教会他理解别人。

您的孩子退缩、逃避，是因为遭到了您的轻视和打击。

您的孩子懒惰和依赖，是因为您替孩子做的事和决定太多了。

您被孩子控制了，是因为您不敢严厉管教，总是哀求孩子。

您的孩子撒谎、骗人，是因为您不够宽容，喜欢惩罚孩子。

您的孩子冷漠，攻击他人，是因为您对他的讽刺和冷眼太多。

您的孩子有暴力行为，是因为您常用暴力来处理孩子的问题。

您的孩子意志不坚强，惧怕困难，是因为您没有给他锻炼的机会……

可见，跳出封闭的内环境，换成对方或第三者的眼光，从外面看自身，常常能发现自己一直未察觉到的问题。

3."历史现实"两面观

"历史现实"两面观，就是观察事物要联系这一事物产生发展的背景和条件，把它放到一定的历史范围内去作具体的把握，而不能离开特定的时间、地点和条件把它抽象化、绝对化。也就是观察事物既要从现实看历史渊源，认清内在的本质性联系；又要从历史看现实必然，把握好事物发展的客观规律。

客观事物的复杂性，人们认识能力的有限性，决定了人类实践只能是接近真理的过程。由于一个人的知识不可能无限，掌握信息不可能无限，个人修养也不可能无限，所以难免做出错误的判断。无论组织还是个人，不犯错误都是美好的愿望，会犯错误才是客观的现实。

历史是一个民族、一个国家形成、发展及其盛衰兴亡的真实记录，是前人各种知识、经验和智慧的总汇。历史是一面镜子，现实也是一面镜子。

在新世纪来临前后，在资本主义的故乡，接连曝出了四条在世界上引起很大反响的新闻：1999年，英国剑桥大学文理学院的教授们发起评选"千年第一思想家"的活动，结果马克思当选。1999年9月英国广播公司以"谁是本千年最伟大的思想家？"为题，在国际互联网上公开征询意见一个月，汇集全球投票结果，共产主义理论的创立者马克思在众多候选人中名列榜首，得票率竟然高于分别名列第二、第三和第四的相对论的创立者爱因斯坦、万有引力的发现者牛顿和进化论的提出者达尔文。2002年，英国路透社邀请政界、商界、技术界和学术领域的名人评选"千年伟人"，马克思以一分之差略逊于爱因斯坦。路透社在报道评选结果时说：马克思的《共产党宣言》和《资本论》对过去一个多世纪全球的政治和经济思想产生了深刻的影响。2005年7月，英国广播公司又以"古今最伟大的哲学家"为题调查了三万多名听众，马克思以27.93%的得票率位居第一，排在第二名的休谟得票率是12.6%。用"历史现实"两面观分析这些事实，可以帮助我们进一步坚定对马克思主义的信仰。

或许很多人听过这样一个故事：有一次，美国总统林肯面试一个候选重要官员，仔细端详后，他并没有多问就决定不录取。推荐那位候选官员的幕僚问他原因，林肯竟然说："我不喜欢他的长相！"幕僚非常不服，问道："总统先生，难道一个人天生长得不好看，也是他的错吗？"林肯回答："一个人四十岁以前的长相，是父母决定的。但四十岁以后的长相，却是自己决定的。"理由是："经过40年的生活体验，从观念、情感、意愿到行为与人际互动，自己的相貌、气质、风度如何，当然不能再找任何借口来推脱责任。一个人要为自己四十岁以后的长相负责任。"我国古人说"相由心生"，现代的行为科学认为"当一个人坐在你面前时，他的姿态语言就是他人格的显示器"。一个人如长时期的心善，面相一定透出慈祥；一个人如长时期的凶恶，面相一定透出暴戾。想掩饰都是徒劳的，睿智的人一眼就识破了。学会历史现实两面观，你识人鉴事就更准了。

4. "今天明天"两面观

"今天明天"两面观，就是观察事物既要从今天看明天，又要从预测的明天来反观今天，从中增强观察问题的预见性、运筹谋划的前瞻性、指导工作的科学性。

有首诗写道：决定今天的不是今天，而是昨天对人生的态度；决定明天的不是明天，而是今天对事业的作为。我们的今天由过去决定，我们的明天由今天决定，明白了这些，你就是一个聪明的人。怎样用今天来推断明天，用明天来引导今天，学会了这些，你就是一个睿智的人。

毛泽东说过，看一个人的过去，就可以知道他的现在，看他的过去和现在，就可以知道他的将来。当然，这是从普遍意义上说的。这就是一种从前往后看的方法。而超越现实，预测将来，从"明天"的角度看"今天"，也可以使你发现一个"新天地"。爱因斯坦设想自己坐在一个以光速向前运动的火箭里，往后观察地球的时钟，发现"时间变慢了"，这种从假设的"明天"往回看的方法，帮助他解开了十多年百思不解的谜底，悟出并创立了"广义相对论"。

请再来读一篇《儿子眼中的父亲》。儿子7岁时，爸爸真了不起，什么都知道。15岁时爸爸有时说得也不怎么对。20岁时爸爸落后了，他的理论与时代格格不入。25岁时老头子一无所知，陈腐不堪。35岁时如果爸爸当年像我这样老练，他准成千万富翁了。45岁时我不知道是否该和爸爸商量一下，也许他会有主意。55岁时真可惜，爸爸去世了，说老实话，他的理论相当高明。60岁时可怜的爸爸简直是一位无所不知的学者，遗憾的是了解他太晚了！我们可以从这个儿子对父亲认识和评价呈"U"形中，品出深刻的教训。如果儿子学会了从今天看明天，他会跳出目光短浅的局限，领会到父亲教导的预见性、准确性。如果儿子进一步学会了从明天的需要，反观今天的选择，那么他会将父亲一生的智慧真正变成自己的财富，会比他父亲少犯错误、更快成功。

领会和运用这种"今天明天"两面观来看问题，就会更加客观地认清形势、更加自觉地遵循发展规律，不急于求成，也不怨天尤人；就会一叶知秋，预见将来的需求，来改进现在的工作。

5."正面反面"两面观

"正面反面"两面观，就是观察事物既从正面往反面看，又从反面往正面看。可以帮助人们更全面地把握事物，更深刻地揭示本质，更准确地掌握事物发展和变化的规律。

对任何事情的看法，有正方就会有反方。我们平常和别人交谈时，一般不喜欢听到反面的意见。大家商讨问题时，你提议某种方案，如果有人与你意见相左，你也许会觉得他在找你麻烦，而忽略了他可能看到某些你未意识到的问题。成功往往不在于你是否拿到好牌，而在于你能否将手中的坏牌打好。使你惨败的，有时是你的朋友；使你成功的，有时是你的敌手。我们应学会感恩，更应该学会感怨。这其中，就包含了"正面反面"两面观。

有人曾经讲了这样一个故事：他拿着一本旧杂志，翻到一幅色彩鲜艳的世界地图，他从那本杂志上撕下这一页，再把它撕成碎片，丢在地上，对儿子说道："如果你能拼拢这些碎片，我就给你2

元零花钱。"他以为这件事会花去儿子大半天时间,可是没过10分钟儿子就拼好了地图。他惊愕地问道:"孩子,你为什么能把这件事做得这样快?"儿子说:"这很容易,在另一面有一个人的照片。我就照着这个人的照片拼到一起。然后把它翻过来。"儿子聪明之处,就是学会了"正面反面"两面观。

我们经常运用的剖析正反典型的方法,就是一种运用"正面反面"两面观的方法。古人说的兼听则明也是正反两面观的运用。

日本有一位青年,因事故失去左臂,生活很不方便。但他不消沉、不气馁的精神,被一个柔道师父看中了。师父便叫这位青年跟他学习柔道。三年中,师父只教他一招。这个青年很不理解,不过他很相信师父,一直用心用力地练好这一招,从没有怨言。柔道大赛开始了,在第一、第二轮比赛中,他轻松将对手击败。最后一轮决赛时,他和对手打了好几个回合,不分胜负。他想:"前两轮选手为什么击败不了我?我的残疾可能就是我的长处!我一定要打败对手,为残疾人争气,就是倒下,也要比对方迟倒一秒钟!"他靠着这一信念,终于战胜对手夺冠。比赛结束后,师父总结说:"你为什么能够将对方打败,一是你几乎掌握了柔道中最难的一招,这一招看起来简单,但它的速度、力量是能无限发挥的;二是你有一种永不言败的毅力和坚忍不拔的意志;三是据我所知,要想战胜你这一招,对手必须抓住左臂才能击败你,你没有左臂,这恰恰成为你在柔道比赛中的长处。"显然,"正面反面"两面观,是这位师父择徒训徒的高明之处,也是徒弟扬长避短的取胜之道。

古人说:"不知人之短,不知人之长,不知人长中之短,不知人短中之长,则不可以用人,不可以教人。"意思就是不了解人的缺点,不了解人的优点;不了解人的优点中的缺点;不了解人的缺点中的优点。就不可以随便用人，不可以随便教人。这些，也都是"正面反面"两面观辩证运用的经典名言。

6."宏观微观"两面观

"宏观微观"两面观，就是观察事物既要从宏观去把握整体发展趋势，又要从微观去考察局部的特殊运动规律，将两方面的观察统一于系统的认识和整体的判断之中，以实现科学决策、科学指导。

宏观是趋势，在大方向上决定微观的走向；而宏观又由众多微观组成，微观的个体运动累积到一定程度，甚至左右宏观走向。这是一对辩证统一的矛盾。

钱学森曾指出：仅仅从整体性研究，只靠宏观经验，得到的认识恐怕只能是定性的，或按毛泽东的说法是感性认识。若到此为止了，也解决不了问题。如果深入下去用还原论的方法进行分解，又丢掉了系统性、整体性，所以还原论的方法也不行。因此，要搞整体论和还原论的结合，才能得到定性到定量的综合集成这一唯一可行的道路。钱老讲的，实际上是"宏观微观"两面观基础上的综合集成。

人的认识片面化，往往是只关注微观、未把握宏观，只看到局部、看不到整体。盲人摸象的故事我们都知道，可是在现实生活中，很多人常常犯这样的错误。

机关干部研究和指导工作，一定要将宏观把握与微观指导有机结合起来，既要防止只重视宏观观察，忽略了微观考证；又要防止只埋头微观指导，不抬头把握大局。不能一种倾向掩盖另一种倾向，也不能从一个极端走向另一个极端。

7. "幸福吃亏"两面观

"幸福吃亏"两面观，就是要充分看清"幸福"和"吃亏"，既是一对冤家，又是一对亲家。它们对立统一，互相依存，互相转化。幸福时要看到隐患、看到危机；吃亏时要看到收获、看到成功。

对幸福一词有各种定义。角度不同，概括也不同。幸福，本质上是一个人自己的感觉，是心理的满足。如果列一个公式的话，幸福的分子就是获得，分母就是愿望，获得÷愿望＝商，商就是幸福的指数。也就是在获得是个常数的情况下，一个人愿望越小，幸福指数越大；愿望越大，幸福指数越小。知足者常乐，不是获得的多，而是要求的少。没有愿望的人是悲哀的，有愿望且能满足是幸福的。无论大人物还是小人物，如果愿望大而获得小，人就会哀叹；如果愿望小而获得大，人就会惊喜。所以说，粗茶淡饭的小人物的幸福感，是完全有可能超过养尊处优大人物的，关键是看他愿望的大小。

吃亏实际是一种生活哲学。能吃亏是做人的一种境界，不在乎吃亏是处世的一种睿智。工作中，活干得比别人多，你觉得吃亏；钱拿得比别人少，你觉得吃亏；经常加班加点，你觉得吃亏……其实，没必要这样计较。从长远看，吃亏不是灾难，不是失败，是一种贡献，你贡献得越多，得到的回报也就越多。现在吃点儿亏，是为成功铺就道路，也许在未来的某个时刻，你比未吃亏的人享受到了更多的幸福。舍得舍得，有舍才有得。给别人留余地就是给自己留余地，与人方便就是与己方便，善待别人就是善待自己。乐意吃些亏的人绝对不是弱智，而是大智慧。小聪明是战术，大智慧是战略；小聪明看到的是芝麻，大智慧看到的是西瓜。小聪明只能有小视野和小成绩，大智慧才能有大境界和大成就。丰富的极致是简单，绚烂的极致是平淡，深爱的极致是无声，吃亏的极致是幸福。应该把吃亏当成"吃补"，在乐于吃亏中强心健体。

老百姓常说的"傻人有傻福"，就是经典的幸福吃亏两面观。因为傻，在很多时候才会执着和忠贞，宽厚和诚实，让人不知不觉愿意与他站到一起。因为傻人没有心计，和这样的人在一起，令人身心放松，更能相互靠近。傻人无意中得到的，往往比聪明人费尽心机得到的还多。欢乐与痛苦相伴，艰辛与甜美共生，今天的苦涩和艰辛孕育明天的辉煌。正如豫剧《村官李天成》中《吃亏歌》唱的："当干部就应该能吃亏，能吃亏自然就少是非；当干部就应该肯吃亏，肯吃亏自然就有权威；当干部就应该常吃亏，常吃亏才可能有所作为；当干部就应该多吃亏，多吃亏才可能有人追随；能吃亏肯吃亏不怕吃亏，工作才能往前推……吃亏吃亏多吃亏，吃亏吃得众心归；吃得你人格闪光辉。"这些话说得多么朴实又深刻！

还可以归纳其他一些"两面观"，如"群众领导"两面观、"成功失败"两面观、"动态静态"两面观等。一言概之，"两面观"就是运用历史的、系统的、联系的、发展的、全面的、辩证的观点，来观察、分析和认识事物的具体方法。只要学会了运用多种"两面观"，就有助于掌握哲学思维的"望远镜""放大镜"和"X光机"，就能有效地帮助你登高望远、闻一知十、入木三分地观察事物，就能更快地提高遵循客观规律"出主意、写文章、抓落实"的本领。

(四)定性定量分析及"穆勒五法"

机关干部在"出主意、写文章、抓落实"中经常用到定性定量的分析方法,但不少人往往粗线条运用,缺乏精细化操作。

1. 定性分析的概念和基本方法

定性分析就是对事物质的分析,也就是对获得的各种材料进行去粗取精、去伪存真的思维加工,由此及彼、由表及里地推断事物本质,揭示内在规律,判明发展趋势。其特点:一是重质不重量。它立足于对事物或对象的属性、要素、结构、功能和因果关系进行分析,而不注重事物量的考察。二是普适性强。社会科学的一切领域、一切社会现象,无一例外地都可以进行定性分析,但不一定都适合做定量分析。三是有模糊性。它主要借助于概念、判断、推理对事物进行描述或预测,大方向、大轮廓是清楚的,但细微处并不清楚,有的结论含有多义性。

定性分析最基本的是以下五种方法:

一是属性分析。事物的属性,包括事物自身的特征以及相互之间的关系,分为特有属性和偶有属性两种。特有属性是同一类事物所共同具有的属性,是一类事物区别于他类事物的本质特征。偶有属性是一个事物所单独具有的属性,是没有普遍意义的非本质特征。分清是特有属性还是偶有属性是极为重要的,谬论或狡辩,往往靠模糊概括、偷换概念,用偶有属性替代特有属性。认定属性的结果,必须通过明确的概念或定义表现出来。

二是要素分析。事物是无限可分的，任何一个事物都是由若干层次的元素组成的系统。要素分析就是确定某一事物到底是由哪些基本成分构成的。如，社会制度由经济制度、政治制度、法律制度和文化制度等要素构成。其中经济制度又由生产力和生产关系组成。生产力又由劳动者、劳动资料和劳动对象构成。要素分析得越清晰、越准确，思维越科学、判断越深刻。

三是结构分析。就是对事物各要素之间的相互关系和相互作用进行研究。结构是事物内部各要素在时空连续区上的排列组合方式和相互作用方式。确定一个事物的性质，必须以弄清构成该事物的各个组成部分为前提，同时，还必须考察各要素之间的相互关系，即结构整合状况。结构整合会产生"$1+1 \neq 2$"的效果。例如，石墨和金刚石的基本元素都是碳，只是由于结构方式不同，两者的物理特性就迥然不同。前者柔软可塑，后者则是世界上最硬的物质。

四是功能分析。功能分析的基本思路，是通过考察一个事物或现象在影响范围内所起的主要作用，进而对其作出判断并采取必要的应对措施。如互联网迅速发展可能对思想政治教育带来哪些影响，只有在科学评估的基础上才能提出正确的应对措施。

五是归类分析。归类就是把一个事物归入具有相同属性的一组事物中去，同时也是对该事物在普遍联系中的地位加以限定。归类要以识别属性为基础，但其内涵却大于识别属性。因为识别属性侧重于发现事物之间的不同点，归类则侧重于寻找事物之间的共同点。前者重"分"，后者重"合"。归类的关键是通过比较去选择恰当的归类标准。例如，"人是能制造工具的动物"。

2. 定量分析的概念和基本方法

定量分析是与定性分析相对应的一种研究方法，是指运用统计分析、定量描述、线性规划、趋势预测等数学方法和数学语言，来描述和解释事物的特性及其变化规律，使人们的认识更细致、更精确。其本质特征：一是研究的主题是宏观的，即整体性的现象、问题和行为。较少涉及微观的个体和自然现象。二是研究的方法是实证的，即通过"经验上可以感知的社会事实"去发现问题、检验假设、提出研究结论。三是研究的工具是定量的，即运用变量、测量和指标等数学语言去描述事实、揭示规律、解释因果关系、预测发展趋势。

定量分析最基本的是以下五种方法：

一是比较。这是确定对象之间的差异点与共同点的逻辑方法。比较作为一种认识问题和研究问题的方法，具有十分重要的作用。运用中应注意：一要把握好对象的可比性，根据确定的标准和确定的参照系去进行比较。二要判明和抓住事物的本质属性，避免肤浅的、表象的、无价值的、非本质属性的比较。三要科学辩证地解释比较的结果，注意事物因果联系的复杂性，防止以偏概全。

二是归纳。是从个别到一般、从特殊到普遍、从经验事实到本质规律的概括过程。归纳分为完全归纳和不完全归纳两种。完全归纳是根据全体研究对象共同具有的特征所作出的概括，结论是最可靠的。不完全归纳是根据部分对象的共同特征而对总体所作的概括，结论可靠性较差。一些片面甚至错误的认识，往往源于不完全归纳。

三是演绎。是从一般到个别、从普遍到特殊的思维过程和认识方法。演绎法在知识系统化和建立理论体系中起着非常重要的作用，可以根据已知的原理去说明某一经验事实的合理性，即由已知进入未知，由旧知获得新知，是建立理论体系的基本途径和普遍模式。天文学上的很多重大理论突破，都是假说演绎直至被观测证实。

四是分析。是指在人的思维过程中，把认识对象分解为若干要素，即把整体分解为若干部分，把复杂的事物分解为简单的要素，把连续的、动态的发展过程，暂时凝固为离散的、静态的若干阶段等，进而加以深入考察。列宁有句话说得很形象而深刻："如果不把不间断的东西割断，不使活生生的东西简单化、粗陋化，不加以划分，不使之僵化，那么我们就不能想象、表达、测量、描述运动。"（列宁，《哲学笔记》）

五是综合。是把事物的各个部分、方面或要素，结合成一个整体和系统化的研究。一方面，综合是与分析相反的思维过程。分析强调的是"分"，综合强调的是"合"；另一方面，它又是与分析相辅相成、结合运用的。分析是综合的前提和基础，综合是分析的继续和完成。通过综合，才能从整体上把握事物本质，形成对事物全面、深刻的认识。

3. 定性和定量分析必须综合运用

这是因为：

（1）定性分析是定量分析的前提和基础。定量分析必须以定性分析为出发点，没有定性的定量，是一种盲目的没有价值的定量。

定量分析的结果或结论，只有通过定性分析才能得到理性的解释。

（2）定量分析是定性分析的深化，也是科学研究的发展方向。正如马克思所说"一门科学，只有当它成功地运用数学时，才算达到了真正完善的地步。"

（3）定性分析更适合于研究纷繁复杂的社会现象。因为社会现象和心理现象制约因素多，变化节奏快，社会现象与自然现象之间又存在着许多根本性的差异，这使定量分析遇到很大的困难和局限。而人们观察问题、理解问题和评价是非的立场、观点和方法，又往往大相径庭，因此，定性分析方法比较适用于对各种社会现象的研究。

4. 分析原因的"穆勒五法"

机关干部在实际工作中，不同场合、阶段、时机都大量接触到"原因分析"。原因分析就是寻找和判定事物的因果关系。科学研究在本质上就是要揭示事物之间的因果关系。亚里士多德说过："在人们理解'为什么'有这个事物之前，人们并不认为他们知道了这个事物。"英国哲学家穆勒1872年提出五种运用归纳法从客观事实中寻找因果关系的方法，即著名的"穆勒五法"，至今仍被广泛运用，是机关干部搞"原因分析"的很好工具。

（1）求同法。考察出现在某一被研究现象不同场合的几个条件，如果各个不同场合除一个条件相同外，其他条件都不同，那么，这个相同条件就是某被研究现象的原因。因为这种方法是异中求同，所以叫作求同法。如考察某一现象（被研究对象）Y在若干场合中的情况时，总有一个共同的先行条件X_1出现，由此就可以判定 X1 是 Y 的原因。

求同法的实质就是多次观察中努力寻找共同点。例如：1960年，英国某农场十万只火鸡和小鸭吃了发霉的花生，在几个月内得癌症死了。后来，用这种花生喂羊、猫、鸽子等动物，又发生了同样的结果。1963年，有人又用发了霉的花生喂大白鼠、鱼和雪貂，也都纷纷得癌而死，上述各种动物患癌症的前提条件中，对象、时间、环境都不同，唯一共同的因素就是吃了发霉的花生。于是，人们推断：吃了发霉的花生可能是这些动物得癌死亡的原因。后来通过化验证明，发霉的花生内含大量黄曲霉素，是强致癌物质。这个推断就是通过求同法得出的。

求同法的结论是或然性的。为了提高求同法结论的可靠性，应注意：①结论的可靠性和考察的场合数量有关。考察的场合越多，结论的可靠性越高。②有时在被研究的各个场合中，共同的因素并不止一个，因此，在观察中就应当通过具体分析排除与被研究现象不相关的共同因素。

（2）求异法。比较某现象出现的场合和不出现的场合，如果这两个场合除一点不同外，其他情况都相同，那么这个不同点就是这个现象的原因。因这种方法是同中求异，所以称之为求异法。

求异法可用下列公式表示：如在两个以上场合中，其他先行条件都相同，但只有当先行条件 X1 出现时，被研究对象 Y 才出现；X1 不出现，Y 也不出现。由此就可以判定 X1 是 Y 的原因。

求异法不仅有正面场合（X1 和 Y 都存在），还有反面场合（X1 和 Y 都不存在），其结论比求同法更可靠。例如：一百多年前，一艘远洋帆船载着五个中国人和几个外国人由中国开往欧洲。途中，除五个中国人外，全病得奄奄一息。经诊断，病者都患有坏血病。同乘一只船，同样是人，一样是风餐露宿，受苦挨饿，漂洋过海，为什么中国人和外国人却判若异类呢？原来这五个中国人都有喝茶的嗜好，而外国人却没有。于是得出结论：喝茶是这五位中国人不得坏血病的原因。

求异法是求异除同。运用求异法进行比较的两个场合，**一定要只有一点不同，其他情况都相同**。这种条件在通常情况下是少见的，因而求异法常和实验直接联系。运用求异法应注意：①必须排除除了一点外的其他一切差异因素。如果相比较的两个场合还有其他差异因素未被发觉，结论就会被否定或出现误差。②还应注意两个场合唯一不同的情况是被考察现象的全部原因还是部分原因。

（3）求同求异并用法。也就是把求同法和求异法结合起来使用。如果某被考察现象出现的各个场合（正事例组）只有一个共同的因素，而这个被考察现象不出现的各个场合（负事例组）都没有这个共同因素，那么，这个共同的因素就是某被考察现象的原因。

该法的步骤是两次求同、一次求异。①先求同，观察在不同场合中，每当被研究对象 Y 出现时，其先行条件中是否有共同因素（X_1）出现；②后求异，观察其他先行条件（X_2 到 X_n……）都相同，只有 X_1 不出现，Y 会发生什么变化；③再比较求同与求异的结果。这样得出的结论将更可靠。

例如：某医疗队为了解地方病甲状腺肿的原因，先到这种病流行的几个地区巡回调查。发现这些地区地理环境、经济水平都各不相同，有一点是共同的，即居民常用食物和饮用水中缺碘。医疗队又到一些不流行该病的地区去调查，发现这些地区地理环境、经济水平也各不相同，但有一点是共同的，即居民常用食物和饮用水中不缺碘。医疗队综合上述调查情况后，认为缺碘可能是产生甲状腺肿的原因。后来对病人进行补碘治疗和在缺碘地区推广加碘的食盐，果然收到很好的治疗和预防效果。这是应用求同求异并用法找到原因、正确解决问题的经典事例。

应用求同求异并用法需要注意：一是正反两组事例的组成场合越多，结论的可靠程度就越高。二是所选择的负事例组的各个场合，应与正事例组各个场合在客观类属关系上比较接近。

（4）共变法。在其他条件不变的情况下，如果某一现象发生变化，另一现象也随之发生相应变化，那么，前一现象就是后一现象的原因。

共变法可用如下公式表示：如果被研究对象 Y 与先行条件 X 有密切的对应关系，有 X 就有 Y，无 X 就没有 Y，当 X 发生变化时，Y 也随之变化，由此可以判定，X 是 Y 的原因。

例如：一定压力下的一定量气体，温度升高，体积增大；温度降低，体积缩小。气体体积与温度之间的共变关系，说明气体温度的改变是其体积改变的原因。

应用共变法应注意：一是不能只凭简单观察来确定共变的因果关系，有时两种现象共变，但实际并无因果联系，可能二者都是另一现象引起的结果。如闪电与雷鸣。二是共变法通过两种现象之间的共变，来确定两者之间的因果联系，是以其他条件保持不变为前提的。三是两种现象的共变是有一定限度的，超过限度，两种现象就不再有共变关系。

（5）剩余法。如果某一复合现象已确定是由某种复合原因引起的，把其中已确认有因果联系的部分减去，那么，剩余部分也必有因果联系。

剩余法可用公式表示如下：如果被研究对象是一个复合现象，分别由 Y1、Y2、Y3、Y4 组成，而先行条件有 X1、X2、X3、X4，已知 X1 是 Y1 的原因，X2 是 Y2 的原因，X3 是 Y3 的原因，那么，在分析 Y4 的原因时，就可以排除前面三个因素，判定剩余的 X4 是 Y4 的原因。

例如，居里夫人和她的丈夫为了弄清一批沥青铀矿样品中是否含有值得提炼的铀，就对其含铀量进行了测定。令他们惊讶的是，有几块样品的放射性甚至比纯铀还要大。这就意味着，在这些沥青铀矿中一定含有别的放射性元素。同时，这些未知的放射性元素只能是非常少量的，因为用普通的化学分析法不能测出它们来。量小放射性又那样强，说明该元素的放射性要远远高于铀。1898 年 7 月，他们终于分离出放射性比铀强 400 倍的钋。该元素的发现，应用的就是剩余法。再如，已知天王星的运行轨道有四个地方发生倾斜，还知道三个地方的倾斜是因为受到三个行星的吸引，由此认为第四个地方的倾斜是因为受到另一个行星的吸引。沿着这个思路作观测，果然发现了太阳系边缘的海王星。

应用剩余法应注意：一是确知复杂现象的复杂原因及其部分对应关系，不能有误差，否则结论就不可靠。二是复杂现象剩余部分的原因，可能又是复杂情况，应进行再分析，不能轻率下结论。

（五）试一试改变思维方法来解难题

前面从不同角度、不同层面讨论了多种思维方法，其中有不少是大同小异，理性论述又比较枯燥乏味，但各有独特用处，实用性很强。

先来做一道题，测试一下运用科学思维方法能否通得过考验。

这是一家公司招收新职员的一道面试题："你开着一辆双座微型小汽车，在一个狂风呼啸、暴雨倾盆而下的晚上，经过一个偏僻的车站，有三个人正在等公共汽车。其中一个是年老体衰又有重病的老人，非常可怜。另一个是医生，他曾开车将患急病的你送医院抢救，是救过你命的大恩人，你做梦都想报答他。还有一个女人／男人，她／他是那种你做梦都想娶／嫁的人。但你的车只能再乘一个人，你会如何选择？并请解释你的理由。"

面对这个问题，应聘者可以作出各种选择。但每一个回答似乎都有道理又不圆满。如，你应该让老人上车去医院。然而，医生救过你命，这是个报答他的好机会。或者你可以在将来某个时候去报答医生，让心仪的偶像上车。因为一旦错过了搭载她／他的机会，你可能永远遇不到一个让你如此喜爱的人了，这事关终生的幸福！但医生、老人怎么办？

在200多个应聘者中，只有一个人答这道题得了满分，被录用了。他当时并没有解释理由，只是说了以下的话：

"给医生车钥匙，让他带着老人去医院！我留下来，陪我的梦中情人一起等公车！"

这个回答确实是最好的，也是唯一正确的答案。但为什么这么多应聘者一开始都没想到呢？因为，绝大多数人有因循守旧、先入为主的思维定式，会按照考官提问，闷头想从三个人中选谁搭车最合适呢？理由怎样讲才冠冕堂皇，能征服评委给高分呢？挑来选去，难下决心。因为扪心自问，不搭老人就不仁，不选医生就不义，不载偶像就不爱！

这时候，你如果学会了跳出思维定式，用"两面观"思维，站在这三个人的角度看待他的选择，你会意识到自己选任何一人都会使另两人难过，都逃脱不了或不仁或不义或不爱，此路不通！你再用反向思维想一想，既然我不能三选一，那么我不选了，行不行？自己也不乘车，行不行？你就会豁然开朗，找到四全其美的最佳办法了。大雨的夜晚，自己开着车不去选搭车人，而且又下车，好像是放弃了本来拥有的优势，是常规推理中不可理喻的，很傻的，而恰恰是放弃了固执和优势后，反而会得到更多，辩证思维体现了无穷的魅力！

再来看另一个实例。有一家效益很好的大公司，为扩大经营规模，决定高薪招聘一名营销主管。广告打出来后，报名者纷至沓来。

面对众多应聘者，招聘工作的负责人说："相马不如赛马，为了能真正选拔出高素质的营销人才，我们决定出一道实践性的试题：就是请各位想办法将木梳尽量多地卖给和尚。"

绝大多数应聘者感到困惑不解，有的甚至愤怒：和尚要木梳干什么用？这不明摆着拿人开涮吗？于是纷纷拂袖而去，最后只剩下三个应聘者：甲、乙和丙。招聘负责人交代："以10日为限，届时向我汇报销售成果。"

10日到。负责人问甲："卖出多少把？"甲答："1把。""怎么卖的？"甲讲述了历尽的辛苦，游说和尚应当买把梳子，惨遭和尚的斥责。好在下山途中遇到一个小和尚一边晒太阳，一边使劲挠着头皮。甲灵机一动，递上木梳，小和尚用后感觉能止头皮痒痒，于是买下一把。

负责人问乙:"卖出多少把?"乙答:"10把。""怎么卖的?"乙说他去了一座名山古寺,由于山高风大,进香者头发都被吹乱了。他找到寺院的住持说:"进香时,披头散发是对佛的不敬。应在庙里每个香案前放把木梳,供善男信女梳理鬓发后再拜佛。"住持采纳了他的建议。那座庙里有十个香案,于是买下了10把木梳。

负责人问丙:"卖出多少把?"答:"1000把。"负责人惊问:"怎么卖的?"丙说他到一个香火极旺的宝刹,朝圣者、施主、香客络绎不绝。丙对住持说:"凡来进香者,多有一颗虔诚之心,布施慷慨大方,宝刹应有所回赠,以做纪念,保佑其平安吉祥,鼓励其多做善事。我有一批精致木梳,您的书法超群,可刻上您写的'积善梳'三个字,便可做赠品。"住持大喜,马上写了字,请丙制作"积善梳",一次就买下1000把。得到"积善梳"的施主与香客都很高兴,视为吉祥物珍藏,一传十、十传百,朝圣者更多,香火更旺了。住持已交代丙抓紧再做一批,要常年供货。

把木梳卖给和尚,听起来真匪夷所思,是一个大难题。但应用不同的思维方法,却出现截然不同的结果。

甲用的是常规思维,直接游说和尚买木梳,碰了一鼻子灰。后来,仅凭一个小和尚头皮痒痒的特殊需要,才侥幸卖出一把,避免了营销"光头"。

乙用的是发散思维,既然和尚用不着梳,那和尚周围的人能否用呢?他想到了被风吹乱了头发的香客,成功地推销了十把香案前的公用梳。

丙用的是系统思维,他从系统观点出发,着眼于木梳与和尚这对矛盾中整体与部分、部分与部分,整体与环境之间的相互联系和相互作用，运用多种思维解决矛盾，因而取得巨大成功。如，他不但用发散思维，从木梳想到香客；又用收敛思维，从香客想到赠品；他又用前瞻思维，从赠品想到影响；他还抓住主要矛盾，让庙里的住持题"积善梳"三字刻在木梳上，等等。这使单个元素在系统中实现"新的综合"，部分与部分之间用合理组合产生了最大的整体效应。

第三讲　学贯古今　一专多能

谈谈怎样积攒"出主意、写文章、抓落实"的本领志向、哲学素养和博学厚积，是"会出主意、会写文章、会抓落实"的三大支柱。缺了或弱了哪一根，都立不正、树不牢。这一讲着重探讨机关干部履职尽责需要什么样的知识才干和怎样积攒"出主意、写文章、抓落实"的基础本领。

机关干部应具备的知识能力结构

有些重要概念我们虽然常用，但实际上是知之不全不深的，个别时候会犯以偏概全甚至似是而非的错误，因此有必要先探讨明白有关能力素质的几个重要概念。

（一）没经过实践转化的知识不能形成真正的能力

先来谈谈知识。

比较经典的定义是：知识是人们在认识世界、改造世界中获得的认知以及积累的经验的总和。比较新颖的概括是：知识是一个个体在特定的环境中，解决具体问题时使用的信息、运用的策略、采取的行动方式，和处理该问题时的感情倾向、信念等多方面的综合表现。可见，知识有以下属性和特点：

知识是个性化和动态的。个人知识中包含着一定量的公众化的信息和数据，但更多的是对于个体而言独一无二的记忆和体验。维娜·艾莉在《知识的进化》一书中，有段论述非常经典。她指出："我们的知识是持续变化的记忆、背景、模式和联系的结构，它通过和我们周围的环境不断地交流而演化。于是，知识更像是一个活的正在呼吸的有机生物，而不是那种你可以方便地打成包裹绑上缎带的静止的人造物品。"她将形容知识"更像是一个活的正在呼吸的有机生物",确实既形象又精辟。也就是说,不是我送你一本书你就有知识了,不是你听了一堂讲座你就有知识了,领会消化为自己的才是知识。

知识要在一定的组织环境中形成。知识是一种复杂的自组织的系统,它是一种需要适当环境的创造性现象,而外在的组织环境,则是知识增长的"花园"。这种组织环境,指的是自我努力外的一切外在的辅助条件的支持。如,各级开展的创建学习型机关、争当学习型干部活动,空军举办"军事职业大学"、原空军政治部举办"空政大讲堂"、空军工程大学举办"博学讲坛"等,就是组织环境,都是知识增长的"花园"。

知识依赖实践的内化。古人云:"读万卷书,行万里路",意思就是光读万卷书还不是真正掌握知识,只有通过行万里路,接触生活,深入到各个不同的社会领域、社会实践中,将万卷书的静态信息,在丰富的生活实践中验证、理解、内化,才能成为真正的个性化的知识。为什么死记硬背的知识很容易被遗忘?原因就在于它缺少了实践的运用、验证、理解、内化这个决定性环节,因而它还不能成为真正的知识。世界著名的发明家爱迪生,如果从文凭和学历来说,他不是"高级知识分子",但是他所掌握的知识是经过实践转化的有效的灵活的知识。一次,爱迪生把一个电灯泡的玻璃壳交给他的助手,要他计算电灯泡的体积。由于电灯泡不是规则的圆形,这位著名大学培养出来的学识渊博的助手算了一个上午也没有算出来。爱迪生从外面回来时,看见助手仍然在一大堆公式和数据中苦苦思索。他见到爱迪生后,表示抱歉,并解释由于电灯泡不规则而没有完成任务。爱迪生笑了笑,什么也没有说,接过助手手里的电灯泡壳，在里面注满了水，然后倒入一个玻璃量杯中，结果出来了，助手恍然大悟。

那么，21世纪的知识究竟是什么呢？学者孙云晓作了一个概括：21世纪的知识不仅仅是知道某个知识点，而是非常丰富和具体的：

知道如何做——完成任务的方法；

知道找谁——清楚从哪里获取资源；

知道干什么——能够组织和从事具体的各项工作；

知道为什么——能够了解事物发生的原因和背景；

知道在何处——知道和预见事情的发生和进展；

知道在什么时候——选择时机和务实的态度。

这"六个知道"，揭示了21世纪的知识就是一种终身学习的意识和能力，是一种与客观现实和人的经验相吻合的、促进人的个性和潜能充分发展的过程。

再来谈谈能力素质。

什么是能力？比较经典的看法是：能力是指人的综合素质在现实行动中表现出来的能够正确驾驭某种活动的实际本领、能量和熟练水平。包括智力、道德力、审美能力、实践操作能力和体力等一般能力，以及为了追求理想信念的创造能力和从事某种专业活动的特殊能力。

什么是素质？通常的定义是：素质是人本身所具有的各种条件，包括身体素质、心理素质、知识素质、思想素质、道德素质和文化素质等。人的素质可分为物质性素质和精神性素质两大类。物质性素质指人的身体素质，包括感觉器官、运动器官以及大脑的结构形态和生理机能；精神性素质包括心理素质、知识素质、思想素质、道德素质以及文化素质等。它们既以身体素质为基础，又对身体素质具有反馈作用。

那么能力与素质是什么关系呢？用哲学的观点来看，能力是人的"内在素质的外化力量"。这里的"内在素质"是指人本身所固有和潜藏的各种素质的综合，经过训导和激发在一定条件下释放出来。这里的"外化力量"是指内在素质的外在表现，即个体释放出来，可以被感知和认识的客观世界的物质力量。内在素质与外化力量的有机统一，揭示了能力的本质。

还要认清的是，知识和智慧是两个不同层次的概念。从根本上说，知识是积累，智慧是思维；知识是模仿，智慧是创造；知识是死的，可以学到，智慧是活的，只能悟到；知识是被动的接纳，智慧是主动的占有；知识是把书本和表象摄入底片的照相机，智慧是洞悉事物本质和内核的透视仪。

综上所述：**知识是能力素质的重要基础，但没经过实践转化的知识不是真正的能力。素质决定能力，能力是素质的表现。素质有一定的先天性，能力则是后天形成的。学习和实践，是使素质转化为能力的必备条件。**

（二）建立适合自己的知识结构

知识结构，是指一个人为了某种目的需求，将各类知识按一定的组合方式和比例关系所建构的，具有开放、通用和多层次特点的知识架构。合理的知识结构有利于同化原有知识、概念而形成新观点、新概念。

现代战争往往涉及政治、经济、文化等诸多领域，军队机关人员辅助决策需要高超的谋略。高超的谋略要以丰富的知识作基础，才能真正发挥参谋助手作用。20世纪80年代邓小平就指出：现在打仗，我们的军官没有现代化战争的知识不行，天上，地下，陆上，水下，包括通信联络都要懂得。事实反复证明，参谋军官除了懂军事知识，还必须了解法律、道德、种族、宗教、文化和历史问题，其中每一个问题都可能对正确决策产生影响，美军近年来的反恐作战就有深刻教训。因此，机关干部必须博学，不断拓展知识面，既做本专业的行家，又要做通古今、晓中外、知天文、识地理、懂法律、辨经纬的"杂家"。

当代的合理的知识结构具有如下特点：**（1）具有高度准确、着眼于联系的概念**。创造离不开概念组合，概念越明确，相互联系越紧密，新观念越容易形成，创造性思维越容易展开。**（2）具有双重知识结构**。包括按照逻辑关系建立的微观结构，以及在此基础上建立起来的以主题为中心，从一般到特殊的宏观结构，它们之间因联系加强而便于再创造。**（3）具有大容量的知识功能单位**。知识功能单位指一组在内容上有必然逻辑联系的信息。知识功能单位容量越大，思维的跨度就越大，跳跃性就越强，创造的可能性也就越大。**（4）具有大量程序性而不是陈述性知识**。知识结构越合理，知识质量越高，创新越容易，创造力也就越高。

建立合理的知识结构，使有限的获得知识的能力用到刀刃上，是任何想求学成才的机关干部都需要研究解决好的重大问题。很多人面对无边的学海、爆炸的知识，感到无所适从。实际上，要想具备某种才能，只要具有相应的知识结构就可以。当今学术界对人的知识结构提出了三种基本模型：

一种是**宝塔式知识结构**。这种知识结构形如宝塔，比较直观形象。它由基本理论基础知识、专业基础知识、专业知识、学科知识、学科前沿知识构成。其中，基本理论基础知识是塔底，学科前沿知识是塔顶，其他的是塔腰。这种知识结构强调的是基础知识的宽厚、专业知识技能的精深，而且容易把所具有的知识集中于塔顶的主攻目标上。

另一种是**蜘蛛网形知识结构**。这种知识结构形如蜘蛛网，它以自己的专业知识为"中心点"，与其他专业相近的、有较大相互作用的知识，作为网络的"纽结"相互联结，形成一个适应性较大，能够在较大范围内左右驰骋的知识网。特点是知识的广度与深度有机统一，人的知识结构呈复合型状态，也就是俗称的一专多能型人才。推进我军现代化建设，履行新时期历史使命，要求我军机关干部在精于本职岗位专业知识的前提下，成为兼有指挥员素质、参谋素质和专业技术人员素质于一身的复合型人才，因而"蜘蛛网"型的知识结构应是首选的知识结构。

还有一种是**幕帘形知识结构**。这种知识结构形如幕帘，是指一个具体的组织对其成员在知识结构上有一个总要求，好比幕帘的整体骨架。而作为该组织的个体成员，将依其在组织中所处的层次，在知识结构上具有相应的层次特点和要求，好比幕帘的各种花色图案。这种知识结构强调个体知识结构与组织整体知识结构的有机结合和统一。统率机关、高级机关的干部更要重视这种知识结构的实用性和特殊性，在构建蜘蛛网形知识结构的基础上，努力适应这种幕帘形知识结构的要求。

不同类型和层次的机关人员知识结构，既有共性的部分，又有个性的区别。作为军队机关干部的共性知识结构，大体由基础知识、专业知识、相关知识、边缘知识四个部分组成。其中应包括：

基础知识：（1）马克思主义基本理论；（2）哲学知识；（3）中外历史知识；（4）写作知识；（5）数理化知识等。

专业知识：（1）军事理论；（2）军事历史学；（3）军事管理学；（4）军事技术学；（5）军事装备学；（6）军事心理学；（7）军事气象学；（8）军事地形学；（9）我军知识；（10）外军知识；（11）岗位专业知识等。

相关知识：（1）人文社科知识；（2）现代管理知识；（3）现代科技知识等。

边缘知识：主要是指不同知识范畴之间的交叉知识、前沿知识等，它也可能是最有创新价值的新鲜知识。

作为军队政治机关的干部，知识结构大致可分为：马列主义基本理论、政治工作专业知识、必备的军事知识和广博的辅助知识四个部分。其中应包括：

马列主义基本理论：（1）马克思主义基本理论和哲学；（2）毛泽东思想；（3）中国特色社会主义理论体系。

政治工作专业知识：（1）政治工作理论原则；（2）政治工作优良传统；（3）基层政治工作；（4）政工专业知识和应用技术（如组织、干部、宣传、保卫、纪检、群工、秘书等）。

必备的军事知识：与军队机关干部共性的军事专业知识基本相似，只是掌握的范围大小不同、深浅不同而已。

广博的辅助知识：（1）政治学；（2）社会学；（3）教育学；（4）管理学；（5）心理学；（6）历史学；（7）人才学；（8）逻辑学；（9）文学；（10）法学；（11）美学；（12）民族学；（13）宗教学；（14）系统论；（15）信息论；（16）控制论；（17）电子计算机及网络等。

有的研究专著提出，军队高素质的机关人员必须具备的能力可以归纳为以下10种，即：战略思维能力；信息利用能力；分析判断能力；辅助决策能力；作战控制能力；计划组织能力；综合协调能力；检查指导能力；研究创新能力；综合表达能力。

综上所述，如果将机关干部知识能力素质的整体结构及相互关系，从外到里划分为以下三个圆圈来表示的话，那么：

知识是能力素质的载体，属于能力素质结构中基础的外表的层面；

能力是在掌握了一定知识的基础上，经过培养训练和实践凝练而形成的，属于能力素质结构中坚实的里层；

素质是把外在获得的知识和技能，内化于人的身心，升华成稳定的品质和素养，属于能力素质结构中的核心部分。

（三）健全知识结构应遵循的要则

近代知名的数学家同时也是哲学家的怀特海讲："要使知识充满活力，不能使知识僵化，而这是一切教育的核心问题。"他又讲："空泛无益的知识是微不足道的，实际上是有害的。知识的重要意义在于它的应用，在于人们对它的积极的掌握，即存在于智慧之中。""我们要造就的是既有文化又掌握专门知识的人才。专业知识为他们奠定起步的基础，而文化则像哲学和艺术一样将他们引向深奥高远之境。自我发展才是有价值的智力发展。"（怀特海，《教育的目的》）在知识大爆炸的当代，建立健全合理的知识结构，应该重视遵循以下要则：

一是专长性。 韩愈在《师说》一文中提到"术业有专攻"，意思是说，各行业有各行业的"门道"，因而"学必求其心得，业必贵于专精"，学一行必须专一行，干一行必须精一行。综合分析古今中外的杰出人物，无一不是首先学有一技之长，又同时具备综合知识，才取得成功的。

二是整体性。如果知识结构只有专长上的数量上的优势，而没有相互协调、配合融通，就很难产生知识结构的整体优势。因此，建立自己的知识结构，要从总体上考虑知识的功能和效应，努力体现知识内在的逻辑联系。要着眼自己的志向目标和岗位需求，选择适合自己的知识结构模型，先从宏观上架构起对自己发展起决定性作用的知识框架，然后以此为中心点，进一步构建起广度和深度相统一的、联系和作用相结合的完整知识网络。

三是有序性。片面的、零散的、无序的知识，即使再多再新，也难以提高解决问题的实际能力。架起知识结构的基本程序应该是由低到高、由核心到外围。由低到高，是指从基础知识再到专业技术知识，直至前沿知识，是由浅入深、积少为多、有序提高的过程；由核心到外围，是指在核心知识点确立的前提下，通过一个个逻辑的纽带，将与核心知识有关的知识紧密地联系在一起。通俗地比喻，只要将核心知识点这个"纲"拎起来，相关知识点的"目"就能张开，这就是有序合理的知识结构。

四是渗透性。知识不是孤立分散的，相近相关的知识不仅可以互相促进，而且在一定情况下也可以相互转化和派生。尤其是随着新的科学方法和思维观念的出现，知识之间的相互渗透、相互迁移日益增多，交叉学科、边缘学科大量涌现，比如数学已经越来越多地渗透到多个学科领域。因此，我们要善于将已有知识相互渗透，用已有知识创造新的知识，努力使自己的知识结构变为一个不断向外扩张、充满活力的体系。

五是动态性。我们不能期望建立起一个一劳永逸的知识结构，就万事大吉了。所谓"活到老，学到老"就是对知识动态性原则最通俗的注释。一个人昨天建立的知识结构，如果今天不充实更新，明天它的价值就会降低，更新越慢，降得越快，十年八年不更新，一半以上的知识都是陈旧落后的。只有用动态性原则要求自己，不断在旧有的知识结构中叠加新的内容，才能把握住稍纵即逝的机会，掌握在事业的海洋中遨游和生存的本领。

以上这些要则是相互联系、相互作用、相互依存的有机整体，缺一不可，哪个弱了也不行。在建立科学合理的知识结构过程中，要综合和全面地运用好这些要则。

（四）重在提高理论素养

在中央党校建校90周年典礼上，习近平总书记指出"理论修养是领导干部综合素质的核心，理论上的成熟是政治上成熟的基础，政治上的坚定源于理论上的清醒。"贯彻这一要求，既有利于培养造就一支真学、真懂、真信、真用党的创新理论的高素质干部队伍，又有利于在全党全军营造崇尚学习、追求真理的浓厚氛围，是落实建设马克思主义学习型政党战略任务和提高选人用人科学性、准确性的重要举措。

作为领导机关的干部，第一要务是提高与时俱进的理论素养。因为：

与时俱进的理论素养关系到国家民族的兴衰存亡。恩格斯在《自然辩证法》一书中指出，"一个民族想要站在科学的高峰，就一刻也不能没有理论思维"。（《马克思恩格斯全集》第20卷）当年英国派驻印度的殖民官说，英国宁愿失去印度，也不愿失去莎士比亚。说明什么？说明人类发展需要思想、需要理论、需要文化的软实力。前些年，中央电视台播放了一部引起热议的系列专题片《大国崛起》，从中，我们可以看到葡萄牙、西班牙、荷兰、法国、英国、德国、俄国、日本、美国九个发达国家都有它崛起的时代界标，每一大国崛起的过程，都离不开当时条件下某种先进理论的指导和运用，而任何大国由盛到衰的过程，也首先是以思想理论的衰落保守为序曲的。没有理论的先导和巩固，强盛只是昙花一现。亚历山大大帝和成吉思汗曾经建立起空前庞大的帝国，但他们缺乏理论建树，没有引发一个新的制度的成熟，因而也不可能导致他们的民族和国家真正崛起和长远复兴。

与时俱进的理论素养关系到一个政党的前途命运。以毛泽东为首的中国共产党人，创造性地把马列主义的普遍真理同中国革命的具体实践结合起来，开辟了一条国际共运史上从未有过的"农村包围城市，武装夺取政权"的光辉道路，取得了伟大胜利。在和平与发展的时代背景下，理论素养与时俱进的重要性没有淡化，而是更加突出。20世纪90年代之后，世界社会主义进入低潮，共产党执政国家的数量锐减了一大半。深入反思，就不难看出，没有实现党的指导理论的与时俱进是根本内因。我们党在改革开放、利益主体日益多样化、国家现代化建设进程中，及时提出、全面践行和不断丰富中国特色社会主义理论体系，取得举世瞩目的成功，推进了社会主义事业和中华民族的伟大复兴。

与时俱进的理论素养关系到军队建设的强弱成败。军事领域作为对新思想、新事物、新技术最为敏感的领域，军事指导理论上的与时俱进同样极为重要。第一次世界大战结束后，正在法国军事学院学习的上尉戴高乐敏锐地预见"下一次战争将是坦克战"。他在1934年撰写出版的《建立职业军队》一书中，就明确提出精良的装甲部队将是未来战场上决定胜负的主要突击力量。但当时的法国统帅部仍执着于上一场坚固的阵地防御战取得胜利的经验，历时多年，花费50多亿法郎在法德边境修建了马其诺防线。而德国陆军参谋长兼装甲兵总监古德里安则根据《建立职业军队》一书中提出的新理论，创建了3个坦克师。1940年5月，德军运用集群坦克绕道比利时攻击法军，法国只支撑了一个半月就俯首称臣。为此，法国人痛心地说，"德国人赢得胜利，只花了15法郎！（戴高乐《建立职业军队》一书的定价）"新时代的美军宣布，他们奉行一次性作战理论，即一种作战理论只能指导和运用于一次作战实践，下一次作战需要全新的作战理论来指导。

与时俱进的理论素养关系到干部核心能力素质的提高。大家研究一下战争史，可以发现很多在上一场战争中立下过赫赫战功的名将之花，在新的战争到来时，有的突然枯萎了、凋谢了，而有的则常开不败。苏联卫国战争初期，曾经创造过卓越功勋的伏罗希洛夫、布琼尼、铁木辛哥等沙场老将，分别担任三个方面军的司令员。面对德国法西斯前所未有的闪击战，却变得措手不及，难以招架。在这危难之际，斯大林用朱可夫等新人陆续接替了伏罗希洛夫等人的职务，才成功地实施了莫斯科、斯大林格勒的防御战和库尔斯克的进攻战等重大战役，最终直捣柏林，反败为胜。作为同时代的人，为什么伏罗希洛夫等老将作为甚少，而朱可夫等新人却战果辉煌呢？原因就在于前者不注意研究世界上新的军事理论，因而当战争进入到飞机与坦克联合作战的时代，他们的军事思想却停留在步骑兵战术上，自身能力素质滞后于时代。而后者却时刻关注新的战争理论、战争样式，不断吸取新的经验。军事干部要打得赢必须理论素养与时俱进，政治干部同样如此。必须大力提高紧贴时代发展、紧贴使命任务、紧贴官兵实际开展思想政治工作的能力素质。否则政治工作就没有实效性可言。我们提倡靠素质立身、靠实绩进步，如离开了与时俱进的理论素养，就失去了立身、进步的根基。

二、最为紧要的是善于重新学习

我们党历来重视学习，是一个勤于学习、善于学习的马克思主义政党。1939年5月，毛泽东在延安在职干部教育动员大会上提出：要把全党变成一个大学校，全党的同志，研究学问，大家都要学到底，都要进这个无期大学。邓小平指出：学习好，才可能领导好高速度、高水平的社会主义现代化建设。党的十七届四中全会首次提出要"把建设马克思主义学习型政党作为重大而紧迫的战略任务抓紧抓好"。学习问题被党中央提到"战略任务"的高度来认识和加强，充分体现了对时代发展脉搏和新形势下党的建设新要求的高度自觉和清醒把握，也是我们党体现先进性、保持先进性的决定性因素。

习近平总书记指出："中国共产党人依靠学习走到今天，也必然要依靠学习走向未来。"

在党的十一届三中全会公告发表的当天，《人民日报》发表了一篇重要文章《伟大转变和重新学习》。从一定意义上说，改革开放就是从重新学习起步的。在当今的信息时代，知识总量呈几何级数增长，新时代、新使命、新任务也迫切需要我们善于重新学习，否则就会落后于时代，失去领导权，甚至生存权。还应该看到，不善于重新学习的人，不是真正爱学习、会学习的人。只有善于重新学习，勤于汲取新知，敢于解放思想，才能胜任事业的需要，成为时代的强者。

机关干部绝大多数接受过高等教育，有较厚实的知识功底，积累了相当多的实践经验，工作生活环境又相对较好，往往更容易缺乏学习紧迫感。因而更需要充分认清善于重新学习的极端重要性，增强自觉性。

（一）"不学习就会变得平庸"

《辞源》指出，"学"，乃"仿效"也，即是获得知识；"习"，乃"复习""练习"也，即是复习巩固。学习是一种既古老而又永恒的现象。从古至今，对学习重要性的经典论述，不胜枚举。如"玉不琢，不成器；人不学，不知义""非学无以广才，非志无以成学""非学无以明识，非学无以立德""欲知人家兴衰，只看子孙读书与否"。

邓小平在1962年2月6日扩大的中共中央工作会议上的讲话中指出："不学习或不注意学习，忙于事务，思想就容易庸俗化，就要犯错误。"不学习与平庸是必然的因果关系，不学习必然平庸，不学习等于平庸。你不想平庸吗？那你必须爱学习。

亨利·福特讲：任何停止学习的人都已经进入老年，无论他在20岁还是80岁；坚持学习的人则永葆青春。原来，保持青春不老的"秘诀"在学习中！

我国曾将认识汉字在800个以下的人叫作文盲，这是传统的概念。在当今的知识经济时代，传统概念被改变了，不会学习的人就是文盲。为什么？因为知识经济伴随着现代科技迅猛发展，使整个人类的生产活动、整个社会的产业结构发生了巨大的快速的变化。当代美国人平均一生要从事 7.5 个职业，按 40 年工作时间来计算的话，平均 5 年左右要从事一个新职业。拿电子计算机来说，它诞生后导致了印刷业的革命，原来搞铅字排版的人员全部失业了。科技革命带来各行业日新月异的变化，要求我们不断重新学习才能适应和生存。不会学习的就是大学毕业生也是现代新"文盲"。

人生只有一件东西是别人拿不走的，那就是知识、智慧。再多的金钱可能散尽，再好的宝玉可能易主，但扎根于心灵和生命的知识、智慧是永远属于自己的，会使自己受用一生。犹太民族有几段经典名言："知识是最可靠的财富"，"知识是唯一可以随身携带、终生享用不尽的资产"，"没有人是贫穷的，除非他们没有知识"。世界上如果按民族来划分，在子女教育上最舍得投入的是哪个民族呢？是犹太民族。以色列人每年人均读书达到 64 本，是世界各国中最多的。

人的学习潜能大得很，可惜只得到了很浅的开发。美国学者詹姆斯根据其研究成果说：普通人只开发了蕴藏能力的 1/10，与应当取得的成就相比较，我们不过是半醒着的，只利用了身心资源潜能很小的一部分。科学家研究得出的结论是，一个人如果能发挥一大半的大脑功能，他可以学会 40 种语言、背诵整套百科全书，拿 12 个以上博士学位。

习近平同志在中央党校 2009 年秋季学期第二批进修班开学典礼上，作了题为"关于建设马克思主义学习型政党的几点学习体会和认识"的讲话。他尖锐地指出："有些党员干部不思进取、碌碌无为，不愿学；有些党员干部热衷应酬、忙于事务，不勤学；有些党员干部装点门面、走走形式，不真学；有些党员干部心浮气躁、浅尝辄止，不深学；有些党员干部食而不化、学用脱节，不善学。"

一个不爱学习的民族，是没有希望的民族；一个不爱学习的干部，必然是平庸的干部。我们要高度重视纠正不愿学、不勤学、不真学、不深学、不善学这"五不"现象，在学习方面切实做到：

要有"时不我待，只争朝夕"的感悟力。孔子曾经用"逝者如斯夫"来感叹时光易逝。随着科学技术的进步，时代发展的脚步也越来越快。20世纪80年代以来，全世界每年发表的科学论文超过500万篇，每隔三五年数量就翻一倍，人们越来越真切地感受到了"知识爆炸"的速度。《第五项修炼：学习型组织的艺术和实践》一书的作者、美国新管理大师彼得·圣吉说过：一个人学习过的知识，如果每年不更新7%的话，那他就适应不了当今社会的变化。一个20世纪80年代大学生，如果没有在工作实践中不断汲取新知识，那他的知识库在今天多数就成了派不上用场的残次品。

要有"逆水行舟，不进则退"的意志力。中国有副很有名的对联，上联是"学如逆水行舟，不进则退"，下联是"心似平原走马，易放难收"，非常形象准确地概括出了学习的特点和坚持学习的重要性。人是有惰性的，学习贵在坚持，也难在坚持。三国时，孙权劝吕蒙学习，吕蒙说顾不过来。孙权说：你说要处理许多事务，这不假，但你要处理的事务没有我的多，我尚且常常读书，你就更没有借口不读书了。时间，就像海绵里的水，要挤总能挤出来。有一些同志认为自己做具体工作，学这么多理论用不上。这个认识是不正确的。不注意学习，思想容易庸俗化。邓小平曾严肃提醒我们：如果说要变质，那么思想的庸俗化就是一个危险的起点。

要有"博采众长，厚积薄发"的创新力。机关干部的学习力不仅包含它的知识总量，即个人学习内容的广度和深度，也包含它的知识质量，即学习者的综合素质、学习品质和学习效率，尤其是把知识转化为创新的观念和方法的能力。领导机关的工作是一门科学，也是一种艺术，许多规律性的认识，是在对历史经验的学习提炼中获得的，而经验解读的价值取向，自然是面对现实和面向未来的。所以，机关干部的学习力，本质上是一种前瞻性的批判反思能力。反思过程不是一个被动的外部知识和他人经验的吸纳加工过程，也不是自身经验的简单积累过程，而是一个主动地对多方面的信息、知识、经验，融合重组的自觉创造过程，而且这种创造过程中，一定会蕴含着许多原创性的发现和突破，所以，这实质上是一种创新能力。我们只有善于日积月累、不断从人类文明进步的结晶中汲取营养、积累能量，才能成为"科学理论武装、具有世界眼光、善于把握规律、富有创新精神、胜任本职工作"的机关智囊。

要有"举一反三，联系实际"的实践力。学以致用、用以促学、学用相长，既是学习的本质要求，也是学习的内在规律。领导和机关干部的工作确实忙，这就更需要掌握正确的学习方法。科学的学习方法是理论联系实际的，是经过思考总结后加以理解吸收的，是问题牵引的，是着眼实际运用的。需要作强调的是，举一反三地学习和运用，不仅是学习新知识，学习他人的成功经验，还应该重视向失败和错误学习。从别人的成功经验中学习，和从别人的失败教训中学习的最大差别是：前者很容易限于模仿，只关注那些表层的东西；而后者则一定会思考究竟为什么，更关注深层次的本源的东西。所以，学习失败并不可怕，把失败作为财富，作为创新和获得成功的途径，可以使失败真正成为成功之母。国际上已经有一门新兴学科叫作"失败学"，说明如何研究失败，本身就是一门学问。恩格斯曾强调从本身的错误和亲身经历的痛苦经历中学习的重要性。毛泽东对诸葛亮如何处理失街亭问题有过深刻的评析，其批语：一条是"初战，亮宜自临阵"，另一条是"自街亭败后，每出，亮必在军"。前者批评诸葛亮没有慎重初战、亲临前线，后者肯定诸葛亮知错改过。（2009年7月7日上海《文汇报》《领导干部要自觉增强学习意识》）这为我们正确地总结历史上失败教训，提供了深刻的启示。

（二）读书是天下第一好事

读书，是天下第一好事。

西汉刘向说：书犹药也，善读之可以医愚。

臧克家说：读过一本书，像交了一位益友。

高尔基说：每一本书，都在我们面前打开了一扇窗户。

培根说：历史使人聪明，诗歌使人富于想象，数学使人精确，自然哲学使人深刻，伦理学使人庄重，逻辑学和修辞学使人善辩。

国学大师季羡林《心安即是归处》一书中有一段精辟论述："人类千百年以来保存智慧的手段不出两端：一是实物比如长城等，二是书籍，以后者为主。在发明文字以前，保存智慧靠记忆；文字发明了以后，则使用书籍。把脑海里记忆的东西搬出来，搬到纸上，就形成了书籍，书籍是贮存人类代代相传的智慧的宝库。后一代的人必须读书，才能继承和发扬前人的智慧。人类之所以能够进步，永远不停地向前迈进，靠的就是能读书又能写书的本领。我常常想，人类向前发展，有如接力赛跑，第一代人跑第一棒，第二代人接过棒来，跑第二棒，以至第三棒、第四棒，永远跑下去，永无穷尽,这样智慧的传承也永无穷尽。这样的传承靠的主要就是书,书是事关人类智慧传承的大事,这样一来,读书不是'天下第一好事'又是什么呢?"

读书,是追求真理的桥梁。古人云:读书知理。谁掌握了真理,谁就掌握了世界。爱读书的人掌握了客观事物发展之理,看世界就如庖丁观牛,就能运筹于帷幄之中,决胜于千里之外。所以读书人中往往有最勇敢的人,诸葛亮的"弹琴退兵"、蔺相如的"完璧归赵"就传诵千古。毛泽东当年以一介书生独上井冈山,面对腥风血雨,坚信能再造一个新中国,因为他读马列的书,懂得阶级斗争、枪杆子里能出政权这个理。一定意义上讲,读书造人。这就是为什么一个民族的领袖或世界的伟人,必定是一个读书很多的人。

读书,是增智修身的熔炉。人们从那些往哲先贤、当代才俊的著述中学习做人做事,感染人品人格、升华道德情操。如从《论语》学得智慧,从《史记》学得精神,从《正气歌》学得品格,从鲁迅著作学得批判,从托尔斯泰作品学得道德。作家赵丽宏说:"在黑夜里,书是烛火;在孤独中,书是朋友;在喧嚣中,书使人沉静;在困懑时,书使人激情。读书使平淡的生活波涛起伏,读书使灰暗的人生荧光四溢。有好书做伴,即便在狭小的空间,也能上天入地,振翅远翔,遨游古今。漫长曲折的历史和浩瀚无尽的宇宙,都能融汇于心,化作滋养灵魂的清泉。"余秋雨先生曾经这样评论过书籍的功能,他说:"只有书籍,能把辽阔的时间浇灌给你,能把一切高贵生命早已飘散的信号传递给你,能把无数的智慧和美好对比着愚昧和丑陋一起呈现给你。五尺之躯,短短几十年光阴,居然能驰骋古今,经天纬地,这种奇迹的产生,要归功于读书。"林语堂先生将读书理解为:"使人得到一种优雅和风味。善读书,如入芝兰之室,久而不闻其香,而香却在骨里"。雨果说得更为形象:"各种蠢事,在每天阅读好书的影响下,仿佛烤在火上一样渐渐熔化。"日本科学家曾对200名20~80岁的健康人进行跟踪调查,发现经常读书用脑的人到60岁时,思维能力仍然像30岁那样敏捷,而那些不愿读书用脑的中年人,脑力退化越来越快,形成鲜明反差。美国科学家也做过一项类似实验,把72位平均年龄在81岁以上的老人分成三组:自觉勤于思考组、思维迟钝组和受人监督组。3年后,自觉勤于思考组的老人仍然健在,而思维迟钝组的老人中去世者占12.5%,受人监督组中去世者占37.5%。可见,勤于学习思考可以促进人的健康长寿。

读书,是创造发明的动力。众所周知,爱迪生是个伟大的科学家,他一生的发明有一千多种,当今世界上几乎每个人都程度不同地得益、享有他的创造发明成果。但大家知道吗?爱迪生所接受的学校教育还不到一学期。他入学不到三个月,便被老师以他有怪异的沉默寡言为由赶回了家,只好由母亲来教他读、写、算,完成了初级教育。后来,他去帝特罗图书馆,把书架上最先看到的书取下来开始读,读完了,取下第二册,再读。他没有受到任何指导,只是从书架这端到那端,如痴如醉、废寝忘食地拿来书读着。有一天,图书管理员问他读了多少书了。他回答说:"前15英尺书架上所有的书。"感动于他的执着,图书管理员教给他一个选读计划,给了他不少帮助,使爱迪生读书质量、效益大为提高。就这样,一个连一学期的学校教育都未接受过的少年,凭博览群书,终于成了当代知识最丰富、发明成果最杰出的大科学家。显然,是持之以恒地大量读书,成就了爱迪生无与伦比的发明创造。

一个人的一生,如不读书只能拥有自己经历的那一点见识、那一分欣悦。然而，只要爱读书，他就可以上溯远古、下及未来，进入不同时空的世界；就可以视通四海，思接千古，听伟人授课，与智者交谈，给后人传播，他就获得了超越有限生命的无限可能。读书如此美妙，除了拥有现实的世界外，还拥有书籍这一个更为广袤更为精彩的世界。现实的世界，是人人都有的；而后一个世界，却只有读书人才享有。所以，读书人是世间的幸福人。

曾在报刊上看到过这样一个报道：某记者去一个偏僻的山村采访，路上遇到一个孩童，夕阳西下骑在牛背上哼着陕北小调。记者边走边问："娃儿，你在干什么？"孩童很悠闲地回答："我在放牛！"记者问："为啥放牛？"孩童答："放牛挣钱！"记者问："为啥挣钱？"孩童答："挣钱娶媳妇！"记者问："娶媳妇干吗？"孩童答："娶媳妇生娃！"记者问："生娃干吗？"孩童答："生娃放牛！"很多人听完这个小故事都可能为这个孩子简单往复、不明意义的生活目的而笑。但是笑过之后，大家有没有仔细地想过，那个放牛娃为什么这样回答？正是由于祖祖辈辈生活在信息封闭的大山里，没有人告诉他外面的大千世界，在他心里，生活目的就是这样简单乏味的。假如，他有书可读，能读很多好书，即使他仍然身处大山，他的思想、他的心灵也会如小鸟长了翅膀，飞到大山外面五彩缤纷的世界，想去做"生娃放牛"外更多的有兴趣有意义的事。

毛泽东作为我们党第一代中央领导集体的核心，在爱读书方面是身体力行、率先垂范。他常说，一个人的知识面要宽一些，有了学问，好比站在山上，可以看到很远很多的东西，没有学问，如在暗沟里走路，摸索不着，那会苦煞人。他还讲，我一生最大的爱好是读书。饭可以一日不吃，觉可以一日不睡，书不可以一日不读。

（2020年11月11日，《学习时报》《积久而成学——跟着毛泽东学读书》）毛泽东一生究竟读了多少书，读过哪些书，又是怎样读的，无法作出完全的统计。不过，我们可以从他的藏书中，从他的批注中，从他的著述中略知大概。毛泽东保存下来的藏书，种类繁多，规模宏大，有1万余种，近10万册。其中有不少书籍上留下他的批注和圈画。而毛泽东读而未藏的书籍，或读过藏过但后来丢失的书籍，更不知几何。其阅读数量之多，范围之广，在中外阅读史上实属罕见。

应看到，我们国人的读书现状还真的不容乐观。2006年公布的第五次国民阅读调查显示，我国传统图书阅读率呈持续走低态势，国民年人均阅读图书4.5本（其中人均图书消费1.75本），而国民年人均阅读图书，韩国是11本、法国是20本、日本是40本。2008年年底，南方周末《近半干部一年不读书》一文报道：虽然高达80%的被访干部认为，在当今社会，阅读是"非常重要"或"比较重要"的，然而在过去一年中，仍有高达46%，即约一半的干部在一年中没有读过一本书。在"不读书原因"一栏中，称没有读书时间的占63%，没有读书习惯的占35%。这种现象任其发展下去，我们的一些干部就会患上"营养不良"症，就会"头重脚轻根底浅，嘴尖皮厚腹中空"，成为干巴巴的"空心笋"，怎么能"正心、修身、齐家、治国、平天下"呢？！

一个人如不想好好读书，总能找到种种理由。正如俗话说的，"春天不是读书天，夏日炎炎正好眠。秋有蚊虫冬怕冷，整理书包待明年。"加拿大著名的医学教育家奥斯勒兼任多种社会职务，日程表里排满了工作内容。但他规定自己在睡觉前抽出15分钟阅读喜欢的书。许多年后，奥斯勒对读书成效作了计算。就一般的阅读速度而言，一分钟可以读300字，15分钟便能读4500字，一星期可以读3.15万字，一个月读完12.6万字没有问题。那么，一年下来，就可以阅读151.2万字。如果一本书平均以7.5万字计算，一年中光是睡前15分钟就可阅读20本书。他坚持了半个多世纪，仅睡前就读了8235万字，约1098本书。"睡前15分钟"的阅读，不但促使奥斯勒的医学研究成果越来越丰硕，因成功研究了血小板等名扬四海，而且成了文学研究家。在我国，每天坚持挤少量时间读书而终成大器的故事更是俯拾皆是。宋代政治家、文学家欧阳修之所以流芳千古，很重要的是他善于把"马上、枕上、厕上"的点滴时间都用在了读书和思考上。鲁迅先生也正是由于"将别人喝咖啡的时间都用在了读书上"，终成一代文豪。但有一些年轻的机关干部一目十行、不求甚解地看书，业余时间痴迷于上网玩游戏、打扑克，甚至到娱乐场所一消遣就好几个小时，我对此感到很可惜。年轻人适度休闲，可以将自己的脑力、体力调整到最佳的利于工作学习的状态，但切不可沉溺于玩，因为你还不到能放开休闲的时候。你现在这样的年龄，如果不抓紧读书学习、积累知识，那么你的事业肯定是一般化的，你想不庸庸碌碌地过一生，也是做不到的。你只有在读书学习上不留下遗憾，才能在实现人生目标上不留下遗憾。

（三）择书如择友

善于重新学习，既要爱读书，更要读好书。

古人曰"开卷有益"，总体来说，读书是多多益善。但世上的出版物林林总总，现在光我国每年就新出版20多万种书，加上过去出版的，可以说浩如烟海。一个人的时间、精力有限，不可能把想看、应看、爱看的书都读遍。而且书籍自产生以来就良莠并存，有精华也有糟粕，所以开卷有益不是绝对的，开什么卷有益是大有讲究的。

择书如择友。明代的张履祥说："书必择而读，人必择而交，言必择而听，路必择而蹈。"清代的阎循观说过："观书如交友，久与之习，必有熏染，宜择而观之。"英国哲学家考尔登说得好："仅次于选择益友的，就是选择好书。"奥·康纳说得更形象："好书是思想与观念的源泉，是防范无知、失望、寂寞、迷信、固执、小气，以及老年时冥顽不灵等的保险单。"可见，好书总是像挚友一样值得信赖和依托，随时随地、不厌其烦、召之即来地伸出友善之手，为我们释疑解惑、明理见性。

读书可以造就一个人，也可以毁掉一个人。英国作家菲尔丁指出："不好的书也像不好的朋友一样，可能会把你戕害。"西谚语云："坏书是最恶劣的巫师。""一本坏书，比一个强盗更坏"。一个人抵制读什么书，比一个人想读什么书，常常更能看出他的读书素养。有的书读了会消弭你的意志，毒害你的灵魂，毁了你的一生。

必须处理好精读与泛读的关系。人的学习追求应当是无止境的，但"吾生有涯，而知无涯"。史学家吴晗说得好："要读好书，必须先打好基础，读好了基础书，才能在这基础上作个别问题的钻研，基础要求广，钻研则要求深，广和深也是统一的，只有广了才能深，也只有深了才要求更广。"列夫·托尔斯泰也说："重要的不是知识的数量，而是知识的质量。有些人知道很多很多，但却不知道最有用的东西。"周恩来1943年写了一篇文章，叫《我的修养要则》。文章很短，只有七句话，第一句话是这样写的："加紧学习，抓住中心，宁精勿杂，宁专勿多。"所谓"宁精勿杂"，就是不要无选择地什么书都读，要注重读精品佳作。所谓"宁专勿多"，就是要抓住重点，深钻细研地阅读。著名小说家、艺术家赵树理有一句名言："读书也像开矿一样沙里淘金。"卓越的政论家邹韬奋谈到读书要"专"的问题，讲得既深刻又辩证："无所不能的人实在一无所能，无所不专的专家实在是一无所专。"

我觉得，从择书角度看，书籍大体可分为四类：（一）值得精读的。应反复阅读、吃透精髓。正如古人说的"读书百遍，其义自见"。（二）可供参考的。应结合个人实际，认真选读，摘要深读，选择使用。（三）不须多读的。可随便翻翻，浏览一二，略知大概就可以了。（四）误人误事的。应开卷即合，抵制诱惑，束之高阁。

（四）书海无边，得法是岸

善于重新学习，既要有好学之心，又要有善学之策。

英国诗人柯勒律治把读书方式分为四类：一是沙漏，进去多少，流出多少，头脑中毫无痕迹；二是海绵，全盘吸收，挤出来原封不动，甚至还脏了些；三是滤豆浆的布袋，豆浆流出来，留在里边的全是豆渣；四是采宝石的苦工，淘汰矿渣，只拣纯净的宝石。这种划分很形象和生动，柯勒律治推崇"采宝石"式的读书。

"采宝石"式读书是一种较高层次的读书，但宝石是自然界天生的，采之不会增，不采也不会灭，况且"采宝石"虽然很辛苦，终究算不上创造。最高层次的读书，应该是"采矿、冶炼、加工"融为一体，不断生产出新的产品。即读书要读出自己的智慧，读出自己的思想，读出自己的创造来。"尽信书不如无书"，鲁迅先生就说过,"倘只看书,便变成书橱,即使自己觉得有趣,而那趣味是在逐渐硬化、逐渐死去了"。人说鲁迅的骨头是最硬的,其实深受肺病折磨的鲁迅,晚年体重不过三四十公斤,衰弱得很,说他骨头硬,实际上是他的思想硬。而他的思想硬,正是读书读到最高层次的结果。

无论古今中外,大凡学有所成者,都有一套得心应手的读书方法。比如,明代著名文人张溥的"七录法",即每次读书为了记牢、背熟,采用"手抄"的办法,抄一遍烧一遍,连续七次,最后,达到熟记于心的目的。明末文学家、旅行家、地理学家徐霞客是"读万卷书,行万里路",从年轻时代开始,除了博览群书外,游历了祖国的名山大川,编纂了把科学和文学融合在一起的一大"奇书"——《徐霞客游记》。晚清四大名臣之一、也是洋务派代表人物张之洞,提出了"贵博、贵精——尤贵通"的学习法,倡导广泛阅读,精细阅读,尤其是学懂弄通。晚清著名学者王国维在《人间词话》中,分别引用了晏殊、柳永和辛弃疾的三句词,概括了他读书的"三个境界":第一是"昨夜西风凋碧树。独上高楼,望尽天涯路"——上下求索。第二是"衣带渐宽终不悔,为伊消得人憔悴"——刻苦攻读。第三是"众里寻他千百度。蓦然回首,那人却在,灯火阑珊处"——发现真知。在当代学者中,北京大学张岱年教授的方法是"三真":真情实感,真积力久,真知灼见。山东师范大学安作璋教授的方法是"三通":纵向之通,横向之通,逐类贯通。有一位新闻单位的资深记者,谈读书体会时讲了三条经验:其一,如牛吃草,先大口大口吃,然后将咽下去的草一点一点返回到嘴里,细细咀嚼品味,以利吸收;其二,如蚕吞桑,吃一点是一点,细嚼慢咽,认真消化,而后吐出丝来;其三,如鸡刨食,边刨边看边吃，注重选择，有时候还啄些石子进胃里以助消化。这些，都是善于把书本知识变为自己的精神财富和学识才能的真经，是攀登的足迹、求索的记录、善于学习的结晶。

现代的学习型组织理论中，有几个重要的学习观念：一个是，强调加强学习、加快学习，以适应社会的快速变化。其学习公式就是 $L \geq C$（L：学习速度，C：变化速度），只有让我们的学习速度大于至少等于变化速度时，才能适应变化，获得成功。再一个是，强调学习的目的是推动事业发展，坚持学习必须与工作实践紧密结合的原则。提倡学习就是工作，工作就是学习，在工作中学习，在学习中工作的学习理念和学习方式。还一个是，强调学习不仅是个体的学习，应该加强组织学习、团队学习。

毛泽东不但是爱读书，而且是善读书的典范。他读书，是发自内心地对知识、对真理的一种渴望。把读书作为他的一种精神存在和思想升华的必须方式，是一种与古人、今人、中国人、外国人的思想交流，是一种基本的生活常态，是一种人生责任，也是一种历史责任。因而，毛泽东**一是经典的和重要的书反复读**。他提倡读书要"三复四温"。在日常生活中，对喜欢读的书，一遍又一遍地研读，一次又一次地加深理解。每读一遍，他习惯在这本书的封页上画一个圈。从中南海故居保留下来的书籍中，可以看到许多书的封页上画有四五个圈。有些书，页面上留有红、蓝、黑各色笔迹的圈画批注，这是毛泽东不同时期反复阅读留下的手迹。列宁的《国家与革命》是他经常阅读的。《资本论》很难读，但毛泽东在不同时间段里多次读过《资本论》。**二是相同题材不同观点的重要书籍对照读**。这是毛泽东一个独特习惯。他经常把不同的甚至是观点相反的书籍对照起来读。例如，他读美国历史的书，就让人到北京图书馆、北大图书馆去借不同版本，还专门写条子说，不光是马克思主义学者写的，也要有资产阶级学者写的。1957年，他对领导干部讲：要读蒋介石的书这些反面的东西。我们有些共产党员、共产党的知识分子的缺点，恰恰是对于反面的东西知道得太少。读了几本马克思的书，就那么照着讲，比较单调。讲话，写文章，缺乏说服力。**三是大量使用写读书批注和讨论式阅读法**。毛泽东读书善动脑、必动笔、爱批注。在中央档案馆收藏的毛泽东读书批注的原件中，可以看到毛泽东读过的书，圈点密集，杠道不断，甚至圈内有圈，杠外画杠。书页上下两端、边白中缝，常常有他的批注，有的是对内容的提要，有的是对人物和思想的评论，有的是联想相关事情，有的是新的思想的喷发，短的批注几个字，长的多达2000多字，内容极为丰富，像一串串思想的"珍珠"，"大珠小珠落玉盘"。目前已经出版了他的三大批注集，其中在延安时期，毛泽东读10本中外哲学书籍，批注就有27000多字。在读艾思奇的《哲学与生活》一书时，曾亲笔作了3000余字的摘录，还致信艾思奇虚心求教。他不光是自己读，读完以后还常常和别人讨论，有时是边读边议。比如，延安时他专门组织了德国军事家克劳塞维茨的《战争论》读书小组，每天晚上读10多页，然后各自谈看法。**四是善于在融会贯通、付诸实践的基础上发展创新**。毛泽东读书不仅刻苦，而且没有丝毫的囫囵吞枣、只求多读不求甚解的书呆子习气。他注重在广收博览中领悟真谛，掌握"认识问题的方法论"。于是在读书笔记和谈话中常有惊人之语。诸如，他认为千古挨骂的商纣王是一个很有本事、能文能武的人；宋玉的《登徒子好色赋》有辩证法，歌颂了一个模范丈夫；枚乘的大赋《七发》是批判保守主义的；贾谊的《治安策》是最好的政论；《红楼梦》写的是阶级斗争等。他学习和研究马列主义理论，跟王明这样的"理论家"截然相反的是，不是本本主义、照套照搬，而是为了解决中国革命的理论和策略问题，去找立场、观点和方法，与实践紧密结合，实现马克思主义的中国化。毛泽东既博览群书，又敢于推陈出新。如他读苏联哲学教科书《辩证法唯物论教程》，发现该书只使用了"矛盾的特殊性"概念，没有提出"矛盾普遍性"的概念，只论述主要矛盾和矛盾主导方面的决定作用，没有讲矛盾地位的转化问题。他就在该书上写了1200字的长批，结合中国革命的实践，提出了主要矛盾和非主要矛盾、矛盾的主要方面和非主要方面转化的新思想，丰富了矛盾特殊性的内涵，在理论上发展了辩证法原理。

我印象很深的有一个当代实业家，读书方法独到。他谈到书要越读越薄，不能越读越厚。复杂话要学会用简单话去说，外国话要学会用中国话去讲。他讲："把简单问题说简单是初级水平，把复杂问题说复杂是中级水平，把复杂问题说简单是高级水平，把简单问题说复杂是没有水平。"套用以上的话，书，读前读后同样厚的，是不会读书；能将厚书读薄的，是很会读书；变成脑中想、手中做的，是极会读书。

读书应防止哪些不良倾向呢？**一要戒形式主义**。对待读书，要重实避虚。不能口号喊得很响，计划做得很好，制度措施一套套的，实际上雷声大、雨点小、"光听楼梯响，不见人下来"。学习需要一定形式，因为形式反映内容，但问题是形式不能大于内容，"梦里行了千百里，醒来还是在床上"。在学习上搞些假把式，扎些花架子，不仅无益，而且有害，最终还是"竹篮打水一场空"，与真才实学无缘。**二要戒浮躁心态**。读书，好比搭建自己的知识大厦，需要一砖一瓦仔细地搭，急不得，不能盲目赶进度，更不能偷工减料。要沉下心来，耐得住寂寞，耐得住寒窗冷，耐得住板凳硬。三心二意不行，投机取巧更不行。"平时不烧香，临时抱佛脚"，必然误事、坏事。**三要戒浅尝辄止**。要想真正学到东西，必须扎扎实实，一步一个脚印，刻苦攻读、反复琢磨，决不可蜻蜓点水、浮光掠影。读书浅尝辄止与深钻细研的区别在于：前者对所学要义、精髓没领会，只掌握一些皮毛的东西就满足了，甚至沾沾自喜，结果到用时，讲话言不及义，文章不得要领，受众一头雾水。而后者对所学内容细细品味，用心感悟，精益求精。其结果，讲起话来总能道出新思想、新观点，写文章高屋建瓴、大气磅礴、入木三分。**四要戒短期行为**。读书不是为了升官发财，不是为了哗众取宠，不能有急功近利的心态，须打攻坚战、持久战。要时刻提醒自己：每个人都有自己的知识盲区，只有减少盲区，才能运用自如；随着社会快速发展，每个人对客观事物的无知也在高速增长；不断调整知识结构，及时增添新的知识，你才能在事业上有立足之地。当读书真正成为我们像吃饭、穿衣一样的生存需要时，当读书不再成为我们晋升之阶、求财之路时，当我们真正把读书作为生命中最重要的事情时，相信我们总可以找到读书的时间，并几十年如一日地坚持下去。

我个人比较喜欢，用得比较多的是 SQ3R 学习法，也简称为五步读书法。这是一种高效学习方法，最初由美国艾奥瓦大学总结提出，在美国和欧洲大学比较流行。我曾经看到一本书。讲的是台湾省"中央研究院"的老院长吴大猷，他是杨振宁、李政道的导师，现代中国最具国际影响力的物理学家之一。有一次吴大猷接待一位美国学者，那位学者是学界的泰斗。吴大猷侃侃而谈这位美国学者的一本成名之作，讲他书里的精华部分、需要作新的探讨的部分。

讲得那个美国学者听傻了，都怀疑这部著作是否是吴大猷所写。因为这是一本很厚的著作，吴大猷研究、理解和记忆得居然如此完整、如此深刻。吴大猷给他讲，我用的是SQ3R学习法，这使我对这一学习方法产生了浓厚兴趣，找来使用了。SQ3R是由Survey，Question，Read，Recite，Review几个单词的第一个字母缩写成的，也称"五步读书法"。我在实践中是这样活学活用的：

第一步，浏览。就是拿到一本书后，首先是读前言、后记、简介，说明性短评，作者背景，以及书的目录、大题目、小观点等。一本书哗哗地这样东翻西翻一浏览后，就对主要框架和最有别于其他同类书的不同之处把握了，它的主要观点、精华所在也就心里有数了，就能清楚这本书是否值得更加仔细地阅读。

第二步，提问。看了以上这些内容后，不马上细读原著，而是与自己原有的知识积累进行对照，判断哪些东西是我知道的，哪些东西是我缺的，哪些观点是有疑问的，哪些东西如果从另外一个角度看还有其他答案，敢于在无疑处生疑，尽可能多地提出些问题。这样的提问，对读书有很好的推动作用，能使你下一步的阅读有更多的目标，更具有警觉性和批评性，能成为深层含义的积极追求者，而不是表象语句的消极吸收者。如果你养成了读书时提出问题的习惯，并试着去寻找问题的答案，那会成倍地提高学习效率。

第三步，阅读。就是我们通常采用的从头到尾细细地看一遍，但当你带着第二步中已经形成的很多问号来读这本书时，是有目的地在读，注意力就比较容易集中，随着一个个问号被拉直或打上新的问号，你便会在浓厚的阅读兴趣中，大大增强记忆的效率、领悟的深度。阅读难能可贵的是"读懂书上没有的东西"，从表看出里，从明看出暗，从静看出动，从是看出非，从过去的书本中看到现在，从现在的书本中想到将来，养成思考的习惯，边读边想，必有所得。

第四步，复述。阅读过程中，随时用有重点地反复默记、回想、朗读等方法，促进记住和理解书中精华所在。我通常是读几十页或一两个章节后，将书本合上，想一想刚才看到了什么，我的疑问理清了没有，用通俗的话讲，就是"过电影"。"过完电影"再翻开书再往下看。如此往复，帮助我全神贯注记牢所读的要点。尤其是边复述边用自己的话总结要点、思考并记录下来，真有将书"吞进肚里""刻在脑中"的效果。

第五步，复习。过一段时间以后，将看过的书再复读一遍，进行必要的记忆反馈，以此来巩固和提升对该书的理解掌握。复习的方法，一是再次浏览该书各章节的结构、标题；二是回忆所提过的问题，看能否回答和有无新的问题；三是重读该书，查看你是否记准主要观点、重点内容，补充笔记遗漏及校正记忆错误，并进一步探讨如何用好这本书。

我多年来一直使用这种读书方法，帮助我积累了比较厚实的知识功底，在军以上机关综合部门8次调换不同岗位，都能较快胜任。

（五）从无字句处读书

书能无字吗？依正向思维看，无字是不成书的。若从反向思维想，世间确有凝练成知识符号的"有字书"，也有以人和事的形态存在的"无字书"。

公元632年，唐太宗李世民要求五品以上的官员，每人写一篇关于时政得失的文章呈他阅。身为中郎将的常何只会舞枪弄棒，其门客马周代他写了一篇文章，得到唐太宗赏识。唐太宗召见马周，问他是如何读书的。马周说，人要善于读两本书，一本是有字之书，另一本则是无字之书。要了解历史、了解前人的得失，就要读有字之书。要了解风土人情、社情民意，就要深入庶民之中，读无字之书。鲁迅先生主张："用自己的眼睛去读世间这一部活书"，唯有如此，才能读得通透。周恩来曾撰联："与有肝胆人共事，从无字句处读书。"清代学者张潮说："善读书者，无之而非书。山水亦书也，棋酒亦书也，花月亦书也"。"能读无字之书，方可得惊人妙句。"我国著名教育家陶行知先生在《新旧时代之学生》一文中对此也有精辟的阐述："花草是活书，树木是活书，飞禽走兽小虫微生物是活书，山川湖海、风云雷电、天体运行都是活书。活的人、活的问题、活的文化、活的宇宙、活的世界、活的变化……都是活的知识宝库，都是活的书。"（《陶行知全集》第2卷）仔细想想，果真如此。因为花朵能告诉我们，只有微笑的心灵，才能盛开出美丽；鱼儿能教会我们，心无贪念，才会躲过垂钓者的诱饵；即使是一棵小草，也能让我们懂得，只要心存希望，春来会返枯为荣。

读"无字书"，主要是读三种：

一要注重读社会这本"无字书"。 古今中外的名人志士，都很重视读社会这本"无字书"。屈原"博闻强识""娴于辞令"，他一生十分注意接近群众，哀民生之多艰，叹祖国之多难，因而写出了千古绝唱《离骚》。司马迁10岁诵读古文，学识日进，20岁开始长途游历，广泛接触社会，熟悉祖国山川，体察民情民俗，为后来撰写《史记》打下了坚实的基础。李白与杜甫，都是读万卷书，行万里路，历尽沧桑，而成为"诗仙""诗圣"的。苏联大文学家高尔基在《我的大学》中告诉我们,他是只念了几个月书的孤儿,正是在流浪漂泊的苦难生活中读了社会这本无字之书而学到大量知识的。

孙中山是中华民族民主革命的领袖,他的三民主义,不是从学校的书本里学的,而是在学校外面的大学校里学的。毛泽东多次告诫全党,社会和自然界是一个大学校,那里面的东西——无字的书,多得很,学之不尽,取之不竭。1927年北伐战争期间,毛泽东专程赴湖南考察湘潭、长沙等五县的农民运动,并写出了《湖南农民运动考察报告》。正是在广泛和深入调查农村的基础上,毛泽东提出了一条新民主主义革命的总路线,用来指导中国革命实践。1964年,年逾古稀的毛泽东准备骑马沿黄河而上,直到黄河源头,对黄河两岸做一次系统的社会调查和自然考察。他还准备组建一个智囊团随行。这件事后来虽然没有实现,但却表明了毛泽东追求在广阔天地里读无字之书的强烈愿望至老不衰。

二要注重读群众这本"无字书"。人民群众中蕴藏着丰富的真知灼见,人民群众的实践也具有无限的创造性,这些都有赖于上级领导和机关干部的发现。这个"发现"需要领导和机关干部"甘当小学生",读懂读好群众这本"无字书"。周恩来在《我的修养要则》一文中指出"永远不与群众隔离,向群众学习,并帮助他们"。我们有许多疑问在"本本"里找不到现成的答案,积极地问政于民、问计于民、问需于民,真心实意地当好群众的小学生,不但能找到解决问题的方法,也能检验自己读有字书得来的知识是否准确、实用,也有利于吸纳群众意见、智慧,带到自己工作中,创造性开展工作。

纵观我党我军发展史,许多重大决策,都是"从群众中来,到群众中去"的群众路线的产物。宋代理学家朱熹的一首诗颇有意境:"半亩方塘一鉴开,天光云影共徘徊。问渠那得清如许,为有源头活水来。"我们每个人的内心都有如这"半亩方塘",要保持它的澄澈,就要有"源头活水"。而这源头活水就来源于群众、来源于社会。

三要注重读实践这本"无字书"。 马克思主义哲学告诉我们,实践是一切认识的最终来源,实践是提高人的认识能力的根本动力,实践还是检验认识正确与否的唯一标准。"人间四月芳菲尽,山寺桃花始盛开。"是唐代著名诗人白居易的千古名句。这是他游历庐山大林寺后写下的,一举道出了在海拔高度不同的情况下,植物开花结果有早有晚的自然规律。这正是白居易读懂了生活实践这本无字之书的结果。

我们从事的是全新而伟大的事业,实践是一部无字大书,是一个蕴含丰富、魅力无尽、虽百读而不能穷尽其智慧的大课堂。这本无字之书的每一页都是鲜活的,要读懂它绝非一日之功。如果不认真去读实践这本"无字书",就不可能很好地抓住事物的规律和根本,就不可能将理论和实际很好地结合起来,就不可能在不断地解决矛盾和问题中将事业推向前进。世界名校柏林洪堡大学在教学楼墙壁上赫然镌刻着校训——学校校友卡尔·马克思的名言:"哲学家们只是用不同的方式解释世界,而问题在于改变世界。"改变世界,则一刻也离不开读懂实践这本"无字书"。

"纸上得来终觉浅,绝知此事要躬行。"很多人觉得三国时的马谡是个纸上谈兵的赵括式人物,其实马谡并非只会空谈的无能之辈,史书记载,马谡自幼苦读"有字书",熟知兵法,才气过人。诸葛亮南征七擒孟获时,马谡曾献计:"南中恃其险远,不服久矣,虽今日破之，明日复反耳。……夫用兵之道，攻心为上，攻城为下，心战为上，兵战为下，原公服其心而已。"诸葛亮采用了马谡攻心为上的策略，"赦孟获以服南方。故终亮之世，南方不敢复反"。但他有致命的弱点，就是"无字书"读得太少，缺乏实战经验又骄傲轻敌，在把守街亭时，生搬硬套兵书上"置之死地而后生"的谋略，最终丢失街亭。理论与实践脱节，以致断送了西蜀的北伐统一事业，这的确令人感叹和警醒。

读有字之书和读无字之书的区别在于，有字书需苦读，无字书须深悟。相对来说，读有字书易，读无字书难。调查研究是读懂无字之书的必然途径，要深入群众，进行广泛的社会调查，掌握真情实况，做到理论与实践、知与行相统一。否则理论是一套，实践又是一套，"知"是一套，"行"又是一套，必定会误国误事误人。

（六）要有"将溺亡时想拼命呼吸"的求知精神

在20世纪末，一本叫《学习的革命》的书，一年之内在我国翻译印刷9次。到了2001年，中国一个年轻人写的《本领恐慌》，在不到半年时间内印了5次。这本书的题目来源于毛泽东1939年在延安在职干部教育动员大会上的一段讲话："我们的队伍里边有一种恐慌，不是经济恐慌，也不是政治恐慌，而是本领恐慌。过去学的本领只有一点点，今天用一些，明天用一些，渐渐告罄了。好像一个铺子，本来东西不多，一卖就完，空空如也，再开下去就不成了，再开就一定要进货。我们干部的'进货'，就是学习本领，这是我们许多干部所迫切需要的。"（《毛泽东选集》第2卷）

据联合国教科文组织的统计显示，近30年人类创造的知识，占有史以来的90%，也就是说过去几千年的知识积累只占10%。我们以公元一世纪的知识基数为1来看一组数据。从公元一世纪到1750年，1750年内知识才增长1倍；1750—1900年，150年内知识增长了1倍；19世纪是50年增长1倍；20世纪初是30年增长1倍，50年代是10年增长1倍，70年代是5年增长1倍，八九十年代是3年增长1倍；进入21世纪后，基本上是2年增长1倍。有人预测，未来30年，人类的知识总量将在现有基础上再增加100倍。不但知识总量增加很快，而且知识转换成生产力的速度也越来越快。上一两个世纪一般需要30~50年，如发电机产品从实验室到应用，用了50多年的时间；照相机的原理从问世到成为商品，也经过50多年。如今，移动通信从理论到手机问世，只用了4年时间；光缆、光纤从实验室到应用也只用了4年时间。大家都知道有一个理论叫作"蓄电池理论"。在冷兵器时代，特别是在农业经济时代，一个人7~14岁受教育就可以管一生；到工业时代，一个人5~22岁受教育也就够用了；但在如今的信息社会，当知识总量两年左右翻一番，五年至十年更新一遍时，人的一生只充一次电、一辈子只在工作前接受教育的时代已经永远过去了。必须是终身学习，否则就适应不了社会的快速发展。只有成为一块高效蓄电池，进行不间断地持续充电，才能不间断地持续地释放能量。一个人是这样，一个国家、一个社会、一个政党、一个部门也是这样，不然就会被时代无情地淘汰。你只要还想在社会上做点事，就不能不关注自身素质的提高。这和我国古人说的"人不可以不学，犹鱼之不可以无水""不学便老而衰"是一个道理。

本领恐慌，实际是一种本领危机。一定意义上可以说，这种危机是一切危机的根源。解决了这个危机，一切危机可不复存在。世界排名500强的大企业在20世纪70年代到80年代，10年时间32%走下巅峰了。80年代的世界500强到90年代，10年时间里47%退出前列了。90年代没用10年，从1990年到1998年54%的世界500强已经名落孙山了。世界都感到恐慌，都在寻求原因。后来有美国机构经过研究和实验调查，还是从学习上找到了根本原因，建议广泛建立新型的组织，就是学习型团队，推行学习的革命。现在全世界都在倡导终身学习，很多国家为终身学习立了法。英国、德国、法国、日本等国都在20世纪末建立起许许多多的学习组织，新加坡提出建立学习型政府。我国北京、上海、南京、青岛、大连等很多城市都提出了建立学习型城市的具体目标。科技发展的日新月异，知识信息的爆炸增长，中华崛起的时代要求，我军使命任务的拓展，使我们的"本领危机"比任何时期都更加严重，谁有适应时代的本领，谁才有生存权、发展权。这些年，党中央、中央军委大抓建设学习型党委和机关，从本质上也可以说是为了克服"本领恐慌"、解决"本领危机"。

每个人都在努力摆脱落伍和被淘汰的厄运，而解决"本领恐慌"的唯一方法，就是"逼"着人们要重新学习、主动学习、有效学习。东汉王充说，"人有知学则有力矣"。著名军事家克劳塞维茨曾预言"知识必将成为战斗力"。如果用投资效益来计算，投资学习，其效益往往是1乘10、1乘100，甚至更高，远远超过其他任何投资的效益。为什么？这就像农民翻地一样，如果不学习，你永远是使用锄头这样的原始工具挖地，一身大汗也挖不了多少；学习了新的技能，你就可能会制作铁犁，驾驭牛马翻地，快多了，也省力多了；学习了更多的学问和本领，你还可能会开着拖拉机来耕地，几十倍甚至上百倍地提高翻地效率。

"少而好学，如日出之阳；壮而好学，如日中之光；老而好学，如秉烛之明"。学习只有"永恒性"，没有"一次性"；只有"毕生"，没有"毕业"。要生存、要发展，就必须把学习作为毕生的追求。靠素质立身，靠实绩进步，必须学习、学习、再学习。我见到一位很敬业的领导干部，经常挤出休息时间，加班加点多干工作，但他总感到效率不高，越干越累。后来，他在挫折和批评中受到启发，改为把挤出的时间大部分用于学习，并且学以致用，改进工作方法，结果事半功倍，感到越干越轻松、越干越潇洒。究其原因，这位领导前面是加班工作，用的是"加法"，后来是加班学习，做的是"乘法"，当然"乘法"效率比"加法"要高多了。他有感而发地撰写了一副对联。上联是：越忙越不学，又忙又乱，忙上加忙；下联是：越忙越学习，忙到点上，忙变不忙。横批是：以学治忙。

学习型组织理论的创始人彼得·圣吉在《第五项修炼》中说过：未来在激烈的竞争中的唯一优势是比别人学得更快一些，一个国家、一个社会、一个组织是这样，一个领导者也是这样。在改革开放初期，邓小平就大声疾呼：在不断出现的新问题面前，我们党总是要学，我们共产党人总是要学，我们中国人民总是要学。谁也不能安于落后，落后就不能生存。（2016年06月26日，《光明日报》《中国共产党：依靠学习走到今天走向未来》）陈云曾经说过，作为一名优秀的领导干部，应该用八分的精力学习和调研，两分的精力作决策。这句话说得是非常精辟的，如果这八、二分，倒过来的话，就难于摆脱"越忙越不学，忙上加忙"的恶性循环。推而广之，我想，作为一名高素质的机关干部，要把学习当作事业之基，立身之本，成事之道，日常分配自己的精力，用来学习、调研和思考的时间，只能不断增加，而不是相反，工作中也带着问题学。这样，出手的点子、办事的效益都会是"乘法"，就会"忙到点子，忙变不忙"。

哈佛大学图书馆墙上贴有 20 条馆训（请注意不是校训），也特别有品位：

哈佛大学图书馆 20 条馆训

1. 此刻打盹，你将做梦；而此刻学习，你将圆梦。
2. 我荒废的今日，正是昨日殒身之人祈求的明日。
3. 觉得为时已晚的时候，恰恰是最早的时候。
4. 勿将今日之事拖到明日。
5. 学习时的苦痛是暂时的，未学到的痛苦是终生的。
6. 学习这件事，不是缺乏时间，而是缺乏努力。
7. 幸福或许不排名次，但成功必排名次。
8. 学习不是人生的全部，但连学习都征服不了，你还能做什么？
9. 无法避免的痛苦就去享受吧！
10. 只有比别人更早、更勤奋地努力，才能尝到成功的滋味。
11. 谁也不能随随便便成功，它来自彻底的自我管理和毅力。
12. 时间在流逝。
13. 今天流下的口水，将变成明天流下的泪水。
14. 狗一样地学，绅士一样地玩。
15. 今天不走，明天要跑。
16. 投资未来的人是忠于现实的人。
17. 教育程度代表收入。
18. 一天过完，不会再来。

19. 即使现在,对手也不停地翻动书页。

20. 没有艰辛,便无所获。

爱因斯坦有一句名言:"人的差异在于业余时间"。有一个权威机关统计,一个人上小学,30%的知识靠自学;上中学,50%的知识靠自学;上大学,80%的知识靠自学,工作后,99%的知识靠自学。作为已完成学历教育的机关干部,在工作岗位上很少有送学培训的机会,主要靠自学,才有可能成为才能出众的人。

解放军南京政治学院有个学有专长的知名教授,学术活动频繁,又先后担任学院科研部部长等要职,公务十分忙碌。但他坚持每天至少读一百页书,翻译一小时外文著作。遇有特殊情况未落实,第二天提前一小时起床补上,或用休息天补上。几十年如一日,这使他既学术成果丰硕,又政绩突出。因而他有一个经常宣讲的论断,就是:工学矛盾是个虚假的矛盾,爱学习的人永远有时间学习。

1985年,我在空军某军政治部组织处当副处长时,当年下部队162天,仍然在那一年内,以优良成绩考完别人两三年才能考完的吉林大学自学考试大专所有课程。哪来的学习时间?那一年我没有看过一场电影、一部电视剧,也没有干过一次玩扑克等娱乐性的事。下部队带着书,出差在火车上也看书,甚至蹲在厕所也要看几道题,骑着自行车去听课的路上,遇大马路的长时间红灯还翻开书看一眼,时间就是这样挤出来的。后来的本科、研究生学历,也都是在繁忙的师职主管岗位上,通过在职学习拼出来的。我任航空兵某师政治部主任时,到空军指挥学院战役训练班学习半年。我每个星期天都要到海淀书城去"淘书"。半年的时间我买了231本书带回部队,其中28本我在这半年内读完了。后来在指挥学院学员毕业典礼上，我是唯一一个两次登台领奖的学员，一个是领优秀学员奖，一个是领我写的论文评上的科研成果奖。有人问我，你这样累不累、乏不乏，生活枯燥不枯燥呀？我说，我并不是唱高调，真的不感到累，不感到苦，因为看每本好书，就像和一位好老师对话，和一位好朋友交流，体会到的是全身心的发自肺腑的快乐。而且学得越多，乐趣越多，就形成了越学越爱学的习惯，当习惯成了自然，自然就成了享受，何来苦累呢？

相传曾有一个年轻人，知道要在这个世界上生存，没有知识不行，就想多学些知识。他听说某个地方有一个学者叫苏格拉底，非常有学问，就千里迢迢找到苏格拉底，很真挚地说："我要跟您学知识。"苏格拉底就说："你要真学知识，就跟我来吧。"他就很虔诚地跟着苏格拉底走了。苏格拉底领着他到大海边，面对汹涌的大海，径直地朝大海里走去。水越走越深，到了苏格拉底胸脯的时候，他转身一下子就把跟进来的年轻人摁到水里去了。这个年轻人要呼吸，就不断地挣扎，越挣扎学者摁得越紧。那个年轻人好不容易挣扎出来，就气急败坏地责问苏格拉底，"老师您疯了！为什么想把我憋死？！"苏格拉底回答说："你不是想学习知识吗？我现在就要告诉你一个秘诀！"他说："你要想学习知识，只要像刚才想呼吸到空气那么急迫，就一定能学好。"

这正是一个感同身受、发人深省的大启迪！由此我深信：只要有将要溺亡之时想拼命呼吸空气的紧迫感，任何一个人都能学好知识和本领！因为有了这样的紧迫感，就会从"要我学"变成"我要学"，就会把学习当作一种觉悟，当作一种境界，当作一种责任，当作一种追求，当作一种快乐了。"学贯古今，一专多能"就能够做到，当高素质的机关干部也是"水到渠成"的事。

三、勤于积累使学习事半功倍

巴甫洛夫说过一句很形象的话："不管鸟的翅膀怎么完善，它任何时候也不可能不依赖空气飞向天空。事实和资料就是科学家的空气，没有它，你任何时候也不可能起飞；没有它，你的理论就是无用的挣扎。"（《巴甫洛夫全集》第1卷）

写文章、出主意、抓落实就像一条船，知识积累就是船下面的水。水越多，水涨船高；水越深，行船越顺。相反，水少水浅了，船浮不起来，常会搁浅。机关干部想出妙主意、写好文章、会抓落实就无从谈起。

（一）处处留心皆学问

古人说得好："处处留心皆学问""三人行必有我师"。爱读书和积累知识，时间一长，就"腹有诗书气自华"，出主意就能引经据典，写文章就能运用自如，抓落实就能韬略在胸。

古今中外，大凡在事业上有成就者，无不与处处用心、大量积累和运用资料直接相关。法国著名科幻小说家儒勒·凡尔纳，一生共创作了60多部科幻小说，内容几乎遍涉当时科学技术各个领域。然而，比他的创作本身，似乎更令人惊叹的是，在他去世后，人们从他的书房里发现，他亲手整理摘录的各种资料有25000多本。这正是他创作60多部科幻小说的源泉所在。60年代，批判赫鲁晓夫时，新华社连续发表了九篇在世界上有很大影响的评论。起草组撰写每一篇评论的全过程，都邀请《人民日报》社国际部的两位老资料员提供资料、出谋划策。事后,高层领导评价:他俩的参与,对评论的起草起到了"绝佳"效果。

毛泽东的秘书田家英上学只到初中一年级,不满十六岁就投奔延安。他知识广博,发表过不少长诗、小说、散文、随笔、书评,对书法、篆刻也很有研究,后来之所以能成为毛泽东的称职秘书,又能在学术研究上卓有成就,很重要的是他在工作中刻苦自学、处处留心、广积资料。毛泽东撰写的重要著作,内中很多资料是田家英收集提供的。三十多岁时,田家英就成为《毛泽东选集》前四卷近千条注释的主要撰稿者和审定者。1951年后,他不但经常参加中央重要文件的起草工作,还集中精力出色地完成了《毛泽东选集》和毛泽东其他著作的编辑、注释和出版工作,其中他心细如发、不放过点滴机会广泛收集资料和严密考证的优良作风,发挥了重大作用。1956年9月,党的八大召开前夕,毛泽东忙于筹备会议重大事项,委托陈伯达起草大会开幕词。陈伯达认认真真地写了几大张纸,内容虽然全面,但是没有重点,毛泽东看后摇了摇头。这时离开幕之日没有几天了,毛泽东就找来田家英,要求他重新起草,说:"短些,有力些。"田家英写了一个通宵,第二天就交了稿,毛泽东看后赞许地笑了。八大开幕式上,毛泽东的这篇不足2000字的开幕词,曾被34次热烈的掌声打断,会后会议代表们还不断赞扬这篇充满"毛泽东风格"的开幕词。这件事颇令人深思。论文笔,田家英并不如陈伯达,他写的开幕词之所以有灵感,能得到毛泽东的肯定,主要得益于他在大量积累资料基础上,对毛泽东思想脉络的准确把握。田家英1948年当了毛泽东秘书后,做的第一件事就是从当时能够找到的毛泽东著作中,摘录大量成段的论述,按专题编排了五大厚本,潜心研读,这使他对毛泽东的思想和思维特点的熟悉程度，实际超过了陈伯达，这才能担当起重任。

正如周恩来讲的："灵感是长期积累，偶然得之。"谁在工作学习中注意积累资料，谁就能获得丰富的知识，就能有聪颖的头脑，自身的素质也就不断提高，执行重大任务，灵感就能随时迸发。日本友人长尾景和写过一篇回忆文章，说和鲁迅谈了一次话，发现"就是五个日本博士结合在一起，也不会知道这么多"。鲁迅的文章写得深邃、透彻，令人叹为观止，与他博览群书是分不开的。"读书破万卷，下笔如有神"，这是杜甫总结出的写好文章的千古诀窍。胡适培养学生，首先是培养他们收集材料的能力，强调写文章第一须会找材料，要"上天入地，动手动脚"，翻遍书堆。

我在沈阳空军工作时，认识文艺创作室的一个作品丰硕的老作家杨大群，可能不少同志读过他的著作。杨大群曾经闹过一个"笑话"，他年纪比较大，胖乎乎的，戴了个眼镜，个子也挺高，有一次，穿了便服在一条车辆川流不息的大马路边走路，因冥思苦想自己的作品，过马路闯了红灯险些丧命都不知道。交通警察将杨大群带到马路边，劈头盖脸将他臭骂了一顿，而且骂得净是土得掉渣的损人话。杨大群一个劲儿赔礼道歉认错。训完之后他就离开了。走了已经有几里路，杨大群突然转过身来，噌噌跑到警察边上，掏小本子，拿出笔。他说警察同志，你将刚才骂人的话再给我骂一遍。这个警察特别惊愕，就很生气地说："嘿！你想咋的？想告我状？"杨大群看到警察有误解，就拿出了自己的身份证，说"我是沈空文艺创作室的创作员，我叫杨大群，刚才我听到你骂我的话，在其他地方都没有听到过，我要将这个话记下来，丰富我的文学创作语言。"警察一听，哑然失笑，就将骂他的很损人的疙瘩话，又原原本本告诉了他。杨大群的作品为什么语言特别鲜活，他就是这样

"厚积薄发"的!

我1977年在某军政治部当干事的时候跟军长姜玉田下部队,看到姜军长在重要文件资料上画的杠、作的记号、写的眉批等,密密麻麻的。我当时心里就咯噔一下,作为一个要亲自上天飞行的军长,平时多忙啊,但看重要文件资料还这么认真!我很受触动。领悟到,这些首长为什么有这么渊博的知识、杰出的才干?就靠这样学习,这样积累,积少成多,他本事就更大了,水平就更高了,没有什么捷径可走的。我后来在各种不同岗位上看文件资料这么认真,就是跟那些老首长学的。我们不少机关干部对重要文件和资料只是浏览一下,认为多读少读无关紧要。这实际上不是无关紧要的问题,是识不识"宝"的问题。只要会识"宝",善采"宝",就终身受益;反之,成不了大才。

(二)积少成多勤为贵

撰写公文有两条最基本的要求:"上要着天,下要接地。"着天,就是知上晓上;接地,就是符合现实。公文写作之前,必须掌握大量"着天""接地"的信息资料,经过鉴别、筛选、分析、综合,将相关的材料转化为公文的内容。公文写作是奉命作文,不管你想写不想写,有灵感没灵感,都得按时拿出来。如果平时没有全面、充分、分类的积累,遇有紧急任务就抓瞎,甚至会误事。

我在几十年的机关工作中,逐渐养成了以下一些习惯:

一个是,注意辩证地全面地收集和占有资料。要成为收集资料的"行家",必须当有心人。因为相关资料往往遍地都是,要正确处理好数量与质量的关系、规模与实用的关系。我的体会,**第一,**

要特别重视积累大政方针资料。所谓"大政方针",就是治党、治国、治军的路线、方针、政策和法规等。因为这些是党中央、国务院、中央军委统揽全党、全国、全军工作制定出来的,有普遍的指导意义。以此为立足点,就站到了观察分析问题的最高处,据此提出的意见、建议才具有全局性。机关干部应"多多益善"地广泛收集和占有与本职工作直接相关的大政方针资料,对那些根本性、法规性的内容要熟记于胸,这样才能在实际工作中不偏离正确方向。

第二,要有主有次地收集资料。唯物辩证法告诉我们,看问题既要把握事物的主要矛盾,又要把握事物的次要矛盾。我们收集资料也是这样,既要围绕中心,用主要精力收集主要工作方面的资料,同时要兼顾其他,注意收集次要工作方面的资料,确保重点资料很厚实,其他资料不漏项。**第三,要历史与现实相结合地收集资料**。每项工作都有它特有的历史性、继承性和连贯性,必须克服只注意占有当前资料,忽视收集历史资料的倾向,努力挖掘沉得较深、不易看到的历史素材,使资料积累建立在历史与现实紧密结合的基础上。**第四,要从正反两方面收集资料**。积累正反两方面的资料,往往能在成绩与问题、成功与失败、经验与教训的分析对比中,给人以深刻的启迪,有利于发现真理、把握规律,有利于清醒头脑、科学决策。反面的资料,受各种因素影响,是较难收集到的,要特别注意多下功夫挖掘。**第五,要有点有面地收集资料**。"胸中有全局,手中有典型",对事物的反映才能既有广度又有深度。收集资料不但应有宏观的调查、统计、分析材料,还要有微观的生动、具体、典型事例,这两方面的资料缺一不可。有些机关干部讲事或撰文,套话连篇,言之无物,缺乏说服力,往往是吃了不注意有点有面地收集占有资料的亏。**第六,要多下功夫收集和积累思想观点**。无论是指导工作，还是起草公文，思想观点都是客观存在反映在人的意识中，经过思维活动而产生的"结晶"，都是闪光的"主旨"和"灵魂"，都是资料中最值钱的"金子"。有经验的机关干部会非常用心地"掘金"，捕捉听到、看到、想到的反映规律、体现特点的思想观点。

再一个是，养成勤于摘记、勤于收藏的习惯。积累不能三天打鱼两天晒网，要日复一日、月复一月、年复一年地做下去；持之以恒，勤于积累，必有大成。马克思为写《资本论》，读了1500多种书籍，摘录了40多本笔记，光是收集材料就先后用了20年时间。恩格斯为了写《英国工人阶级状况》，不仅收集了所能弄到的各种官方和非官方的文件，而且到工人栖身的简陋的住宅区，做了21个月的调查研究。要学习鲁迅先生，像他那样，兜里装个小本本，名曰《忽然听到》《忽然想到》，随想随听随记。1978年我在沈阳空军当秘书时，开始形成用活页本积累资料的习惯。其中大活页本放文件包，日常工作场合用；小活页本放军衣口袋，随身携带用。每个活页本贴上10来个分类页签，用来记非保密内容。读文件、书籍、报刊，一看到特别有用的，就随手拿出活页本摘记下来；听首长讲工作或下部队，凡是经典的思想、语言，甚至是故事，也记在相应栏目里。写满了就取下来换上新页，旧页分类装订收藏。时间长了，活页本就成了积攒零金碎玉的"小仓库""万宝囊"。慢慢就感到自己出主意、写东西不一样了。原先想个点子、找个词汇是挖空心思，积累多了呢，脑子里想用什么就会蹦出来；原先找素材要翻箱倒柜找的，积累多了呢，取出分类资料，随手一翻它就有了，而且往往能够从几个素材里边优选一个。我以前看报刊经常动剪刀，将好文章剪下来分类收藏。1998年我调空军机关任职时，随带了

96本厚厚的资料剪贴本。现在与时俱进，改为网上看书看报为主，随手就将好资料下载分类收藏。我后来到了军职领导岗位工作，仍然保持了勤摘勤记的习惯。2009年，空军机关有个二级部领导来空军工程大学宣讲空军战略。听完2小时讲座后，我问大学政治部一位挺爱学习、常写文章的处长：你记下来多少？他翻开笔记，很自豪地告诉我记了5张纸。我让他翻翻我的笔记本，数数记了多少张纸，他看后很吃惊，因为这堂课我密密麻麻地记了17张纸。但我还是感到有很多有用的内容未记全，于是我让主办这一讲座的领导专门跟这位讲课的老师联系，将脱密后的讲稿从北京捎给我。这些习惯做法，使我成为"着天""接地"的资料"财主"，让我能够胜任在各级机关经常牵头撰写大材料。

（三）科学分类效率高

列宁指出："用什么方法对现代调查材料进行综合或分类，这个问题是非常非常重要的。"个人积累的工作资料多了，如果不重视分类收藏，就会多而难用，降低了收藏效益。我在实践中体会到，活页本小的随身带、大的办公用，非常方便机关干部分类记载和整理资料。有一次，空军一位首长打电话给时任宣传部部长的我，要查一个重要说法的最早出处。我五分钟后就到了他办公室，提供了在已装订成册的活页本"会议记录"，上面清楚记录了我一年多前跟随他参加一个重要会议的原始记录，何人、何时、何地讲了何种重要观点。如果没有活页本这样的载体和分类收藏习惯，就不会有这样的工作效率。

个人工作资料分类怎样做到又准又细又实用呢？以下几种方法

可参考：

按工作类型分类。这是最常用的方法。从个人岗位职责分工和备忘、备查、备用的实际需要出发，区分不同的资料类型及属种关系来分类。可以若干大类型各列一个大栏目，下面再按需派生出若干子栏目。

按专题分类。这是比较常用的方法，根据重点工作安排和重大任务需要来分类。如"XXX活动""XXX试点""XXX主题教育"等，分门别类收集记载和整理资料。

按逻辑分类。这是搞调查研究常用的方法，按照主要现象、原因分析、解决办法，是什么、为什么、怎么办等，分门别类收集记载和整理资料。

按阶段分类。这是总结的常用方法。按照部署阶段、动员阶段、展开阶段、复查阶段，月份工作、季度工作、半年工作等，分门别类收集记载和整理资料。

以上讲的个人工作笔记分类收集资料方法，同样适用于纸质资料和电子文档的收集资料分类。总体上怎么有利于备忘、备查、备用就怎么分类。实践中常常是将这几种类型混合使用，但必须确保与自己职责分工密切相关的工作类型不漏项，尤其是要确保按照所分大小栏目来收集记载。否则就没有办法分类收藏和高效检索使用。

积累资料的目的是应用。一要精心整理资料。根据出主意、写文章、抓落实的需要，选出最有典型意义、最能说明问题的资料，分门别类梳理。对一些有联系但又不能直接用的，要进行粗加工；对一些重要的观点、表述和名人名言等，要认真查找出处；对一些重要的事实和数字，要加以核实，确保准确无误。二要认真消化资料，做到边收集、边思考，善于将积累的过程作为深化学习的过程。对重要的思想、观点、事例做上记号，有启发意义或直接能用的还要记在脑子里，需要的时候信手拈来，为我所用。三要辩证活用资料。任何资料的价值都是相对的，主要用于开启思想之门、印证观点论据，不要搞简单的"拿来主义"。用资料既要广纳博采，又要辩证扬弃。写材料时，要敢于跳出，在理解资料的基础上去写；还可以对资料所涉问题反向思维，寻求突破。只有这样，才会产生比原资料更新更深的思想飞跃。如果起草的文字材料，能够源于资料，而又高于资料，就达到了积累和运用资料的新境界。

第四讲 运筹帷幄 能参善谋

谈谈机关干部"出主意"的基本技能

漫谈机关干部出主意写文章抓落实

"主意"在词典中的解释：一是主见，二是办法。

毛泽东在《中国共产党在民族战争中的地位》一文中指出："领导者的责任，归结起来，主要地是出主意、用干部两件事。"（《毛泽东选集》第2卷）他将出主意摆在了占领导责任"半壁江山"的地位，可见"出主意"的极端重要性。机关干部是领导的参谋、助手、智囊，负有对某方面工作的组织指导职能，因而出主意也是重要职责之一。

好的主意有一言兴邦、出奇制胜、反败为胜等功效。出好主意，是成功的一半。

要出好主意，涉及的范畴很广，内中的学问极深，相关专著也有不少。我主要从帮助年轻机关干部"入门"的角度，理论与实践相结合，着重作基础性的操作层面的探讨。

一、"良士一计，胜过三军"

（一）"出主意"是机关干部的首要职能

军队各级领导机关的干部，无论参谋、干事、助理、秘书，还是科、处、局长等，可以统称为参谋人员。从广义上讲，地方各级党政机关的干部，也是党委、政府和各级领导的参谋人员。

参谋称谓，自古有之。刘伯承元帅指出：参谋，历史上称之为"幕僚"，就是所谓"运筹于帷幄之中，决胜于千里之外"的这些人。他不是总指挥，也不是将军，是为指挥员筹谋划策的。《三国志·魏书·刘放传》记载，刘放任秘书监，相当于中枢的秘书长，

"辽东平定，以参谋之功，进爵封侯"。这里的参谋，也就是参与谋划的意思。古代的参谋还是官名，《新唐书·百官志》载，当时天下兵马元帅下设有"行军参谋"，参与军中机密。

在国外，参谋也是指专为统治者出谋划策的幕僚。参谋机构体制的产生和形成，是同军事、战争的需要紧密相连的。随着战争的日益复杂化，1806年普鲁士军事改革家沙恩霍斯特创建了参谋本部体制，使军事决策从个人组织指挥的艺术，上升为集体智慧的科学。从此，军事强国统帅指挥作战的决策过程，都开始依靠参谋的集体智慧来支持，各国军队编制中，都设有专门的参谋部门，参谋又成为一种军官的职务名称。

现代参谋的完整含义，就是领导的智囊和助手。随着时代的发展，社会各领域的活动日益复杂化、专业化。现代领导人需要参谋的领域，已经远远超越了传统的政治、军事领域，而进入经济、文化、科技等几乎一切领域。今天任何领导者的个人智慧，都不足以应付现代社会所面临的极其复杂而又多变的现实，都更加需要依靠参谋这一"外脑"来补充个人的"内脑"。而且今天的参谋工作，已经不是当年诸葛亮提出"隆中对"的个人出主意方式所能反映的，而往往是一批熟悉现实情况的骨干或专家，依据许多社会科学、军事科学与自然科学知识，综合运用信息论、控制论、系统论、运筹学等，经过各种系统工程组成的"技术科学"进行研究论证的成果体现。可以说，当代的"参谋"以及"出主意"的内涵和外延，都发生了时代性的变化，已被更多地赋予了科学化与集体化两方面的含义。

在机关干部"出主意、写文章、抓落实"这三大基本功中，出主意是首要本领。

首先，从"三会"的内在联系来看：出主意是基本前提。先有主意，才有文章，才有落实。主意是写文章的先导和灵魂；主意是抓落实的意图和目标，没有主意，就没有文章，也没有落实。**写文章是重要手段**。将主意变成纲领、变成措施，要靠文章；谋划、组织和检查落实，离不开规划、指示、措施、方案等组成的文章，因而文章是联结主意和落实的"桥梁"和"纽带"。**抓落实是最终目的**。将主意、文章由虚变实、由小变大、由远变近，靠的是抓落实；所有主意、文章的最终目的，都集中体现在抓落实的结果上。

其次，从"三会"的职能作用来看：出主意是核心能力。在机关干部各种必备能力中，它始终处于核心地位，左右着其他能力的养成和发挥，也是衡量机关干部素质高低的最显著标尺。**写文章是看家本领**。它是机关干部综合素质的集中体现，是机关业务中使用频率最高的技能，也是目前各级机关部门最稀缺的技能。**抓落实是根本所在**。它是实现出主意、写文章目的的必然途径，是出主意、写文章追求的最终成效，抓落实一空，主意就成了昙花，文章就成了废纸，前功尽弃，万事皆虚。

可见，出主意、写文章、抓落实相互联系，又各有独特的功能，构成了机关干部能力素质的有机整体。其中，**出主意在"三会"中具有灵魂地位、先导作用，是机关干部能力素质中的精髓所在，是职能作用中的核心部分，它从根本方面影响着写文章，决定着抓落实**。

无数史实都证明：关键时刻的"良士一计"，作用往往"胜过三军"。三国时的诸葛亮，虽然隐居隆中，但他饱读史书、云游四海，广交高人，对天下大势了然于胸，观察极其深刻透彻。在著名的《隆中对》中，他向刘备提出了先取荆州为家，再取益州成鼎足之势，然后谋取西南各族统治者的支持，联吴抗曹，进而统一全国的战略方针。后来，兵微将寡的蜀汉，能够发展到与强大的曹魏、东吴抗衡，促成三足鼎立的局面，首先得益于诸葛亮出的大主意。明代朱元璋在反元起义中攻下南京，但当时羽翼未丰，立足未稳。苦于力量弱，地盘小，不足以与其他各路反元兵马较量。谋臣朱升深刻剖析形势，向朱元璋提出了"高筑墙、广积粮、缓称王"的策略。此时的所谓"高筑墙"，就是加高城墙，巩固好以金陵城为中心的根据地，使自己的军队站稳脚跟，以免被敌人吞掉。"广积粮"，也就是多种多收粮食，改善民生，积蓄取胜的物质力量。"缓称王"，也就是不要过早地暴露自己夺取天下的企图，以免引火烧身，成为各方义军攻击的焦点。朱元璋正是按照这九个字的战略方针，稳扎稳打，开创了明朝近280年的基业。刘备得诸葛亮《隆中对》献的妙计，朱元璋得朱升进谏的九字战略方针，一定意义上确实胜得过千军万马！

陈毅元帅对机关干部出主意的重要作用，也有个鲜明的说法。他说：每一个团有几个好参谋，比多几个连队还要好！从作战全局上看，团级机关的一个好参谋，能出好点子，作用甚至强于一个连队。那么，更高机关直至统率部的能出好主意的一个参谋，作用可能胜于一个营、一个团甚至更多的部队。1947年5月，华东野战军集中优势兵力将孟良崮地区围成铁桶一般，全歼蒋介石最为宠爱的王牌部队——整编第七十四师三万余人。其中有一个重要插曲：当血战四天终于攻下孟良崮、击毙敌中将师长张灵甫后，华野部队上下一片欢腾。而华野司令部一名参谋并未陶醉，他冷静统计各参战部队上报的击毙和俘虏的敌军数量后，敏锐地发现总数与开战前掌握的敌军数量对不上，他毫不犹豫地急报指挥员粟裕，建议组织部队搜"漏网之敌"。粟裕马上下令拟撤出战场的部队严密搜索山谷，结果发现了7000多名伪装隐藏在一个树林茂密山谷中的残敌。可见，关键时刻的"良士一言"对作战成果确有重大影响。打仗如此，平时也是这个道理。各级党委和领导干部对"有点子、有办法"的机关干部往往觉得"好用""爱用"和给予"重用"。他们历来是领导的"左膀右臂"，亦很受同事敬佩、下级拥戴。

如果对机关干部能力素质作个划分的话，可分为以下四个类型：**一是谋略型**——勤于学习，善于思考，思维敏捷，把握大局，能参善谋，能讲会写，应变能力强。**二是协调型**——擅长组织计划，思考缜密，作风扎实，善于统筹，勤抓落实，公关能力强。**三是专家型**——学有专长，是某个领域、某项技能的拔尖人才，善于处理专业技术方面的难题。**四是综合型**——兼有前三者的强项，文韬武略，都比较精通。用句古话，可以"入则为相，出则为将"，是机关干部中高素质的复合型人才，是佼佼者和楷模。

从出主意能力的强弱来看，也可将机关干部划分为四个层次："**善谋**"——能先领导一步思维，不少点子高领导一筹；还能审时度势、监控反馈，不断贡献新的良谋妙策。"**能谋**"——能与领导同步思维，较多主意能被领导采纳；还能及时反馈执行情况，出完善决策的新主意。"**缺谋**"——时常落后于领导思维，个别主意能被领导采纳；只能基本理解和机械、呆板地贯彻执行领导决策。"**无谋**"——既落后于领导思维，又提不出解决问题的主意，对领导意图和决策盲目等靠、理解片面、执行不力。

总之，机关干部的基本职责是党委、首长的参谋、助手、智囊，这里面核心的职能是出主意。机关层次越高，对"主意"需求量越大、质量要求亦越高。**会出主意、常出主意、出好主意，是机关干**

部合格、成熟、能胜任的标志。机关干部履行职责，必须首先履行好出主意的职责；培养能力素质，必须首先培养出主意的能力素质。

（二）实在管用是"出主意"基本要求

出主意应达到哪些基本要求？当年空军刘亚楼司令员推行"三会"时，提出过"三句话"：**出点子要实在管用、写文章要山穷水尽、办事情要滴水不漏**。

刘亚楼司令员这几条基本要求到现在仍然有很强的指导性、操作性和生命力。

出主意"要实在管用"，比较好地体现了"出主意"科学性与实效性的统一。因为，出主意"实在"有深刻的内涵。从根本上说，就是要遵循客观规律，符合客观现实；坚持实事求是，符合谋略需求。能登高望远，见人所未见；能全局在胸，谋人所未谋；能开拓创新，做人所未做。出主意"管用"，亦有鲜明的标准。从根本上说，就是既源于实践，又高于实践；付诸实践运用，能一抓就灵；符合客观实际，能一用就好；瞄准存在问题，能迎刃而解；落到工作末端，能达到目的；长久有效，能经得起历史检验。

写文章要山穷水尽，比较形象地体现了"写文章"应有的精神和状态。这个说法已延续50多年了，机关有的新同志感到不太好理解，因为山穷水尽往往是贬义的用法。这里要换个角度来领会，它不是指"撞南墙""疑无路"状态下的山穷水尽，而是指写文章竭尽了全力、竭尽了所能，发挥了自己的最高水平、最高能耐，能写的都写出来了，是这个意义上的山穷水尽。

办事情要滴水不漏，比较好地体现了"办事情"的严密性和彻底性。"滴水不漏"必须"严密"到不遗漏任何细节，不放弃任何可能，不耽误任何事情；必须"彻底"到该想到的都想到，该说到的都说到，该做到的都做到。因而，"滴水不漏"实际上也是一丝不苟、最佳效果的代名词。

在工作实践中，有时会遇到这样的情况，机关出的主意，猛一看有思想、有观点，方案也齐全，但基层直摇头，中看不中用。仔细分析，这类主意有的是理论上可行，实际上行不通；有的是局部可行，全局上行不通；有的是暂时可行，长时间行不通。因而进入不了党委、领导的决策，或进入决策后，实施过程中饱受诟病、大打折扣。

有一个寓言故事，说的是有一只新来的猫恪尽职守，捕鼠勇猛，吓得老鼠魂飞魄散。老鼠们就开会商量如何对付这只猫。大家思来想去，苦无良策，最后有一只貌似足智多谋的老鼠出了个主意，说在猫脖子上挂一个铃铛就好了，只要猫一动，铃就响，大家就能及时逃命。老鼠们都感到这是个很有创意的高招，可是，谁去给这只猫的脖子上挂铃铛呢？大家推来推去，谁也没有这个能耐把铃铛挂在猫脖子上。高招变成了空招，解决不了问题，白高兴了一场。这就提醒我们机关干部出主意，一定要进行可行性论证。千万不能想当然，出那种一厢情愿，实际做不到的主意。

实在管用的主意有几个特征，一个是**针对性强**。符合客观规律，适应现实需要，抓住要害，切中时弊。再一个是**操作性好**。简洁明了，一听就懂，一看就会，办得到，易落实。第三个是**可控性高**。思路清晰，责任明确，分工精细，适时反馈，形成回路，不断发展提高。总之，它必须是融会贯通上级指示，结合本单位实际，能走出一条高效益新路的点子；它必须是深谋远虑，既治标又治本的点子，注重从根本上解决问题；它必须是抓住关键，牵一发动全身，快刀斩乱麻、立竿见影的点子，能使久拖不决、久治不愈的问题得到解决。因而，"实在管用"，是各级机关干部出主意必须遵守的基本准则、不懈追求的重要目标。

这方面的经典实例不胜枚举。1941年，陕甘宁边区的党外人士李鼎铭先生向党中央提出了"精兵简政"的建议，党中央很快采纳了他的建议，毛泽东也给予高度赞扬。李鼎铭这一条建议之所以被采纳，受到好评，载入史册，是因为当时正是抗日战争最困难的时期，也是我解放区最困难的时期。如何克服由于日伪军和国民党的进攻、封锁而造成的严重经济和财政困难，是我们党急需研究解决的一个重要问题。李鼎铭先生恰恰在这个节骨眼上，提出了"精兵简政"的主意，付诸实践后也在我党我军特殊困难时期收到了很好的效果。

20世纪70年代，空军大批装备歼六歼七飞机的作战部队面临一个困扰多年的难题，就是如何常年保持夜航训练，达到"白天能打，夜间能走"。通常做法是每飞两三组昼间飞行，再插飞一组夜航训练，但组织工作复杂，而且训练效益也不高。后来，是飞行训练一线的师、团机关的参谋，创造性地出了这样的主意：将当时飞行条令明确规定必须分别组织的昼间飞行、夜间飞行，大胆改革为允许同一个场次内，既飞昼间又飞夜间，也就是跨昼夜来组织飞行。这样做后，飞行团上午准备，加长午睡时间，下午飞一段时间昼航，接着参训人员在机场吃夜餐，餐后天也黑了，就再飞一段时间夜航。至于昼、夜航训练时间比例的大小，视实际需要来定。实施这种飞行训练新模式后，训练效益大大提高，"白天能打、夜间能走"的技能得到了最佳方式的保持，很快被上级机关采纳，在全空军推广，并被写入新的飞行训练条令，沿用至今。这种主意，就体现了"出主意"科学性与实效性的统一。

出主意真正做到"实在管用",还必须重视纠正一些不良倾向。如:

要防止出花里胡哨的主意。花里胡哨的主意华而不实,中听中看不顶用,尤其是在贯彻政策、制度、规定方面,有时"打擦边球",搞似是而非的"变通",个别的甚至"闯红灯"。这样的主意一旦被党委、领导所采纳,不仅解决不了问题,造成人力、物力的浪费,更为严重的是损害党委、机关的形象和威信,贻误工作。要端正政绩观,重事业,不谋私利,求实效,不求虚名,从根本方面铲除出花里胡哨主意的思想基础。某单位筹备一个经验交流会,机关承办的同志想把会议地点定在一个驻著名风景区的部队,会议之余还可以游览一番。为了坚定领导决心,便以种种理由说服,终于说得领导心动了,把会议地点定在了那里。殊不知,到著名风景区开会是很敏感的事,上级多次明令禁止。结果会议还没有开完,告状信就飞到了上级领导机关,家里已在接待上级有关部门的调查,使得本级领导十分懊恼,与会人员也很尴尬。机关干部出这样的点子,就是典型的花点子、馊主意。

要防止出不疼不痒的主意。主意要管用,必须抓住关键环节,勇于触及深层矛盾和善于解决老大难问题。机关干部常常在上下级意见不一致时、各方利益冲突时,被夹在中间,需要出个主意。有的同志就不敢坚持原则和触及矛盾,只在事物的表层和外围转来转去,所出的主意必然是只触及皮毛,不是标本兼治、解决问题的点子。在检查考核下级工作,尤其是开展批评指出存在问题时,有的机关干部也容易左顾右盼,怕得罪人,而说隔靴搔痒的话,出大家都知道、什么时候都正确的主意。群众常将这种主意称为"永远正确的废话"。机关干部务必增强原则性和责任感,敢于秉公直言,敢于揭露矛盾,务求出得主意不回避矛盾、敢于攻坚克难,经得起群众、实践和历史的检验。

还要防止出"橡皮筋儿"主意。所谓"橡皮筋儿"主意,就是伸缩性很大,可以这样办,也可以那样办,是模棱两可、左右都行的主意。群众通常称出这样主意的机关干部是像泥鳅一样的"滑头"。因为一事当前出这样的主意后,有了成绩,他可以揽功;出了问题,他可以卸责。总之,进退、横竖,他都能"圆场",显然这不是对工作的真正负责。机关干部出谋划策必须旗帜鲜明、勇于负责,在所出的主意里,对执行的单位、人员、时限、空间、范围,达到什么目的,办到什么程度,应注意事项等,都要有明确的要求和必要的细化量化具体化,不能章法不明,含含糊糊,让人摸不清头绪,无所适从。

综上所述,或许可以列出**"出主意要诀之一"**,这就是:

二、站位高低决定主意高低

(一)站到高两三个职级出主意是适宜的高度

同样是机关干部为领导出谋划策,有的总能提出好的建议被采纳,并在实施中证明行之有效;有的尽管抓耳挠腮很努力,但出的主意常常是"泥牛入海"。主意未被采纳的一个普遍性的原因是站位不够。

古人讲，"孔子登东山而小鲁，登泰山而小天下"。"不谋万事者，不足谋一时；不谋全局者，不足谋一域"。叶剑英元帅对参谋人员提过一个内涵极深的要求："你们要注意按地球的脉搏！"这说明，知全局者才能谋全局，对全局知之越深，谋全局才能越准。出主意的本质要求是有指导性，而指导性的基础，就在于把握全局，遵循规律，准确预测，前瞻献策，这些，都揭示了出主意登高望远、高瞻远瞩的重要性。

机关干部必须"身在兵位，心在帅位"，学会站在党委、领导角度来谋划思考和出主意。不能只看到岗位所及的事物，要努力站到制高点上，在把握宏观、关注中观、剖析微观中，深谋远虑地出好主意。

站到制高点上，并不是站得越高越合适，这里有个从自身能力素质和实际出发，选适当高度的问题。

站得太高，超过了自己的视力，看到的东西就虚了，出的主意就不准了。

站得太低，障碍挡住了你的视力，看到的东西就近了，出的主意就浅了。

机关干部出主意站到什么样的高度才是适度的？这是一个很难回答的问题。

我看到一个资料，空军刘亚楼司令员在20世纪60年代初就强调："机关工作必须有预见性、彻底性、及时性"，并提出了出主意要"三个站得住，一个行得通"的标准和要求。那就是"提出的建议，涉及国际问题的要在世界范围站得住，涉及军种和地方的问题要在全国全军站得住，涉及空军发展的问题要在国家和总部各相关部门站得住；要合乎军委、总部的意图，在空军本身执行起来能行得通"。

我感到，刘亚楼司令员关于出主意要"三个站得住"中，所站高度就是高两级左右的制高点。

就我个人在团、师、军、军区空军、空军这五级机关三十多年实践和观察来看，如果列一个出主意所站高度"适度"坐标的话，就大多数机关干部来讲，应该站在高自己职级两至三级的高度。

也就是，如果你是空军政治工作部干事，应该站在局领导或空军政治工作部领导的高度来出主意；如果你是处长，应该站在空军政治工作部或空军首长的高度来出主意；如果你是局长，应该站在空军首长或上级首长的高度来出主意。当然，这里指的是一般情况，相对而言的。如果你知识才能特别优秀，站在高三至四级的高度出主意，也未尝不可，应予鼓励；刚当机关干部，在"入门"阶段的，站在高一级出主意，也情有可原。

为什么站到高自己两三个职级出主意是适宜的高度？其他高度就不大具有普遍性呢？我认为：

一是了解该层面相关情况。了解出主意所涉及范畴的基本情况，是出好主意的重要前提。否则就是无源之水，出的主意很容易想当然、犯主观主义的错误。一个机关干部经过个人努力和积累，是可以基本了解掌握高自己两三个职级的领导干部在相关领域掌握的基本情况的。如作为空政宣传局一名资历比较深的干事，是能大体掌握宣传局处长、局长甚至政治工作部领导所了解的空军宣传领域基本情况的。因而站到这些职级出主意是能够胸中有数，较有把握的。

二是知悉该层面谋略需求。领导有哪些谋略需求，是出主意的导向和动力。只有了解这一层面领导的谋略需求，才能出对、出好主意。否则出的主意很可能无的放矢、劳而无功。一个机关干部对高自己两三个职级领导干部平时关心什么、当前需要什么样的点子，也是比较清楚的，因而出主意就容易对得上号、引起足够重视、发挥应有功效。

三是接近该层面研判水平。只有接近该职级领导干部的分析研究、判断决策水平，才能保证所出主意的科学性。一个机关干部对高自己两三个职级领导干部的研判水平，在耳闻目睹中是可以逐渐悟到位，基本学到手的，因而高站两三级来出主意，既有必要也有可能。综上所述：

机关干部出主意的站位高低决定主意高低。

如果只站在本职级的高度，你出的主意只能是一般水平；

如果站在高一两级或两三级的高度，你出的主意就可能是优秀水平；

如果你的知识能力能够支撑你站到更高的职级高度，善于用世界眼光看问题、用战略思维出主意，那你就是有雄才大略的"高参"。

（二）掌握大智慧才能登高望远出好主意

人的成才，从某种意义上讲，跟他的思想深度是成正比的。

思想就是学习加深思的结果。你站到了应有的制高点，还不等于你能出大主意。你还必须通过学习加深思，掌握大智慧。只有你有了"望远镜"、掌握"X光机"，你才有了高于、远于、强于常人的眼光，才能既登高又望远，判明大趋势、出好大主意。

李嘉诚先生说："知识最大的作用是可以磨砺眼光。"

眼光比实干重要，方向比速度重要，智慧比吃苦重要，素质比关系重要，拥有远见比拥有资产重要。

在信息化条件下，战争呈现出战略级筹划、战术级行动的特点，战略与战术的界面日益模糊，这对军队各级机关人员掌握大智慧的要求更高了。在阿富汗战争中，一名美军特种兵骑在马背上，就可以用全球定位系统和激光指示器，通过卫星通信系统引导 B-52 战略轰炸机对要害目标进行精确攻击，使士兵的行动也具有了战略意义。在信息化条件下，一次小规模的战术行动，都有可能动用空天和海上力量；任何一个局部、一个阶段，对全局都有比以往更强的关联性，解决局部问题都需要从全局的高度去考虑，否则就可能产生被动的不利局面。作为领导机关的人员，所从事的工作不仅具体，而且程度不同地具有全局性、方向性。正如叶剑英元帅曾指出的，大至全国、全区性的作战计划，小至一人一马、一枪一弹……而每一项具体业务工作又同整个工作、同各领导部门的工作有着有机的联系。机关人员一个高质量的建议，平时可能对部队建设产生重大影响，战时则可能关系到一次作战甚至整个战局的成败。

机关干部怎样才能既登高望远，又出好主意呢？应努力练就以下眼光：

1. 敏锐的政治眼光

1958 年 5 月 23 日，毛泽东在中共八大二次会议上说过这样一段话："大风好辨别，小风就难辨别，领导干部要特别注意这种小风。宋玉写了一篇《风赋》，'夫风生于地，起于青苹之末。侵淫溪谷，盛怒于土囊之口'……问题是这个风'起于青苹之末'的时候最不容易辨别。"（毛泽东 1958 年 5 月 23 日在中共八大二次会议上的讲话记录）毛泽东讲这段话就是启发各级领导干部，要在一个事物尚处于萌芽之时，就能认清它的本质，如果在事物尚处于"生于地，起于青苹之末"之时，就能够正确判断并加以引导，那么我们的工作就会变得主动；如果是在事物处于"侵淫溪谷"之时认识到，则亡羊补牢，为时尚不晚；如果事物已经处于"盛怒于土囊之口"的阶段了，即使我们全力纠正，也往往力不从心、无济于事，那样我们的工作就会陷入被动。

锤炼敏锐的政治眼光非一日之功。首先，要真学真信真用马列主义，真学真信真用中国特色社会主义理论体系。其次，必须有强烈的讲政治观念。作为军队机关干部，一定要认清从战略的角度讲，军事与政治是密不可分的，有些军事问题就是政治问题。解放战争时期，我军在与国民党军队的反复较量中，既打军事仗，又打政治仗。新中国成立后，从抗美援朝到炮击金门等，我军与对方既有军事对抗，又有政治对抗，有时打政治仗比打军事仗更棘手，经受的考验更严峻。在新的历史条件下，无论是军事斗争准备，还是未来信息化条件下的作战，都需要把政治作为指导军事的灵魂，把讲政治作为做好一切工作的生命线。**机关干部政治上坚定可以概括为"六有"：有正确的政治方向，有坚定的政治立场，有鲜明的政治观点，有严格的政治纪律，有很强的政治鉴别力，有高度的政治敏锐性。**其中最重要的是保证党对军队的绝对领导。

2. 宽广的世界眼光

具备了世界眼光，充分考虑世界政治格局、周边环境和国家利益，对重大问题往往能作出高人一筹的战略判断。

1950年朝鲜战争爆发后，朝鲜人民军仅用2个月时间，就把李承晚军队赶到朝鲜半岛东南角洛东江一带。这时，苏联和朝鲜领导人对形势估计很乐观，预料全面胜利在即。而毛主席、周总理则对形势估计比较冷静，指示越在这个时候越要预防不测。当时，任周总理军事秘书、总参作战室主任的雷英夫，在组织作战室参谋们研究朝鲜战争状况时认为，美军不会甘心失败，很可能动用驻日本的两个师（战略预备队）在朝鲜半岛蜂腰部仁川港突然登陆，拦腰切断朝鲜人民军前后方联系，企图改变朝鲜战局。雷英夫把这个判断报告了周总理，说美国有很大的战略企图。周总理听后感到这个看法非常重要，马上带着他一块儿去见毛主席。毛主席听完汇报连说有道理。雷英夫又进一步指出，美国人要登陆，有三个涨潮时间可利用。一是9月15日，二是10月11日，三是11月3日。相比较，9月15日的可能性最大，因为这天有两次涨潮时间，美国人等的时间不可能太久。毛主席听后马上指示，立即通知情报部门，密切注意美、英、日的动向；立即把这些情况和看法通报斯大林和金日成。后来的情况证实了雷英夫的判断。毛主席曾高兴地对大家说，我们的参谋能预测出麦克阿瑟仁川登陆，而且是那么的准确，这可以说在军事历史上都是不多见的。我们的参谋是大有作为的，我们的参谋懂政治，懂战略。

雷英夫当时作出的正确判断，主要靠的是放眼全球的战略眼光，靠的是对国际形势特别是美国军事战略的准确判断。作为机关干部，应把整个世界作为思考问题的坐标，关注国际战略格局的变化，关注世界热点问题的发展，关注大国之间关系的调整，关注我国周边安全环境的态势，关注世界新军事变革的趋势等，才能出好大主意。

3. 辩证的哲学眼光

叶剑英1941年任军委参谋长时，谈到参谋人员的修养，他首先强调，要"把唯物辩证法正确地运用在军事领域，作为判断情况、定下决心、指导战争的唯一法宝"，要"根据各种不同的情况，用唯物辩证法的观点，深思熟虑，作深刻的分析研究与判断，以得出一个正确的结论"(《叶剑英军事文选》)。这是辩证思维的成果，是哲学眼光的结晶。

现代思维科学把人的思维能力主要分为四种：线性思维能力、理性思维能力、创新思维能力、战略思维能力。这些思维能力，从本质上说，都是建立在辩证思维基础上的。

作为机关干部，应切实掌握唯物辩证的思想方法和工作方法，学会用全面、变化、发展的眼光筹划和指导工作，努力使我们的头脑多点客观性，少点主观性；多点全面性，少点片面性；多点深刻性，少点表面性；多点科学性，少点绝对性。

4. 睿智的战略眼光

战略眼光，简单地说就是具有前瞻性、面向未来的眼光，是对未来发展趋势、不确定因素以及结果的预见和把握，是站在高处对重大事项进行根本性、关键性、长远性的观察和思考。它蕴含着从全局的、长远的、战略的高度来分析问题和解决问题的能力；从大处着眼、小处着手、以远看近、运筹帷幄的能力；善于抓主要矛盾，驾驭复杂局面，解决重大问题的能力。

机关干部要走出一个误区,即把自己只看作是干具体事的,领导叫干啥就干啥,"不在其位,不谋其政",大的方面不必操那么多的心,这种理解是狭隘的。当年诸葛亮是个农夫,朱升是个儒生,但他们对天下局势极为关注,了如指掌,正因为如此,才成为名留青史的战略家。

进入新世纪新阶段,空军党委鲜明地提出机关工作要做到"三个面向":要面向未来,着眼世界空天领域军事变革趋势,科学筹划好空军发展;要面向战场,围绕履行使命任务,扎实推进各项军事斗争准备;要面向部队,立足部队全面建设,设身处地满腔热情地为部队为基层服务。这些,都是机关干部出主意应站的高度、应把握大智慧的具体化要求。

总之,机关干部将登高望远的大智慧真正掌握了,融会贯通了,你的主意就不会短视、近视,不会散光、模糊,就能透过现象,看到本质;"虑"在当前,"谋"到长远;就能在被党委、领导采纳推广中实现"出主意"应有的价值。

综上所述,或许可以列出"**出主意要诀之二**",这就是:

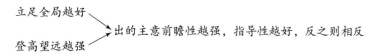

三、出主意贴谋略需求越紧越管用

(一)谋略需求是出主意的出发点

主意,在某种意义上说,就是产品。产品必须符合市场需求,同样道理,主意必须契合谋略需求。

机关干部出主意的出发点在哪里呢？不外乎三个方面：

一个是履行工作职能需要出主意，在其位，谋其政，职责使然，这是出主意的职能出发点。每逢总结布置工作、研究如何贯彻上级指示、在讨论会上发表建议、起草指导性文件等，都需要机关干部按照职能分工，出主意、想办法、拟措施。这是最常见的出主意出发点。

另一个是个人对某项工作某个领域很有兴趣，广泛收集素材，作深入研究，主动提出新的意见建议，这是出主意的兴趣出发点。这种主意，个人兴趣爱好占主导地位，常常越出了职能分工。现在的年轻人形容某人是"××发烧友"，即在某方面有特殊爱好，掌握的知识和技能，不是专业人士但有时胜于专业人士，也是这种类型的表现。出这种类型的主意，是由于热爱，是下了长功夫、苦功夫、细功夫的，往往钻得很深，有独到见解。

再一个是党委、领导和上级机关对某个领域某方面工作高度关注，对如何认识、如何解决，有很强的现实需求或长远的潜在需求，机关干部围绕、贴近、对准谋略需求出主意，这是出主意的需求出发点。

党委、领导和上级机关关注的一般都是重大问题、根本问题。机关干部出主意，始终坚持把党委、领导和上级机关的谋略需求，摆在最重要、最基本、最紧迫的出发点上，那么，你的关注点就与党委、领导和上级机关的关注点高度一致起来了，你就准确把握了出主意的第一前提、第一要务，就从根本上保证了点子办法契合现实的或潜在的谋略需求。无论是研究课题、起草文件，还是部署工作、执行任务，你就能出"新"主意、出"准"主意、出"好"主意，采纳比例就会很高，付诸实践的成果也会好。

机关干部如果只是围绕职能出主意，那么职能是相对固定有局限的，而需求是动态变化开放的，跟不上新变化是常事；如果凭着兴趣出主意，那是有爱好才出谋，而不是有需求才献策，个人兴趣和全局性谋略需求往往难于一致。很显然，在这两种出发点下，出的主意很可能一部分是符合党委、领导和上级机关当前或长远谋略需求的，一部分则不大吻合或离得较远，因而出的主意被采纳率和价值都会打折扣，难以进入党委、首长的决策，你就有可能走弯路，白忙活，劳而无功，甚至会耽误大事。

2009年年底，空军政治部领导陪同总政治部首长到空军工程大学检查调研学习实践科学发展观情况，其间，军委首长还要在西安召开座谈会听取我们大学汇报学习实践活动体会和下一步建议。我牵头撰写汇报材料。在起草过程中，深深体会到出主意如果与谋略需求对不上，那机关干部是挺受磨难的。我们一开始是按照自己理解写的。因为上级的电话通知很简单，就是要求汇报前阶段学习实践情况，并提出下阶段意见建议。我们就将大学第一阶段学习实践科学发展观好的做法精华部分，概括提炼了四条，从观点的推敲，到事实的引证等都下了很大的功夫；建议部分简明扼要讲了几条。此稿在空政领导审阅时被"枪毙"了。我们就将前面汇报部分作压缩，下一步建议部分加厚，又写了第二稿，但还是被否了。这个对我来说压力是比较大的，因为在机关这么多年，牵头写重要材料，一稿通过的比例是比较高的，偶然出一些情况，第二稿也就过了。后来，我们仔仔细细地推敲空政领导给我们交代的意图，反复领悟军委、总部首长来调研的主要目的，找谋略需求和大学实际的契合点。我们画了个逻辑图，将军委、总政和空政首长最关心的问题，以及我们大学学习实践科学发展观的实际情况，分别画成两个圈并将它们重叠一下，相同的重叠部分，就是上级最关注也是我们应汇报的重点所在，不重叠的部分是上级不关注的应予忽略。这样一来，我们就豁然开朗了，对材料路子作了大调整。第三稿对上级首长只是一般关注的第一批学习实践活动主要做法及取得的成效，作了高度概括和浓缩，砍去四分之三，即便是一些提炼很到位的"亮点"，也毫不犹豫地删掉了。对上级首长最为关注的下一步怎么办，则作了大幅度的扩充。一是将院校第一批参加学习实践科学发展观活动的单位和人员，与即将展开的第二批单位和人员的情况作了比较全面的剖析比较，归纳了六个不同特点；二是紧扣六个特点，对如何增强第二批学习实践活动实效作了充分展开，提出了针对性、创新性、操作性都比较强，在面上也有借鉴指导意义的四条具体建议。这一稿，契合了军委、总部和空政首长的谋略需求，发挥了出主意的应有作用。汇报后反响很好，还被上级机关推荐为汇报稿的范文。显然，前两稿被推翻，问题就出在谋略需求没有把握准；第三稿被充分肯定，成功就在谋略需求对上了号。

（二）准确领会意图才能把握准谋略需求

意图，即基本思想，包括主要观点、意向、办法和要求。领导意图，是指领导在布置工作、下达任务、发出指令时的本意或精神实质，希望达到的某种目的或标准。

机关干部是领导的"耳目"和"外脑"，是协助领导做决策的，不是代替领导做决策的。对领导意图理解对了，出主意才会贴谱、上道、顺劲、管用，完成工作就如顺水推舟；意图理解错了，就一错百错，步步被动，满盘皆输。因而把领导意图理解准、领会透，是机关干部把握准谋略需求的首要前提，也是出好主意必备的基本素质。

实际工作中，常看到有的机关人员提出的意见建议，或对领导意图理解不深、把握不全，与领导本意相差甚远；或照搬照套，机械承办，没有自己的创造性；或只琢磨人，不琢磨事，看领导脸色办事，有明显不妥也耍滑头不给领导提出来；更有个别的自以为是、自作聪明，把领导意图搁在一边，自己想怎么干就怎么干。有时机关提的建议、草拟的文件，一遍又一遍被打回来，其中大多数不是文字问题，而是不吻合领导意图；其中的文字问题，也跟没有正确领会和表达领导意图有关。

为更好地领会领导意图，让我们对领导干部意图来源、交代方式、内容等作些具体分析：

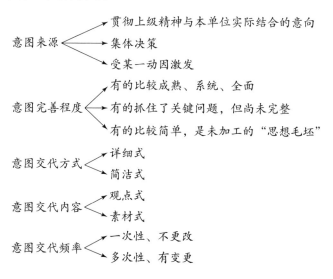

针对以上分析，机关干部要重视做到：

1. 领会领导意图务求"准"

从领会领导意图来说，"准"左右和决定其他一切。据说，当年，"东北王"张作霖在一次宴会后给日本人书写条幅，落款为"张作霖手黑"，秘书提醒应为"手墨"。张作霖听罢大加训斥：我难道不知道"墨"字下面有个"土"？事后他解释说，正是因为日本人索字，才不能带土，这叫"寸土不让"！原来张作霖是选择一种暗示性方法来表达真实意图，秘书不懂其中的奥妙，理解不了真实意图而出丑了。在机关工作，有时领导的意图表达得一清二楚，理解贯彻比较容易。有时领导的意图表达很简单，说几句话，或者给某种暗示。这种情况下如果你似懂非懂，也不多想和做必要的核准，凭想当然办事，就很可能与领导的要求南辕北辙，造成工作被动或损失。

求"准"，不外乎以下六种方法：

（1）**主动询问中"掌握"**。机关干部要经常站在领导角度，主动地思考、琢磨与领导工作有关的各种问题，时刻处于有所准备的状态之中。遇到重大任务、重要情况或受领某项工作任务前，更要审时度势，投石问路，适时地向领导请示、询问，了解领导的考虑和想法，尽量争取掌握在前，谋划在先，心中有数，争取主动。

（2）**聆听意图中"领悟"**。听取交代意图，务必做到集中精力"听"、随手疾速"记"、不明大胆"问"、有疑及时"释"、遗漏妥善"补"。领导在交代意图时可能说了很多，但要点是什么，核心在哪里，这才是最重要的。如果眉毛胡子一把抓，录音机式地原样复制，就可能舍本逐末，把主要的当成次要的，把次要的当成主要的，这是领会领导意图的大忌。特别是刚到新单位的年轻机关干部，没有真正明白领导意图，一定要善问敢问。切忌因为怕给领导留下不佳印象而不敢提问。尤其是不能无把握地回复领导"明白了"，个别情况下领导可能出现口误，有疑问时要善于提问补正。否则可能因小失大，造成执行过程中失误。

（3）平时言谈中"捕捉"。领导干部对重大问题的深刻思考、指导工作的真知灼见、新颖独到的闪光思想、入木三分的深刻评判、凝聚睿智的奇招妙策等，有时并不是在办公室、会议室或集会等正式场合讲述的，往往是在散步、闲谈、即席讲话等非正式场合，不经意间"蹦"出来的。这些都是领导意图的重要组成部分，而且某种意义上是更直白、更鲜明、更准确的领导意图，也是机关干部出好主意必须领会把握好的谋略需求的重要组成部分。有经验的机关干部都很重视用多种方式，原汁原味地捕捉领导干部不经意间露出的这些睿智妙思，及时记录领导那些看似零碎言语中的思想火花，并将这些新思想、新观点，吸收转化为自己出主意的源头、依据、出发点和落脚点。也只有将领导在正式场合、非正式场合表达的意图都捕捉到了，才称得上是善于全面领会领导意图、全面把握谋略需求。

（4）日常行为中"发掘"。行为是思想的客观反映，领导的意图、好恶，必然会通过一定的行为方式表现出来。因此，对领导不仅要善于"听其言"，还要善于"观其行"，注意从领导的行为表现中发现其深邃的思想、独特的主张和潜在的意向。从一定意义上讲，善不善于"察言观色"，体现了一个机关干部思维反应的快慢和工作经验的多寡。

（5）**阅文批示中"揣摩"**。领导亲自撰写的文稿，阅读各种文件、报刊的重要批示，以及对下级人员草拟材料提出的修改意见等，是领导对某一问题的思考和看法的直接反映。机关干部要系统收集、仔细研究这些批文批示内容，从中把握领导的思想脉络，洞察领导的基本意图、判明领导的观念变化。

（6）**综合分析中"深化"**。领导意图是个完整的统一的整体。不但要用以上五种方式，从不同的侧面和角度了解掌握领导当前意图，而且要进一步收集研究领导人在不同时期和场合对同一问题的有关见解，看有哪些不同和相同的地方，有哪些内在的联系，用发展的观点把握领导的意图。要知道，领导对某些问题的看法也是在不断变化的，机关干部应该了解这种变化，知道变化的原因，从中研究领导思想变化的轨迹，找出其中的规律。如果用孤立的、静止的观点去领会领导的意图，容易出现理解上的片面性。只有对领导在不同阶段、场合、时机反映出的思想观点汇总串联，连贯分析，全面梳理，才能深化认识和不断提高领会意图的准确性、全面性，出主意才能高人一等，富有远见。

2. 适应领导思维务求"同"

"谋贵众，断贵独。"辛弃疾这句话的意思，是指在谋划的过程中广泛听取意见，真正决断的时候，要靠领导独自的眼光，独到的思考，独特的决断。所以"将之智要超常，见胜不过众人之所知，非善之善也。"只能看到想到一般人所见所想，不是高明的领导。领导的智慧、思维往往是超常的，机关干部必须有适应领导思维的

"同"。否则，就巩固和升华不了准确领会意图的成果，就难出好主意。怎样与领导思维"同频共振"？

一要努力做到与领导同一时段思考重大问题。有所超前则更好，防止领导提问时你毫无思想准备、领导谈关注的问题时你压根没有想过，出现思维不合拍、慢几步，甚至"风马牛不相及"的被动现象。

二要努力做到与领导同一站位思考忧难问题。只有站得高度一致，你才能设身处地更深刻地理解领导所思所忧所急，才能更好地跳出部门利益、局部利益的束缚，出准出好主意。

3. 把握领导关注务求"对"

有人形象地比喻：机关干部想当领导的好助手，需要"三加两减"，即加亮领导的眼，加强领导的脑，加长领导的手；减少领导的工作强度，减少领导的工作误差。要做到这"三加两减"，首要前提是对领导最关心、最重视的工作理得清，把握对。

领导关注的大事、急事、新事、疑事，都是谋略需求所在。党和国家出台大政方针，上级下发重要指示，本单位实施重大工作，都可以使领导萌发新思想、产生新意图。机关干部要连续掌握、过细掌握，弄清来龙去脉，前因后果。对重大而复杂问题更要多问几个"为什么"，多联系背景条件进行综合分析，防止领会意图"阴差阳错"。

正确领会和贯彻领导意图是一个动态过程，一旦付诸实践，还要搞好跟踪调查，经常向领导反映执行的进程、成效和经验，尤其对暴露出来的问题和不足，要迅速反馈，便于领导及时了解情况，对意图作必要的修正完善。实践证明，贯彻中有时雷声大、雨点小，出现领导意图走样，甚至落空的情况，不少与机关跟踪调查不够，信息反馈不及时有关。

领会贯彻领导意图还要注意处理好"意会"与"言传"的关系。据《韩非子·说难》记载：昔者郑武公欲伐胡，故先以其女妻胡君以娱其意。因问于群臣："吾欲用兵，谁可伐者？"大夫关思其对曰："胡可伐。"武公怒而戮之，曰："胡，兄弟之国也。子言伐之，何也？"胡君闻之，以郑为亲己，遂不备郑。郑人袭胡，取之。实际上，大夫关思其对郑武公的真实意图是很清楚的，问题就出在他不该当着群臣的面，把郑武公的本意点破。所以，《韩非子·说难》中说："非知之难也，处知则难也。"也就是说了解事情真相有困难，而正确处理了解到的事情也很困难。机关干部有时也会碰到类似比较敏感的只可"意会"，不宜"言传"的特殊情况，要慎之又慎，不该"言传"的切勿卖弄小聪明作"点破"。要在"意会"的基础上，把领导"大智若愚"的真实意图贯彻到实际工作中，并及时让领导知道处理过程和结果。

4. 适应领导个性务求"活"

领导干部一般都有自己的个性，有的还比较鲜明。领导向机关干部交代意图、表达思想，往往掺和着个性因素。机关干部学会了正确把握和灵活适应领导干部的个性，那么，领会意图就会又准又快，参谋、助手作用就会倍增；反之，很容易损伤或削弱贯彻领导意图的准确性和严密性。

比如，领导干部个性稳的，机关干部领会意图要细嚼慢咽，反复琢磨，十拿九稳后再出谋划策，切忌囫囵吞枣、仓促应对；领导干部个性快的，机关干部领会意图要快速反应，当机立断，干脆利落地出谋划策，切忌磨磨蹭蹭慢半拍；领导干部个性细的，机关干部领会意图要早集资料、经得起问，滴水不漏地出谋划策，切忌"大概""也许"粗线条；领导干部脾气大的，机关干部领会意图要冷静分析，荣辱不惊，剔除气话，理解真意，不急不偏地出谋划策，切忌火上浇油失分寸。

综上所述，或许可以列出"**出主意要诀之三**"，这就是：

> 谋略需求越大
> 领会意图越准 → 出的主意针对性越好，成功率越高，反之则相反

四、确保领导"见事早、得计早"

（一）能否助领导"见事早、得计早"关系事业成败

自古以来，领导"见事早、得计早"，对事业成败起决定性作用。

毛泽东在 1959 年 3 月的郑州会议上，曾比较三国时期几个主要领导集团核心人物在"见事早、得计早"上的差别。他认为曹操见事早、得计早，最厉害；刘备也很厉害，却稍逊一筹，事情出来了，不能一眼看出就抓到，慢一点；袁绍则根本就是见事迟，得计迟，属不称职的领导。为了更具体地说明这个问题，毛泽东还举了蒋介石在辽沈战役中的一个例子。他说："蒋介石就是见事迟，得计迟。形势已经出来了，他还没有看见，等看见了又不好得计。比

如辽沈战役时他对卫立煌的部队，总是犹豫不决，最后才下决心，强迫他经热河撤到北京。如果早一点，我们围攻锦州的炮一响就让他马上走，我们就没有办法，只能切他一个尾巴。如果在我们还没有打锦州时，就把沈阳、锦州统统放弃，集中于平津，跟傅作义搞在一起，我们也不太好办。"（陈晋主编，《毛泽东读书笔记精讲》第4卷）这虽然是毛泽东多年后评点，确也符合辽沈战役的战场实际，指出了国共双方统帅部的"见事""得计"快慢之别及其决定性的影响。

封建社会"飞鸟尽，良弓藏；狡兔死，走狗烹"的严酷史实，告诫有功之臣见事须早、见好须收。历史上比较出色的是西汉张良，辅助刘邦夺天下后，主动隐退，乐享晚年。还有范蠡，扶助越王灭吴后，明智地携西施美人泛舟太湖，后来做生意，富甲一方。再就是曾国藩，灭了太平天国后，自行解散湘军回乡，当时手下一员大将进谏："曾大人，英雄不可自剪羽翼！"但曾国藩未予理睬，仍坚持"英雄自剪羽翼"。这些豪杰"见事早、得计早"的大智大勇，留下了青史佳话。

没有预见就没有领导，没有见事早、得计早就没有成功。怎样做到有预见、"见事早、得计早"呢？

首先是领导一定要"从谏如流"。按毛泽东的说法，要"多召集几个会议商量，然后才能有断，所断便是善断"。在1962年1月的七千人大会上，他称刘邦是"从谏如流"的典型，反观项羽，"他那里有个范增，给他出过些主意，可是项羽不听范增的话"，因此，"刘邦胜了，项羽败了，不是偶然的"。毛泽东还详细讲了刘邦纳谏善断的几件事情：一个是听张良劝说，封举足轻重的韩信为齐王；再一个是楚汉划界鸿沟后，听张良、陈平之劝，乘胜追击引兵东向的项羽；还一个是刘邦称帝后，欲建都洛阳，听齐人刘敬建议，入都关中长安。这些见事早、得计早的主意，都是刘邦周围谋士提出来的，他能及时采纳。更重要的是，在关键时刻总有人给他献计，改变他的想法，使他或绝处逢生，或转败为胜。

再是部属要敢于、善于行使参谋权。抗美援朝第五次战役发起前，面对彭德怀司令员的"不高兴"，志愿军副司令员洪学智仍报告说：老总，当参谋的有三次建议权，我已经使用过两次了，我现在再向你提一次，最后由你决定。他在不同时机向彭老总先后三次力谏，不要盲目"打出去"，而要大胆"放进来"。几年后，彭老总反思此役的失利，恳切地说：洪学智的意见是对的。战争年代普遍实行的"参谋有连续三次建议权"，说明参谋人员的建议非同小可，同时也反映出参谋人员必须具备很高的能力素质，才能出大主意、好主意。粟裕大将曾说：参谋人员不但要懂得军事，而且要懂得社会、政治、经济、文化等各种力量的动员、配合、调节。毛泽东指出：要多谋，少谋是不行的。他又强调：特别是对外斗争，得计迟是很危险的。

无数事实证明，见事早、得计早的谋断力，总是在总结实践经验，包括失误教训中积累和增长起来的。参谋在关键时刻能正确行使"三次建议权"，往往来自"三十次"甚至"三百次"的实践锤炼和总结。尤其是在信息化战争中，政治、经济、军事、外交等因素相互交织，作战力量多元，作战方式多样，战场态势瞬息万变，参谋人员更需要努力提高思维层次、谋略水平和决断能力，才能在关键时刻确保领导"见事早、得计早"，真正当好领导的"智囊"、助手。

（二）"当其时一语千金，过其时一文不值"

"主意"有一个非常重要的属性，就是它的时效性。"当其时一语千金，过其时一文不值"。在一定的时段内，让领导"见事早、得计早"，就是好主意、金点子；离开了特定的时段，就可能成了马后炮、歪点子。因此，及时是金。必须把握好及时性，才能实现主意效能的最佳化、最大化。

作为领导机关的干部，一定要想领导所急，谋大局所需。尤其在处理大政方针贯彻落实、突发性重大事件和紧急疑难问题时，上上下下都盯着机关这个指挥中枢，机关干部必须雷厉风行、争分夺秒，及时拿出"锦囊妙计"。千万不能拖沓、优柔寡断。

现代战争中，信息呈海量增长趋势，信息获取和处理的内涵、外延、要求均发生了革命性变化。海湾战争中，战场情报信息流通量，比全欧洲40年的通信量还要多。作战高峰期，美军在战区的情报信息传输网络，一天要处理70多万次的通话和15多万次的电文。在"沙漠风暴"行动地面战的头30个小时，其第一陆战远征部队的指挥机构，就接到130万份电子文电。美军"发现目标——提供指挥官判断决策——实施打击"的时间，在海湾战争中为2小时，在科索沃战争中为40分钟，在伊拉克战争中缩短为6分钟。

未来战争中信息化程度更高，战场是名副其实的"瞬息万变"，参谋人员承担的工作量呈几何级数增加。因而必须更加注重出主意的"当其时"。不仅要科学预测，一叶知秋，见人之未见，知人之未悟，而且要力求在最短的时间、以最快的速度完成建议的形成、指令的下达和情况的反馈。尤其是在空中、海上、机动等特殊环境下，能够运用现代通信工具和信息平台，采取图像、文字、数字等载体快速上传下达。即使参谋人员"远在天边"，指挥员和部队也会感到"近在眼前"；即使离真正战场"千里之外"，指挥员和部队也会看到"战况直播"。这样的主意及时性才好，含金量才高。

1967年中东战争中，以色列夺取了大片阿拉伯土地，尤其是占领了位于亚、非、欧三大洲交汇的唯一陆地要津——埃及西奈半岛。为了长期守住这一战略要地，以色列不惜动用大量的人力、物力和财力，先后耗资数亿美元，在苏伊士运河东岸，构筑起正面宽约175千米、纵深长约10千米的防御体系。在这个防御体系中，最令以军骄傲的是在运河边上构筑起的一条沙堤阵地。这条号称"沙阵"的防御阵地是以色列人的一大发明。它与陡峭的运河连成一体，平均高度约25米，重点防御地段高60多米。防线建成后，以色列国防部部长达扬在参谋长巴列夫陪同下亲自前来视察。巴列夫介绍这条防线功效，说它没有半点纰漏。达扬听后十分高兴，特别是对神奇的"沙阵"，更是赞不绝口，当场就把这条防线命名为"巴列夫防线"。埃及人要复仇夺回西奈半岛，就必须找到攻克该防线的办法，其中最关键的是要攻破"沙阵"。为此，埃军设想出挖洞爆破的办法，即让渡河的工兵在沙坡上挖出数个大洞，填入、引爆炸药，打开缺口。但实验表明，沙是流动的，很难挖出洞来。况且开辟一条通道，需要清除将近1500立方米的沙土，而每次挖洞爆破掀走的沙土量不超过300立方米，这是远远不够的。如果借助于人工或推土机，大约需要60人和1台推土机连续工作6个小时，才能打开一个通道。在战火纷飞的战场上，这显然是极为不利的。一时之间，众多埃军高级将领面对以军的"沙阵"束手无策。

1971年6月，埃军一名年轻的工程兵直接向埃军高层指挥官提出了"以水克沙"的建议，即使用高压水龙喷射沙堤来打开缺口。实验表明，高压喷射一立方米的河水，就能冲掉一立方米的沙土；苏伊士运河内有的是水，如果大量使用高压水龙，则可以在短时间内打开数十道以军的防御阵地缺口。埃军指挥官大喜过望，马上从英国和德国秘密进口了450台最先进的高压水泵。

1973年10月6日，埃军向以军发动突然袭击。当天下午，经过一番猛烈的炮火准备，8000名埃军突击队员乘坐橡皮艇和水陆两用车迅速渡过了二三百米宽的苏伊士运河。靠岸后，一部分突击队员就使用高压水泵，集中"水力"向以军的"沙阵"射击。顿时，"沙阵"化为"泥阵"，以军阵地上泥沙滚滚。很快开辟出了60多条通道。接着，埃军后续部队沿着开辟的通道，发起猛攻。以军无力抵抗，节节败退。

以色列人是怎么也想不到有这么一个好招数能轻而易举地突破这个天险。埃军的渡河作战持续不到24小时，仅伤亡208人，就彻底摧毁了以军用两个旅兵力把守的"巴列夫防线"，使以军参谋长巴列夫连同他的"巴列夫防线"一同成为后人的笑料。这一胜仗，很大程度上得益于那个埃军"小参谋""当其时一语千金"，使领导"见事早、得计早"，因而立了奇功。当然，这里还有个敢于出主意的问题。如果我们机关干部出主意时有心理障碍，怕这个点子出了后，领导不采纳怎么办，瞻前顾后，迟迟不敢提，那么平时就会延误机遇，战时就会贻误战机。

综上所述，或许可以列出**"出主意要诀之四"**，这就是：

让领导见事越早
当其时出谋越快 → 出的主意及时性越好，采纳率越高，反之则相反

五、始终围绕谋大事解难题出主意

（一）只有全局在胸，才能下出一盘好棋

着眼全局，就是站在全局高度俯瞰和运筹一切。毛泽东指出："没有全局在胸，是不会真的投下一着好棋子的。"（毛泽东，《中国革命战争的战略问题》）

机关干部全局在胸是水平高的重要标志。他们看问题时，不局限于本单位、本部门、本系统，而是清醒地判明了自身在大系统中的恰当位置，自觉地思考大局、融入大局、顾全大局。思考大局，就是把握大局形成的背景，大局既定的宗旨，努力做到站高一步、看远一点、想深一些；融入大局，就是让分管的工作、正在做的事情，成为大局的一部分，形成有机协调的整体；顾全大局，就是正确处理好局部利益和全局利益、当前发展和长远发展的关系，当大局利益与局部利益、个人利益发生冲突时，无条件地服从大局利益，甘于牺牲局部和个人的利益。

机关干部全局在胸才能大气在身。何为大气，就是高瞻远瞩中的视野，遵循规律中的厚重，博古通今中的睿智，运筹帷幄中的自信，恪尽职守中的本分，成才成功中的低调，喧哗浮躁中的沉静，险象环生中的镇定，风云变幻中的坚守，圆滑世俗中的质朴，虚假飘忽中的真实，不计得失中的胸襟，知错即改中的担当，扬清涤浊中的品格，光明磊落中的情操，宽容大度中的气量，随遇而安中的淡定，笑侃世故中的幽默，游刃有余中的从容，看破名利中的洒脱……

机关干部全局在胸的根本目的是谋大事。就是一切着眼全局，出事关重大、涉及面广、有效期长的治本之策，而不是零零碎碎、小打小闹、仅适用于小范围的权宜之计。机关干部要想提高出主意的水平和层次，不但要克服"职小位卑、人微言轻"的自卑感，勇于出大主意；还应自觉恪守党性原则，坚决不做那种贪一时之利而不谋长远之利，贪一方之利而不谋全局之利，贪一己之利而不谋集体之利的人。那种人不能成就大事，早晚会被历史潮流淘汰、人民群众唾弃的。

机关干部全局在胸要紧贴中心工作出谋划策。"源之不远，流之不长；源之不丰，流之不活。"中心工作是全局地位最重要、党委领导最关注、投入精力最多的经常性重要工作。一个单位中心工作的好与差，直接关系到其科学发展、全面建设的好与差。一要强化整体意识。中心工作就像一个大型生产线，机关无论哪一项业务工作，都像是大型生产线的一个部件，是完成中心工作不可缺少的一部分。每个机关干部都要紧紧围绕中心工作开展业务工作，特别是对党委、领导统一组织的抓中心工作的各项活动，要主动参与，从而更多地取得围绕中心工作出谋划策的发言权。二要强化保障意识。司令部、政治部（处）、后勤部（处）、装备部（处）都是党委的办事机关，而党委的主要精力又聚焦于中心工作，因而各级机关干部都要把服务保障的注意力聚焦到中心工作上，为中心工作的顺利开展和圆满完成出好主意、创造条件、排忧解难。三要强化服从意识。对于机关各部门的业务工作来说，从横向看有其相对的独立性，从纵向看有上下级机关之间的条块联系，完成每一项工作任务都需要人力、财力、物力和时间。因而机关的各项业务工作与中心工作在一定程度上存在着局部与整体的矛盾。这就需要机关各部门本着业务工作服从中心工作的原则，做好结合、融合，必要时为中心工作让路、为中心工作奉献。

（二）捉住了这个主要矛盾，一切问题就迎刃而解了

出主意，往往面临一堆堆矛盾，交织在一块，不知如何下手才能剖开纠结，解决问题。

毛泽东在《矛盾论》一文中指出，"任何过程如果有多数矛盾存在的话，其中必定有一种是主要的，起着领导的、决定的作用，其他则处于次要和服从的地位。因此，研究任何过程，如果是存在着两个以上矛盾的复杂过程的话，就要用全力找出它的主要矛盾。捉住了这个主要矛盾，一切问题就迎刃而解了。"（《毛泽东选集》第1卷）那么，如何捉住主要矛盾、出好主意呢？

首先，要准确地判明主要矛盾。这需要深入收集素材，仔细地分析研究。因为主要矛盾存在于一定的时空中，判明主要矛盾离不开对某一事物所处的空间范围和发展阶段的具体分析。而且，在不同的事物和事物的不同发展阶段中，主要矛盾是有所变化不相同的。如先进单位与后进单位、老部队与新组建部队、作战分队与保障分队、部队与院校等，在全面建设、科学发展中都各有其主要矛盾。而且在其发展进程中，旧的主要矛盾被新的主要矛盾所取代也是常有的。因此，在判明主要矛盾时，要对事物所处的空间、环境和发展阶段，进行客观全面的分析，从其所包含的诸多矛盾中追本溯源，真正找到牵一发动全身，左右全局，起决定作用的矛盾，这才是主要矛盾。

其次，要深入分析研究矛盾各个方面。毛泽东在《矛盾论》一

文中指出，"对于矛盾的各种不平衡情况的研究，对于主要的矛盾和非主要的矛盾、主要的矛盾方面和非主要的矛盾方面的研究，成为革命政党正确地决定其政治上和军事上的战略战术方针的重要方法之一，是一切共产党人都应当注意的"。(《毛泽东选集》第1卷)我们找到主要矛盾后，还要进一步对构成矛盾的双方进行深入研究，搞清哪是矛盾的主要方面、哪是矛盾的次要方面，搞清矛盾的双方如何在对立统一中相互转化并改变事物的性质。只有这样，才能找出解决矛盾的正确方法。如某一个单位事故、案件比较多，长期处于后进状态的主要原因是内部不团结，官兵关系紧张，形不成合力。而在这一主要矛盾中，干部又是矛盾的主要方面。为此，我们在出主意时，就要着重分析和找准干部队伍存在哪些起决定作用的问题。

再次，要正确提出促使矛盾转化的新方法。 人云亦云，单纯地模仿、跟随，无法解决好新形势下纷繁复杂的新问题。唯有创新，才能攻坚克难；唯有创新，才能突破自己；唯有创新，才能超越别人。解决矛盾要有科学的新举措，新主意应重质不求量，越实在管用越好。有的机关干部脑子活、新点子多，可谓"眉头一皱、计上心来"，但新主意与好主意是不能画等号的，只有符合矛盾转化客观规律和实际需要的新主意，才是好主意，否则主意再新也是孬主意。

只要捉住主要矛盾，"搞定"就相对容易一些。加藤信三是日本狮王牙刷公司小职员。有一天早晨他起床后，匆匆忙忙洗脸、刷牙，不料急中出乱，牙龈一下子被刷出了血！加藤信三不由火冒三丈，因为牙刷已经不止一次把他的牙龈刷出血了。他怀着坏心情出了家门，一路上老在想，一个牙刷公司的职员竟然多次被牙刷刷出了血。他越想气越大，准备向公司有关技术部门发一通牢骚。快进公司大门时，他的脚步渐渐地放慢了，因为他想起参加公司组织的管理科学学习班时记住的一句名言："**当你遇有不满情绪的时候，要认识到正有无穷无尽新的天地等待你去开发！**"他冷静下来了，和同事们一起研究，想出了不少解决问题的办法：改变刷毛的质地、改造牙刷的造型、重新设计刷毛的排列等，逐一进行试验，均有些成效，但都不能达到理想效果。显然，刷出血的主要矛盾仍未找到。加藤沉住气，坚持不懈地继续找，终于发现了一个为常人所忽略的细节：在放大镜下，牙刷毛的顶端由于机器切割都是锐利的直角。他想：如果通过一道工序，把这些锐角都锉成圆角，问题不就完全解决了？！经过多次改革工艺的试验后，效果奇佳。加藤把成功的方案报告公司，公司迅速投入资金和设备，把牙刷毛的顶端全部磨成了圆角。改进后的狮王牌牙刷很快受到了广大顾客的欢迎，对公司作出巨大贡献的加藤从普通职员晋升为科长，十几年后，他成了该公司董事长。

（三）碰到难题别绕开，办法总比困难多

每个单位都程度不同地存在一些"老大难"问题，影响科学发展，拖全面建设后腿，甚至严重干扰中心工作任务完成。机关干部能否出好主意，面对老大难问题是一个严峻检验，也是一个过硬的衡量标尺。因为解决"老大难"问题，如果没有符合规律的"硬"主意、对症下药的"硬"处方、责任严明的"硬"举措、雷厉风行的"硬"作风、不达目的不罢手的"硬"决心，那是收不到攻坚克难好效果的。

首先，要有迎难而上的胆略。 "老大难"问题越拖着，解决起来难度越大。但它又是个系统工程，既需要政策、体制、环境、资金等多方面的条件作支持，又需要上下左右协调一致、共同努力，排除各种利益纠结等阻力。显然，解决"老大难"问题既要花气力，又要担风险，搞好了是个"出彩"的事，搞不好就可能落埋怨。这就需要机关干部破除无所作为的思想和怕丢面子的畏难情绪，增强"攻必克、战必胜"的信心，以强烈的事业心和迎难而上的胆量，投入到攻坚克难的谋划之中。要坚信"办法总比困难多"，随着敢于触及"老大难"问题的人增多，"老大难"被攻克的几率就会越来越高，现存的"老大难"问题就会越来越少。

其次，要深挖"老大难"问题根源。 一般来讲，形成"老大难"问题的原因不是单方面的，而是综合的，涉及上下左右、里里外外，行政管理、思想教育、制度建设等多方面。因此，要拿出解决"老大难"问题的良策，必须从分析思想观念、历史原因、政策因素、体制机制、环境条件、领导作风等多种因素入手，把产生问题的深层次的症结搞清楚。如同治病必须找准病根一样，有的问题出在基层，根子在领导、在机关；有的问题出在战士身上，根子在干部身上；有的问题出在群众之中，根子在领导班子；有的问题出在行政管理，根子在思想教育；有的问题反复、连续发生，根子在制度机制。只要把根本原因搞清了，就能找到彻底解决问题的切入点、突破口。

再次，要用科学方法攻克"老大难"。 俗话说"老大难、老大难，老大出面就不难"。这话指的是只要主管领导对其重视并亲自动手，老大难问题就不难解决。这种说法一定意义上是正确的，但也有片面性。大凡"老大难"问题，都是在特定的环境和条件下产生，经过长期的积滞，又与新情况新问题互相交织而形成的。因此，解决"老大难"不但要领导高度重视，而且必须寻找科学的方法途径。不能思想僵化，照搬照抄过去的经验和套路，陷入穿新鞋走老路的境地。听取意见建议不仅要听正面的、顺耳的，还要听反面的、刺耳的。要带着建议到基层、到一线，听听群众欢迎不欢迎，拥护不拥护，满意不满意。对一些较难把握的建议，进行必要的试点探索，蹚出路子再推广。如某部党委作出的抓基层必须"基本教育抓经常，基本队伍抓素质，基本制度抓落实，基本设施抓配套"的"四个基本"建设新举措，就是在听取了机关干部关于抓根治本诸多建议后，先试点探索、后归纳总结、再普遍推广的。"四个基本"收到很好成效，成为解决低水平循环"老大难"问题的先进典型。

坚持不懈地谋大事、解难题，是学会出主意、出好大主意的必经之路，也是康庄大道。空军工程大学是空军几所重点院校合并组建的空军唯一一所综合性大学，合编后高级职称的教员干部严重超编。有的老高职尽管作用发挥得不够好，但由于缺乏"较真"的考评机制，往往到了服役最高年龄才能退下来，形成评上高职实际就捧了"铁饭碗"、进了"保险箱"的现象。不少年轻优秀、实绩突出的教研干部，没有空额晋不了高职，严重影响其积极性、创造性。为了解决"只能上、不能下"、高职队伍建设缺乏活力的这一老大难问题，大学政治部向校党委提出了改革高级技术职称评审方法的建议，组织力量深入调研，找准了主要矛盾，开拓性地提出将历来都是高职续任的指标基本为续任对象所用，改为将续任对象与拟晋对象捆绑在一起，用同一把尺子来衡量。不管新老，标准一样，指标共用，谁强谁上、谁弱谁下。还新建了一套对评委打分是否公正的考评监督办法，有效避免了打"人情分"现象。这样做后，高职任期满后争取续任的再也不能吃老本了，要与拟晋升的年轻教员公开竞争，给续任和拟晋升的人员都带来了比以往机制更多的公平、更大的压力，和更强的动力。第一年试行虽然只"下"了一个教授、三个副教授，但反响很大，因为多年没有高职真正"下"过。当年底确定干部转业时，21名业绩表现长期靠后、第二年要接受续任评审的高职教员，为避免按新机制被淘汰，就主动选择了转业。四年先后有61名综合素质明显靠后的高职教员，分别转业、提前退休、被免职，个别的被降职，一大批年轻优秀教员及时得到晋升，有力地增强了高职教员队伍的活力，加快了大学的科学发展步伐。该大学被总部评为思想政治教育先进院校。

综上所述，或许可以列出"**出主意要诀之五**"，这就是：

贴中心工作越紧 ⎫
抓攻坚治本越狠 ⎭ → 出的主意实效性越强，影响力越大，反之则相反

六、出主意要有创新性

江泽民有句很经典的话："创新是一个民族的灵魂，是一个国家兴旺发达的不竭动力。"胡锦涛强调，"要把提高自主创新能力，建设创新型国家，摆在国家发展战略的核心位置"。2013年7月，习近平总书记在中国科学院考察工作时指出："要创新，就要有强烈的创新意识"；"学贵知疑，小疑则小进，大疑则大进"；"凡事要有打破砂锅问到底的劲头，敢于质疑现有理论，勇于开拓新的方向，攻坚克难，追求卓越"。2013年8月，习近平总书记在全国宣传思想工作会议上指出："重点要抓好理念创新、手段创新、基层

工作创新，努力以思想认识新飞跃打开工作新局面，积极探索有利于破解工作难题的新举措新办法"。新时代强烈地呼唤着我们要切实弘扬创新型文化，大力培养创新型人才，加快建设创新型国家和军队。

IT行业的产品换代每次约18个月。比尔·盖茨对员工说过一句意味深长的话：要不断创新技术，否则我们离破产永远只有18个月。我们创造的财富靠我们的脑袋，靠我们不断地创造创新，一旦我们停止创造，停止创新，那么我们这个世界财富第一的公司就要垮台。

创新就是对过去思想、观念、制度、习惯、方法等的扬弃、重组以及对新事物的探索、吸纳和创造。通常意义上讲，观念比能力重要，策划比实施重要，行动比承诺重要，选择比努力重要，感知比告知重要，创新比什么都重要。

创新才会使所出的主意具有生命力，只有坚持不懈开拓创新，才能源源不断产生高质量的主意。

（一）创造性是衡量人才能力素质最重要的标志

创新是人的一种内在品质，创造是人类固有的本质力量，创新和创造都是人与生俱来的一种天赋。每个人乃至每个儿童都有创造性思维，但需要在合适的环境条件下才能被诱发和表现出来。人与人之间的创造性有程度大小的不同，但绝非有与无的本质差别。那么，什么样的人是创造性人才呢？比较通俗的说法：创造性人才，是指在改造自然和社会的活动中，具有并显示出发明创造能力素质的人。

创造性人才应具备的基本素质

胡锦涛2006年6月5日在中国科学院第十三次院士大会和中国工程院第八次院士大会上的讲话中指出，创新型科技人才应该具有以下主要素质和品格，今天看依然不过时：

（1）具有高尚的人生理想，热爱祖国，热爱人民，热爱科技事业，努力做到德才兼备，坚持在为祖国、为人民勇攀科技高峰中实现自己的人生价值；

（2）具有追求真理的志向和勇气，坚持解放思想、实事求是、与时俱进，保持强烈的创新欲望和探索未知领域的坚定意志，对新事物新知识特别敏锐，敢于挑战权威和传统观念，为追求真理、实现创新而勇往直前；

（3）具有严谨的科学思维能力，掌握辩证唯物主义的思维方法，善于运用科学方法和科学手段，坚持终身学习，不断更新知识、夯实理论功底，构建广博而精深的知识结构，养成比较全面的科学文化素质；

（4）具有扎实的专业基础、广阔的国际视野、敏锐的专业洞察力，能够准确把握科技发展和创新的方向，善于对解决重大科技问题提出关键性对策；

（5）具有强烈的团结协作精神，善于组织多学科的专家、调动多方面的知识，领导创新团队在重大科技攻关和科技前沿领域取得重大成就；

（6）具有踏实认真的工作作风，淡泊名利，志存高远，坚韧不拔，不怕艰难困苦，不畏挫折失败，勇于在科技创新的实践中经历磨炼，不断攀登科学技术高峰。

这六条，不但是创新性科技人才，也是创造性人才应具备的基本素质。

创造性人才的核心能力是什么？

创造性想象力和创造性思维，是创造性人才必须具备的核心能力，也是创造力的灵魂。

美国心理学家科勒斯涅克认为，创造性思维就是发明或发现一种新方式，用于处理某些事情或表达某种事物的思维过程。是一种高品质的思维方式，具有明显的突破性、求异性特点，它往往不拘一格地打破常规，开辟新颖独特的思路，发现事物新的规律、新的联系，它总是以创新求异为目标，不盲从，不囿于传统，力求在观念、方法上实现超越。

研究发现，创造性活动大致可分为准备、孕育、豁朗、证实四个阶段。在整个活动阶段中，创造性想象力和创造性思维的发挥，与个体的个性品质有着重要的关系。能否产生新颖独特的创新性产品，很大程度上取决于主体是否具有不墨守成规、兴趣广泛、好奇心强、富有想象、独立自主等个性品质，并敢于突破权威、不怕失败。

还应该看到，人人皆有能力素质，但在征服自然和改造社会的过程中，各人发挥能力作用的大小、素质水平的高低却是有明显差别的。人的能力素质差异，本质上不在于他们所掌握的知识信息量的多少，也不在于能否掌握一技之长，而在于他们创造性思维能力的差异。

知识既是死的，又是活的。把"知识"当作现成的结论和枯燥的条文"储存"下来，它就是死的；通过自己的思维，把"知识"内化为自己的"能力""教养"和"境界"，它就是活的。只有那些具有新观念、新思维，能激活学到的知识，以新颖独特的创造性举措，解决自然和社会发展中的各种难题和新问题，真正获得成功的人，才称得上是创造性人才。

创造性人才的性格特征

创造性人才的性格一般有以下特点：

1. 主动性：旺盛的求知欲和强烈的好奇心驱使他们积极进取。

2. 独创性：有独出心裁的见解，与众不同的方法，勇于弃旧图新，推陈出新，别开生面。

3. 严密性：灵感的火花闪过，能深思熟虑，精细推敲，以达到完美结果。

4. 疑问性：不盲从，敢大胆发问，冲破旧的传统观念。

5. 变通性：思想流畅，善于举一反三；能想出许多与众不同的点子，提出异想天开的发问。

6. 洞察力：富于直觉，对环境有敏锐的感受力，可以觉察别人未注意的情况和细节。

7. 想象力：思想中的新观点、新形象，来自合理的联想、幻想。想象力丰富的人有利于创造发明。

8. 坚持力：有百折不挠、坚持不懈的意志和毅力。

9. 自信心：深知自己所做事情的价值，即使受到阻挠和诽谤，也不改变信念，直到实现预期的目的。

10. 勇气：从事创造性工作的人，须具有面对常人无法忍受困境的勇气。

11. 幽默感：幽默的性格使他们不因别人的讥讽和轻视而影响自己的情绪和创造。

需要指出的是，一个人的聪明才智如果高度集中到了某一方面，那么其他方面就可能显得平常、笨拙甚至怪异。正如古人讲的:"有高山者必有深谷,有奇才者必有怪癖。"创造性人才通常具有鲜明的求异思维和强烈的批判精神,他们敢于挑战权威,往往不简单认同既成事实,不拘泥于固定的想法,不按常理行事,不按规矩出牌,不被世俗禁锢,不被权威吓倒,他们似乎是"扰乱"了现有的秩序,因而不易得到社会的广泛认同,常常遭到世俗力量的冷遇、白眼,甚至遭遇孤立或迫害。从古至今,那些勇于改革和创新的人才常常遭受很多误解和冤屈,大多源于此因。因而创造性人才不但要自身意志刚强,而且非常需要得到各方面理解、尊重、爱护和鼎力支持,否则就可能半路夭折。

创造性在衡量人才能力素质中占什么样的地位?

美国密歇根大学丹尼逊教授对此有过研究和归纳,他将人的能力从创造力的角度大致划分为七个层次:

第一层次:具有高度的想象力和创造性,经常用巧妙的思维和新颖的方法解决重大问题,是最有创造活力的人才。

第二层次:重视用新的首创方法来解决问题,并能提出很多独到的有价值的意见。

第三层次:比一般人有较多的新意见,能提出一些深层次的问题,并思考用多种不同的方法加以解决。

第四层次:能发挥别人的见解,但自己的见解却大都是比较陈旧和众所周知的。

第五层次:在接一项新的工作时,经常向同事讨教,并依靠别人的建议开展工作。

第六层次:无明显的创造性,基本提不出新见解,习惯于老一套的工作方法。

第七层次:满足于让干什么就干什么,机械执行指令,从来没有自己的点子办法。

将创造力摆在了突出位置，作为主要标尺来衡量人才能力素质的高低，我感到切中了要害问题。请自我衡量一下，你在丹尼逊教授划分的七个层次中，处在哪个层次？如果是在靠后的层次，请你奋起直追。

当年梁启超曾向时任清华校长的曹云祥推荐尚未出名的陈寅恪到清华来任教。曹校长问："他是哪一国博士？""都不是。""那他有没有著作？""也没有。"曹校长踌躇地说："这就难了。"梁启超接下来说："我梁启超有博士学位，著作也算是等身了，但总共还不如陈先生寥寥数千字的文章有价值。"

梁启超为什么对陈寅恪的学问评价这样高？因为一心做学问、粪土名与利的陈寅恪在大学讲课，竟然有这样的"四不讲"："前人讲过的，我不讲；近人讲过的，我不讲；外国人讲过的，我不讲；我自己过去讲过的，也不讲。现在只讲未曾有人讲过的。"因而他所讲的每堂课都是原创的新东西，不但学生蜂拥而至，连朱自清、冯友兰等著名教授和北大的德国汉学家钢和泰等，都会风雨无阻地赶来听他的课，他被戏称为是"教授之教授"。这就是顶级的创造性人才。难怪著作等身、学富五车的梁启超会这样举荐他！

美国苹果公司的缔造者乔布斯的惊人创造力从哪里来？请看他的六句名言：

1. 人活着就是为了改变世界。

2. 领袖与跟风者的区别就在于创新。

3. 人这一辈子没法做太多的事情，所以每一件都要做得精彩绝伦。

4. 成就一番伟业的唯一途径就是热爱自己的事业。

5. 只要敢想，没有什么是不可能的。

6. 不要把时间浪费在重复其他人的生活上。

这六条是人生哲理，这六条也是创造哲学。可以说，乔布斯惊人创造力的精神和思维源头就在这里！

机关层次越高，对机关干部创造力的要求就越高。机关干部善于思考，不失时机出创造性主意、能解决新的难题，确实是自身素质最可贵的部分。一个在正确的理论引导下，善于想别人未想到的、敢于出别人未出新主意的，即使十个主意只有一两个或两三个被采纳，他也是属于大有成就的人才，适合到高级领率机关工作。而一个没有自己独到、创新的见解，整天唯唯诺诺，领导让干什么就干什么，停留于当"收发室""传声筒"的机关干部，不可能成为高素质机关干部，即使勉强到了高级领导机关工作，也没有发展潜力，时间一长，很可能被淘汰出局。

创造性人才的培养是一个很复杂的问题，需要树立正确的理念来强化。**一是强化"短板"意识**。应该实事求是地承认，与美欧等现代化建设水平很高的国家相比，我们的"短板"之一是缺乏创新理念、创新思维、创新环境和创新人才。著名的"钱学森之问"，就一针见血地指出了这个"短板"。这一"短板"不补上，其他方面下再大功夫也可能功亏一篑。**二是强化渐进意识**。创新能力素质的提高是一个长期的连续的过程。创新型国家、创新型军队的建设也需要长时间甚至几代人的努力才能实现。不要急于求成，但需要只争朝夕。尤其要加大培养创新型人才的全方位投入。**三是强化"杠杆"意识**。应高度重视完善激励、扶持创新性人才脱颖而出的各种机制。因为机制是"杠杆"，善于使用它，能成倍、成平方甚至成几何级数的增大效应。国外有的一流大学工科课程考核用120

分评判机制，全面地掌握和学会运用所学知识，最高能考得100分，但太难，几乎没学生能得到；另外20分是创新分，只要运用所学知识进行"人无我有"的创新设计等，就能程度不同地得到这20分。它诱惑力很大，诱导学生们都努力地搞创新。结果，该校学生毕业后的创新能力明显很强。**四是强化系统意识**。创新素质的培养是一个系统工程，它要求各级组织和个人共同努力，使创造性人才的信仰、道德、心理、知识、身体共同成长，尤其要引导树立正确的人生观、价值观、政绩观。**五是强化多样性意识**。创造性人才有不同的类型，每一种类型的创造性人才又有不同的素质要求。要重视保护有个性、有特长但素质不够全面的"怪才""偏才"，宽容大度地关心呵护他们，真正用其所长、人尽其才。

（二）出主意力求"人无我有、人有我新、人新我独"

下棋，千古无同局；设计，万世不同谋。

我国科学家严济慈曾指出：**创新有三要素**，即选题必须是某个领域独树一帜的；解决这个问题的方法没有现成的，必须是自己独出心裁想出来的；用来解决这个问题的工具，必须是自己设计创造的，而不是用钱从什么地方买来的。其中的道理广泛适用。

著名哲学教授孙正聿说：我很喜欢学术研究中的**三个"跟自己过不去"**：一是"在思想上跟自己过不去"，二是"在论证上跟自己过不去"，三是在"叙述上跟自己过不去"，从而形成有创见的思想，使人受到启发和震撼。这三个"跟自己过不去"，实际是创新的三个阶梯。

机关干部怎样才能多出、出好创新的主意？我感到"人无我有、人有我新、人新我独"的十二字诀，不失为出创新主意的好方法。

1. 人无我有

这种"无"中生"有"，有就有在敢开拓，敢求变，敢创造，走的是前人没有走过的路，很需要有"第一个尝螃蟹"的精神，在披荆斩棘中夺取成功的锐气。

创新的逻辑起点就是问题，没有问题就没有创造。大多数人不缺少智慧，缺少的是提出问题、敢破敢立的勇气。要真正提一个新的概念、出一个新的主意，你必须有勇气去面对权威的评论，尤其可能失误的窘境。大家知道，爱因斯坦在写作他最著名的五篇文章的时候，仅仅是专利局里普通职员，他没有在任何一所大学、任何一个科研机构拥有任何职位。可正是这个最普通的负责审查办理专利申请的职员，利用业余时间做喜爱的研究，敢于"人无我有"地搞创新，竟然改写了整个 20 世纪的科学发展史，而且对 21 世纪科学发展也正继续发挥着无人可比拟的重大影响。毫无疑问，他达到这样的高度不但需要理性的指引，更需要敢破敢立的勇气。

美军在军事转型和人才培养中十分重视创新文化。美国国防大学联合部队参谋学院强调"21 世纪需要具有批判思想的军官"，有的军事学院还把"批判性思想"列为四门主课之一。美国前总统布什曾公开表示：我们的军事转型，一定要营造一种创新文化氛围，鼓励而不是打击那些拥有超前思维、勇于冒险的人，我保证让那些善于想象又敢于承担风险的人们得到赏识和提升。目前我们国家和军队相对来说都缺浓厚的创新文化氛围、环境和条件，需要加大培育、铸造的力度。这种基础夯实了,创新就有了奔腾不息的源头活水。

2. 人有我新

这种比"有"更"新",新就新在比别人有了更高层面、更加科学的创新。

好主意的本质就是符合客观规律的创新。出主意要比他人有更多创新,必须解决好运用科学思维方法的问题。创新一刻也不能游离,更不能违背理论联系实际和实事求是的基本原则。

从丰富的直观到抽象思维的过程来看,实践是先于理论的,没有实践作基础的理论,只能是空洞的理论;而从抽象的思维,到付诸实践的过程来看,理论是先于实践的,没有理论做指导的实践,又必然是盲目的实践。因而理论联系实际的原则,既体现了理论创新的法则,又体现实践创新的要旨,两者统一于"求是"之中。

你要出比一般的"有"更上一层楼的"新"主意,必须坚决摒弃主观主义的"拍脑门"想点子,要毫不动摇地坚持一切从实际出发,在善于运用科学理论中收获实践创新之果,在坚持实践检验中采撷理论创新之花,使自己主意的"新",确实符合客观现实和事物发展规律,真正经得起实践、历史和群众的检验。

3. 人新我独

这种超"新"唯"独",独就独在创新进入了更高境界的独此一家、独树一帜的特色领域。

特色，有三大属性，一是杰出性，二是唯一性，三是不可替代性。我们讲某某单位某项工作很有特色，主要是指该项工作的创新，程度不同地具备这三大属性。

如果将"新"比作一座山峰的话，"独"则是该山的峰顶。要达到"独"的巅峰状态是很不容易做到的，做到了"独"，也就到了"一览众山小"的境界了。

有一个很有名的故事，讲的是1983年在中国召开的一次创造学会会议上，日本的创造学家村上信雄走上讲台，拿出一把曲别针，问观众这些曲别针有多少用途。有人说了几十种，有人说了100多种，这位日本人说有300多种，并放了一个幻灯片证明有300多种，大家为他热烈鼓掌。这时有人递上一个条子，说明天我将发表演讲，证明曲别针有更多的用途。这个人叫许国泰，他在第二天的演讲中，举出了曲别针有成千上万的用途。他把曲别针的颜色、重量、成分、形状、质地、柔软度等，分解成一个个横坐标、纵坐标，让它在数学、物理、化学、语文、外语等各个方面发挥用途。他的这一独创性研究结论，就具备了该课题研究成果的杰出性、唯一性和不可替代性的三大属性，当时轰动了整个创造学会。这个经典故事也很生动地反映了人类创造性思维的无穷潜力和魅力。

（三）抓住结合点、空白点、差异点、闪光点出新主意

出创新主意的切入点在哪里呢？我个人的体会，以下"四个点"是出好创新主意很管用的切入点：

一是理论与实践的"结合点"

这个观点耳熟能详，但真正付诸实践也不容易。我对逻辑学及

其运用一直很感兴趣,比较愿意用逻辑的圈子来划和找"结合点"。只要将相关理论的原理、内涵、外延这一块,画为一个圆;将相关实践的已作为、将作为、不作为等情况,也画为一个圆。这两个圆重叠一下,相关联的能重合部分,就是理论与实践的结合点,也是工作中出好主意、出创新主意的出发点和落脚点之一。如果离开了重合部分,就可能脱离实际,因为不是重合部分肯定是脱离实际部分;或缺乏理论指导,还没有科学的分析方法帮助找准重合部分。我很推崇这个方法,实践中很灵,大家不妨试试。

二是贯彻落实中的"空白点"

控制论创始人维纳说过:在已经建立起来的科学领域之间的空白区上,最容易取得丰硕成果。各种规章制度、条令条例和上级指示要求往往是宏观的、把方向的,具有普遍性的重要指导意义。实践也反复证明,凡是贯彻落实好的单位,各项任务完成得好,事故案件少;反之,则相反。那么在本单位、本行业、本职工作中,哪些方面贯彻落实挂了空挡,没落实到末端,出现空白了?找到和抓住这个空白点,并剖析、找准贯彻落实不好的原因症结所在,新主意、新措施就有了,这是比较容易出新招的。

三是能做好没做好的"差异点"

有时出现的情况,既不是没找准"结合点",也不是贯彻出现"空白点",问题表现出来的是"差异点"。也就是,同样环境下,其他单位做好了,这个单位没做好;其他人做好了,他没做好,这个差异点在哪里?要在比较中找出来,原因是什么?也要在比较中解剖它。有时自己身在"庐山"中,不容易识真面目,当事者迷,那就一要很好地利用上级领导、机关来检查工作的时机,在听取讲评中找差异点;二要通过多种渠道发扬民主,在听取群众意见中找差异点；三要走出去参观见学、考察取经，在纵横比较中找差异点。差异点找准了，原因就判明了，固强补弱、后发超越的创新点，也就有了。

四是反映新思想新理念的"闪光点"

机关工作的实践告诉我们，一些新的思想理念，是在不同的思想观点碰撞的时候，一刹那闪现的。在空军机关时，凡我牵头搞的大材料，都希望材料组的同志敞开说、使劲争论，争到面红耳赤我才高兴呢。在这种碰撞之中，有时候就出现了非常难得的新思想。虽然这个思想观点可能有点片面性，但是跟另外有片面性的新思想一撞，就能碰撞出火花，找到更高层面更为全面的新思想和闪光点。

综上所述，或许可以列出**"出主意要诀之六"**，这就是：

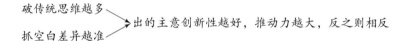

七、胆大包天、心细如发，是出主意"车之两轮"

（一）胆大包天是勇敢、是气势、是精神

刘伯承元帅讲：参谋人员必须"胆大包天"。

参谋人员站到了适度的制高点，有了大智慧，还需要与大勇紧密结合起来，出大主意、新主意、奇主意，出别人不敢想的主意，这就是刘伯承元帅所倡导的参谋人员的"胆大包天"。机关干部只有克服了"人微言轻"的思想障碍，抛弃"身份论"的桎梏，坚持位卑不敢忘忧国，官小也要有作为，才能做到敢出主意、勤出主意。

谈到参谋人员与首长的关系，陈毅元帅曾深刻指出：对首长要服从，但也要有"强谏"的责任，并不是明明看到首长把问题处理错了，你也不作声，要有"请求"首长采纳正确意见的责任心。这里的"强谏"和"请求"，指的就是不仅仅当"记录员"和"司号员"，而且坚信自己的判断，"胆大包天"地坚持自己的主见。

为什么机关干部出主意应该"胆大"也必须"胆大"呢？首先因为，在知识、能力和掌握的决策资料方面，机关人员虽然在整体上是低于领导干部水平和少于领导知情面的，但在局部领域、专业岗位、专长项目方面，则应该也能够高于和多于领导干部，这是机关干部出主意"胆大包天"的基本优势和立足点。还因为，正如古人说的"智者千虑，必有一失；愚者千虑，必有一得"，领导干部不是神仙，其思想有一个不断完善的过程，也有偶然失察失误的时候，机关干部只要紧贴本职和发挥专长出主意，就能扬个人所长，补领导所缺，这样的"胆大"是理所当然的，"包天"也是势所必然的。

建立在大智基础上的"胆大包天"，是对事业、对领导、对工作真正极端负责的表现。在解放海南岛战役中，杨迪虽然只是15兵团司令部一个年轻的作战科长，却在兵团首长面前敢于毫无顾忌地阐述自己的观点、建议，为渡海方针及时修改为"积极偷渡，分批小渡与最后大举登陆相结合"等发挥了很好的参谋作用。前面举例时讲到雷英夫向毛泽东、周恩来进言防美军仁川登陆，事后，雷英夫同志回顾说，当时他的心情也很矛盾。判断准了，朝鲜人民军可免受很大的损失；判断不准，那个责任是很难担的。没有无私精神，对事关重大的问题，就不敢向首长直谏。可见，为了事业勇于负责任、为了全局敢于担风险，这样的"胆大"是极其可贵的品质,这样的"包天"是最高境界的忠诚。

要靠科学论证撑起"胆"。从谋略思维的全过程来看,需要经历提出问题、分析论证、择定方案、优化选择等几个阶段,其中进行科学的分析论证,是谋略思维最为重要的环节。只有抓住本质、把握规律、体现科学,才能选择出"满意"或"最优"的谋略,壮自己敢于善于出"胆大包天"主意的胆量;才能避免片面之谋、不高明之谋甚至败事之谋的出现,不给事业带来危害和损失。

出主意时分析论证的内容通常包括:是否有实施的必要性;主客观条件是否具备;有哪些有利条件、必要条件及限制性条件;能达到什么样的效果、会出现什么样的困难等。具体地说:

一要善于客观分析,力戒主观臆断。应该承认计谋是从人脑中产生出来的,但它绝不是人们凭空想象的结果,而是依据客观存在的情况,经过大脑加工之后的产物。列宁说:"在社会现象领域,没有哪种方法比胡乱抽出一些个别事实和玩弄实例更普遍、更站不住脚的了……如果不是从整体上、不是从联系中去掌握事实,如果事实是零碎的和随意挑出来的,那么它们就只能是一种儿戏,或者连儿戏也不如。"(《列宁全集》第28卷)作为机关干部,在向党委、领导提出某一个意见和建议之前,对其正确性、必要性和可行性,要进行认真地反复地多角度地深入调查和分析论证,确有把握之后,再有根有据地向领导提出,绝不能把一些仅靠拍脑袋"灵机一动"、不成熟的意见草率地交给领导去识别去选择。一旦被领导基本采纳或列入议案之后,还要对上下级提出的各种疑问给予清晰圆满的解答。

二要勇于自我否定,力戒固执己见。真正大智大勇的人,该"亮剑"时会"胆大包天",该"收剑"时也会虚怀若谷。作为一名机关干部应该自信、有主见，但不能过于自信。对经过酝酿、讨论和客观分析后证明确实有片面性或不够好甚至错了的主张，要勇于放弃和纠正。这里既有思想方法问题，不能听不进不同意见，唯我为是，硬抱着个人主张不放；也有思想意识问题，绝不能只要面子不要真理，而应该坚决服从真理，自觉修正错误。

三要敢于逆耳谏言，力戒消极迎合。总体来说，领导干部见多识广，观察问题更准，分析问题更深，提出的意见真理性更强，但有时也会出现疏漏和失误。当机关干部发现领导的意图、决策、预案有不当之处时，一定要大胆提出自己的不同意见，即使领导一时不爱听不想听，也应将该提的意见说全说清。不怕受委屈，坚信这是真正对领导负责，也坚信最后领导会赞赏部下敢于秉公直言，这才是应有的可贵的"胆大"。不能只看领导脸色，无原则地"好好好"，"是是是"，明知不对，少说为佳，更不能把领导的错误意见违心地视为正确，还要再"论证"美化一番，致使领导不能及时发现并纠正错误，给工作造成损失。

（二）心细如发是谨慎、是作风、是智谋

刘伯承元帅还讲：参谋人员必须"心细如发"。

机关工作是最精细的工作之一，粗枝大叶不得。老一辈革命家都非常重视细节，办事严谨细致，堪称典范。当年，毛泽东要求机关抄写电报"字大行疏"，写楷体字，不要潦草。周恩来长期领导军委一局、军委作战部和总参谋部，要求参谋工作养成"快、准、严、细、实"的作风，并率先垂范。

随着信息技术高速发展，战争形态正在发生前所未有的巨大改

变,对我军机关干部"心细如发"的要求越来越高,务必事事处处时时做到精密细致准确,九分不行,九分九也不行,非十分不可。办文办事,一定要有根有据、科学缜密、滴水不漏、严守机密,绝不能想当然,绝不能情况不明胆子大,坚决做到不说无把握的话,不办无把握的事,不提无把握的建议。这是对人民利益负责,对国防事业负责,对上级领导负责,也是对自己负责。

让我们品味几个跟细心相关的经典故事。

一字导致大战失利。1930年,冯玉祥、阎锡山等集团联合起来与蒋介石集团进行了几个月的大混战。双方百万军队在东起山东,西到湖北,南到湖南长沙绵延数千里的战线上展开了大厮杀,史称中原大战。蒋介石的军队在刚开始时输得比较多。冯玉祥、阎锡山等人很想一鼓作气将蒋介石彻底打败,于是他们经过周密策划,决定调集军队在河南沁阳会师,集中优势兵力将蒋介石驻河南守军一举歼灭。战斗打响后,令冯玉祥又气又急的是他原先部署的大部队始终都没有出现,结果这场冯玉祥、阎锡山等人原本认为稳操胜券的战役却以他们的大败告终。蒋介石军队从此士气大涨,在随后的战斗中节节取胜,最终取得了中原大战的胜利。蒋介石因此成为国民党政府中不容置疑的首领人物,而冯玉祥等人则从此退出了中国政治的核心舞台。那么,在改变双方命运的沁阳之战中,冯玉祥的部队为什么没有出现呢?原来,冯玉祥的一个作战参谋在发布部队集结河南沁阳的命令时,无意中在"沁阳"的"沁"上面多写了一撇,变成了"泌阳"。而河南恰巧也有个泌阳,但两地一南一北,相隔数百里,结果接到命令的部队就跑到河南泌阳去了,贻误了聚歼蒋军的有利战机。这名参谋发布命令多写一撇而造成的一字之差,不但丢了自己的性命,更为严重的是使战局发生重大逆转。

一字引来灭顶之灾。六寨是位于广西和贵州交界处的一个鲜为人知的小镇。抗日战争时期，国民党第4战区司令长官张发奎把自己的司令部设在此地。1944年11月，中国军队和侵华日军正在柳州展开激战。27日，日军进抵距贵州边境约20公里的南丹、六甲地区。这一天，美国第6航空队奉命出动B－29型轰炸机前去轰炸那里的日军。可是机场指挥部的译电员却把电报中的"六甲"错译成了"六寨"。六寨和六甲虽然只有一字之差，但却相差100多公里。美军飞行员接到命令后，从成都机场起飞，按图上标示的航线，向广西北部的六寨飞去。当17架涂有美军标志的飞机出现在六寨上空时，当地军民兴高采烈地走出家门，挥舞着彩旗，向盟军飞行员致意。然而，美军飞机回报他们的却是一颗接一颗的炸弹。六寨这个弹丸之地顿时陷入一片火海。人们在血火中呼喊奔跑，乱作一团。其中一枚重磅炸弹正好命中张发奎的司令部，使所有文件、资料连同司令官多年的日记都化为灰烬。这次误炸使国民党伤亡1名中将、2名少将、近千名军人，还有5000多名平民。

一字痛失金榜题名。相传北宋仁宗时，有个文人赵旭，在一次科举考试中文章出众，位列榜首，在殿试时被仁宗皇帝看中，但一看他写的字，很不正规，把"唯"字的"口"字旁写成了三角形的"厶"。仁宗说："卿文章锦绣，然将'唯'字的'口'旁写成了三角，有失规范。"不想这个赵旭自我感觉良好，忘乎所以，高声答辩称："口与厶在书法中是可以通用的。"宋仁宗大怒，提朱笔写了"去吉、吕台、私和、句勾"几个字，掷给他说："汝既言可通用，就将这些字一一辨来。"这下赵旭傻眼了，张口结舌无法对答。仁宗当即决定不予录取，命其回家重新读书习字，以观后效。这位狂生，就因为一个不规范字，把到手的状元给弄丢了。有人写诗嘲之：十年寒窗十年苦，一朝及第入仕途。只为一字多"口"舌，摘去功名再读书。

一键敲飞数百亿日元。2005年12月8日，东京证券市场上日经股指狂泻了301点，日本瑞穗证券公司在短短16分钟内损失了270多亿日元。造成此次重大经济损失的直接原因，竟是该公司一名操盘手把"61万日元的价格卖出一股"，错敲成了"61万股按每股1日元的价格卖出"，从而造成了日本证券交易史上前所未有的事故。

一疏丢掉乌纱帽。这份9月9日发出的"关于2008年中秋节放假安排的通知"，由四川巴中市人民政府办公室主任签批，其中有这样一段内容："各县（区）人民政府，市级各部门：根据《四川省人民政府办公厅转发国务院办公厅关于2008年部分节假日安排通知的通知》安排，2008年中秋节放假三天……节假日期间，各地各部门要妥善安排好值班和安全、保卫等工作，遇有重大突发事件发生，要按规定及时报告并妥善处置，确保人民群众度过一个祥和平安的端午节。"明明是中秋节的放假通知，咋个结尾时变成了"端午节"？看到通知的人员都非常诧异，纷纷打电话到政府办询问，才知道通知出错了。9月10日，巴中市人民政府办公室工作人员立即重新发布更正后的放假通知。9月11日，巴中市下发了"问责通报"，上任才一个多月的办公室主任被停职反省。市政府办公室也即刻召开会议，综合科科长和两名副科长被免职。错了两个字，4个人被问责，其中3个人丢了官。

一错火毁仪征城。清代太平军北伐时，驻扎在仪征城外，先行官派小校向主将请示行军路线。此时，主将正在与人议事，听到请示，随手写下手令。先行官拿到手令一看："烧城而走"，大吃一惊，但不敢违令，遂令下属每人准备一大把柴火，拂晓前出发时烧城。事后主将责问，先行官取出手令，主将捶胸顿足，发现竟把"绕"字写成"烧"字，好端端的仪征城化为灰烬。

参谋人员的"细"，不仅仅是不出"丢、漏、差、错"等低级失误的"细"，很重要的是体现在出谋划策严密、到位的更高层次的"细"上。

主意贵在具体，不能过于原则。在工作实践中常常遇到这种情况：机关提出的意见和建议，思想、观点都很好，但有的有想法没办法、有观点没措施，最终还是无法进入领导的决策并落实到实际工作中。因此，当你向领导提出一个好的意见和建议时，不能原则来、原则去，一定要作必要的具体化，使领导充分感受到这一意见建议的必要性和可行性。

主意应有抓手，不能无从下手。所谓有抓手，就是要有看得见、摸得着、可操作的载体，照着做就可以见成效的办法。不能看起来观点"吸人眼球"，举措"五彩缤纷"，但怎么去做，却"老虎吃天"，不知从何处下口。为此，机关干部在平时就要注意多实践、多总结、多积累，熟练掌握解决各种问题的正确思路和办法。尤其要严格坚持实事求是的原则，重实干、求实效，不搞哗众取宠，抵制形式主义。

主意多种备选，不能无可选择。机关干部在处理重大复杂问题时给党委、领导当"参谋"，不宜只提一个方案，最好提出几个方案，便于党委、领导从中选出最佳方案，或者吸收几个方案中的精华部分形成一个新的方案。多提几个方案并不是说提得越多越好，而是要考虑到实际工作中可能出现的情况，在不同的情况下解决问题的方案应该有所不同。一般来讲，解决一个复杂问题时提出两三个方案为宜，太多了也会干扰领导的决心。

总之，**有胆而无细，难免失败；有细而无胆，流于空想；勇敢而不谨慎，变成蛮夫；谨慎而不勇敢，实为懦夫。胆大与心细相辅相成，缺一不可；胆大与心细共同发挥到极致，就统而为一，成为艺术了。**

机关干部出主意"胆大""心细"的根本目的，是为了增强履职尽责的实效。出的主意被党委、领导采纳后，"参谋"职责并没有履行完毕，还要使所出主意从落实到反馈，到再出主意再落实再反馈，构成一个循环往复、不断升华的过程。

跟踪检查要到位。西方管理学有句名言：人们不会做你提倡的事情，只会做你考核的事情。党委、领导的决议、指示下达后，机关干部要注意深入一线，特别是到末端——基层单位，跟踪检查对上级决策指示学习领会是否准确，贯彻执行的行动是否坚决，要切实防止和纠正传达上级精神"上面几十条，中间几标题，基层几句话"的上细下粗、层层递减现象；防止和纠正"上面轰轰烈烈，下面冷冷清清"的上热下冷现象；使出主意的"细"，进一步转化为跟踪检查督导的"细"。

反馈问题要及时。党委、领导决策指示的准确性，要在基层贯彻落实的实践中继续经受检验。机关干部下基层检查督促贯彻上级决策指示，对问题发现和反馈得越及时越充分，党委、领导的决策指示完善就越好，个别失误也能较快得到弥补。因而机关干部发现问题向本级党委、领导汇报，一要快，不能拖拉；二要全，不能隐瞒；三要真，不能变通；四要深，追根寻源。决不能大事化小、小事化了，盲目地唱颂歌。

谏言修正要果断。督促检查工作不是只当传话筒，而需要在深入了解、掌握大量情况的基础上,做出透彻的分析和判断,抓住本质的带倾向性的问题,迅速拿出修正、完善的意见建议,并果断地向领导提出。此时,出主意的"胆大"与抓贯彻的"细心"要高度统一到事业需要上来,统一到对工作的极端负责上来,不能顾虑重重,犹豫不决,丧失修正良机。有的同志对某个问题的建议本来很有价值,但由于未能及时向领导提出,结果成了总结经验教训时的遗憾之词。

综上所述,或许可以归纳为"**出主意要诀之七**",这就是:

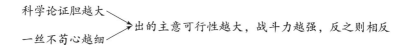

八、因地制宜、因人而异,使出主意"如鱼得水"

法国著名的生理学家贝尔纳曾说过,良好的方法能使我们更好地发挥天赋和才能,而笨拙的方法则可能阻碍其发挥。黑格尔说:方法是任何事物都不能抗拒的、最高的、无限的力量。笛卡儿认为:最有用的知识是关于方法的知识。可见方法何等重要。

出主意,不但内在质量要高,还要重视抓住最好时机、使用最佳方法,使领导能够听得进去、能够引起共鸣、能够足够重视,使点子的准确性、时效性得到最大限度的发挥。以下九种是比较常用的出主意的方法,可以给年轻同志作借鉴。

(一)超前预测法

"善战者胜于未战。"超前预测是立足于过去和当前,通过对已知情况的定性定量分析，判断未来状态的一种思维过程，是机关干部必须具备的一种思维品质。超前预测要遵循军事谋略学中的"最大预期原则，最小阻力原则"。最大预期即战略目标的科学定位，最小阻力即选择一条最容易实现目标的路线。超前预测尤其要在没有问题的时候就想到问题的出现、没有危险的时候就想到危险的降临、矛盾未显现的时候就想到矛盾的激化，也就是《周易》中所说的"安而不忘危，存而不忘亡，治而不忘乱"。机关干部虽然不可能人人都成为谋略家，但是人人都应该不断提高超前思维的能力，使自己的意见和建议尽量具有预见性。

平时，要通过把握趋势，展望未来，深刻剖析和预测当前展开的重大工作，及时提出有前瞻性、创造性的建议，协助领导驾驭全局。在执行重大任务前夕，以及年底、季度末、月末等阶段性总结部署工作时，领导最需要高水准的预测来协助决策，更要把握时机，超前预想，在领导还没思考或刚思考这个问题时出主意，在领导还没有形成倾向性意见或决策前出主意。做到领导点到"一"，机关干部就想到"二"，甚至"三"。领导刚有想法，机关已有预案，上下同频共振，工作步步主动。

（二）随机提醒法

机关干部要紧贴谋略需求，随时随地、快速反应地向党委和领导提出意见建议。尤其要注意以下时机：

（1）上级党委、领导和机关新决策、新任务、新指示刚下达时；

（2）本级党委和机关研究制定重大决策部署时；

（3）执行急难险重任务或任务突发性变化，领导一时缺乏底数时；

（4）领导之间在重要问题处理上有些不同看法，需要统一认识时；

（5）领导干部在个别具体决策或工作中出现意外疏漏时；

（6）本单位或兄弟单位发生重大事故、案件和严重问题时。

此时，领导干部最希望有人能不言自动，及时提醒，出好主意。机关干部要根据工作的阶段特点和事物的发展变化，善于发现和迅速抓住出主意的切入点、着力点和关键点，想领导所想、急领导所急，补领导所需，才能成为领导干部强有力的左膀右臂。

（三）咨询建议法

美军早在20世纪末就提出培养"态势感知参谋""同步工作参谋""系统管理参谋"的构想，明确要求参谋人员能准确洞察战场态势，提供科学的作战决策建议；能在"参"与"谋"上与战场指挥员达到同步性；能应用各种信息技术，收集最新、最全、最准的信息，保证指挥员"随要随有""随问随答"。这些都值得我们学习借鉴。

机关干部对专业性较强、领导正在考虑是否付诸实施的意图，要借助"外脑"，通过咨询该领域的专家、到相关成功单位调研请教等方式，及时向领导提出专业性、背景性、参考性建议，帮助领导进一步坚定决心或再次论证决策。还可以通过适当宣传在领导心目中具有权威力量的有关理论、上级重要指示和规定的内容，协助领导纠正偶然在某一点上不够正确的意见。

第四讲 运筹帷幄 能参善谋

人都有崇拜权威的习惯性心理，一个固执己见的人，很难被说服，或许向他举一个非常权威的人的例子，他就不会再执拗了。在《战国策》中，游说列国的说客们经常运用这种方法去说服各国君王接受自己的观点，往往取得巨大成功。著名的《谏逐客疏》就是一例，李斯作为一个被放逐的对象，并没有强调逐客令对异国人才的打击，也没有强调异国人才对秦国的奉献，而从秦国利益出发，注重强调如果驱逐了这些异国人才，秦国将蒙受什么损失，同时秦国的敌国将得到什么好处。秦王志在统一天下，或许并不关注国内得失，却很在意敌国力量的消长。李斯的谏书正说到了秦王的痛处，也是秦国利害关系最关切的地方。秦王即使再讨厌国外人士，也不再反驳了。曾被列为驱逐对象的李斯留了下来，后来成了秦国的丞相。

（四）提供资料法

在酝酿、论证重大决策，布置实施重大任务之前，将领导关心或应了解的相关历史现实、国内国外、军内军外、本部或兄弟单位的资料与信息，尽可能地收集完整，加以分类，必要时做摘记、标记，适时提供给领导阅看，使领导能以较少的时间，获得较多的重要信息和启示，及时作出正确决断。对领导不够准确的意见可不直接或正面提出不同看法，而是翔实提供相关的真实情况，让领导自行纠正不够正确的意见。还可以通过介绍兄弟单位的先进经验，或发生问题的教训，进一步协助领导打开看问题的思路，开阔眼界，从而改变不够全面的意见。

1958年，党的八届六中全会对1959年的钢产量提出不切实际的指标，要求达到 1650 万吨，陈云觉得不可行，他就组织中央财经小组开展了周密的调研，给中央提供了非常翔实的 1650 万吨钢产量指标不可取、不可能的论证资料，力排众议地提议把年产钢指标定为 1300 万吨，很快被中央采纳。毛泽东为此高度评价陈云："真理有时掌握在少数人手里，甚至一个人手里。"

需要注意的是，机关干部向领导反映情况、提供数据、提出建议，都直接关系到决策，责任重大，必须在严密、慎重上多下功夫。尤其要认真核实清楚，不能听风就是雨，将未经核实的资料、信息向领导报告，导致领导错误决策。要理解基层的难处，多送炭、多补台，不吹毛求疵，不火上浇油，不落井下石。特别是涉及对单位和个人的评价时，一定要出于公心，实事求是，既不夸大，也不缩小。决不能以个人好恶妄加评论，更不能抱着个人恩怨"夹带私货"。

（五）比较优选法

客观事物是相互联系、相互区别的。它们之间既有共同点，又有不同点。这种存在于事物中的异同点，就是进行比较的客观基础。比较优选法是确定事物之间的共同点和差异点的方法，是一种由个别到个别，通过把性质、特点相同或相近的事物或性质特点不同或相反的事物放在一起加以比较，从而证明论点并择优选择的方法。世界上即使很相似的事物之间也存在着差异。差异往往反映着事物的特征和现象的本质。善于抓住两个不同的事物，善于抓住同一事物的不同阶段之间的变化，比较它们之间的异同，寻找造成差异的原因，常常会有所发现。

从比较的含义来说，可概括为狭义和广义两种。狭义的比较法，就是直接性的比较，如类比、对比等；广义的比较法，就是间接的比较，如模仿、模拟、仿生等。从比较的范围来说，可分为单一性的专题比较法和全面性的综合比较法。从比较的内容来看，有政治、经济、哲学、军事科学等的比较，还有人文、地理、思想、社会等的比较。从比较的方式来分，有纵向比较、横向比较、类比、对比等。

俄国著名教育学家乌申斯基曾说："比较"是一切理解和思维的基础，我们正是通过比较来了解世界的一切。但比较要在同等条件下进行，不能以偏概全。

陈云是比较优选法的大师。用他自己的话讲，"交换、比较、反复"是辩证法，是达到"不唯上、不唯书、只唯实"的基本途径。陈云所说的"比较"，就是对事物进行多方面、全方位的对比。他认为，所有正确的分析，都是进行比较的。这是找到"试金石"的方法。通过比较，可以弄清楚事物的本质。他主张，决策时"必须作出几个比较方案，择优选用"。1953年统购统销的决策，就是先提出可供选择的8种方案，然后经过反复比较后得出的。

国外有一句格言："如果看来似乎只有一条路可走，那么这条路可能就是错误的。"这条格言是符合人们认识世界的客观规律的。客观世界是极其复杂的，人们对客观世界及其规律的认识需要一个过程，每个人的认识程度与方法是有差异的，解决实际问题的方法也不可能只有一种。人们既可以用这种方法来谋划，也可以通过那种途径来推进，不同方案之间并不都是截然不同、互相排斥的关系，往往是可以相互补充、取长补短、共同完善的关系。如果只找到一种途径方法，就可能意味着这未必是最佳的。

（六）漫谈聊天法

出主意必须让领导知悉和认可，但让领导知悉认可并不局限于在办公室和会议桌。

机关干部可以不分时间、地点、场合，在领导空闲、环境氛围适宜时，以似乎随意的漫谈聊天，有意识地和领导交流某种思想认识，介绍相关情况，辅助领导了解民意、掌握实情、把握舆论、正确决策。

期间需要注意：聊天说地有准头，事事有根有据；介绍实况有分寸，防止以偏概全；漫谈人事有原则，不说他人闲话；谏言献策有韬略，随意笑侃皆有理。

实践证明，漫谈聊天，润物细无声，进谏成功率很高。《战国策》记载的《触龙说赵太后》，是漫谈聊天进谏成功的经典故事。当时赵国遭秦国急攻，求齐国救援，齐国提出"必以长安君为质，兵乃出"。执政的赵太后爱子心切，断然不肯，并拒绝一切相劝，"有复言令长安君为质者，老妇必唾其面！"赵国危在旦夕了。老臣触龙去见满脸怒气的赵太后，他和颜悦色，一是先拉健康、饮食等家常，嘘寒问暖，平息了赵太后怒气。二是以自己为小儿子求宫廷卫士之职，疼爱儿子的行为，让赵太后视他为理解她的知音，并引导她开始思考"父母之爱子，则为之计深远"这个大问题了。三是切入正题，引经据典地聊天，说古论今，讲述一些君王子孙，为什么长辈亡故后不能继承大位，原因就在于"位尊而无功，奉厚而无劳，而挟重器多也"，这使赵太后恍然大悟，终于同意让爱子长安君到齐国作人质，以换兵救国，为国立功，图长治久安。

（七）补充完善法

机关干部对已执行的方案、展开的部署，如发现有局部缺陷，或因多种因素变化产生了新的问题，要勇于向领导直言，提出修改和完善的意见。其中一要注重大事，二要出于公心，三要讲究方法。切实做到补充完善出新的主意经过深思熟虑，有充分根据、力求简明扼要，用最短的篇幅说清复杂的问题；与他人不同或与领导有异的主意，尽可能在单独场合向领导阐述，在公众场合维护领导干部的形象和威信，切忌不注意场合"放炮"，结果欲速不达，事与愿违。

解放战争时期，著名的淮海战役开始前，中央军委只是设想在江南打个大战役，于是决定由粟裕率华野一兵团共3个纵队渡过长江，开辟东南各省战场，直逼南京、上海，吸引国民党军队重兵回防江南，为打大规模的歼灭战创造有利条件。粟裕接到毛主席亲自签发的"熟筹见复"的电令后，思虑再三，认为渡江南进不一定能达到吸引蒋军主力回防江南、减轻中原我军压力的目的，让3个纵队、10万大军渡江，反而削弱了中原我军的力量。于是他在深思熟虑、综合分析我军在中原黄淮地区打大歼灭战的各种有利条件后，向中央军委写出报告，提出了暂不渡江南进，集中兵力在江北打几个大仗，力争将蒋军主力歼灭在长江以北的大胆建议。结果被中央军委采纳，于是有了苏中战场的七战七捷，进而形成了淮海战役的伟大决策并夺取了战略性胜利。这一事例告诉我们，只要我们抱着对党的事业、人民利益、部队建设高度负责的态度，敢于坚持真理，敢于承担责任，讲实情、进诤言，上级党委和领导是能够闻过则喜，从善如流的。

（八）先同后异法

机关干部向领导进言，一般情况下应先讲与领导的认识和决心一致的看法或意向，然后再提出不同看法和分歧意见。其中，赞同的话要适度，不要庸俗地迎合吹捧；因人而异，有的就可直来直去，不宜拐弯抹角；提异议的根据一定要核实准确，语气符合自己身份。具体地说：

一要注意搞好语言"包装"。同样一个建议，用不同的语言向领导提出，会出现不同的效果，特别是与领导的想法不一致甚至相反的意见，更要把握好说话的分寸。措辞要温和一些，不要太激烈；语气要委婉一些，不要太生硬。

二要注意点到为止。作为领导，思维一般是比较敏锐的，领会问题是比较快、比较深的。因此，机关干部向领导"进谏"时，要尽量做到简明扼要，不要啰啰嗦嗦说起来没完没了，生怕领导领会不了。

三要注意必要的迂回进言。相传乾隆皇帝下江南到苏州狮子林，见那假山似通似断，像迷魂阵一般，玩得很开心。游罢假山，当地官员请他题字，他一时得意忘形，写了"真有趣"三个字。恰好旁边站着接驾的新科状元黄熙，他觉得这三个字太俗，有失皇上体面，但又不好直说，只得巧妙婉转地奏道："臣见圣上御笔，笔笔铁画银钩，字字龙飞凤舞，其中这个'有'字，更是百媚千姿。臣冒昧该死，望乞圣上将这个'有'字赐予小臣。"此言一出，乾隆皇帝复阅此三字，方知话中有话，恍悟个中之理，于是顺水推舟，改为"真趣"。"真趣"与"真有趣"，一雅一俗可谓天差地别。

乾隆皇帝题字不当，黄熙以机智的婉言暗示皇上，致使乾隆改动了题匾，留下了千古佳话。机关干部向领导"进谏"应该努力使忠言不逆耳，真话不难听，以尽快达成共识，利于事业、利于工作。

（九）"上中下"三策法

在通盘谋划、优长比较的基础上，明确所出主意的上策、中策、下策排列，供领导权衡决策。实际这也属于比较优势法，因为很有特点，就单独列一个类型了。

我曾给一个老首长做秘书。这位首长在红军时期，当过叶剑英的秘书和中央军委作战科参谋。他就跟我讲过，在战争年代，叶剑英对身边的参谋人员要求非常高、非常严。要求参谋人员接到一个战情报告，不但动脑子，分析它的可靠性、重要性，提出应该怎么处置，而且要提上中下三策。虽然我们的党委议事规则里，提出重大事项或复杂议题，可提两个以上的方案供常委会审议，但实际上基本没有这样做。而战争年代叶剑英要求参谋人员处理重要事项提上中下三策，仔细想想，是逼着机关人员多动脑子；逼着机关人员加深对战场战况的分析判断，而且要去粗取精，去伪存真；逼着机关人员运用谋略，结合战况，分析各种对策利弊优长。这样做不但使参谋人员自身得到更多锻炼提高，也使领导干部在多种方案优选中，增强了决策的科学性。

第五讲 经天纬地 妙笔生花

谈谈机关干部"写文章"的基本技能

什么是文章？《辞海》的定义是："独立成篇的，有组织的文字。"

比较翔实的说法是：文章，就是以文字为媒介，或宣事陈理或表情达意，有一定篇章组织的信息载体。写作，就是指作者将自己对客观事物的感受、认识和理解，用书面语言符号表达出来的一种社会实践活动，是作者使自己的思想外化的一种精神劳动。这种劳动的产物或成品就是文章。

怎样"写文章"是很难讲的。首先，因为文无定规，难于总结。鲁迅曾说：文章应该怎么做，我说不出来，因为自己的作文，是由于多看和多练习，此外并无心得和方法的。连鲁迅这样的大文豪都说文章应该怎么写，全靠多看多练，并无心得和方法，可见，总结和讲怎么写文章是多么难的事情。再是，因为专著多、讲的人多，难于讲出新意。写作实用价值大，想学的人很多，需求带动了研究和出版，书店里写作书琳琅满目，各种讲座也很多。像我这样非科班出身的，更难于为大家"解惑"了。我讲的以"土"为主，将自己三十多年机关写作实践中的管窥作了归纳，重点探讨几种常用文体写作。穿插着也介绍了一些学术界讨论的新观点、写作书上的经典理论等"洋"东西，力求"土""洋"结合，给年轻的机关干部多提供点有实用价值的写作知识和基本技能参考。

请先品一品写文章的甜酸苦辣

写文章的意义何在，是首先要搞清楚的问题。搞清楚了，才有学写文章的自觉性和源源不绝的动力。我觉得学写文章的意义及甜酸苦辣，集中体现在以下六个方面：

第五讲 经天纬地 妙笔生花

(一) 写文章——经天纬地所倚

文章，是人类文明的象征。

人类原始时代，是没有文章的。当人类的管理、联络、生产、生活发展到一定程度后，口语表达已不能适应社会需要，于是文书应运而生。我国最早的文字产生于约5000年前，在西安半坡的仰韶文化遗址中，发现的陶器上刻有几十种符号。距今4500年的黄帝时代，已留下了大量的陶文。我国独有的甲骨文，距今有3500多年历史。随着文字的出现，就有了文章学的理论。早期最有名的就有南朝刘勰的《文心雕龙》。总之，从原始文明、游牧文明、农耕文明、工业文明到后工业文明，写作随着文明的发展而同步发展，并对人类的物质文明、政治文明、精神文明，起到了独特的不可替代的推动作用。可以说，写文章是人类认识和改造主客观世界的一项基本的活动。它既是人类文明的产物，也是人类文明的标志，还是推动人类文明进步的工具。

魏晋时期的曹丕有段名言：盖文章经国之大业，不朽之盛事，年岁有时而尽，荣乐止乎其身，二者必至之常期，未若文章之无穷。他告诉我们什么呢？就是写文章这件事，是安邦济世的"大业"，永垂后代的"盛事"。一个人的寿命有到头的时候，"荣乐"只能自身享受，它们都有一定的限度，不像"文章"可以传之"无穷"。可以说，曹丕是我国历史上高度概括"文章"重要地位作用的第一人。

我国几千年文明发展、国祚兴替，前人为我们留下了极为宝贵而丰富的经天纬地之作，至今仍然闪烁着不朽的光芒。《论语》中孔子说的第一句话"学而时习之,不亦说乎?"就是说学习是人生之本的来源,比国外提出的"学习型社会""学习力"早了两千多年。孟子说的"天时不如地利,地利不如人和""富贵不能淫,贫贱不能移,威武不能屈"等,无论在过去、现在,还是将来,都具有深远的思想道德意义。有的文章揭民瘼,察政阙,扬善匡恶,敢冒天威,如李斯的《谏逐客书》、贾谊的《陈政事变》。有的文章秉笔直书,实事求是,切中时弊,如魏裔介的《哀流民歌》实录见闻,事例酷烈,据说连顺治皇帝读后都"大感动"。有的文章文辞精练,言近旨远,立意精警,令人折服,像晁错的《论贵粟疏》、诸葛亮的《出师表》、苏轼的《教战守策》、王安石的《答司马谏议书》、海瑞的《治安疏》。有的文章事关军国大计,字字剀切,高屋建瓴,气吞山河,如魏征奏疏中的"兼听则明,偏听则暗","求木之长者,必固其根本;欲流之远者,必浚其泉源;思国之安者,必积其德义"。这些文章的睿智哲思、醒人励志,确实起到了"鼓天下之动"的作用。

在西方社会流行这样一个观念,即"工业的语言是蓝图",而科学的语言即文章。翻翻历史,一部《拿破仑法典》,巩固了法国资产阶级革命成果;一篇《人权宣言》,宣告了君权神授的破产;一篇《葛底斯堡演讲词》,为美国北方军的决定性胜利注入了强大的精神力量。

革命领袖在研究、总结革命理论和传播真理、指导革命运动方面,更是一刻也离不开写文章。假如没有《共产党宣言》《资本论》等马列著作,就不可能有风起云涌、波澜壮阔的世界共产主义运动。假如没有毛泽东的雄文五卷,没有篇篇经典构成的中国特色社会主义理论体系,就不可能有中国革命的胜利和中国特色社会主义建设发展的辉煌成果。

总之,学好写文章一定意义上事关国家的盛衰、民族的兴亡、事业的成败。

(二)写文章——立身处世所重

写作,作为一种用书面语言符号传递信息、交流思想、表达情感的社会实践活动,其实用性广泛性是任何一种语言传播形式所无法比拟的。

在现代社会生活中,一个人的"表现"相当重要。所谓"表现",很大一部分是抒发、倾吐,就是把自己的感知、认识、判断、好恶,用你认为最恰当的方式,把它"由内而外""由点到面"地传达出来。"表现"的方式有许多种,说话是最常用的,但说话受时间、地点、环境和条件的影响很大,而写就不同了,它不像说和做那样,要受到时空的种种限制,它可以布之大众,传之久远,存之永恒;它可以鸿篇巨论,探幽索微,激扬天地,获得最大的表现自由度和影响力。

毛泽东十分提倡党的领导干部既要能看又要能写。他在战争年代就有段精辟论述:"一个革命干部,必须能看能写,又有丰富的社会常识和自然常识,工作才有做好的希望,理论也才有学好的希望。没有这个基础,就是说不识字,不能看,不能写,其社会常识与自然常识限于直接见闻的范围,这样的人,虽然也能做某些工作,但要做得好是不可能的;虽然也能学到某些工作,但要学得好也是不可能的。"(《毛泽东文集》第2卷)夺取全国胜利之后,毛泽东对各级干部、各类工作人员的写作水平,在更高层次上提出了更为严格的要求。他自己就是一个很好的榜样，许多不朽的经典文章都是亲自调查、亲笔写就。

邓小平讲得非常清楚明白："拿笔杆子是实行领导的主要方法。……开会是一种领导方法，是必须的，但到会的人是少数，即使作个大报告，也只有几百人听。个别谈话也是一种领导方法，但只能是'个别'。实现领导最广泛的方法是用笔杆子。用笔写出来传播就广，而且经过写，思想就提炼了，比较周密。所以用笔领导是领导的主要方法。"他又强调指出："不懂得用笔杆子，这个领导本身就是很有缺陷的。"（《邓小平文选》第1卷）

鲁迅先生说得也很深刻：故文章之于人生，其为用决不次于衣食、宫室、宗教、道德。也就是对人生来说，文章的用处决不次于吃饭、居住、宗教信仰、道德修养。

美国当代著名社会学家约翰·奈斯比特指出：在这个文字密集的社会里，我们比以前更需要具备基本的读写技能。他认为，在信息社会和知识经济时代，"写作，包围着每一个人"。而不会写作，就不会生活，甚至难以谋生立足。

排在世界名校之首的美国哈佛大学，有六条教育理念和培养目标，其中第一条就是培养人清晰、有效的思考和写作能力。该校对学生论文的写作有着很严格的要求，如果谁的学术论文不合格，那就得照章补课，否则不能毕业。普林斯顿工学院有八组课程，头一组就是"语文及作文法"，也是各科必修课。

有一个资料显示，最近20多年来，我国的现代写作学有了长足的发展，先后出版了3000多本专著，大多数高等院校都设立了写作类课程。但当代年轻人重实而轻文的现象仍比较严重，作为"智力三元"的写作能力被忽略。著名数学家苏步青曾举例，他审阅一位博士生的论文时,"我给他改病句和错别字的时间,比看全文所花的时间还多。"有家报社披露,6篇来自高校大学生的稿件中,竟有100多处错别字、病句。有媒体报道,近些年我国大学毕业生求职,往往将大量求职信投寄到用人单位。有的学生一人就寄出了三四百份,但多是"广种薄收"。除了就业名额偏少、供不胜于求外,还有一个很重要的原因就是大学生求职函写作水平太差。有一位企业老总年年招收数百名新员工,他就跟媒体说:"我拿到大学生求职信,看了十行八行,90%以上就直接扔到了废纸箱。因为你连起码的行文造句都不通不顺的,还能是优秀人才吗?!"

可见,学好写文章,是立身处世的必备技能。学不好写文章,不但个人事业发展受影响,有时连谋生都会成问题。

(三)写文章——腾飞跨越所凭

能否写好文章,是综合素质强弱的表现,也是衡量和任用人才的重要标尺。

著名物理学家麦克斯韦是经典电磁学理论的奠基人,他取得成功的原因,除了他的研究成果外,还得益于他超凡的文字表达能力。他酷爱文学,在中学时代曾获得诗歌比赛第一名。在电磁学理论方面,著名的物理学家法拉第早在麦克斯韦之前,已经进行了30多年的精心研究,他用直观的"力线"来表述电磁现象,但由于表述思路"模糊不堪",文字"晦涩难懂",影响了他的"力线"理论得到当时科学界应有的公认。1854年,年轻的麦克斯韦第一次读到法拉第的《电学实验研究》,他深入研究了"力线"理论后,就改用一组对称、严谨的微分方程和精确、生动的文字,清晰地表述了电磁学理论，并预言了电磁波的存在，把电磁学理论推到了一个崭新的阶段，得到了科学界的高度评价。显然，法拉第的研究成果未能及时得到公认，很大程度上是因为他的文字表述能力不强；而麦克斯韦的成功，离不开他的文字功力。

领导机关写作尖子人才普遍受到各级党委、首长和机关的器重。有时一个这样的人才，几个部门抢着要。也有的机关干部很年轻，学历也高，其他素质都不错，但文笔比较差，个人的发展进步就受到局限，担当不了重任。20世纪60年代，我人民解放军一个陆军的军政治部新闻报道组有3名战士报道员，文笔都很好，提干后又同在该军宣传处工作。后来，他们三人都先后成长为总政治部首长和大单位领导，一位晋上将、两位晋中将。一个军级政治部的新闻报道组，同一时段三位"秀才"都成长为高级将领，反映出文笔能造英才。

人生的机遇常常是稍纵即逝，关键处也就这么几步。如果你学会了写文章，那么机遇就有可能青睐你，成功的大门就会更多地向你敞开。我当新兵时，因为黑板报稿写得不错，被选到团司令部当文书。任团司令部作训参谋时，因为有一篇飞行训练经验总结写得有深度，引起来团里考察工作的军长关注，他不信是个任职未满一年的新参谋写的，就将手写原稿找去看，后来很快就被调到军政治部当干事。任军政治部干事时，因为上报军区空军的多份工作总结写得还可以，一年后又被选到军区空军机关给首长当秘书。后来，我到作战部队任职，还是由于文字工作的基础相对好一些，又先后从团政委、师政治部主任的岗位，被选调到经常要写较多大材料的上级机关组织部门任主管。1998年，空军政治部二级部领导中比较缺搞文字的，就在全空军找。空军政治部主要领导将时任军区空军政治部组织处长的我找去北京谈话考察,并当场出了个挺大的题目,让我第二天交一篇文字稿。我赶写了一篇五六千字的文章递了上去。在当时有好几个候选人可调入空军机关的情况下,这篇一天写成的较有价值的文章,成了优先考虑我调入的决定性因素。无数事实说明,练好写文章基本功,事业腾飞就有了更加有力的翅膀。

(四)学写文章——痛并快乐着

有人可能会想,学写文章确实重要,我也很想学好写文章,但学写文章实在太苦了,令人望而生畏。是的,学写文章确实是一件很苦的事。因为学写的过程,是理论与实践结合、知识与运用结合、脑力与体力结合的过程,是精神和意识的生产行为、知识和信息的升华行为、语言的创造和生成行为。总之,是错综复杂的高级思维、是千变万化的创新作业,这怎么能不苦呢?!

机关干部的公文写作,更是既"苦"还"痛"。因为写公文不是"有感而发、为己立言",而是"奉命作文,代理立言"。所谓"公文姓公,言不由衷;一声令下,限时交工",不管你有没有感觉,想写不想写,都得按时拿出来,通得过。否则"吃不了,兜着走",会造成严重后果。经常写公文的机关干部假如碰到难啃的"硬骨头",写几稿都被"枪毙"了,进度滞后,火烧眉毛,看不到路,实在憋不出来,心情就会很烦躁、很痛苦,甚至连"想跳楼的心都有了"。

我曾看到一个有关"写材料"的段子:"少壮不努力,老大写材料。春眠不觉晓,醒来写材料。举头望明月,低头写材料。红星闪闪亮,照我写材料。生当作人杰,死亦写材料。洛阳亲友如相问,一片丹心写材料。垂死病中惊坐起,今天还没写材料。青山处处埋忠骨,何必回家写材料。寄意寒星荃不察,我以我血写材料。夜夜思君不见君,君在写材料。众里寻他千百度,蓦然回首,那人正在灯下写材料。人生自古谁无死,来生继续写材料……"这个段子虽然调侃味过浓了点,但抨击时弊,令人捧腹大笑,也使人感慨万千,因为它比较形象生动地反映了在"文山会海"重压下,机关干部忙于写材料之痛、之苦、之忧、之愁!

世界上任何事物都可一分为二。我觉得学写文章虽然"痛"彻心扉、"苦"不堪言,但同时也伴生着独特的"乐",能品味到非常的"甜"。这是因为:

体验生活有快乐。

写作的特点和规律,要求作者必须积极投身生活、热情参与生活、观察审视生活,这样你就会更深地融入社会、融入自然、融入群众、融入实践,就会看到更多的真、善、美。心灵得到净化,思维得到升华,知识得到积累,作风得到改进,那不是很快乐的事情吗?

看到一个报道,有位年轻的记者到基层街道办事处任职锻炼一年,回到编辑部后文风大变,撰写稿件常常蹦出一串串鲜活俚语。有次议论"什么评价最公道?"他随口就说:"一等奖二等奖,不如老百姓的夸奖;熊掌鹅掌,不如老百姓鼓掌。"编一个群众性体育活动报道,他哗哗写道:"现在是老年人奋起,中年人觉醒,青少年沉睡。"谈社区管理改革现状,他绘声绘色地写道:"上层领导在吼《妹妹你大胆地往前走》,中层领导在唱《月亮走,我也走》,基层干部在哼《我不知道,我不知道》。"更绝的是,年底参加编辑部领导竞聘演说，他上台只讲了这么几句话："假如我当选，那么，当我和大官在一起时，我不会觉得自己官小；当我和小官在一起时，我不会以为自己官大；当我和群众在一起时，我一定不把自己当作官。"听到这些土得掉渣的大白话、来源于百姓的实在话、没有客套的真情话，台下群众先是愕然，接着掌声雷动！可以说，到基层体验生活后的这位文人脱胎换骨了，这样的体验生活何乐而不为呢？！

攻坚克难有快乐。

一旦"十月怀胎，一朝分娩"，写出了点睛之笔，写出了隽永之作，写出了实用精品，写出了脍炙人口好文章，这种像爬山登上峰顶、激战消灭了顽敌的快乐，这种突破了"语不惊人死不休"关卡后的快乐，是珍贵的难得的快乐，是高层次、高品位、高水准的快乐。

16世纪文艺复兴时期西班牙伟大的现实主义作家塞万提斯，以其不朽之作《堂·吉诃德》流传于世。塞万提斯1547年生于一个没落的贵族家庭。因家境贫寒，他小时候不得不经常跟父亲四处奔走谋生。22岁时，他参加西班牙军队。在一次与土耳其的海战中，身受重伤，左手致残。1575年离开军队，回家途中却不幸遇到海盗，他被抢到阿尔及尔被卖为奴隶，尝尽了难以言尽的痛苦和艰辛。1580年他被父母赎身获得自由。为了生计，他在海军中做军需杂务，因涉嫌一起挪用公款案，蒙冤入狱。三个月后，无罪释放，却丢掉了一份好差事，全家人生活无着落，重新徘徊在饥寒困顿中。当时一家七口人挤在一所下等公寓的小房子里，楼上是妓院，楼下是小酒店。就在如此嘈杂恶劣的环境下，塞万提斯视苦为乐，在狭窄的过道上放一张极为简单的书桌，夜以继日从事《堂·吉诃德》

的创作，并一举成功，快乐终于紧紧拥抱了他！

文以言志有快乐。

文章是抒情言志的载体。美国著名的结构主义语言学家萨丕尔说："语言结构如此美妙，不论说话人想表达什么，不论他的思想是多么新奇古怪，语言都可以尽其职责。"

清华大学教授肖鹰曾在他的博客首页，写了如下一段话："为何写作？写作并不是为了快乐，而是写作本身就是快乐。"

文章是作者内心外化的镜子。毛泽东韶山故居前，有一个水清景幽的池塘。相传毛泽东16岁时，在这池塘边写了一首《咏蛙》："独坐池塘如虎踞，绿杨树下养精神。春来我不先开口，哪个虫儿敢作声？"我参观韶山时，曾在毛泽东故居前的池塘边徘徊许久，体会《咏蛙》的意境，深深感到诗中咏的哪里是青蛙，明明就是一只威风凛凛、傲视天下的猛虎嘛。写出这样的作品，其乐无穷呀！

文以感人有快乐。

报载，郑州马女士接到一个陌生男子的电话。该男子称自己在公共汽车上偷了她的钱包，因为看了包内的一封信被感动了，现在与马女士约个方法，将钱包内的证件等物品归还原主。原来，马女士闲来无事时写了一封"告梁上君子书"，并放在钱包内。信的内容如下："陌生的朋友：您好！当你看到这封信的时候，钱包已不属于我了。我明白你急等着用钱，请你在获得自己想要的钱物后，能把对我来说至关重要的证件还给我，在此谢谢你了！我是个下岗职工，上有老人下有孩子，经济十分拮据，我想你干的'职业'也并不是你真正想从事的，你我都没有理由自暴自弃，美好的生活要靠双手去创造，愿你开心每一天！如果你对我的观点没有意见，请拨打电话139xxxxxxxx与我联系。"这封信居然感动小偷，归还了重要物品，足见文以感人的魔力！

文以助人有快乐。

文章是干事业的"杠杆"，也能成为服务大众、传播快乐的工具。当你把每一个字的含义，都发挥得淋漓尽致，能够把它们组合得天衣无缝，那么，你自然就能化腐朽为神奇，把快乐撒向周围、撒向世界。

在一个寒冷的冬天里，有一个衣衫褴褛、双目失明的老人，站在一条繁华的街道边上行乞。他身旁立着一块纸牌，上面写着："我什么也看不见"。有一天，一位诗人路过这里，老人伸手向他乞讨。诗人说："我也很穷，但我可以给你点别的东西。"于是，他在纸牌上填了几个字，变成："春天就要来了，可我什么也看不见！"从那以后，老人得到的同情和施舍，比以往任何时候都要多。看！会写文章多神奇！诗人随手写的这几个字，真的就有点石成金、雪中送炭的功效呀！

文有创新有快乐。

写文章是一个"海阔凭鱼跃、天高任鸟飞"的领域，是一个真正的"你有多大才干，就有多大创新"的领域。可以任凭你奇思妙想，不拘一格地写奇文、构奇词、创奇迹。

马克思的女儿燕妮，曾向当时德国著名的历史学家维特克请教能否将古今的历史启示，缩写成一本简明的小册子。维特克教授巧妙地写了四句谚语，就概括了古今历史启示：上帝要其灭亡，必先令其疯狂；时间是筛子，最终会淘去一切历史的沉渣；蜜蜂盗花，反而使花儿更加茂盛；暗透了，便望得见星光。

有一家医院认为本院的"一切为了病人"的服务口号过于简

单，想重新创作，就请教正在他们医院住院的一位文人。这位文人不假思索，仍用这六个字，随口倒了一下语序，就变成了三句："一切为了病人，为了一切病人，为了病人一切"，非常鲜明又有个性，大家都拍手叫好，这"三个一切"很快成为该医院亮丽独特的服务品牌。这样的写作不是乐在其中吗？

（五）会写文章——难又容易着

说写文章难，因为它是一种复杂而特殊的精神劳动。就拿应用文写作来说，文种繁多，有的教材说有 40~50 种，实际存在的具体种类，有人统计不下 2000 种。而且有叙述、描写、议论、说明、抒情、表意等许多种变化多端、令人眼花缭乱的语言表达方式。尤其是文章使用或发表后，它是"一字写入文，九牛拔不出""一文昭天下，好孬万众评"。因而，写文章确实是一门高深的科学，一种尖端的技能，也是毁誉莫测、难度很大的行当。写文章有别于其他劳动的特点和难度，主要体现在：

一是鲜明的目的性。凡动手写，都有一个"写作意图"或"创作动机"，或表情达意，或宣事明理，或传授知识等。没有目的，就没有文章。背离了目的，再精彩的文字都是废话一堆，分文不值。

二是强烈的个体性。写文章是最能体现个性的个体精神劳动。正如古人说的"文如其人"。作者才、学、识的特点和功底，可以通过他的文章一览无遗。即使是写作班子的共同创作，也能程度不同地显现出主持该文章写作的人独特的思想和风格，或该写作班子整体的特色。

三是凸显的理论性。文以载道见水平。"道",是道理、事理。"道"是文的生命线。一篇文章要有道,必须有一定的理论含量,须用简洁准确生动的语言揭示科学发展之理、事物内在规律等。为什么有的文章字面上看很通顺,但却显得一般化,读起来不解渴、听起来没味?很重要的原因是缺乏思想性和理论深度。

四是突出的综合性。文章是作者思想水平、理论修养、思维方法、生活阅历、知识储备、审美情趣、文字功底以及性格气质等的综合反映,通过文章,能够比较全面、艺术、形象地显现出作者综合素质的高低强弱。

五是高度的创造性。写文章既要靠实践——总结——再实践——再总结——再实践,循环往复来完成创作过程和实现创作目的;更要靠高度创造性的精神劳动,来赋予文章不朽的灵魂、独有的价值和特色。

即使是文章大家、写作高手,他们也无例外走过一条艰难的道路。对写作,起初也满怀着敬畏之心,认为学写文章、成为秀才,既神圣又高不可攀。刚开始写的文章,也摆脱不了常见的幼稚肤浅,投出的稿件也会像燕子一样地飞回来。

南朝时著名的文艺评论家刘勰就断言:"若学浅而空迟,才疏而徒速,以斯成器,未之前闻。"

鲁迅更是深有感触地说:"其实即使天才,在生下来的时候的第一声啼哭,也和平常的儿童一样,绝不会就是一首好诗。"

革命前辈谢觉哉说得很朴实,他说要写好文章必须过"写"的关:"讲起来明明白白,做起来糊里糊涂,做了一次又一次,也许就不那么糊涂了。写文章也是一样,只讲不写,将终不会写,而我们的工作又需要写,那么,写吧!"

俄国作家契诃夫有一段话说得更绝，他说："请您尽量写！请您写、写、写……写到指头断了为止。"

总之，写文章从入门到掌握，到能熟练驾驭，确实很难，需要付出比其他劳动多得多的心血和汗水。但"书读百遍，其义自见""多读胸中有本，苦练笔下生花"。学写文章和学其他技能一样，只要肯下功夫，是能够摸到门道、熟练驾驭的。如果你能像契诃夫说的那样，肯下不惜断指的苦功夫，那么，相信你在指头未断前，一定学会了写文章，而且能脍炙人口，甚至是传世佳作！

社会在发展，时代在进步，写文章作为一门科学和技能，也在不断地发展。20世纪80年代以来，我国现代写作学在适应社会需求中不断创新发展，加快了普及和繁荣。如，推进了以"八个结合"为标志的现代写作变革，这就是文本与人本结合、静态与动态结合、微观与宏观结合、知识与智能结合、写作技巧与写作规律结合、写作本体与综合引进结合、客体主体与载体受体结合、纸质写作与电脑写作结合。基本形成了由写作原理、动态过程、边缘、文体写作、发展史论、技法技巧、写作训练等类型构成的现代写作学理论体系。可以说，我国的写作学已较好地实现由"传统"到"现代"的转变，这为我们学习掌握写作理论、走入写作"自由王国"创造了更好的环境和条件。

写文章虽难又容易着，是因为文章是客观事物的反映，它有规律可循。关于写作的基本规律，有不少专著、文章作过讨论。

如有学者归纳写作**"三个飞跃"的基本规律**，用郑板桥的形象语言来说，就如由"眼中之竹"到"胸中之竹"再到"手中之竹"的三个飞跃。一是感知飞跃。它是整个写作活动的基础。任何一篇文章的产生，首先要经过由客观外物向主体渗透、激发的过程。主体通过对外物的观察、感受、体验后，在头脑中逐渐形成对外界事物的感性认识。感性认识积累到一定程度，就会产生认识上的飞跃，上升到理性认识阶段。这一升华，就是感知飞跃，是写作活动中客体向主体的第一步转化过程，使主体萌发写作的动机和欲望。二是内孕飞跃。它是整个写作行为的核心。随着写作欲望的萌发，主体在理性认识和情感的推动下，逐渐在胸中形成意象、形象和文章的雏形，这是写作活动由客观外物转化为主观内在之"意"的一次质的飞跃，这里，主体已经基本完成了"心灵产品"的构想过程。三是外化飞跃。就是作者用语言符号将"心灵产品"凝固定型，使其成为外在客观存在物——即文章，最终完成主体的写作意图。这三次飞跃，概括起来就是由"物"到"意"，再到"文"的一个转化过程。

中共河北省委原副秘书长李昌远总结了新中国公文写作的演进过程，他提出了"**公文写作五条基本规律**"，具体是：（1）行文主体以服务人民为宗旨的依承律；（2）批判继承与推进改革的通变律；（3）领导、秘书、群众三要素的互补律；（4）内容、体式、语言的统一律；（5）撰制和处理过程的有序律。

中国地质大学教授宋斌从不同的角度也归纳了"**撰写公文五条规律**"：（1）事理律（缘事而发，合情合理）；（2）群体律（以特定人群或组织的共识为条件）；（3）规范律（内容和形式的规范化）；（4）平衡律（行文的各个对象之间的关系融洽、和谐）；（5）聚焦律（主题的集中、单一、统一）。

一些专家还对公文的内在结构和功能进行了深入的分析。沈国芳教授认为，**公文写作存在"凭—事—断"模式**。模式是公文内容最优化的概括，模式化程度越高，其功能就越容易实现，应用的广泛性就愈强。只有这样，才便于公文处理的标准化和自动化。萧庆元教授认为，"凭"可再分为法政根据和情理根据；"事"可再分为本事、情势、背景；"断"可再分为性质认定、行动决策等。在结构形式方面，萧庆元教授提出，公文有总说、分说、总结三种结构元素，这三种元素又可细分为说头（点明中心意思）、说点（分项说明）、说因（说明原因）、申说（对说头的申发）。这种从系统角度研究揭示公文写作规律的方法，是现代公文写作走向电脑化处理的必然途径。

以上简略介绍的这些理性认识，各有精妙之处，为我们从宏观方面、从规律层面，提供了学写文章变难为易的一些思路和基本遵循。学会把握这些规律和借鉴这些模式，学写文章会少走些弯路。

有些机关干部总感到自己非文科出身，专业不对口，或学历低、知识面窄，学写作难以入门。实际上，会写文章与专业对口与否、学历高低、受教育多少并不成正比，低学历的照样能写出高水平的文章。

1964年6月，毛泽东谈到自学成才时，说萧楚女没有上过学校，不但没有上过洋学堂，私塾也没上过。我是很喜欢他的。农民运动讲习所教书主要靠他。他是武昌茶馆里跑堂的，能写很漂亮的文章。

战士高玉宝，入伍前没有上过学，入伍后通过扫盲，不但可以看报写信，还创作了长篇自传体小说《高玉宝》，轰动了文坛。我们这一代人，上小学时都读过这本书。

陕西的著名作家路遥，出身农村，一生贫困，也没有受到正规的教育，但创作的长篇小说《平凡的世界》，荣获我国文艺创作的最高奖——茅盾文学奖。

苏联著名作家高尔基只念过两年书，却写出了很多传世名作。

写《钢铁是怎样炼成的》的苏联作家奥斯特洛夫斯基，只上过三年小学。

这样的例子可以举出很多。正如希腊著名雕塑家贝托尔德对他的学生米开朗琪罗说的：“天赋是廉价的，勤奋是无价的。”古今中外大手笔、大文豪的共同特征，就是热爱写作、勤奋写作。而热爱是最好的老师，勤奋是成才的捷径。只有付出，才会杰出；只有成才，才会成功。只要你肯于付出，甘于流汗，热爱写文章，用心去写作，你完全有可能掌握好这门科学和技能的。

学写文章变难为易，有不少成功的经验做法。军队机关干部由于平时大量接触的是规范性比较强的军用文书，初学写作者可以考虑先从模仿入手，循序渐进、由易而难地提高军用文书写作能力。我想为年轻的机关干部归纳和推荐初学写作"三步法"：

第一步：简单模仿——"照着画描虎"

模仿的本义，是指有意或无意仿效他人的言行，使自己的言行与对方相似。模仿是人类学习的基本方法，是创新发展的基础。南宋著名理学家朱熹说："古人作文作诗，多是模仿前人而作之，盖学之既久，自然纯熟。"当代著名作家茅盾认为："模仿是学习的最初形式。"学习绘画要求临摹，学习书法要求临帖，同样地，提高公文写作水平，模仿是不可逾越的初级阶段。

一位知名教授在介绍他写文章的秘诀时说："**参考一篇文章写一篇文章，是抄袭；参考三篇文章写一篇文章，是模仿；参考十篇以上文章写一篇文章，是创造。**"此话很有道理。

初学写作的过程可以说是"机械"模仿、"照着画描虎"的过程。军队公文写作不像文学创作和新闻写作那样"有法"而"无法","有体"而"无体",而是有规定的格式、语体的模式和约定俗成的表述方法。这些特点对于公文写作入门者来说,是比较容易模仿的。初学者在起步阶段,首先应熟悉军用文书概念,了解基本知识,学会套用该文体的基本模式;接着在例文的引导下,进一步把握特点要领,努力达到学什么像什么;再是通过带教人分析点评或自我总结,找出成功和不足之处,熟练掌握模式。

第二步:深度模仿——"看着虎画虎"

"照着画描虎"是初级模仿、简单模仿,因为成形的线条是比较容易勾画复制的。而"看着虎画虎"就是高级模仿、深度模仿,因为你要深入实际、深入生活,比照着见到的活生生老虎,要画出虎的逼真体态,才能进一步领悟和掌握到真谛。

邓小平说过:"写文章也不是很困难,主要是要意思好。"(《邓小平文选》第一卷《在西南区新闻工作会议上的报告》)这里所说的"意思好",是告诉我们写作是将自己观察事物形成的正确思想、认识、感受反映出来,传播出去。"看着虎画虎"之所以高于"照着画描虎",主要在于观察事物从间接到直观、从简单到复杂,能够更准更好地表达"意思"了。

在熟悉公文写作基本要领、基本模式后,就要循序渐进地在规范的基础上进行局部创新,努力画出虎的内在神韵。如调整文章结构、使用鲜活语言等。

第三步:丢弃模仿——"画出心中虎"

要更上一层楼,就必须丢弃模仿,将现实中仪态不同的各种虎,化成心中的虎画出来。

袁枚在《随园诗话》中说:"人闲居时,不可一刻无古人;落笔时,不可一刻有古人;平居有古人,而学力方深;落笔无古人,而精神始出。"这是一种很高的创造性写作境界。

对事物的认识,应不断追求和升华到"见皮知骨""万象归一",动中知静、静中知动。一旦有了这种悟性,画出的心中虎,就会源于虎而高于虎,不但形似,更重神似,集万千虎的神韵于一身;就会按照新的思路,想写什么就会写、能写好什么,达到随心所欲的境界。

(六)写好文章——苦亦金贵着

机关干部天天和写文章打交道。会写文章的人,往往"文章跟着人走",接到的任务多,吃的苦也更多。而且写文章趴办公桌,经常熬夜,比较清苦,比不上管钱管物的人"风光"和"实惠"。这常常使一些写文章的人心理上不大平衡,导致了有些人不大乐意学写文章。要看到,能写好文章,虽苦,但亦金贵着。

首先,能强有力地促进自身学习。时代发展对每个人的知识构成和素质提高提出了新的更高要求。如果疏于学习,今日的饱学之士可能会成为明日的落伍之人。写作的任务和压力,往往要求从事写作的人与时俱进地更新观念,学习掌握各种最新知识,不断提高能力素质。这一压力的长期存在,会使人实现由被动学习到主动学习,由阶段性学习到经常性学习的转变,久而久之,便会养成自主学习、勤于学习的习惯,使学习成为天天自觉坚持、生活中不可缺少的一项重要内容。

其次,能强有力地提高思维水平。世界上任何事情,如果只是旁观议论，永远是只知其表不知其里，不得真谛不得要领的。只有躬身入局，亲自实践，才会精于思维，精于其道。写作文体种类繁杂，涉及方方面面，这既增加了写作的难度，但也创造并提供了作者熟悉情况、观察问题、分析判断的机会和条件，锻炼了"爬格子"的人善于观察、勤于思考的本领。

再次，能强有力地增强领导能力。写作，尤其是机关公文写作的特点，决定了写作者必须站在全局的高度看问题、理思路、作决策，必须有集思广益、博采众长，礼贤下士、善纳群言的工作作风，必须站在领导者的角度，出思想、想办法、拿措施等。如此日积月累，潜移默化，必定会提高组织领导能力。

还有，能强有力地激发事业心进取心。写作的成果必然公之于众，一个个成果，能不断增强作者的成就感和事业心。一些著名作家和记者，最初激起他们学写作的热情和动力，竟不约而同地是在报刊上发表了几篇"豆腐块"大小的文章。在机关从事公文写作，会有更多的机会接触中心工作，认识更多的博学睿智之士，了解更多的典型和真知，从而能获得更多的鼓舞、鞭策、激励，促进个人发展进步从一个台阶向更高台阶的跃升。

时任我军总参谋长的傅全有上将曾鲜明指出："军事写作是部队的重要战斗力"，他强调各级党委和机关要切实加强对写作人才队伍的培养和提高。可见，机关干部的写文章既是"看家本领"，又是部队战斗力的组成部分。

目前机关干部中，把这种"看家本领"练得炉火纯青的少了一些，普遍反映写作人才紧缺。这种人才培养起来周期又很长，因而提高"会写文章"本领，是当前加强机关人才队伍建设一个亟待克服的"瓶颈"。

还应看到正如有句土话说的"物以稀为贵",学写文章虽然清苦,但正因为有了这些清苦,才使愿学、会写的人不太多,供求矛盾更加突出,会写文章的人含金量增加。空政宣传部的干部由于相对来说文笔不错,这些年退休的老同志,大多数都被军队、地方新闻出版等部门聘用;凡转业到地方的,文笔不错的优势在找工作中显现出来了,受用人单位欢迎的程度都比较高。与我一起在1972年年底当兵的两个上海籍团职转业干部,因为文笔好,转业的时候没有找关系,就在几个热门部门的抢夺下,自己挑选进了市政府的重要部门担任要职。空军工程大学政治部前些年转业的一名新闻干事,他拿着发表文章的剪贴本给用人单位看,省级机关两个部门争着要他,后来他自己挑选了省政府某厅的人事处。这些事实说明了,写作人才成才时清苦,成才后金贵,在军队和地方都能较好地人尽其才,施展才华。

因此,尚在学写文章的同志,请你要辩证、全面、客观地看清学写文章的利弊得失、甜酸苦辣。要增强紧迫感、责任感、荣誉感,不怕酸辣、甘于清苦,争取早入门、快提高。这对眼前也好,长远也好,对组织也好,个人也好,都是很有益的事情。

二、经验材料写作实用技能

早在1941年,毛泽东就讲过,"善于总结经验,就是领导者的任务"。(《毛泽东文集》第2卷)邓小平晚年也说,他最关心的事,"一个总结经验,一个使用人才"。(《邓小平文选》第3卷)可见,总结经验及撰文推广,无论是对领导者还是机关干部,都是很重要的职责和基本的领导方法。

（一）认识经验材料

1. 什么是经验材料

先来看什么是经验。所谓经验，是指人们在社会实践中得来的知识和技能。它有两个明显特点：一是实践的直接产物。所谓经验者，由"经"而"验"也。如果只有务虚的理论，而没有实践的检验，是不可能形成经验的。二是知识和技能的统一，是人们在改造世界的实践中得到的认识和技能的总结。

康德等哲学家认为，人的认识分为三个阶段：从感性到知性再到理性。经验在层次上划分，我认为一般可分为：①感性经验。是某个人或单位，在某个时候对某个问题的经历而取得的知识或技能。感性经验是一种狭隘的带有片面性的经验。②知性经验。是某些人或集团，在一定范围和某个时期的实践中得来的知识或技能。它不是单纯的个人感性认识，开始具有一定的理性认识，但仍具有局限性。③理性经验。它是一个集团或一个群体在较大范围内或较长时期内的实践中，总结出来的具有一定规律性的东西。它是感性经验、知性经验的升华，是经验的最高层次，已具有较普遍的指导意义，但它仍只是在一定的时空领域相对正确管用，并未达到放之四海、恒之久远而皆准的层次。

从经验的定义和层次，结合材料的内涵，可以推理出以下的基本概念：

所谓经验材料，就是总结实践中成功的经验或新的认识体会，回答实践中的难点、热点、疑点问题解决方法，具体告诉人们应该怎样做、不应该怎样做和怎样才能做好，并按照一定体系写成的书面材料。

经验材料特点可用以下简图表示：

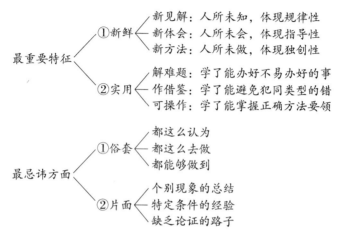

要特别注意的是，经验材料必须是理性经验的总结。仅凭感性经验和知性经验总结出来的东西，经不起实践和历史的检验。

2. 经验材料与调查报告、典型事迹的区别

我看过一些论述常用文体写作的书籍，很少见到有专门论述经验材料写作的。问题出在不少写作书籍中，将经验材料归纳于典型材料、调查材料这类文体中，没有将它列为专门文体。我认为，从学术的角度来探讨，经验材料与典型材料、调查材料既有联系，又有区别，而区别是带有本质性的。也就是经验材料具有它的独特内涵和外延，是可以也应该单独列为一种文体的。让我们作一些具体分析：

（1）经验材料与调查报告的基本区别

- 性质上
  - 调查报告有三类：政策性、学术性、工作性（或业务性）
  - 经验材料有两类：正面经验、反面经验
- 类型上
  - 调查报告有六类：综合型、经验型、探讨型、揭露型、历史型、反映型（也叫专题型）
  - 经验材料有三类：全面经验、配套经验、专题经验
- 内容上
  - 调查报告：理论色彩强，一般既有调查又有完整、系统、深层次的研究，揭示本质或反映重大问题
  - 经验材料：实践色彩强，反映某方面的实践有哪些新鲜实用的做法，起启发、引导、指路作用

从以上分析可以看出，调查报告与经验材料的基本区别有：

内涵不一样。前者宽、后者窄，调查报告六种类型中只有一类是经验性的；

层次不一样。前者注重揭示本质和规律，后者注重介绍新鲜实用的知识和技能；

表达不一样。前者必须是作者自己去实践和撰稿，后者可以总结他人的实践体会。

（2）经验材料与典型事迹的基本区别

- 内容上
  - 经验材料：既可写正面典型，又可写反面典型；既可写"是什么"，又回答"为什么""怎么办"
  - 典型事迹：只写先进人物、先进群体，主要写"是什么"，回答"为什么"，不必写"怎么办"
- 表达方式上
  - 经验材料：一般不需要形象的描写、细节的描绘和抒情
  - 典型事迹：需要形象的描写，细节的描绘和应有的抒情
- 用途上
  - 经验材料：直接告诉人们应该做什么，怎样才能做好
  - 典型事迹：用榜样间接倡导人们怎样去做

其中的主要区别在第一个方面,即经验材料必须既写"是什么",又回答"为什么""怎么办";典型事迹只需要写"是什么",回答"为什么",不必写"怎么办"。

3. 经验材料主要类型和结构

(1)经验材料主要类型

划分经验材料的类型有多种角度和方法。可以作以下的分类:

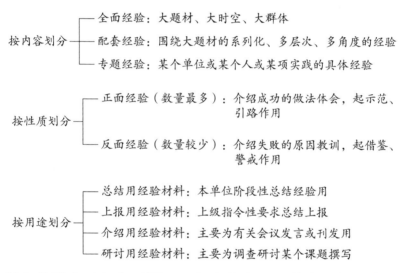

以上分类由于角度不同,互相有些交叉。其中用得最多的是专题、正面、总结用经验材料。

(2)经验材料常见框架结构

美国哲学家J·H·兰德尔指出:结构是一切意思和意义的基础,没有结构的任何东西都不存在,都不可设想。俄国作家冈察洛夫也很感慨地说,单是一个结构,即大厦的构造,就足以耗尽作者的全部智力活动。这些都说明了文章结构的重要性。经验材料类型很多，应用又广，应根据内容和题材的需要，在谋篇布局中选用不同的框架结构，达到准确、恰当、充分表现主题的目的。常见的框架结构有以下6种：

一是纵向式

以事物发展的时间顺序或逻辑过程叙述经验。特点是：脉络清楚，衔接紧密，层层递进，步步深入。层次观点之间是递进关系。如：

例文：《做好突发性问题战士的思想工作》，其大观点就是按事物发展的逻辑过程叙述的纵向式结构：

①爆发阶段——思想政治工作要注重"稳妥"。

②缓和阶段——思想政治工作要注重"疏导"。

③稳定阶段——思想政治工作要注重"实在"。

二是横向式

以事物发展的空间转移为层次，或以事物的性质安排为层次。特点是针对繁杂多样的事实材料，按事物性质的内部关系分门别类，同样性质的划为一类，立一个观点或层次，形成一个横向结构。层次、观点之间有逻辑联系，又是并列关系。如：

例文：《树立大教育观念构建大教育格局》

①扩大教育空间，把教育阵地向课堂以外拓展。

②延伸教育时间，把教育融入军事训练和日常工作生活之中。

③丰富教育手段，把现代科技和新的载体引入思想教育领域。

④完善教育功能，把着眼点放在提高官兵综合素质上。

⑤壮大教育队伍，把各方面力量汇聚一起齐抓共管。

例文：《怎样当好飞行大队教导员》

①要有较宽的知识面，发挥好"咨询站"作用。

②要模范带头,发挥好"领航站"作用。

③做好深入细致的思想政治工作,发挥好"雷达站"作用。

④活跃训练现场宣传鼓动,发挥好"加油站"作用。

⑤要有高度的安全观念,发挥好"观察站"作用。

三是纵横交错式

兼有前两种形式的特点,为了表达内容的需要,观点和层次往往横里有纵,纵里有横,纵横交叉,有机地融为一体。具体有两种情况:一种是总体上是纵的,小的结构是横的;另一种是总体上是横的,小的结构是纵的,大家一想就可以明白。如:

例文:《让党小组长成为"小指导员"》

①谁强选谁,让党小组长具有"小指导员"的素质

一是造舆论,倡导谁强选谁。

二是细考察,摸准理想对象。

三是把好关,选出最佳人选。

②尊重扶持,帮党小组长树立"小指导员"的威信

一是活动组织权。

二是听取汇报权。

三是工作分配权。

四是检查学习权。

五是监督建议权。

③放手使用,让党小组长当好"小指导员"的角色

一是党员的学习制度,让党小组长牵头抓。

二是党员的汇报制度,让党小组长负责抓。

三是党员的日常管理,让党小组长主动抓。

四是战士的思想工作,让党小组长首先抓。

④强化激励,使党小组长以当好"小指导员"为荣

一是明确职责标准。

二是定期组织考评。

三是兑现奖惩措施。

四是两截式

特点是先写大量的成果,再叙述为什么做得好的几条经验。通常在成果很完整、很突出,不能打散,否则不能给人深刻印象时采用。

如有一篇《我们是怎样开展红旗车驾驶员评比活动的》,里面前一截写了开展这一评比活动的六条好处,后面一截写了四条经验体会。

这种结构形式适用于一种活动轰轰烈烈开展起来后,显示了很大的优越性,集中在前面先写好处,容易打动人,吸引人去看经验、学经验。

五是一贯到底式

这是经验材料写作中比较简洁明了的一种形式。围绕机关、单位、个人在某个方面做过的一种事情,从头到尾,一气贯通。用于反映比较简单的经验体会。特点是主题单一,选材集中,结构紧凑,篇幅短小。一般情况下没有顺序号,也可不拟小标题,有的虽在自然段前有观点领头,但分界不很明显。

如有一篇经验写的是《天津牙膏厂是怎样提高经济效益的》,就是一贯到底的结构。全文分四个段,没设小标题,实际每段第一句话就是标题。

第一段第一句话是:品种以多取胜。

第二段第一句话是:质量以优取胜。

第三段第一句话是：价格以廉取胜。

第四段第一句话是：服务以勤取胜。

六是序数式

这种结构形式使用比较少，特点是不分开头、正文和结尾，一开始就用（一）（二）（三）等序数分段，每段一般不冠以小标题，有的甚至在每段开头的第一句也不概述论点或主要内容。

这种写法如运用恰当，会写得流畅自然，无拘无束，增强感染力。

以上介绍的六种是比较常见的经验材料结构。俗话说"文无一定之规"，还有其他一些灵活多样的结构形式，因而不要拘泥于以上形式。

（二）经验材料写作通常步骤

写作过程，从时间上分，是由"准备——写作——修改"三个阶段构成的。事实上，作者在各个阶段，一直在进行着材料的选择和扬弃——观点的确定和更替——框架的建构与突破——语言的运用和修炼——表达方式的选择使用等。这些行为交叉进行，又统一为整体，融汇于整个过程，表现出一种创造性的生命状态，最终写出一篇篇文章。

经验材料写作大体分五个步骤：（1）选择课题；（2）调查研究；（3）提炼观点；（4）剪接素材；（5）构成文章。这五个步骤既是相互联系、交叉进行的，又是相对独立、各有侧重的，不能截然分开。

1. 选择课题

琢磨"面"上需要。 要紧密结合上级精神和部队实际，尤其是实践中的重点、难点、疑点问题，琢磨透、把握准需要总结什么样的经验材料来指导工作。我任空军某军政治部组织处长时，调查了各种类型基层党支部建设情况，发现面上带普遍性的问题是党支部七项组织生活制度落实的质量比较差，进而影响和削弱了党支部的全面建设和发挥核心领导的作用。于是选择这个课题，认真抓了空军某师的基层党建基地建设，总结了该师 13 个类型支部抓组织生活质量的经验体会，被军区空军采纳推广，发挥了积极的影响。

掂量"点"上可能。 不但要坚持立足"面"上需要，大范围地筛选能出所需经验的"点"；而且要深入分析"点"上的各种情况，掂量判断能从何种角度，挖掘什么素材，总结哪类经验，确定大致方向。如果深层次调查发现现有的"点"缺乏基本条件，就不能"揠苗助长"，应重新换"点"或进一步抓培养提高。

选择适当类型。 在琢磨透"面"上需要和判断准"点"上可能后，再考虑是总结全面经验，或是配套经验，还是专题经验；是写正面经验，还是写反面经验；是用第一人称总结，还是第三人称总结等。

2. 调查研究

准备要"细"。 准备工作最重要的是拟好调查预案。预案一般包括以下内容：一是调查的目的与任务：即什么主题，达到什么目的；二是调查的对象：哪些单位，多大范围、哪些人；三是调查的纲目：分解主题，列出细目，量化具体化调查内容；四是调查的方式和步骤：采用什么方法、分几步，用多少时间；五是调查组织与分工：课题、内容分工到人，明确汇总的方法；六是调查的注意事项：预想可能遇到的问题及解决方法。要事先将调查预案告知有关单位和人员做准备，不要"临时点将"。

挖掘要"全"。既要调查事实，又征询观点，在征询观点中，进一步了解相关事实；宜在笔记本上分类记载，便于归纳，最好是使用活页卡片；详记、简记、速记、打记号相结合，不漏记重要情况，必要时录音。尤其要辩证灵活地运用听、看、问、查、比五种方法：

要紧紧围绕调查主题寻根问底，直至"山穷水尽"。务求掌握"七要素"：何人、何时、何地、何事、何故、何结果、何意义。其中最重要的是做到"兼听则明"，克服片面性。

鉴别要"准"。材料有直接与间接、正面与反面、历史与现实、个别与综合之别，经过核实、鉴别才能写入文章。一要辨真伪，在掌握大量素材的基础上，善于在上下、前后、左右、纵横比较中全面分析鉴别，"去伪存真""去粗取精"。只有鉴别确认后的材料，才能作为文章中证明和支撑观点的材料；二要查缺漏，文章使用的材料不能以偏概全，挂一漏万，要利用一切可能弥补完善，体现全面性、完整性；三要求典型，文章应使用有代表性的典型材料，能体现事物的本质特征，力求个性与共性、特殊性与普遍性相统一。

3. 提炼观点

有句行话：写材料是"七分构思、三分写作"。一篇经验材料的主题思想是什么，分几个问题去写，观点与材料如何搭配等，都是提炼观点过程中要解决好的重大问题。就像盖楼一样，只有搭好"框架"，把"四梁八柱"立起来，写出来的文章才能"骨"挺"肉"紧。

提炼观点主要依赖起草者的认识能力。认识能力实际是观察分析能力、逻辑推理能力、归纳概括能力、洞察能力、鉴别能力、联想能力、创新能力等的综合体现。有的机关干部接到写作任务常常感到下笔艰难，搜尽枯肠难以为继，是他的文字表述能力不行吗？不，根子是认识能力不够，因而对要写的事物尚无完整、清晰、透彻的认识，也就不知道该写些什么。

西晋学者陆机在《文赋》中讲了一个深刻的道理："恒患意不称物，文不逮意，盖非知之难，能之难也。"意思是说：常常忧虑自己的认识是否能与客观事物相适合，文章能不能准确表达自己的认识；知道这个道理并不难，能做到太难了。他提出"物—意—文"的写作思维模式：写作的第一步，就是把"物"变成"意"，即通过"炼意"，对要写的事物取得符合实际的认识；第二步是把"意"变成"文"，即将自己对事物的认识用文字准确地表述出来。他认为写不好文章，最主要的原因是"意不称物"，也就是认识能力不行，导致"物—意"这个炼意过程很差，对客观事物不能产生正确的认识。这样，就是有天大的本事，写出来的文章也只是一个空囊而已，没有实际的内涵。清代学者刘熙载也有类似的说法，他说："文以识为主。认题立意，非识之高卓精审，无以中要。"其意是说，文章的好坏首先在于思想观点，而确立文章的思想观点，没有高深的认识和分析能力，就不可能切中事物的本质，写出的文章自然不会很深刻。

提炼观点的方法有多种多样。从思维方法上看：

一是从纵向角度提炼。也就是探究事物的历史渊源和发展过程，将对象逐阶段考察分析来提炼观点。如渊源分析法（原因—现状）；预测分析法（过去—现在—将来）；进程分析法（低级—中级—高级）；动态分析法（肯定—否定—否定之否定）等。

二是从横向角度提炼。也就是通过事物的内外联系，分析对象在整体、全局、同类型中的地位、作用、影响等来提炼观点。如比较分析法，通过对整体与部分、正面与反面、内容与形式、个别与一般、主流与支流等所作的分析形成观点。

三是通过定性与定量分析提炼。也就是通过定性分析揭示事物的规定性、通过定量分析把握量变与质变的关系来提炼观点。有分析必有综合。要在分析的基础上，把写作对象各个方面及各种因果关系综合起来，作为一个整体进行考察和提炼观点。就综合的类型或方式来说，感性认识从感觉到知觉的过程就是知觉的综合；知性认识从知性到理性的过程就是理性的综合；对写作素材的归类及对主题、概念的归纳过程，则属于形式逻辑的综合；对事物、对写作对象的本质抽象和规律概括的过程，则属于辩证层面的综合。

提炼观点在大的方面还要注意把握：**一要吻合于"法"**。这里的"法"，即是大政方针、条令条例、规章制度以及上级重大决策、意图、部署等。与"法"吻合一致，是提炼经验材料观点最基本最重要的原则。**二要立足于"实"**。这里的"实",指的是实际、实情、实事、实话。马克思说:"报刊应当根据事实来描写事实,而不能根据希望来描写事实"。构思观点千万不能"言过其实",要坚持不硬凑、不假设、不拔高。**三要紧扣于"新"**。切记:经验材料的观点"无新则平""无新则俗""无新则死"。务必紧紧瞄准重点、难点问题,挖掘总结符合事物本质和发展规律的新见解、新思路、新举措。**四要着眼于"行"**。这里的"行",指的是经验实在管用,好学习、好操作、好推广。没有普遍指导意义和推广价值的经验,只是一堆"漂亮的废话"而已。

4. 梳理素材

一篇文章中的内在逻辑关系及作者的思维,是通过写作素材组合排列体现的。素材,在动笔之前,它是形成观点的基础;写作之际,它是表现观点的支柱。梳理素材的实质是文章内在逻辑关系的外化,也是作者思维的类化与序化。具体地说,思维的类化是写作主体对材料归类、归项的思维过程。其中归类是根据事物的属性,把具体的事物从一个大类分解为若干个小类,或是将若干个小类归纳为一个大类的梳理和认识事物的方法;归项则是把抽象的事物从一个整体分解成几个不同方面,或是从几个不同方面归纳出一个整体的梳理和认识事物的方法,它贯穿于提炼观点和写作整个过程。

思维的类化功能,使作者能够从容地面对纷繁复杂的写作素材,经过条分缕析地梳理之后,将材料分门别类地安置到文章的各个部位,并按照预期的写作意图来表达观点、阐述意见和传递信息，以实现写作目的。思维类化直接作用于材料类化，材料类化表现在文章里就形成了章节—层次—段落等呈网络状结构的各种形式。有合理的归类分类，才有恰当的编序排序。只有思路和素材梳理清晰了，大小间的关系及主次间的位置摆顺了，文章才能合理布局、条理分明，各个方面的展开才能有张有弛、科学有序。

思维类化、序化的过程是复杂的，作者在具体写作中对材料归类、归项不是一次完成的，它往往是反复的、双向的、循环的，因为人的思维总是在反复比较、推敲甚至发生失误后才能逐步清晰起来，直到最后定型。

梳理素材的具体方法，可以分为四步：

①**给素材"梳辫子"**

也就是将零星的分散的素材，按不同的性质或不同的角度分类整理出来。

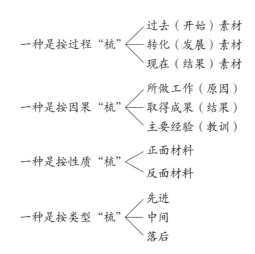

怎样"梳"，要视写作的目的而定。有经验的作者，在调查采访过程中，就分门别类地记录或做上各种记号，使采访的过程随时成为"梳辫子"的过程，提高了工作效率。

②给素材"过筛子"

梳完辫子，可以使所掌握的全部素材分门别类，一目了然。但这些材料往往嫌多，写经验材料只能从中精选部分说明主要问题的典型材料，因而需要进一步做去粗取精的"过筛子"工作。一般的方法是：

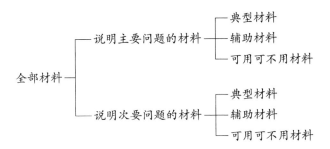

从中主要选用典型材料和少量的辅助材料。

③给素材"找位子"

过完"筛子"，留下的都是能写入材料的"精品"了。但用在什么部分最适当，还需要对照拟定的各层次观点，给素材"找位子"，安家落户。也可叫分配素材。一般方法是：

A 观点——素材 A1、A2、A3……

B 观点——素材 B1、B2、B3……

C 观点——素材 C1、C2、C3……

D 观点——素材 D1、D2、D3……

可以直接在记录稿上做记号，完成分配。

④给素材"戴帽子"

这是观点与素材融为一体后新的升华。也就是根据素材分配到位后的情况，再次推敲观点是否恰当。内涵过大则改小，内涵过小则加大；外延过宽则改窄，外延过窄则加宽；评价过高则改低，评价过低则加高；色彩过"浓"则改"淡"，色彩过"淡"则加"浓"；文字过"呆"则改"活"，文字过"华"则变"实"。

5. 构成文字

完成了前四步，即可以敲定结构，形成文字了。其中在结构安排上应注意：

一是在确定各部分结构时，必须按照同一分类标准，在同一层面上进行划分，相互之间既要相对独立，互不包容，又要密切联系，互相照应，共同为经验材料主题服务。

二是各部分结构在排列上，或依时间先后，或据程度轻重，或按工作进程，或按范围大小，应遵循一定的逻辑顺序，能够清晰地反映事物之间的内在联系或发展变化过程。

三是要注意各部分结构的单一性和完整性，即每一部分结构只能有一个分层中心意思，不能将互不相干的多种意思混在一起。每个分层中心意思，要放在一个单元结构内集中讲完。

四是各部分结构的安排要尽量做到整体匀称，轻重相当，长短适度。

在正式行文时应注意：

"袖手"想顺再动手。这里的"顺"指的是正式行文前，站在应有高度和角度，从总体上对观点、结构、事例再次推敲，在"三顺"的基础上，完善"腹稿"。

动笔前"三顺" ⇐ 顺大小观点：是否内涵交叉、互相"打架"
顺层次结构：是否属种合理、符合逻辑
顺事例分配：是否轻重得当、各得其所

有经验的作者深知"磨刀不误砍柴工",都比较注意沉住气,在正式行文前,不厌其烦地再"三顺"一遍。看似重复了搭结构的工作,实际这"三顺"好比打仗总攻发起前的再检查,常常会有新的收获。未真正理顺之前,急于求成,仓促动笔,往往"欲速则不达"。

一气呵成莫回头。这时需要做的是:按照思路,趁热打铁,层层推进,快速成文。写作有句行话,叫"热写冷改"。写时要"热",不拘泥文字严密性,不管三七二十一,一挥而就,先堆出初稿来。要切记:

不改三遍休脱手。即使是"大手笔""大文豪",也都有一种共同的感受——"文章都是改出来的"。越是层次高、分量重的经验材料,越需要字斟句酌,精雕细磨,一遍一遍地改。改,需要"冷",静下心。主要是进一步"磨观点""调结构""补事例""润语言"。

(三)"三要素"是写作经验材料的入门"钥匙"

面对经验材料这一复杂文体需掌握的众多写作技巧,初学者往往觉得无从下手。我的体会,经验材料的主体模式就是"经验观点＋经验解说＋经验实例",只要学会把握好这三个基本要素,就牵住了经验材料写作的"牛鼻子"、掌握了入门的"钥匙",就会轻松开锁，变难为易，游刃有余。

请看我牵头撰写的一篇经验材料的摘要：

《探索"五化"培育模式，增强军校学员核心价值观培育效益》（总的经验观点）：

2009年以来，我校探索形成了当代革命军人核心价值观精细化、周期化、自主化、系统化、常态化培育的"五化"模式，有力激发全校官兵"为强军而教、为打赢而学，献身空军现代化建设"的自觉性创造性。全校先后获54项国家和军队级教学成果奖、科技进步奖；学员综合考核成绩明显上升，参加各类高层次竞赛获国家级奖励都位居驻地几十所高校前列，毕业学员100%服从组织分配，踊跃报名到边远艰苦、祖国最需要的地方创业，受到使用单位广泛好评。2010年我校被总部评为"教学优秀单位"。（注：开篇段实际上是总的经验观点高度概括＋解说＋实例；后面五段，是五个具体经验观点＋解说＋实例）

（一）推进精细化培育，让培育工作有明确的衡量标尺（具体经验观点）

将核心价值观高度概括的标准要求，作必要的细化具体化，在变大为小中，找准求深见实的"抓手"；在积小为大中，增强价值观培育实效（经验解说）。我们从军校学员阶段性特征出发，把当代革命军人核心价值观普遍性要求和军校学员培育特殊性要求、总体培育目标与阶段培育目标有机统一起来，将学员在校期间具体培育目标，鲜明地确定为培养"爱党忠诚、爱民服务、爱国奉献、爱军精武、爱学创优"的"五爱"品行。并以此为主框架，来构建具体的知、行标准和要求，使"五爱"品行成为导向鲜明的阶段目标和培育品牌。结合制定《人才培养方案》，将"五爱"品行的每一品行分解为"知识""素质""行为"3个相互关联的构成要素，建立起对应的模块，每一模块又由具体的知识点、素质点、行为点作支撑，构建起系统完整的"军校学员当代革命军人核心价值观培育目标体系模型"。该模型有48个培育指标点，包括党史、军史、军魂、根本宗旨、历史使命、优良传统、社会主义荣辱观、人民军队荣誉史等16个必须学习掌握的知识点；崇高理想、奉献意识、报国志向、爱民情感、追求卓越等16个必须锤炼养成的素质点；坚决听党指挥、严守党团纪律、抵制错误思潮、坚决维护国家和人民利益、刻苦钻研军事专业技能、创先争优等16个必须身体力行的行为点，从而使当代革命军人核心价值观培育有可对照、可操作、可检验的具体标准（经验实例）。

（二）推进周期化培育，让培育工作在军校阶段形成闭合回路（具体经验观点）

院校抓好核心价值观培育，必须与学员学制学年的周期性特点相适应，与知行转化的阶段性特征相契合，才能实现培育效益最佳化（经验解说）。我们根据不同类型学员学制特点，坚持本科生"四年一周期"、研究生"两年半一周期"培育机制，按照目标模型和学年转换，制定《培育工作实施方案》。使各个知识、素质、行为点的培育和检验考核，都与学制、学期、学习内容合拍，阶梯上升，步步深入。在毕业前形成一个完整周期，避免培育内容缺项或低层次重复循环的现象（经验实例）。

（三）推进自主化培育，让培育主体真正唱主角（具体经验观点）

抓好核心价值观培育，不能局限于"我讲你听"的单向灌输，而应注重激发培育主体的内在动力，变"要我做"为"我要做"

（经验解说）。我们下功夫建好用好符合学员特点、学员喜闻乐见的自主式培育载体，让学员乐于使用、便于使用。比如，大学为每个学员编发了一本融记录、教育、督导、互动、纪念功能于一体的《学员当代革命军人核心价值观培育手册》，既有纸质版可随时翻看填写，组织展评和交流，又挂上校园网的电子版，各级领导和教员干部可随时查阅和点评每个学员的自主化培育进度、质量、收获情况，学员之间又能互动互评，这使该手册成为广大学员自主教育、自我升华的"掌中宝""形象窗"和"加力器"（经验实例）。

（四）推进系统化培育，努力构建综合培育格局（具体经验观点）

从院校实际出发，综合运用课堂教学、舆论引导、文化育人、典型示范、实践养成多种培育手段，使学员在全方位、全过程、全介质的耳濡目染中接受熏陶（经验解说）。我们不断完善了必修内容、选修内容、实践内容、拓展内容"四位一体"的核心价值观教学内容体系。重点上好《当代革命军人核心价值观概论》、马克思主义基本原理、毛泽东思想和中国特色社会主义理论体系等核心课程，充实中国近现代史、中华民族传统美德史，世界近现代史等选修课程。强化基地化实践教学等实践内容，拓展中华优秀传统文化、思想品德修养、军人美学、革命领袖传记、英模事迹等补充内容（经验实例）。

（五）推进常态化培育，让以责任制为重点的管用制度切实发挥作用（具体经验观点）

只有贴近时代发展、贴近使命任务、贴近官兵实际，建立健全长效机制，才能使培育工作真正融入经常、落地生根、常抓常新

（经验解说）。我们在各级尤其是系级和基层主官中建立培育核心价值观责任制，明确责任分工、具体任务、培育措施、完成时段和考评方法，并结合考核班子和年终总结，严肃认真地作考查和讲评，并将培育成效与评先评优紧密挂起钩来。重视建好用好院校建立的学员核心价值观培育基地，以及在作战部队、科研院所设立的教学实践基地，定期组织教、学员在参观见学、实地感受、实践操作中，感悟革命传统、历史文化、科技发展、中国特色社会主义建设成果和作战部队官兵的优良作风，端正价值取向（经验实例）。

分析这一经验材料片段，可以看到，每段都是"经验观点＋经验解说＋经验实例"。其中：经验观点是"灵魂"，是"旗帜"，它驾驭着经验解说和经验实例，统率着整个经验材料的表述，决定着经验材料目的的实现。紧接经验观点后面的经验解说是"精髓"，是"桥梁"，它既对经验观点作理性解释，放思想火花，阐明"是什么""为什么"，又承上启下地连接着经验观点和经验实例。跟着经验解说后面展开的经验实例是"证明"，是"支柱"，对经验观点和解说起到坚实的引证、事实的支撑作用。

假如只有经验观点，不作理性解说的话，思想深度明显不够，规律揭示亦不够清楚，就很难启迪思考、激起共鸣和达到总结推广典型经验的目的，就成了"观点＋例子"的事迹材料。

假如没有经验解说后面的经验实例佐证的话，那么，只有"骨头"没有肉，前面的经验观点和解说就会苍白无力，流于虚幻，就会严重削弱典型经验的感召力。

怎样撰写和运用好经验材料"三要素"：

1. 让经验观点"眼睛一亮"

写经验材料,如果提炼不出经验观点,主题成了"光杆司令",文章立不住;如果提炼出的经验观点一般化,主题显得平平淡淡,文章无新意。如果提炼出的经验观点是"点睛之笔",那么整个材料就"眼睛一亮"。提炼到这个火候,经验材料也就写成了一半。怎么让经验观点"亮起来"?

首先,让经验观点"亮"到宏观指导上

经验材料的主体多为向心式结构,即围绕一个中心(总的经验观点)从不同角度(具体经验观点)进行辐射。其基本写法大都是在提炼出总经验观点的前提下,再提炼出若干具体的经验观点,作为文章层次标题或层次提领句。经验观点的提炼,就是通过对事物的分析、归纳、概括,从表象的东西中寻找出本质,从个别的东西中推导出普遍,把实践的东西上升为理性,把零散的做法化成为系统的经验,使做法更具思想性和操作性,也可以说,这些揭示事物本质,符合客观规律的经验观点,像灯光一样照"亮"前进的路、引导走正确的路。提炼过程中一刻也不能忘记,只有符合面上需要、有宏观指导价值的,才是典型经验,值得总结推广。只能在独特环境、小范围适用的,做得再好也不是典型经验,只是事迹材料。如果写出来的材料在面上没有指导意义,就成了为该单位"评功摆好"的表扬稿了。因而写经验材料一定要先调查清楚面上同类型的单位或群体共性要求和存在的问题是什么,然后再去了解典型本身,仔细掂量在该典型身上能否回答和解决面上的问题。能,就下功夫总结提炼经验观点;否,就不能揠苗助长,不要勉强凑合,要抵制各种诱惑，果断放弃总结。

其次，让经验观点"亮"到新鲜实用上

经验观点的提炼，常见的有三种角度：一是提炼新的"做法"。使实践活动取得成功的新做法，是正面经验；导致实践活动失败的新做法，是反面经验，都有鲜明的指导和借鉴意义。提炼新做法要注意与成效和体会密切结合，使做法既有思想性和支撑点，又有很强的感染力。二是提炼新的"作风"。从经验中提炼出工作作风，让人们不仅学到工作方法，更重要的是学到思想作风和工作作风，起到抓根本、打基础的长远作用。如有篇材料总结出"①身到心到；②眼到手到；③说到做到"的经验做法，就提炼了深入实际、狠抓落实的好作风。三是提炼新的"精神"。从典型所能体现的新精神来概括经验观点，这是一种高层次的提炼，它揭示了典型经验的动力之源、成功的根本原因，弘扬和推广能起到高屋建瓴、强基固本的作用。如"特别能吃苦，特别能战斗，特别能攻关，特别能奉献"的航天精神，就激励了一代又一代中国航天人创造奇迹。

再次，让经验观点"亮"到最佳表述上

经验观点的特征和内涵，决定了其表述有一定特点。我做了个梳理，大体有以下几种具体结构：

（1）"做法直叙"型经验观点。用简洁明快的单句式或复句式，直接写干好工作的主要做法。这种结构模式用于表述总的经验观点少一些，用于表述具体经验观点则比较多。如有个经验材料的段落标题："把解决问题作为检验开展批评和自我批评质量的根本标准"和下面三个自然段中领句式的小标题："着眼大处""小中见大""警于无时"，还有"让吃苦的人吃香""让实干的人实惠""让有为的人有位"，这些就是"做法直叙"型经验观点。

（2）"做法+成果"型经验观点。用因果关系的句式提炼经验观点，前半句介绍做法，后半句表述成效。既可用于总的经验观点，也可用于各层次的具体经验观点。例如："在后进战士身上倾注真爱，使'废铁'炼成'好钢'"，就是"做法+成果"型经验观点。

（3）"做法+目的"型经验观点。与前一种句式相似。稍有不同的是，前一种句式的前半句是完成式，后半句是取得的成果；后一种句式的前半句是进行式，后半句是说明追求的目的。例如："从操练'四个环节'入手，帮助基层干部提高组织实施经常性思想教育的能力"，就是"做法+目的"型经验观点。

（4）"思想+做法+目的"型经验观点。用双句或复杂句式表述经验观点。句式中，前有思想、中有做法、后有目的，落点在目的上。例如：①正确处理眼前和长远的关系，制定全面规划，防止短期行为。②正确处理局部与全局的关系，机关齐抓共管，纠正忙乱现象。③正确处理有形建设与无形建设的关系，把功夫下在治本上，防止一手硬一手软。④正确处理单项建设与全面建设的关系，着眼全面建设，防止"一俊遮百丑"。这四个一级标题，就是"思想+做法+目的"型经验观点。

（5）"思想+做法+成果"型经验观点。与前面句式相似。稍有不同的是，最后一句是成果，落点在成果上。

（6）"问题+办法"型经验观点。鲜明地提出问题，并给出解决办法。例如：《针对飞行部队特点抓好党支部七项组织生活制度落实》中的三个经验观点是这样写的：①针对"以飞行训练为中心"的特点，端正认识合力抓。②针对"工作计划变动多"的特点，科学安排善应变。③针对"内容、时间、人员落实难"的特点，灵活实施挖潜力。这就是"问题+办法"型经验观点。

（7）"思想+办法"型经验观点。先立指导思想，再讲主要办法。例如：在某连党支部打翻身仗的《重铸连魂》经验材料中，三个具体经验观点是这样写的：①立身为旗，重建战斗堡垒。②痛定思痛，勇开奋斗新路。③事业至上，人人以连为家。这就是"思想+办法"型经验观点。

（8）"认识+体会"型经验观点。先提炼认识，然后结合实际讲怎么解决问题的体会。例如：《作为业务股长，我是怎样当好党支部书记的》中的三个经验观点是这样写的：①外行要懂行，就要像学业务那样学党务。②兼职要尽职，就要像抓业务那样抓党建。③人少要挖潜，就要像干业务那样用骨干。这就是"认识+体会"型经验观点。

2. 使经验解说"入木三分"

从前面的举例可以看出，经验解说既是对经验观点作必要的阐释，也可称为"破题"和"说理"。它还是经验观点和经验实例之间的自然过渡句，在展现出令人信服的理性认识后引出事例，起到承上启下的作用。经验解说有时是对开展工作的原因、目的、依据作解释，有时是对采取的方法措施作理性说明。缺少了这一步，它的思想性、理论性就不完整，影响经验材料的说服力。经验材料正是因为有了经验解说，才从感性认识进一步上升到理性高度，进而更好地揭示出事物的本质和规律。总之，它是经验材料中不可或缺的重要组成部分。撰写经验解说的基本方法：

从解说背景、依据中烘托经验观点。说明开展工作、采取举措的依据和原则，使总结出来的经验印证大政方针，更具有说服力。一般处在文章前言部分。

从解说工作缘由中阐明经验观点。将为什么要开展这项工作，出于什么原因，达到何种目的说清楚，这样不仅便于介绍成效，而且会引起读者的重视和兴趣。一般接在文章各层次具体经验观点的后面。

从解说主要做法中说明经验观点。为了介绍经验，一般都要概括介绍所采取的新的步骤、方法措施。有些经验文章通过这种做法性经验解说就可以说明观点，有的还需在这种做法性解说后面再结合具体事例说明观点。这种方式在经验材料中占的比例比较大，一般处在文章各层次中部。

从解说作用成效中证实经验观点。在运用新的措施方法后，介绍发挥的作用，取得的成绩和达到的效果，以此证实这种经验的正确性。它一般处于经验材料的前言或各层次的结尾部分。

经验解说是一种理性的剖析，不同于泛泛议论，尽量不说那些不能给人新启示的老话、套话、虚话，也不要把经验解说写成简单的"题解"。有的经验观点比较好理解，就不必再作解释，以免造成重复。如经验观点"坚持团结，形成合力"。就不必解释"人心齐，泰山移……"可直接介绍坚持团结，形成合力的新做法，以做法性解说来说明观点。经验解说要富有起伏和变化。有人习惯在经验观点确立后，用"实践使我们深深体会到""我们在实际工作中认识到"等，这样的进入过于呆板，削弱了感染力。这就要求我们在动笔前要认真考虑几个层次的进入写法，是从开展工作的原因、目的、背景、依据说起，还是从概括做法说起，在表述上要体现多样化。

3. 用经验实例"感人服人"

经验实例就是说明和证实经验观点的实际事例及成效依据。正如议论文离不开论据一样,经验材料缺少不了经验实例。但经验实例不能像议论文中的论据那样可以海阔天空、旁征博引,经验实例仅限于表明经验观点所需要的事例和依据。无论选择什么事例,都要力求新颖、生动。尽可能选择新近发生的事,或用新角度挖掘,切实达到"感人服人"。

要突出选择有时代特色的经验实例。我在总结航空兵某师谋打赢的经验时,经验实例选择了该师两年内举办21场谋打赢"诸葛亮会",从师长、政委、飞行员、参谋到士官,168人次在会上针对实战难点,献计献策、互动交流、质询辩论;勇于创新,攻坚克难,先后开创空军高难战术课目训练的11个"第一次";参加实战背景演习,在倾盆大雨的跑道上,后双机看不到前双机的恶劣气象条件下毅然起飞,按时到达战区出色完成任务。军委首长欣然题词:"南疆雄师,长空利剑"。这些实例,让人一看就有时代特色和震撼人心的说服力、感染力。

要从平凡事例中找出不平凡。按照经验观点的要求找准角度,选出"平中见奇"的实例来证实经验观点,以达到最佳效果。有一篇经验材料写"让敢批评的人香起来,好人主义没市场",举了这样一个实例:副连长雷德和带新兵,严格要求,大胆管理,但有时说粗话、发脾气。在党员会上,党员班长王凤辉批评他说:"你性子急,怎么不跟上级急;你脾气大,怎么没见你跟领导发脾气!"雷德和受到震撼,虚心接受大家的批评,开始像兄长一样爱护新兵、对待战士，不久被提为连长。战士们反映："在我们一连，'敢放炮'的没有'小鞋子'穿，老好人吃不开"。这虽然是个党员会上常见的开展批评提意见的例子，但班长敢批评副连长，说得那么尖锐又中肯，副连长又诚恳接受改了缺点，这一实例确实不平凡。

要善于辨明和敢于采用代表发展方向的创新型实例。有些实例成绩虽突出，但因为存在一些问题而对它价值的认识不统一，从而掩盖了它代表新理念新方向的典型性。一个人也是这样，缺点往往是优点的影子。这就需要我们用辩证的发展的眼光来看待实例，坚持从推动创新发展的大局需要出发，充分挖掘闪光点，善于和敢于用好本质上代表发展方向但尚不完备的经验实例。做到这个很难，但难能可贵，因为"真理有可能在少数人手里"。

要简明扼要地阐述经典实例。经验实例的典型意义决定于"质"，不取决于"量"。实际写作时，要从本质上去挖掘实例的意义，用简洁精当的语言表达出典型性、指导性，不用繁杂地记叙经验实例的发展、成功的具体过程。要根据经验观点的需要精选，以一当十，不要堆砌过多的实例。

（四）经验材料 17 种常见层次观点样式

构思文章，初学者的苦恼是想不出多少选择，入门后的苦恼是有太多选择。

下面介绍的经验材料 17 种层次观点构思样式，既是经验材料中经常使用和见到的，也有不少是其他文字材料共性使用的，可给初学者提供一些模仿的思路，便于入门和提高。尤其是急就章时，可随手拈来使用,有一定的实用、参考价值。但对比较成熟的机关干部来讲,不必刻意模仿这些比较格式化的思路和样式,应注重扬弃和创新,追求层次观点新鲜独特、深刻隽永、浑然天成的更高水准。

1. 针对特点式

寻找某项工作的新情况、新特点,有的放矢地介绍新的做法和体会,并在每层观点前面冠以"针对",后面标明"特点"。

例文:《针对科技干部特点搞好思想教育,让"两弹一星"精神代代传扬》

(1)针对科技干部专注于科研专业的特点,努力帮助他们扩大政治视野。

(2)针对科技干部重视自我价值的特点,积极引导他们把个人理想融入国防现代化的崇高事业中。

(3)针对科技干部知识阅历丰富的特点,注重启发他们搞好自我教育。

(4)针对科技干部高度信赖党组织的特点,依靠组织的力量加强教育。

构思要领:

一是在每层标题开头用"针对"两个字,所针对的内容,大多数是某几个"特点"或某几种"情况"。

二是采用这种表述一般是分两段文字,前段点出针对的问题,后段是解决的办法。也有分三段的,前一段是针对的问题,中间一段是解决的办法,第三段是反映成果或目的。

三是有的虽然开头没有"针对"的字样，但在后一段中用了"对策"等词，突出了前段表达所"针对"的问题，比针对特点式的一般样式更有特点。

选择采用时，要深入分析所针对的问题有没有鲜明特点和解决需求，筛选"特点"或"情况"要把握准内涵，防止互相交叉。有几个就写几个，不要勉强凑数。坚持针对问题及解决方法的内在统一，防止针对的特点概括得很好，后边的解决办法却"牛头不对马嘴"，缺乏科学性和操作性。在用三段文字表述时，要仔细掂量对中段的做法有无补充说明的必要，防止为了体例一致而人为拉长标题。

2. 处理关系式

顺着"抓好这项工作要处理好哪些关系"而展开观点，用心寻找出几对相联系又必须处理好的关系，并在每层观点中写明正确处理××和××的关系。

例文：《正副书记当好贯彻民主集中制的带头人》

（1）正确区分"首长"与"班长"，自觉克服把行政身份带进党内的现象，在书记和委员之间建立起平等关系。

（2）正确处理"大事"与"小事"，自觉克服"包揽过多"的现象，真正以主要精力把方向、抓全局、理大事。

（3）正确把握"强制性"与"灵活性"，自觉克服执行制度"弹性过大"的倾向，在严格按章办事中当好表率。

构思要领：

一是使用这种样式，必须是表达主题内容涉及的需要处理好的几组关系，而且对其他单位搞好同类工作有指导性；必须是客观存在的对立矛盾的产生制约作用的相互关系，不能人为地凑上几对关系。

二是在列出对立关系后，要根据表达主题需要和实际情况，用主要篇幅总结出处理对立关系的有特色的经验做法，使处理关系的"虚"和解决问题的"实"有机统一起来。

3. 肯定否定式

从研究和总结某项工作应该提倡什么、反对什么而展开观点。并在每个层次观点中，将肯定什么和否定什么具体鲜明体现出来。

例文：《认真解决好重点人的问题》

（1）弄清原因，不用主观代替客观。

（2）端正态度，不用权威代替感情。

（3）讲究方法，不用压服代替说服。

（4）坚持原则，不用感情代替政策。

构思要领：

一是所反映材料内容中要有几组相互对立的观点或问题，提倡什么、反对什么，需要鲜明地提出来，以引起人们重视。无论你是对经验的总结，还是从教训中反思，都用"要"和"不要"等是非分明的坚定语气表达出来，不能模棱两可。

二是在层次标题中出现正反观点，这是肯定否定样式的通常写法。但也可灵活使用，可省略一方，只写出"不"的观点。读者只要看到"不"的一方，就从怎么做的鲜明的对比中知道"要"的一方,如上述例文《认真解决好重点人的问题》的构思,这使人们更有思考和回味的余地。

4.破立式

顺着开展某项工作,遇到什么不正确的思想或困难、解决后的成效来总结,并在观点中用破立分明的文字体现出来。也可用"克服""消除"等文字表达破立。

例文:《"老虎团"重振虎威》

(1)破除"比上不足,比下有余"的自满思想,发扬不骄不躁的作风。

(2)破除"畏首畏尾,患得患失"的消极思想,挺起腰杆刹不正之风。

(3)破除"心想革命,不愿拼命"的安逸思想,发扬艰苦奋斗的革命精神。

构思要领:

一是把握好特点。这种样式的层次标题一般分为两段,两段的开头各标明"破除"或者"树立"类字眼。采用破立式的表达,使前后两段的观点对比度强,主张什么、反对什么,态度鲜明。一般在写破除或克服的一方时,都要浓缩为一个很有代表性的思想或观念,给人印象深刻,对工作指导性强。

二是要慎重采用。对"破"的东西要符合事物发展规律和辩证法,更新思想观念,切中时弊要害,不能为破而破,到处套用。对"立"的一方,不仅要符合大政方针,也要注意与"破"的一方形成鲜明对比,还要防止以偏概全。

5. 引语式

采写典型单位或个人事迹提炼观点时，选择被写者有代表性的原话作为层次观点，或把上级文件有关重要观点、经典俚语等引入标题之中。

例文：《一个领导者的求实观》

（1）"求实难、求实难，领导带头就不难"。

（2）"眼睛整天朝上，哪能不踩空"。

（3）"被下面糊弄的人，无论是真聋还是假聋，都不是称职的领导"。

构思要领：

一是要重视提炼的观点和引语的一致性。作者先确定表达的层次内容并初步提炼出观点后，再采取对应移植的办法，选用被写者同义的原话来表达作者的观点。不宜先挑被写者精彩语言来构思观点，否则会先入为主、陷入被动，容易偏离了层次观点的正确内涵。

二是要引用那些最能体现被写对象思想深度的有特点的话，防止引语的一般化。在采用局部引语的时候，要考虑到局部引语一般都是浓缩的动词或观点，防止出现生造词句、使人费解、似是而非的现象。

6. 几"从"几"看"式

为引导人们加深对某一思想观点的理解或者端正对某一新生事物的认识，在构思中从不同的侧面，用"从什么"、"看什么"类的字样，来总结、揭示和表达观点。

例文：《市长助理制的好处多》

（1）从职位编配看，有利于减少副职。

（2）从职责层次看，有利于锻炼干部。

（3）从选择方式看，有利于发现人才。

（4）从任用角度看，有利于强化监督。

构思要领：

一是确定采用这种样式表达的前提条件，必须是所反映的事物具有多侧面的看法或体会，不能重复或勉强凑数。

二是采用这种样式，如果作者只是提示给人们应从几个方面认识该事物，就只写出若干个"从"就行了。但大多数情况下需要同时写出怎么"看"的结论。所以，不仅要把"从"的几个侧面选得很到位，掰得开，而且随之"看"的结论也要合理区分、鲜明准确。

7. 头同并列式

提炼观点的思路是围绕着一个主题，从几个并列的方面，平行展开去总结经验体会，并在层次观点表达时，每层的前面都冠以同样的文字。

例文：《加强作风培育，促进政治机关全面建设》

（1）培育求真务实的作风，塑造艰苦扎实、真抓实干的形象。

（2）培育面向基层的作风，树立基层第一、领导就是服务的思想。

（3）培育准快细严的作风，强化出主意、写文章、抓落实的能力。

例文：《领导干部在建设学习型党组织中作表率》

（1）学以铸魂，坚定理想信念。

（2）学以养德，强化党性修养。

（3）学以强能，忠实履行使命。

（4）学以正己，纯洁部队风气。

构思要领：

一是要考虑所提炼的若干种经验做法，在观点内涵上是否具有并列的关系，不要勉强。如符合并列关系，就选择出相同的字头。

二是必须紧紧围绕主题，用相同的字头和并列的内涵来深化主题，凡游离于主题的观点，做法再好、词句再匹配也不宜采用。

8.尾端相同式

围绕一个内容，对同一属性的东西从各个不同的角度去总结和揭示，并用相同的文字表达层次观点的尾字。

例文：《大门敞开以后》

（1）理解信任，以诚待人。

（2）各得其所，事业留人。

（3）关怀备至，以情感人。

构思要领：

一是先对自己所写材料各层次内容具有共性的问题深入进行探讨，找出和确定尾端相同的文字。可以是一个词相同，也可以是一个字相同。

二是根据材料选择好是采取围绕一个内容完全相同的词结尾，还是采取仅尾部的字相同。前者一般是对某一问题需要反复强调的，以引起人们足够的重视；后者虽然尾部一字相同，但表达的内涵是不同的。

9. 头尾相同式

这种样式是头同并列式和尾端相同式的综合运用。提炼观点的思路是围绕着一个内容从几个并列的方面，平行展开去总结经验体会，并在每个层次观点的前面和尾端都冠以同样的文字。

例文：《打好意识形态领域斗争主动仗》

（1）始终扭住确保部队高举旗帜、听党指挥这个根本政治要求不放松。

（2）始终扭住培育当代革命军人核心价值观这个重要基础工程不放松。

（3）始终扭住提高舆论引导能力这个重要着力点不放松。

（4）始终扭住创新发展先进军事文化这个长期性任务不放松。

（5）始终扭住加强意识形态工作队伍建设这个关键不放松。

构思要领与头同并列式、尾端相同式相似，两者综合使用。

10. 对仗式

为了使层次观点更加凝练、明快、富有节奏，按照诗文词句的对偶要领去表达和提炼层次观点，使字句排列工整，合辙押韵。

例文：《一个顾问的光和热》

（1）结舌成过去，扬眉在今天。

（2）不务文字奇，唯顾基层忧。

（3）春风暖心田，老马更扬蹄。

构思要领：

一是确定采用这种样式，一定要考虑所总结的经验和表达先进事迹的题目能否浓缩成这种对仗的句子，不要为了追求对仗而牵强附会。

二是要对所表达的内容精心提炼，把它内涵的东西挖出来，用对仗的语言加以表达。切记，这种对仗带有诗文写作的特殊要求，不能以一般的顺口溜来草率为之。

三是要为表达主题服务，不一定固守一种合辙押韵的框子，也可以把层次观点的前段第一个字或后段的最后一个字相同，使几个层次观点合起来，起到一种连续强化的作用，给人留下深刻的印象。比如上一讲举的例文里，在"人人努力成为高素质人才"一段中，有这样四个观点："人中之才首在做人；军中之才重在务军；岗位之才贵在爱岗；好用之才难在悟好。"就是很棒的对仗式观点。

11. 转变式

在构思和提炼观点时，着重从工作指导思想、领导方式、工作作风等前后所发生的变化中产生观点，并在文字上，把转变的前后内容同时表达出来。

例文：《政治教育怎样变封闭式为开放式》

（1）开拓教学队伍，变单一知识型为多种知识型。

（2）开扩教学基地，变单一部队教育为社会化立体教育。

（3）开放教学方式，变单一课堂教育为多种形式并举。

构思要领：

一是由于采用这种样式所体现的思想都是比较有创新意识的，所以在选择这种样式时，要考虑所写的内容中是不是有需要改变的旧观念和不正确的做法，这是关键问题，不要随意为新而新，乱变一气。

二是为了防止出现层次观点表达上的呆板、单一的问题，使转变在所涉及的方面体现得更加明确、更有条理性，可以在转变的内容之前加上前提。

12. 两面兼顾式

对容易出现的顾此失彼问题进行研究和总结经验，寻找出统筹兼顾的新方法，并在层次观点中用"既要——又要"的句式表达。

例文：《怎样防止抓基层工作中的片面性》

（1）既要抓两头，又不能忘抓中间。

（2）既要传帮带，又不能包办代替。

（3）既要解决眼前问题，又要着眼长远建设。

构思要领：

一是由于这种样式哲理性、整体性比较强，采用时先要分析一下自己所写材料的实际内容中，存在不存在几组需要统筹兼顾的两个方面。如果具备这个条件，才可采用这种方式，做到标题形式与内容的有机统一。

二是对处理两者关系要切实掌握好度，防止出现偏差。在兼顾原则指导下，对于两个方面也不是对开平摊，而应指明重点。在"不光看……更要看……"的连接方式中，是以"更要看"的一面为重点,在"……但要……"的连接方式中,是以"但要"的一面为重点。从而使两面兼顾的思想更加明确、更有深度。

13. 尾落一字式

将总结的工作经验和体会的每层观点,都高度概括浓缩成为一个字,并把它放在层次观点的尾部,使之更加醒目和集中。

例文:空军某军《综合运用七种方法解决部分基层党支部组织不健全的问题》

(1)打牢基础把好"进"

(2)固本节流控制"出"

(3)落实编制严格"清"

(4)重点扶持适当"增"

(5)以多补少合理"调"

(6)对口开源纳入"编"

(7)随缺随办及时"补"

构思要领:

一是采用尾落一字的样式,对落脚的这个字一定要注意既准又新鲜。

二是为了防止出现最后都是一个"字"的呆板写法,也可以将后边的"字"放在层次观点两段文字中,如《××单位改进抗登陆作战陆海空三军协同指挥》:(1)力求"便",简化协同指挥。(2)着眼"快",优化协同程序。(3)适应"活",变化协同方法。(4)立足"抗",统筹三军火力。

14. 层层递进式

按照工作展开的逻辑关系，层层递进地概括经验做法，给人清晰的思路，便于学习借鉴。

例文：某市武装部征兵工作经验材料《要为"长城"送好"砖"》

（1）"三轮筛选"选兵

（2）"四堂会审"定兵

（3）"两全其美"送兵

构思要领：

一是严格按事物发展内在的先后承接、递进关系来提炼做法和观点，切勿将并列关系硬扯进来，造成逻辑关系的混淆。如上述例文中间假如插一个"'双管齐下'育兵"的话，那么教育新兵是全过程都要抓的工作，这跟其他三段是并列关系，就构不成递进了。

二是递进的层次及观点，必须是属种差相宜，同一层面、大小相配，切勿将虽有逻辑联系但不同层面、大小不配的列成递进式观点。

15. "口语"式

将生动形象的群众语言或俚语土话，直接作为各章、段的观点，只要选用得当，就跳出了俗套，会使读者眼睛一亮，大大增强文字的亲和力、感染力。

例文：某医院实施"全面质量管理"的经验材料《和谐，产生神奇效应》

（1）"老矛盾新矛盾，不抓才是最大的矛盾"

（2）"这样抓那样抓，要善于往关节点上抓"

（3）"金点子银点子，落不到实处都是花点子"

（4）"真全面假全面，工作末端显示最全面"

例文：《追求"从善如流"的境界——北京军区某团党委改进领导作风提高抓基层质量》

（1）"刺耳话"里找问题

（2）"牢骚话"里找差距

（3）"过头话"里找不足

构思要领：

一是请牢记，来源于实践的鲜活而深刻的群众语言，往往一句胜过十句甚至更多的官话套话，因而只要有可能，应优先选用、尽量选用。

二是选用群众语言、俚语土话作观点，第一要义是求准，千万不能为了求"奇"而舍"准"。

三是群众语言和俚语土话来自一线、源于基层，要深入下去采挖，坐办公室拍脑袋随便编，是不可能编出这种活生生的语言，就没有这种独特的味。

16. 哲理分析式

用富有哲理的分析方法，揭示深刻的道理，体现在层次观点上，给读者启迪，引发更多更广更远的思考。

例文：《××基地着力提升政治机关干部出思想的能力素质》：

（1）"非学无以成才"，加强学习是前提，必须在博学厚积上下真功，铸牢出思想的根基。

（2）"非思无以长智"，勤思善思是关键，必须在改造思维上求突破，提升出思想的层次。

（3）"不知者不足谋"，调查研究是基础，必须在掌握实情上使长劲，增强出思想的针对性。

（4）"有沃土才能育好苗"，营造环境是导向，必须在激发动力上用实招，浓厚出思想的氛围。

例文：《悟透"两面理"，破解"老大难"——某部党委用科学发展观破解现实问题》

（1）复杂与简单——从千头万绪中抓主要矛盾

（2）眼前与长远——用辩证思维校正政绩观

（3）继承与创新——在否定自我中谋求发展

构思要领：

一是这种高层次的观点样式是很吸引人的，但要仔细分析对象的实际情况，只有成功的做法中富有思想性，而且能上升到哲理层面总结的，才可采用这种样式。

二是这种样式的观点，重在揭示规律性，必须紧紧抓住成功做法中的本质，并作为主线，用哲理的语言来总结。一些非规律、非本质层面的东西，再好也不应列入。

17. 一问一答式

提炼观点时，开门见山地提出问题，并用问答的句式，直接回答如何解决问题。

例文：《解决具体问题提高整体水平——兰州军区某高炮旅十一连党支部提高能力的启示》

（1）正副书记分工为何成了"分权"——不能让集体领导唱"空城计"

（2）"重打鼓另开张"为何没能"旧貌换新颜"——不能一换班子就换调子

（3）分摊奖励为何反而招怨——不能让评功评奖也吃"大锅饭"

（4）一加一为何等于零——不能让团结问题阻了创新之路

构思要领：

一是采用一事一议、一问一答的方式，直截了当，是非分明。使人直面问题，应该怎样做，不该怎样做，清清楚楚，指导性、操作性强。

二是要注意所提问题，是带普遍性的难于解决好的问题，而且以并列关系展开同一层面的相对独立的问题，切忌大小问题不一、内容互相交叉。

（五）如何解决观点缺乏"新、准、深"

写经验材料由于体裁本身的难度大，因而"难点"问题是比较多的。最常见的是经验观点缺乏"新、准、深"。主要表现：

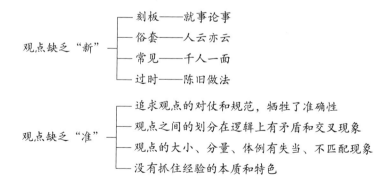

```
                    ┌─ 未揭示本质，缺乏思想性
    观点缺乏"深" ───┼─ 不符合规律，缺乏指导性
                    └─ 仅适用局部，缺乏典型性
```

主要解决办法：

第一，立意务必深远准确

立意就是确立主题，古人强调文"以立意为宗"，"意者，一身之主也"。李渔认为：欲望句之惊人，先求理之服众，意新为上，语新次之，字句之新又次之。

一篇好的经验材料，首要的是立意深远。为此，推敲确定主题思想和观点，一定要紧扣大政方针，紧随时代潮流，紧贴工作实际，注重解决面上带倾向性的问题，注重告诉别人新鲜管用的方法途径。哗众取宠的经验解决不了问题，肤浅的东西启迪不了读者，总结不出新鲜管用的做法不如不写。

立意准确，要注意把握好典型与非典型。因为：**（1）真实未必典型**。有一些极为个别的事实，因为发生的概率太低，就缺乏典型性，总结宣扬成功处置经验就无必要。**（2）比例高未必典型**。典型自然要考虑代表性，但又不能完全以占比例多少来论定。有的占比例不高，但却具有典型性。如目前士兵中大学生占的比例虽然不高，但代表士兵队伍发展方向，总结对大学生士兵教育培养的经验，就有很强的指导性。**（3）看法一致未必典型**。某个经验做法是否典型，一方面是客观存在，另一方面是主观认定。因此对待典型有一个主客观相统一的问题。具体而言，看法一致的有可能受主观局限存在误区，看法不一致的也可能隐含未来发展方向。**（4）时空等条件改变后未必典型**。同一项材料，用在这里可能是典型的，用在别处可能就不典型了。例如，航空兵部队科

技干部占干部总数的近半，而空降兵部队科技干部比较少，很显然，航空兵部队的科技干部管理教育典型经验，在空降兵部队就不适用。总之，要一切从实际出发，辩证地把握好典型与非典型，这样，才能从根本上增强推敲经验观点的科学性，确保立意深、观点准、指导性强。

第二，划分观点要遵守三条规则

一是上下层次观点之间，要遵守属种包含的规则。 属种关系，又称包含关系，是指一个概念的全部外延与另一个概念的部分外延重合的关系。这时，外延大的概念叫属概念，或上位概念；外延小的概念叫种概念，或下位概念。任何思维正常的人，听到有人说："我想买些苹果和水果"，马上会有一种别扭的感觉。因为这句话把属概念"水果"与种概念"苹果"并列在一起了，这个逻辑谬误称为"属种概念并列"。要避免这种错误，务必在推敲多层次观点时，使每个层次的概念，对上一层来说是种与属的关系，对同一层是种与种的关系，对下一层来则是属与种的关系，这样才能概念清晰，逻辑关系正确。

二是并列关系观点之间，要遵守互不相容的规则。 并列关系的观点，在逻辑上是互相独立、互不相容的，这是基本要求。违反了，就概念混乱、思维不清晰。假如写一篇全面建设的经验，前面三个观点写的是作战、训练、管理，若第四个观点写培训骨干，就与前面三个内容相融了。因为作战、训练、管理的内涵中，都包含有培训骨干。扯不开，就意味着交叉串腿，自相矛盾，不同部分之间你中有我，我中有你，是无法写好材料的。

三是同一层次观点之间，要遵守大小相宜的规则。 构思纵横交错式的观点，常常会碰到这个问题。虽然同一层次的观点之间互不相容，是并列关系，但并列关系中的事物是有大小之分、轻重之别的。如空军的场站是保障作战训练和官兵生活的，有大小几十种行业，有的行业有上百人，有的行业只有一两个专业人员；有的行业每天都要在岗在位，有的行业如防化专业一年只有几次任务。如果总结经验提炼观点时，不分大小轻重，就会出现有的方面素材多，"胖"得很；有的方面素材少，非常"瘦"，写出的材料就先天"畸形"了。

写作中有句行话："观点不打架，经验就出来了"。"不打架"就是不犯上面三个逻辑错误。

第三，提炼标题要把握好基本技巧

标题作为主题、观点的主要载体，其优劣大致可划分为四个层次。

第一层次：

这是炉火纯青的作者或成功地激发了集体创造力才能产生的。

如中央军委转发的原成都军区炮兵某团贯彻落实政治合格、军事过硬、作风优良、纪律严明、保障有力"五句话"总要求的经验材料的标题，就是第一层次的极好标题：

一、坚定不移地把落实"五句话"总要求作为团队建设的根本指导思想。

团队基础差、问题多，靠落实"五句话"打翻身仗的决心不动摇。

团队形势好、进步大，深入抓"五句话"落实不放松。

团队调班子、换主官,坚持按"五句话"建设的思路不改变。

团队任务重、机关部门多,围绕"五句话"抓落实的力量不分散。

二、始终把抓落实的功夫放在打牢团队建设的基础上

牢牢把握中心环节,把团队建设的思想根基打牢固。

紧紧抓住关键环节,把党支部和连长、指导员队伍搞坚强。

不断克服薄弱环节,促进团队建设全面发展提高。

三、适应新时期治军带兵的特点从严治团

严明章法,方方面面有遵循。

严明责任,事事时时有人管。

严在经常,点点滴滴抓养成。

严之有度,合情合理有分寸。

四、全心全意依靠基层官兵建设团队

尊重基层应有的自主权,让连队当好自己的家。

尊重基层官兵的民主权利,增强他们建设团队的主人翁意识。

尊重基层官兵的实际需求,用关心爱护激发内在动力。

五、关键在团党委一班人有高度的事业心和责任感

面对面地抓落实,"身在士兵中,工作到一线"。

创造性地做工作,"不怕担风险,敢于负责任"。

廉洁自律当表率,"利益让一步,威信高三分"。

立足长远抓建设,"当现任官,想后任事"。

第二层次:

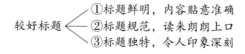

这是功底比较深厚的作者或较好地集中了集体智慧所能达到的水准。如某师党委党风廉政建设经验材料《正气是这样树起来的》标题：

（1）让好的干得痛快，让差的混不下去

（2）剃几个难剃的头，办几件难办的事

（3）领导"铁汉"一个，班子"铁板"一块

第三层次：

这是有一定基础的作者或下了一定功夫，基本过得去的标题。相当多的经验材料的标题属于这个层次。如某师党委总结的《面向实际不断创新》：

（1）克服凭老印象判断事物的偏向，坚持深入实际研究新情况

（2）改变凭本本处理问题的习惯，在探索新经验中为本本增添新内容

（3）克服照抄照转的不良倾向，把贯彻上级指示提高到新水平

第四层次：

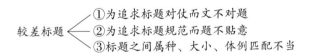

这是初学写文章或功底较弱的作者常见的问题。如有一篇题为《学习三忌》的文章：

（1）忌蝴蝶式的采花。

（2）忌蚂蚁式的搬食。

（3）忌蜘蛛式的抽丝。

作者所提出的"三忌",所忌者虽有可贬之处,但不能全盘否定。因为"蝴蝶式的采花"有授粉功能,利于花卉结果,利于扩大知识面;"蚂蚁式的搬食"积少成多,勤劳可嘉,也利于知识积累;"蜘蛛式的抽丝"结成网,利于捕食,将成果变成了生存发展的载体。很显然,作者为了追求标题的新颖、对仗,牺牲了准确性,犯了忌。

第一层次的极好的标题,虽能被后人奉为经典,但只有题材重大、调研思考很深及作者理论文字功底很厚,才能达到这一水准。若想超越个人实力和客观可能,每次动笔达不到第一层次决不罢休,则容易耗神过多,甚至弄巧成拙。常见有的机关干部本来能够写出较好标题,但盲目追求对仗、规范、新颖,一味想攀上极好层次,结果牺牲了标题的准确、朴实,个别不当用词像"一粒老鼠屎坏了一锅汤",反而将标题的整体水准降到了较差层次,因而应该量力而行,勿勉强标新立异。

推敲标题的常用方法。可归纳为"四个求":

大题小做求"精"

立意要深远,不等于立大观点。拟写标题如同给人选戴帽子,帽子大小合适,戴得稳当,好看不晃。帽子大而脑袋小,既不好看,风一吹就掉。把小的扯大,常形成泡沫;把大的浓缩,往往是精品。题目太大是很难把握好的,尤其是新手。即使面对较大的题材和丰富的素材,也应尽力抑制贪大求全的欲望。如果选题大而无当,内容包罗万象,其结果必然陷入一般化、表面化的境地,一些新的观点和好的做法就会被庞杂的素材所湮没,从而降低了经验材料的使用价值。正确的做法,大处着眼,大题小做,求精不求全,找个小的切入点,进刀就深,游刃也活,较易写出新鲜感和启示性。

标题的"精"要力求"言前人所未言，发前人所未发"，让读者一看到标题就觉得是精品，禁不住要读下去。精品标题的本质在于追求准确得体而且有个性，从源头上看，主要得益于平时语言积累和写作时在特定语境中的炼意与炼词。王安石的"春风又绿江南岸"的"绿"字，是经过"到""满""入""过"等数易其字后才得之的。海尔集团总裁张瑞敏在2001年4月24日某企业家活动日上的发言，标题是《要与狼共舞，你就必须成为狼》。此言一出，全场听众都竖起了耳朵。张瑞敏讲道："面对经济全球一体化，每个企业怎么想？我认为，就是必须成为狼，与狼共舞。既然要与狼共舞，你就必须成为狼，否则，把自己摆在羊的位置上，结果只有被吃掉，如果把自己变成狼，还可以拼搏一番。"他的观点及措辞都振聋发聩，促人深思。

小题大做求"深"

这里说的"深"，是指对一种看似较小的题材，要举一反三、触类旁通、小中见大地提炼标题。如能顺着"小"题材发挥联想，"由此及彼"向大处去想，"由表及里"向深处去想，就能够从对其外表和内在的认识中，从主观因素和客观条件的分析中，从历史和现状的对比中，从对同类事物的相互联系和分析比较中"发现新大陆"，得到揭示本质、揭示规律、揭示趋势的新认识，就能提炼出崭新的观点和标题。

有位地方机关干部在20世纪90年代初各级政府大抓社会治安综合治理期间，看到一份反映某村组织村民义务巡逻，使全村三年没有发生治安案件的简报材料。这件事内容比较简单，办法也不新奇，写成典型经验材料后可能失之单薄、肤浅。但他想，治安是当前热点问题，此村使用这种办法取得好的成效，其他不同类型的村庄有无实在管用的好办法呢？带着这个问题，他随县政法委的同志重点调查了很有代表性的三类村庄综合治理情况，一类是治安先进村，一类是新富裕起来的村，一类是工矿企业相对集中的村。果然，各类村庄都有各自的综合治理的难点，有的村庄适应实际的"绝招"就很有推广价值。于是作者将一个小村庄治安的小经验，举一反三地挖掘并撰写出全县乡村《社会治安综合治理的五种模式》一文，在省、地有关报刊发表，很快引起省、地、县有关部门的高度重视和介绍推广。

旧题重做求"新"

历史常常有惊人的相似之处。日常事物往往呈现出"十年河东""十年河西"的周而复始态势。尽管工作的性质内容千差万别，工作的时空条件有所不同，但不同阶段的工作方式方法却多有雷同，一些新的内涵可能以旧的形式出现。如果缺乏辩证思维和写作敏感，往往看不到、找不到"新"的东西，写出的观点、标题尽是"似曾相识燕归来"。经验材料"求新"的关键就在于作者要善于从司空见惯的现象中发现新的内涵，推陈出新提炼出新的标题。

解放军报社空军分社原社长李国文在解放军报组织的《记者人格大家谈》中，讲述了这样一个故事：

采访组进西藏前，我和刘应华谈到解放军报社孙社长要回访西藏军区总医院院长李素芝的任务时，都感到这个典型很难再次写好。原因很简单，近些年对李院长连续宣传报道，很难避免重复感。

然而，当我们看到西藏军区记者站郭丰宽站长拿来的初稿，担心就已烟消云散了，稿件中写道："这是该院'流动医院'的第110次出征""这也是李素芝在西藏过的第36个春节。与往年不同的是，这次巡诊，除了西藏军区总医院的医疗队员外，还多了3名'编外队员'——李素芝的妻子、女儿和女婿"，"有人曾经质疑李素芝在作秀，可记者凭良心说，天底下有这样作秀的吗？不仅搭上了自己的一生，而且还用行动把自己的女儿也吸引上了这条艰辛的人生之路。36年如一日，真心实意为藏族群众和边防官兵服务"……那些深情温软的文字瞬间触动了我们内心深处。我们也深信：这样饱含真情的文字一定也能打动读者！

同解放军报总编室刘兴安主任聊起这次回访任务和稿件灵感的来源，他表示自己和孙社长也曾有过同样的担心，但上山与医疗队一见面，听他们讲起从西藏军区总医院转业回内地又再入高原的李素芝妻子郭淑琴、讲起小时候因为聚少离多不肯喊"爸爸"直到考入第三军医大学后才理解了父亲并在博士毕业后选择入藏的李素芝女儿李楠、还有那个为了全家团圆千里迢迢来队探亲又微笑选择随队出征的担任地方大学老师的女婿……他的脑海中，很自然就蹦出了8个大字：激情四射、大爱无疆！李素芝的故事每天都在发生，比自己的想象更丰富、更生动，别人认为很难做到的事，在李素芝的生活中已属常态……于是，《龙年新春寻访李素芝："流动医院"的第110次出征》稿件一气呵成。

对西藏军区总医院院长李素芝这样一位国人皆知的老先进人物作回访，能写出这么好的作品，充分说明旧题重作，照样能挖掘出"新"意，就看你挖"新"的眼光好不好，功夫深不深。写作自古贵创新。古人所讲的"惟陈言之务去""文章须自出机杼，成一家风骨""须教自我胸中出，切忌随人脚后行""删繁就简三秋树，领异标新二月花"等，都是谈写作如何创新出彩的。毛泽东在《反对党八股》中把"新鲜"视为优良文风的特征之一，并号召人们发扬光大，这既有客观必要性，又有现实可能性。因为文章的内容或者是客观事物的反映，或者是客观规律的总结，而客观世界不仅是千姿百态的，也是千变万化的，以反映客观世界为功用的文章，怎么能篇篇相袭、千篇一律呢？

平题巧做求"奇"

有些素材看起来比较平淡，提炼不出新的观点、标题，但是如果能多换几个角度或者从反面加以分析，就可能"平中出奇"发掘出较大的写作价值。正如西方谚语说的："一千个人眼中有一千个哈姆雷特"。即使面对一个平凡的对象，只要视角独特，所得出的认识也会迥异有别。平题巧作、深入浅出，是写作的一种高境界。平题，指的是看似平常的题材；巧作，指的是运用求异思维、发散思维，反弹琵琶，大胆突破，平中出奇地构思和写作。深入，指的是抓住事物之间的内在联系及事物发展的必然规律，写出他人想说而没有说出或者不全懂、不甚懂的事理，写出解决问题的新思路、新举措；浅出，指的是写作中化复杂为简约，化深沉为直白，化浓重为明快，用大家易于理解、便于记忆、乐于接受的语言风貌，来表达观点、确定标题。深入是浅出的灵魂，浅出是深入的载体。只有深入才能产生感悟精髓的力量，只有浅出才能达到平易近人的效果，把深入和浅出结合起来，才能相得益彰，写出高水平的观点、标题。

（六）如何解决总体组织"肿、碎、乱"

文章的结构是文章部分与部分之间，部分与整体之间的内在联系和外部形成的统一，文章的结构是文章的骨架，这个骨架搭得好不好，决定这篇文章能否立得住，能不能给人浑然一体的总体感觉。文章的骨架搭得好，整篇文章的"血肉"就有支撑，骨架没搭好，"血肉"就会散开，文章的主题也就模糊了。这方面常见的问题：

1.总体组织"肿"的问题

"肿"主要表现：

（1）宜写配套经验，硬写成全面经验。

（2）宜写小角度、小口子，硬写成大角度，大口子。

（3）宜写成短文，硬写成长文。

（4）事例不够议论凑，"大家说"、"深深感觉到"等语言充斥字里行间。

基本解决方法：

第一，要量体裁衣，不贪大求全。宁愿将能写成全面经验的，缩写成专题经验——求精；能写成大角度的改写成小角度——求深，也不应反过来将局部的经验写成全面的经验，小经验写成大经验。

第二，多用事实说明经验，议论少而精。要下决心把那些离题的大道理和正确的"废话"、空洞的议论毫不留情地砍掉。如材料占有不充分，宁可再调查或不写，也勿勉强，硬写是写不好的。

2.总体组织"碎"的问题

"碎"主要表现：

（1）观点层次划分过细。能将一个观点概括地分成两个以上的观点。

（2）大同小异的事例举得过多。由于可用材料很多，觉得丢了可惜，结果在文章中堆砌了基本相似的事例，显得冗长。魏巍写

《谁是最可爱的人》，采访到的24个非常好的事例，行文时只选用了三个，但个个形象鲜明，给读者留下了极为深刻的印象。

基本解决方法：

第一，坚持主旨单一，按照主题表达的需要，适度划分观点，防止观点过窄、层次过多。尽可能不要出现大"一、二、三"套小"1.2.3."，开成"中药铺"的现象。

第二，正确取舍素材，举例不宜过多。一般情况下，一个观点，加有关的面上情况，再举少则一个例子、多则两个例子，就足够说明经验了。要善于用面上的量化数字和概括性叙述。

3. 总体组织"乱"的问题

"乱"主要表现：

（1）各层次有"我中有你、你中有我"的串腿现象。观点上串腿打架，外延有交叉；层次内容上串腿打架，不同的地方讲类似的内容；使用例子串腿打架，"一女嫁二夫"或"三夫"。

（2）叙述没有一定的顺序和规范。说了理，举了例，再说类似的理，又举相似的事。一会儿从小到大地举例，一会儿又从大到小地举例。叙述没有侧重点。

基本解决办法：

第一，养成列细提纲、打腹稿的习惯。列细提纲、打腹稿的过程，看似花了不少时间，但可以严密地理清思路，防止走弯路，实际上效益很高，很值得多下功夫。

第二，养成规范的叙述习惯，注意段落的完整性和单一性。一个意思要在一个段落里集中讲完，不要在这里说一段、在那里插几句，把一个完整的意思说得七零八落。举例一般要先举分量重的，再举分量轻的，不能颠倒轻重。

（七）如何解决具体行文"歧、虚、呆"

一篇好的材料，首先，思路要清晰。全文是一个完整的统一体，首尾要圆合，中心线索要连贯，过渡照应要清楚，既没有顾此失彼、残缺不全的情况，也不能有缺头少尾、七零八落的弊端。其次，结构要严谨周密，无懈可击，没有漏洞和颠三倒四的毛病。最后，行文要自然。要行止自如，顺理成章，浑然天成，没有人工雕琢的痕迹。这方面常见的问题：

1. 具体行文"歧"的问题

"歧"主要表现：

（1）观点与材料不一致。这是常见多发病。内涵上不一致，如有个材料的观点是"对犯罪分子打击不力"，里面写的是侦察干部队伍新、业务素质差；时间上不一致，如讲某项整顿效果好，举的转化后进例子是整顿前的；因果关系不一致，如讲某项工作抓得紧，举的例子不全是这项工作成果；叙述角度不一致，这一处是党委角度，另一处是部门角度。

（2）语言绝对缺分寸。讲好不留余地，"非常好""特别好"，讲差"一团糟""一片黑"；讲"果"说得太满，"都是""全部""所有"，而且不是这项工作的成果也算进去了。

基本解决方法：

第一，正确掌握观点与材料的内在联系，严格做到观点与材料的统一。

第二，切实掌握文字表达的度，做到讲好不说"满"、讲差不说"绝"、讲美不说"过"、讲果不说"溢"。

2.具体行文"虚"的问题

"虚"主要表现：

（1）套话连篇。一开头就绕山弯水，大段"在×××指引下，在×××正确领导下，在×××亲切关怀下……"正如别林斯基说的："假如第一行落笔太远，那么这篇论文一定是废话连篇，离题万里；假如第一行就接触事件，那么这篇文章就是好文章。"还有的在正文中，夹杂着一段段永远正确的大话、空话、老话，如层出不穷的"结合"，没完没了的"依据"，言过其实的"亲自"，屡见不鲜的"大力""狠抓""认真""十分"等，一看就是机关干部坐办公室编出来凑数的语言。

（2）事例不实。有的拔高夸大，不够准确，可信性不强；有的矫揉造作，不够实在，感染力不强。

（3）空泛议论。往往是观点与例子中间，夹一段又长又空的议论，将空头议论当作说理。

基本解决方法：

第一，开篇应开门见山，精练、明快。高尔基说："写文章，开头第一句是最难的，好像音乐里的定调一样，往往要费好长时间才能找到它。"一篇好文章，开头新颖别致，让人产生一种欲读而后快的感觉，才有震撼力、吸引力。所谓"凤头"，亦是这个意思。行文要力求枝繁叶茂，切忌十干一叶。这应该作为机关干部写文章的警示。

第二，经验材料举例一定要实实在在，让大家可信可学。尤其注意不要总结"开小灶"，讲特殊培养出来的典型经验，因为难以推广。宁可少写个把例子，也不要找拔高的或推想的结果点缀凑数。否则一个例子失真，可能导致整篇经验的不可信。

第三，要正确恰当地说理。经验材料的适当说理有三个好处，一是加厚，有些例子难于充分说明观点，加点道理，才显得厚实；二是点缀，使材料不单调，提高材料的思想性和感染力；三是承上启下，讲点道理才连得上。但道理讲多了，就成了议论文了，要掌握好度，讲朴素、讲精。

3.具体行文"呆"的问题

"呆"主要表现：

（1）结构呆板。往往思想"老三段"、层次"老三样"，没有新面孔、新方式。

（2）语言呆板。写某个单位状况，像写鉴定一样，写某方面思想认识，往往是一些冠冕堂皇的政治术语，缺乏生动、贴切、鲜活的群众语言。

基本解决方法：

第一，认真钻研有关的模式结构知识，丰富经验材料的表达和结构形式。

第二，下苦功夫学习生动活泼形象的群众语言。努力丰富词汇，把虚写实、抽象写具体。要适当运用些名言、反问、对话、典故、诗词等，使文章富有起伏和色彩。

三、领导讲话稿写作实用技能

什么叫领导？比较经典的定义：领导就是在社会共同活动中，具有影响力的个人或集体，在特定的结构中，通过示范、说服、命令等途径，动员下属实现群体目标的过程。

领导讲话，是实施"示范、说服、命令"活动，行使领导职能的重要方式。各层次领导干部，只要做领导工作，就离不开用讲话这一方式来实施领导。在某些场合，领导可以即兴讲话，不需要讲话稿，不过这种场合往往是一些例行性、礼节性讲话。在重要的、正式的会议或场合，是需要事先准备好讲话稿的，领导职级越高，这种场合越多，而且重要讲话稿往往经过充分讨论，甚至集体研究决定的。这样的讲话稿需要由机关人员在领会领导意图后代拟。

唐太宗李世民说过："语言者，君子之枢机，谈何容易！"领导讲话稿所表达的思想、观点和所提出的任务、要求，原则上所有下属都要贯彻执行。领导讲话不但要正确、深刻，而且要塑造出自己的鲜明个性，才能增强感召力和凝聚力。领导讲话稿质量，程度不同地影响着各项方针、政策和任务的贯彻落实，影响着党委和机关实施组织领导的力度和成效，影响着领导干部和机关的形象。由于领导讲话稿分量重、影响大，又需要经常起草，所以能否写好领导讲话稿，是衡量机关干部会不会写文章的重要标尺。

不少机关干部对写领导讲话稿有点发怵，因为常常需要反复修改才能通过。有时，好不容易写出来的稿子被领导"枪毙"了，起草者饭吃不香，觉睡不好，压力非常大。我在军以上机关常起草领导讲话稿，同志们可能会认为我早练出来了，是越写越驾轻就熟、得心应手。但我想告诉你们的实情不是这样的。我每逢担纲起草领导讲话稿，都是"如临大敌"，全神贯注，不敢有丝毫懈怠，越写越感到其中学问太深了，越写越感到难度系数是顶级的。总之，我仍然怕写领导讲话稿！但同时也想告诉你们的实话是：二三十年常干这样的苦差事，这种苦吃多后，我竟然品出一些极苦后的甜来了。某种程度上，也喜欢上了吃这种苦。这不是唱高调，忽悠人。因为参加撰写领导讲话稿，其特有的能与领导干部面对面的倾心交流，能对宏观、微观资料一览无余的洞悉，能有成绩、问题深刻剖析的启迪，能对今后任务、未来发展的极目远眺，能与机关各部门写材料"高手"的"亮剑"切磋，是任何其他场合都无法企及的。我觉得每参加一次撰写领导干部重要讲话稿，所获得的大视野、全方位、多层次、高品质的收获，或许胜过你潜心读十天半个月的书，因为你很可能读到的是别人看不到的绝版、珍藏版、内参书！害怕与喜欢、痛苦与幸福、付出与收获，很奇妙地都糅进了撰写领导讲话稿的过程中，关键看你用什么心态去面对。不同的心态会出现截然不同的感受。你作为年轻的机关干部，如能吃一次这种"苦"，就是一次幸运机遇；如能经常吃这种"苦"，你简直是"福如东海"了，难道不是这样么？！

（一）领导讲话稿与其他文体的区别及主要类型

领导讲话稿属于何种文体，众说不一。有的把它列入公文范围，有的把它与演讲词等同起来。但相当多的应用写作专家认为，领导讲话稿应是介于公文与演讲词之间的一种常用文件。

但我认为，领导讲话稿不等同于一般的公文。在形式上，它虽然用公文的形式转发领导讲话，能成为公文的主体部分，具有指导作用和行政约束力，尤其是重要的工作报告。但就大多数讲话稿而言，它本身并不具有公文的全部要素，没有红头文件那么强的行政约束力，形成的程序也不尽相同。而且很多是用白头的会议文件形式，而不是公文形式下发。在写作上，领导讲话稿有它自身的规律、特点和特殊要求，这在语言的运用表达上尤为明显。公文虽然也要求有一定的文采，而领导讲话稿则要求大众化、口语化，强调语言修辞、感情色彩和幽默特色等。

领导讲话稿不等同于一般的演讲稿。在文体上，领导讲话稿注重内容性和指导性，兼顾着语言魅力；演讲稿则更讲究语言美，需要演讲词动听，有很强的煽动性、感染力，能够打动听众。在功能上，领导讲话稿可直接提出要求和实施意见，具有鲜明的权威性和行政约束力；但演讲词一般只是通过演讲，唤起听众的觉悟，不具有行政约束力。在写作上，领导讲话稿通常由机关人员代拟，写作受到多方面的限制；演讲词写法比较灵活、自由、多变，受限制比较少。

以声音为表达媒介是领导讲话稿与其他文体的最大区别。领导讲话主要通过"说"与听众的"听"来完成的。讲话稿的接受效果，很大程度上取决于"听讲者"被"讲话者"所吸引、所感染的程度。因而，讲话稿可听性的好坏，始终是评价讲话稿优劣的一个重要标准。

总之，**领导讲话稿就是指领导者在各种会议或仪式上，为口头表达自己的主张、见解，进行宣传或开展工作而使用的具有一定目的性、权威性、完整性的文稿**。有必要将领导干部讲话稿单独列为一种机关写作文体。

领导讲话稿由于用途比较广泛，文体又比较特殊，根据不同的划分方法，可分为多种不同的类型，但任何一篇领导讲话稿都可能是不同类型的有机组合。

按讲话稿的内容分：

（1）**政论型讲话稿**。也就是领导人在大型会议或重要场合上作的有关重大问题的讲话。如在党代表大会、党委全会上作的报告或讲话。这类讲话稿具有权威性、总结性、全局性、指导性强和庄重、规范等特点。如党代表大会工作报告，题目的写法和几大部分内容，大体上都有相对约定俗成的规范。它要求观点正确，材料翔实，结构清晰。这类讲话稿的教育、指导作用，常与公文相辅而行，既在会上作报告，又用相应的文件下发。虽由领导人讲，但讲稿主要由写作班子准备，经相应的领导班子集体讨论后定稿。

（2）**意见型讲话稿**。这类讲话稿用于一般性工作会议或座谈会等。其内容不如政论型讲话稿重要，主要是对某项工作或某个问题宣讲具体看法、指导意见，常常带有个人的见解，内容可全面可单一，结构比较灵活，具有一定的权威性、启发性、指导性。各级在研究安排阶段性重要工作或某一重大活动时，机关人员应为主官或主管领导准备意见型讲话稿。

（3）**宣传型讲话稿**。它是传达重大文件、会议精神或就重大事项作宣讲教育的讲话稿。例如领导人给机关上理论辅导课，宣传上级重大会议精神或作形势报告等，就属这一类。通过宣讲启迪人们的思想，统一认识，提高觉悟，激励斗志，纠正某些错误或不良倾向。这类讲话稿针对性强，一般在特定场合和范围使用，主要靠讲话稿内容的真理性、知识性、趣味性及语言艺术性来感染人、说服人。

（4）**礼仪型讲话稿**。它主要用于领导在出席纪念会、开幕式、迎送等活动上的致辞，起表示祝贺、表达礼仪、联络友谊、增进关系等作用。这种讲话稿多是祝贺性的内容，有一定的写作规范和格式，语言感情色彩比较浓厚。

按讲话稿的格式分：

（1）**全稿式**。就是把讲话的内容全部写出来的稿子。它主要用于比较庄重场合的讲话，如重要会议或典礼活动时的讲话。这类稿子事先起草成文，经过讨论修改或经上级审查通过后印成材料，讲话人到时宣读即可。

（2）提纲式。就是把讲话的要点列成提纲或列出基本观点，同时也可准备一些讲话中需要用的具体事例、数据等资料。领导运用提纲式讲话稿时，可参照提纲作比较灵活的展开和口语化的演讲，但对讲话领导的自身素质和表达能力的要求比较高。一般情况下需要领导亲自调查研究，掌握大量具体事实。提纲式讲话稿主要用于机关内部会议、小型会议或以个人名义发表一般性的意见，也可用于领导干部授课、作形势报告。

（3）全稿加插件式。就是在全稿式讲话稿的基础上，用勾画、注记或附件、卡片等形式，列出插话的提纲要点。领导讲话时，一般以全稿为主，中间插若干段内容的即席宣讲；个别的以全稿为辅，念一下全稿主要观点，然后以插话提纲为主展开讲。发文时，经领导批准，机关撰写的全稿和领导讲话时的插话、插件，可以糅在一起下发。这种讲话稿运用的场合可大可小，机关要事先按领导意图准备好插话要点和素材，现场有可靠的录音，以便迅速整理好领导准确的插话内容，经领导审定后印发文字稿。有的高层领导在大型会议上作长篇讲话时，比较喜欢用这种容易放开讲、深讲透的方式。

（4）即兴式。是指讲话人事先没有准备书面讲话提纲，或临时受邀要讲话；或受到别人讲话及会场氛围影响，引发了对某个问题的思考，主动提出要讲话。一般是领导自己列出要讲的几个问题，有的在现场写了几句纲要，有的纯粹是"腹稿"，临场发挥作讲话。

前三种，一般需要机关人员为领导做准备，后一种主要靠领导现想、现写、现说。

按讲话稿的功能分：

有总结报告型、动员部署型、交流汇报型、传达型、研讨型、辅导型、讲评型、主持型，还有礼仪型讲话等。个别的兼有两种以上功能。

按讲话稿的形成阶段分：

按时间顺序，从始至终，通常称为初稿——征求意见稿——送审稿——审定稿——印发稿等。低级机关或小场合讲话，形成过程可简略。军以上高级机关在重大场合的领导讲话稿，少不了这五个阶段。

（二）领导讲话稿常见格式框架和特点难点

由于领导讲话的场合、对象、内容、作用、风格不同，加上领导讲话稿又是高度自由的文体，因而它没有固定不变的格式。如何设计结构、安排层次，写什么、怎么写，都可以根据需要和领导的个性风格而定。下面介绍一些比较常见、通用的框架格式，可供较少接触这种文体的机关干部参考。

1. 领导讲话稿总标题格式

领导讲话稿通常有总标题、副标题。其中总标题常见的有以下三种样式：

一种是，**体现讲话场合及讲话内容的叙事性标题**。也叫简式标题。主要用于小型会议、一般性工作会议或公务活动，如《×××

同志在空军军以上单位党委书记座谈会上的讲话》。直接写明讲话人在什么会议（场合）讲话便可。有时候标题内不写讲话人的姓名，而放在标题下居中的位置。总标题下方，一般还应标明讲话的日期，用括号括起。

一种是，体现会议主题及讲话内容的观点性标题。也叫双标题。主要用于庄重场合或大型会议、大型活动。这类标题有的还在后面加设副标题，说明什么场合、什么人的讲话，如《沿着科学发展道路奋力前进，在新的起点上加速空军战略转型，全面提升有效履行历史使命的能力——×××在中国共产党空军第××次代表大会上的报告》，即由一个主标题和一个副标题组成。主标题常常明确提示讲话主题，概括讲话内容，有时就从讲话中摘出一句关键词。

另一种是，套用相应规范的特定标题。也叫固定标题。即会议（活动）+××词（讲话）。如各级党代会、人代会上的工作报告以及开、闭幕词，法院工作报告、检察院工作报告等，从中央到地方，沿用几十年不变，成为一种法定标题。如：《中国共产党空军第××次代表大会开幕词》，发表或下发时加上讲话者的姓名、日期。

2. 领导讲话稿常见开头

讲话稿开头，是讲话思路的起点，不但使听众了解讲话者的意图，而且提领整个讲话，起着定调的作用。好的开头，像歌唱家唱出的第一个音符一样，至关重要。可以先入为主，先声夺人，给人以深刻的印象，把听众吸引住。要尽可能用简洁、概括、形象、生动的语言。

以下十二种开头比较常用：

（1）开门见山式

一开头就直叙本题，切入正文。即用一两句话，直接点明讲话内容，让听众一下子抓住讲话主题。这种开头庄重、简洁，对控制会场的气氛有较强的作用。如毛泽东在《改造我们的学习》中的开头：

"我主张将我们全党的学习方法和学习制度改造一下。"

（2）概括说明式

即把要讲的内容用几句话概述一下，说明讲话的缘由和要点，以引起听众的注意。这是上下都用得比较多的方法。如邓小平在《目前的形势和任务》这篇讲话中是这样开头的：

"我想讲三部分。第一部分，讲一讲八十年代我们要做的三件大事和我们进入八十年代的形势，主要是讲国内形势。第二部分，讲一讲实现四个现代化必须解决的四个问题，或者说必然具备的四个前提。第三部分，讲一讲坚持党的领导，改善党的领导。"（《邓小平文选》第2卷）

（3）开篇点题式

即对要讲的问题，表明讲话人的态度，然后顺着把下面讲的主要内容点出来。

如毛泽东在《整顿党的作风》讲话中开头：

"今天我想讲一点关于我们的党的作风的问题。"

（4）设问启发式

开头提出一个发人深省的问题，引发听众的兴趣。如毛泽东在《论反对日本帝国主义的策略》这个报告中，开头部分就提出了一个问题：

"目前的形势是怎样的呢？"

这种设问式的开头，不仅吸引听众的注意力，而且突出了讲话的主旨。

（5）阐明政策式

在开篇就简明扼要地阐明大政方针和相关决策部署，然后再联系实际，叙述自己要讲的内容。

（6）介绍背景式

开头将有关的背景材料介绍一下，帮助听众了解问题的来龙去脉，加深对讲话主旨的理解。当然这种背景材料必须是多数听众不了解的新情况。

如众所周知的斯大林1941年7月31日的《广播演说》，以重大事件（德军向莫斯科大举进攻）为开头，让听众在震惊之余，进一步倾听有关情况及对策。

（7）曲转入题式

开头先讲几句"题外"的话，把听众的注意力吸引过来，然后话锋一转，进入正题。

如某语言学家在一次关于语言问题的报告中，一开头先讲起他吃早点的事情。原来他在早点店里，看见价目表上将"豆浆"写成"豆江"，"油饼"写成"油并"，由这两个错别字说起，谈到当前语言文字上存在的问题。这样的开头亲切、自然、新颖，易于引发听众的兴趣。

（8）分析形势式

以分析当前某方面的形势，指出召开会议（举行活动）的重要性、必要性作为开场白。

（9）提出任务式

开篇就把面临的任务提出来，然后再就如何完成好任务，列出有关问题，分别叙述清楚。

（10）介绍评价式

一些纪念性等集会上的讲话，一开始对所纪念的人物、事件做出介绍，同时作出评价，然后交代讲话的目的。

（11）名言警句式

引用一段名言、警句、典故、谚语、诗歌或讲一段故事等作为开头，引人入胜。

（12）祝贺慰问式

一些表彰大会、纪念大会以及一些节日祝词、代表大会的祝贺等，开头一般都是对有关人、事表示祝贺或慰问。

3. 领导讲话稿正文部分的标题

正文部分的一级标题，基本写法有：

用"要"字统领各标题。这种写法用得不少。其优点是，标题所显示的观点简洁明了，语式短促有力，各部分之间的衔接紧密，整个文章显得很紧凑。如空军某领导在文化建设工作会议上的讲话，三个一级标题是：（一）要牢牢把握空军蓝天文化建设的正确方向。（二）要积极构建空军蓝天文化建设的特色体系。（三）要科学推进空军蓝天文化建设的全面落实。这种写法相对来说，更适用于非主体报告的强调性讲话。

用带观点的祈使句作为标题。这是常用的写法，句子可长可短。如空军某领导在文化工作会议上的讲话，三个一级标题是：（一）强化政治自觉，必须突出文化的铸魂育人功能，大力培养新一代坚定的举旗人。（二）强化使命自觉，必须彰显文化的战斗属性和创新功能，不断提高应对多种安全威胁、完成多样化军事任务能力。（三）强化职业自觉，必须发挥文化的引导激励功能，着力锻造官兵崇尚荣誉、追求卓越的职业精神。这种写法便于在各部分中装进较多内容、充分展开，比较适用于主体讲话。

用概括内容的短语作标题。这种写法标题朴实，而且内涵和外延都比较宽泛，讲时可开可合，可多可少，便于驾驭，比较适合主要领导在大型会议上讲话用。如温家宝2005年12月在中央农村工作会议上的讲话，六个一级标题是：（一）关于农村基础设施建设问题。（二）关于农村综合改革问题。（三）关于粮食问题。（四）关于土地问题。（五）关于农民工问题。（六）关于农村社会事业发展问题。

再介绍一种不常用的写法。即标题置于文中，直接体现。如某省领导在全省市州和省直单位负责人会议上的讲话，开头先申明"讲三个问题"，紧接着是：第一个问题讲发展——主要是讲在宏观调控形势下加快发展的问题；第二个问题讲稳定——主要是讲积极主动地调处人民内部矛盾的问题；第三个问题讲作风——主要是讲坚持依法行政、依法办事的问题。这种写法使整个讲话浑然一体，层次划分不露痕迹，话风朴素新颖。

长篇讲话的正文部分一级标题下，一般有划分段落的小标题，也称二级标题。它服从服务于上级标题，是本段落基本内容的展开，与上级标题构成属与种、总说与分说、总论点与分论点的关系，表述的形式更为灵活。但撰写中要注意避免形式呆板和趋同于公文。

4. 领导讲话稿的主体结构

如果说文字是思想的载体，那么，结构就是思想的骨架。领导讲话稿的主体结构，重点解决正文框架、层次处理、段落划分等问题，亦即谋篇布局形成的结果。好的结构可以使讲话思想鲜明、脉络清晰，有利于拓展语言和思维的空间，收到总体大于各部分之和的效果。

写机关公文，在结构上创新是比较难的，而领导讲话是高度自由的文体，结构创新相对来说空间和余地更大一些。只要在实践中不断探索和总结，就能写出一个恰当适宜的结构，来更好地表达主张。安排结构有一定的技巧，但并非纯技巧性的问题。因为结构的实质，是客观事物本来面目以及作者对客观事物认识理解的思路在讲话稿表现形式上的体现。如果作者对事物认识理解透彻，思维脉络清楚，就不愁找不到较好的结构方式。

领导往往会在不同类型的会议和场合讲话，仅以大会报告为例，就有党代表大会、党委全会、军人代表大会、动员大会、表彰大会、纪念大会、庆祝大会等。在不同场合的讲话无论结构还是内容都不可能一样，必须因地制宜、因事制宜搭建讲话结构。但从科学组合、合理结构的层面上看，领导讲话稿也有它的同一性。集中体现在：基本思路都是提出问题——分析问题——解决问题。具体结构方式大致有以下六种：

第一种：横向并列，依次阐述

也可称横向并列式。开头有一个昭示主题、总括全篇的"帽子"，然后在主题统率下，平行地列出几个概念互不交叉、大小相宜的题目，每一部分相对独立地表达一个完整的意思，分开论述，最后再收拢起来。

这种结构也可以比作为"开塘"，涉及的面比较大。一般来说，"开塘"式的写法篇幅大，思想容量也大。这样写的好处是比较有条理，眉目清楚。但如处理不好就会给人零碎和呆板的感觉。还有，中国人写东西有"无三不成篇"的习惯，有时候，你只有一两个新观点，为了成篇好看，就想再凑出一两层意思来，就免不了生拉硬扯，把一些可说可不说的话也写上来，文字就冗长了，而且容易把新鲜和重要的思想淹没在一般化的东西里面。

第二种：纵向深入，层层递进

也可称纵向掘进式。讲话稿内容围绕一个主题思想，分成几个有递进关系的题目和层次，层层递进，深入开掘，最后集中到讲话的目的要求上来。如毛泽东于抗战初期在延安抗日战争研究会做的《论持久战》演讲，从"问题的提起"，层层阐述了21个问题，120多个条目，对为什么是持久战、如何坚持持久战等现实问题，进行了剥茧抽丝式的深入剖析。全文主体井然有序，纲目历历昭然。

这种结构也可以比作为"掘井"，涉及的面小，但深度大。一般来说，"掘井"式的结构，容易写得集中和精练一些，但在思想性、逻辑性上的要求比"开塘"要高一些，难度更大一些。

第三种：一以贯之，一气呵成

也可称一以贯之式。围绕一个主题，全文一贯到底，中间可不用序号、标题，而是以自然段划分来表达相对完整的独立的意思。

这种结构适用于篇幅短小的讲话，在各类会议（活动）上的致辞、献辞、欢迎词，离、任职讲话等场合用。如毛泽东的《为人民服务》。也可用于篇幅较长的讲话，而且常常用一些反复出现的标志性语言，来划分篇幅较长的讲话层次。习近平总书记2024年在全国科技大会、国家科学技术奖励大会、两院院士大会上的讲话，先后用了5次"各位院士，同志们、朋友们"来提领每一个层次，分别回顾历史，分析当下，展望未来，提出寄语。虽然不设标题，但讲话层次十分清楚。

第四种：板块组合，集中大气

也可称板块组合式。就是把需要表达的主要思想，集中地用数块写完，再辅写其他想说的。作者可以大刀阔斧地写，写得酣畅淋漓，并且有话则长，无话则短，把最深刻、最重要的思想，集中而鲜明地凸显出来。板块组合式写法虽然文字凝练，表述集中，也比较大气，但也有较大的难度。为了形成板块，就要在围绕主题、整体把握的基础上，学会"滚雪球"，把零碎的变成规整的，把杂乱的变成有序的一个个板块。如果想不顺、理不清，容易写得交叉和零乱。板块一般在四五块以上，少了缺气势，多的有十来块。如毛泽东1956年4月在中共中央政治局扩大会议上的讲话（即《论十大关系》），即由十大板块为主组成。

这种结构比较适用于大型综合报告，一般性工作会议讲话用得较少。其通常做法是，将某个领域中的关键问题或某项工作中的关键环节"抽"出来，独立成一部分，依次阐述。相对于其他结构而言，板块结构比较单纯一些，与会者听起来印象较深。

第五种：设问解答，扣人心弦

也称设问解答式。就是紧扣主题，提出若干个鲜明的问题，在逐一解答中表述思想观点。这种结构首先难在问题选择上，不但是立足主题的提问，而且是听众普遍感兴趣，又存在认识差距的问题，甚至是似是而非的问题。解答这些问题，还对指导工作、解决存在问题具有重要意义。设问对路，会激发起听众注意力；解答深透，会倍增讲话的感染力。因而，这是一种较易讲出新意的结构。

第六种：纵横交错，旁征博引

也可称纵横交错式。整篇讲话按照要说明的问题或事件的发展脉络，既考虑时间发展顺序又兼顾空间关系的组合。既整体连贯，又有重点展开部分内容。总之，以讲话主题为轴心，多层次、多侧面、多角度地展开。这种写法看似自由，实则难度很大，因为纵横交错中有其内在的思想脉络和逻辑关系，处理不好，容易结构杂乱、重点不重。

还有一些不常见的结构。具体用什么结构和写法，一要看领导的表述习惯，二要看内容和场合。一般来说，如果是起草重大会议用的总结性报告，宜用纵横交错式，利于在较长时间、较大空间中，充分表达思想和内容。如果给领导起草的讲话稿是在比较宽松自由的场合讲，则不妨用横向展开式，这样别人听起来清楚一些，同时也给讲话者留下了发挥的空间和余地。如果是在气氛隆重热烈的场合，需要讲出点激情和气势来，可用板块式结构。

讲话是口传耳听，话音稍纵即逝，如结构复杂、头绪纷繁，大一二三，又套小一二三的话，易使听众摸不着头脑，听得费劲，甚至昏昏欲睡。因而要尽可能简化结构，简略层次，简明扼要。请记住：精思归自然，极练如不练，看似漫不经心娓娓道来，却往往更能显得古朴、深刻。

5. 领导讲话稿的结束语

结束语的任务是托负全篇。好的结尾具有让听众回味无穷、鼓舞斗志、振奋精神的功能。结束语同开头一样，它可以是一个句子，也可以是一个自然段，还可以是几段。常见的结尾有以下方法：

总结法。即简要地对前面讲过的内容进行总结，进一步概括和升华主题，加深听众印象。如列宁1921年在全俄运输工人代表大会上的讲话之结尾："对于你们这些铁路和水运员工的代表们来说，结论只有一个，而且也只应有一个，这就是百倍加强无产阶级的团结和无产阶级的纪律。我们无论如何都应当做到这一点，无论如何都要争取获得胜利。"

号召法。即用含意深刻、精悍有力、调子高昂、催人奋进的话语，号召与会者为实现既定目标而奋斗。如毛泽东1945年4月在中国共产党第七次全国代表大会上的报告之结尾："成千成万的先烈，为着人民的利益，在我们的前头英勇地牺牲了，让我们高举起他们的旗帜，踏着他们的血迹前进吧！"

展望法。即通过热情洋溢的展望性、预示性语言，引起听众对美好未来的憧憬与向往。如毛泽东1940年1月在陕甘宁边区文化协会第一次代表大会上的讲话（即《新民主主义论》）之结尾："新中国站在每个人民的面前，我们应该迎接它。新中国航船的桅顶已经冒出地平线了，我们应该拍掌欢迎它。举起你的双手吧，新中国是我们的"。

希望法。即以对听众提出带希望性、鼓励性的话语作为结尾。习近平总书记2024年在全国科技大会、国家科学技术奖励大会、两院院士大会上的讲话的结尾为例："把我国建设成为科技强国，是近代以来中华民族孜孜以求的梦想，一代又一代中华儿女为之殚精竭虑、不懈奋斗。现在，历史的接力棒已经交到了我们这一代人手中。我们要树立雄心壮志，鼓足干劲、发愤图强、团结奋斗，朝着建成科技强国的宏伟目标奋勇前进！"

祝愿法。即以祝福性的话语作结尾。

有的简短讲话，也可以意尽就止，自然收尾，不另起段。无论采用哪种方法结尾，都应简洁有力，干净利落，"如截奔马"，切忌拖泥带水，画蛇添足，或意犹未尽，草草收兵。

6. 领导讲话稿的写作特点和难点

领导讲话稿的写作与其他文体的写作相比较，有鲜明的特点。看了一些专著和论述，对特点的概括各有不同。我觉得**领导讲话稿的特点**主要体现在以下七个方面：

一是影响上的权威性。这是因为讲话者担任要职，具有法定的领导权力。所谓领导权力，从定义上来讲，"就是领导者在实施领导活动过程中，为达到组织目标，使被领导者的个体行为、意志形成一种共同行为、意志的支配和影响力量。"也就是说，领导讲话是有权威的，大家必须听，照着做。非领导者讲话，就缺乏法定的权威性和影响力，往往靠道义来感召，大家可听可不听，可做可不做。

二是内容上的指导性。这是因为领导讲话相对来说站的角度高，看得远，想得深，往往有与形势任务、本单位实践结合很紧密的新思想、新观念、新举措。尤其是在重大场合、重要时机发表的讲话，对统一思想认识、推进重大工作、解决倾向性问题具有不可替代的重要指导作用。

三是对象上的特定性。这是因为在领导讲话的场合，听众具有特定的身份，而领导的讲话必须吻合特定身份对象的需求，也就是俗话说的"在什么场合说什么话"。听众往往关注问题不同、接受能力也有差异，因此讲话稿写作时心里一定要装着听众，想着听众需求，揣摩听众心理，符合听众口味，体现针对性和指导性的统一。

四是文体上的自由性。这是因为领导讲话稿是独特的文体，不用像写公文那样要受格式等多方面制约，撰写上具有很大的灵活性、可变性。相对而言，篇幅可长可短，内容可宽可窄，引证可古可今，阐述可粗可细，语气可硬可活，时态可远可近，色彩可浓可淡等。总之，"赤橙黄绿青蓝紫"，任你挥毫。

五是撰写上的受命性。这是因为讲话稿起草人总是受命于某领导或某组织。它不像文艺创作或撰写学术论文一样，受作者内心的驱使或受某种灵感的启发，表达自己的个人感受和见解，而是在某种外在的压力下所进行的命题写作。讲话稿的观点、内容，必须充分、忠实地体现所代表的领导或机关的意志，并不是起草者个人意志的表现。

六是形成上的制约性。这是因为领导讲话稿形成过程，受到所代表的组织、所担负的职责、审议讲稿的程序、讲话场合等多方面制约。讲话内容必须先有个"框框"，要在"框"内发挥；同一场合多个领导讲话时，内容必须各有侧重。要按照听众思维发展顺序安排材料，使听众思维随着讲话循序渐进，形成"整体感受"。讲话的时间长短，一般是事先预定的。有些重要讲话稿，还需要会前印发有关领导、部门或代表征求意见，经上级组织集体讨论修改通过后才能宣讲。

七是风格上的独特性。这是因为领导讲话是以个人名义作宣讲的，必须体现领导个性，符合领导身份，展示领导情怀，反映领导思想。领导职务、经历、年龄、个性的不同，讲话的内容、角度、语气和风格是有区别的，要"话如其神""文如其人"。不可"千人一面"，体现不出领导个性；也不可"张冠李戴"，使领导性格、身份错位。如果写不出该领导独有的思想、个性语言和真情实感，那就算不上是篇出色的讲话稿。

起草领导讲话稿主要难点在哪里？我认为主要有"五难"：

写出应有的思想性"难"。因为领导者思想认识水平往往远高于讲稿起草者，这种悬殊的"高度差"，决定了起草者要站到相应高度，准确领会领导意图和深刻体现领导思想，是件很困难的事。

写出应有的准确性"难"。因为领导者掌握全局及深层次的情况往往远多于讲稿起草者，如果起草者在把握宏观、摸清微观、了解事实上下功夫不到位，写出的东西就不如领导知道得全、掌握得准。

写出应有的操作性"难"。领导者处理新的重大复杂问题的经验办法往往远强于讲稿起草者，起草者必须在研究新情况、解决新的复杂疑难问题方面，有高人一筹新办法，才有可能被领导采纳。

把握个性和共性的统一"难"。讲话稿从来没有统一固定的格式和要求，"一个领导一种风格"，而且一人讲话，往往众人起草、多重审稿，比较难于找到主讲领导和所有起草者、审稿人都很满意的平衡点。

以平常心对待撰稿"难"。领导者往往是讲稿起草者的"顶头上司"，掌握着成长进步的"生杀大权"。起草者受命后有沉重压力、时限紧、寝食难安、标准高、唯恐失败，因而很难放松心态、勇于创新。

我觉得，对领导讲话稿这七个特点，加上起草的五难，如果真正领悟透了、把握好了，能够因势利导，知难而进，放开写了，起草领导讲话稿就能掌握主动，由难走向不难。

回顾这些年自己撰写领导讲话稿的实践，将粗浅体会归纳起来，就是：领会意图要"三个清楚"——清楚讲话背景、领导主旨、应达目的；凝练思想要"三个善于"——善于登高望远、辩证思维、推陈出新；布局行文要"三个服从"——服从主题需要、务实要求、个性特点；运用语言要"三个做到"——做到准中见活、雅俗得体、言如其人。

这十二条虽是有感而发，操作性比较强，但说得碎了点，或许适合初学者。

（三）领会意图要清楚讲话背景、领导主旨、应达目的

第一、要清楚讲话背景

要弄清"大背景"，这就是撰写讲话稿面临的相关形势和大政方针。

起草领导讲话稿有时会遇到这样的情况，初稿出来后，自我感觉良好，可领导觉得站位不够高，层次没上去。其中一个重要原因，就是起草者没有切实弄清领导讲话所处的大背景，因而对领导意图的理解停留在"表象"层面，没有深入到"本质"层面。认识上不去了，就难以把握准方向和原则，就会思想滞后、拓展不开，就找不到准确"感觉"了。

接到任务后，要用多种方式，收集与领导讲话主题相关的上级重要文件规定、上级领导重要讲话、最新的形势任务分析和资讯

材料、相关重要研究文章等宏观资料。尽可能找到原文,通过反复研读,把握好上级强调什么、提倡什么、纠正什么;把握好有关领域发展形势和理论研究动态等。只有将这样的"大背景"真正弄明白了,才能站到应有的思想高度、全局角度来思考领会领导意图。

要弄清"中背景",这就是领导讲话涉及的领域相关现实情况。

"中背景"实际就是领导讲话的"矢"要射向的"的"。靶标不清,就谈不上瞄得准、打得狠,领导讲话稿的针对性就无法保证。机关工作在很大程度上就是研究"上情"与摸清"下情",并从二者的结合上出主意、抓落实。对下边的情况心中无数,领会领导意图往往容易原则来、原则去,很难贴近实际、加以具体化。

收集渠道要尽可能地拓宽,将"下情"收集得全面、准确和细致。坚持有点有面地收集,力求"点"上有第一手细节、事例,尤其是存在的突出问题及表现;"面"上有必要的综合性统计数据。注意收集各级领导在该领域该单位历次相关讲话、讲评及贯彻落实情况等历史资料,以利于作纵横交错的全面分析。可从参加部队的各种座谈会、下基层调查研究,从下级相关报告、简报中收集鲜活的动态材料。还要利用翻阅上级转发的简报等内部刊物,尽量多地了解一些兄弟单位相关经验做法,以利于博采众家之长。

要弄清"小背景",这就是领导讲话的场合、对象特点和关注热点。

讲话稿的质量如何,听众是最好的评委。讲话要适应对象,是起草讲话稿必须把握好的重要原则。鬼谷子说:与智者言依于博,与博者言依于辩,与辩者言依于要,与贵者言依于势,与富者言依于高,与贫者言依于利,与贱者言依于谦,与勇者言依于敢,与愚者言依于锐。说人主者，必与之言奇；说人臣者，必与之言私。意思是，和聪明的人说话，要见识广博；和见识广博的人说话，要有辨析能力；与地位高的人说话，态度要轩昂；与有钱的人说话，言语要豪爽；与穷人说话，要晓之以利；与低贱的人说话要态度谦逊；与勇敢的人说话，不能稍显怯懦；与愚笨的人说话，可以锋芒毕露；与上司说话，须用奇特的事打动他；与下属说话，要用切身利益说服他。这就告诉我们一个道理，讲话只有摸准了听众特点和需求，才能讲到听众的心坎里。当然，讲听众之想听，不等于无原则一味迎合，要找准听众期盼与领导讲话意图的契合点，把听众诉求有机融合到领导意图之中。

弄清"小背景"的具体要求是：一要弄清讲话领导与听众的相互关系。在上级召开的会议、下级召开的会议、同级联席会议上的讲话，对象不一样，讲话内容、方式和语气必须因地制宜。二要弄清听众的基本情况。听众由于思想政策水平、文化程度、岗位和年龄的状况不同，对讲话的理解上就存在差异。要选用恰当的表达方式，做到详略得当、虚实相宜。三要弄清听众关注的"热点"。不同层面的听众都有相对最为关心的问题，领导讲话要把握准听众的"脉搏"，尽可能回答听众最想听最关心的问题，起到应有的统一思想、解惑答疑作用。四要弄清讲话场合会务方面的要求。多人讲话的场合务必了解前人讲的内容，适当呼应和防止重复。注意按照承办方要求的时间，控制好讲话稿篇幅的长短。

毛泽东讲话是真正的炉火纯青、艺术巅峰。他能做到面对党内高级干部讲话，讲得大家由衷折服；面对名家大儒讲话，讲得他们汗颜心服；面对普通老百姓讲话，讲得民众拥护信服。为什么能讲得如此精彩？很重要的原因，是对听众特点、需求理解和把握得好。例如新中国成立后，毛泽东在湖南农村考察时的讲话，引起了轰动效应。通篇讲话主题凝练、深入浅出。如其中明确要求办好三件事："第一件，往后嫁女不许再要钱；第二件，马上办夜校，叫大家都能学文化，不当'睁眼瞎'；第三件，当爹娘的以后不要再打伢了。"引起了在场民众长时间的雷鸣般的掌声，不论是老人、姑娘小伙，还是稚气未脱的孩子们，都高兴得无以言表。

美国流传过一个笑话，说：如果居住在纽约，人们会问你年薪多少；你到了波士顿，人们会问你是哪个学校毕业的；在费城，人们会问你出自哪个名门望族；而到了华盛顿，人们会问你与总统的关系如何。这虽然是笑话，但反映出社会环境的确会影响一个人说话内容和方式。

还有一个很有趣的故事。当年李鸿章出访美国，有一次宴请当地官员。宴席上，他按照中国惯例说了客套话："今天蒙各位光临，非常荣幸。我略备粗馔，没有什么可口的东西，聊表寸心，不成敬意，请大家包涵"云云。第二天，当地报纸照讲话原文译成英文登出来了。承办宴席的饭店老板看到报道后，大为恼火，认为李鸿章是对他们饭店的污蔑，并强烈要求李鸿章能具体指出宴会上那道菜肴怎么粗，怎样不可口，否则就是损害他店家的名誉，必须赔礼道歉。李鸿章的那番话所引发的官司，要是发生在中国，法官必定认为店老板是不懂礼节，无理取闹，甚至可能罚打五十大板！但在美国的法庭上可不是这样，他们会坚定不移地认为李鸿章确实侵害了店家声誉，赔礼道歉是毫无异议的。很显然，导致这场官司的原因，是李鸿章的讲话与美国的社会文化环境不相适应。

事实告诉我们，写讲话稿时，一定要"到什么山上，唱什歌",了解清楚所在地方、所到单位、所面向的听众等客观环境和特点,使讲话内容、风格、语气等与所在环境相适应,不然就很可能出洋相、闹笑话。

第二、要清楚领导主旨

领导意图的核心内容,就是讲话稿主旨。起草领导讲话稿的过程,实际就是阐发领导主旨的过程。领会好领导主旨看似简单,实际上是很不容易做好的。

首先,要用心收集、核准领导意图。

领导同志在交代起草讲话稿意图时,一般有两种情况:一种是只讲总的意图,给讲话画个大体的框框,具体内容由起草的同志去考虑;另一种是既有总的意图,又有具体思路。不论哪种情况,对起草讲话的同志来说,都必须认真领会、反复消化。一知半解就可能"下笔千言,离题万里"。还要注意,领导同志一开始交代意图,可能对所要讲的内容尚未深思熟虑、还在酝酿之中,交代内容较为零散。因而撰稿者不能机械地领悟,应尽可能地采用多种方式收集、分辨、充实、核准。

方法之一:主动询问。这是了解领导意图最直接最常用的,尤其是把握不准、有疑惑的,应及时请领导进一步明确。

方法之二:投石问路。如果已事先知道讲话的大主题,起草人员可先草拟一个大思路或提纲,在领导交代意图时,当即拿出来征求领导意见;如果反应够快的,也可边听交代边构思,边和领导讨论交流。

方法之三:抛砖引玉。为赢得时间和主动,应以尽可能快的速度把讲话详细提纲列出来,尽早请领导过目。这样做,一方面利用提纲进一步引发或坚定领导的意图,从大的方面把好关;另一方面是给可能出现的颠覆性修改或领导有新意图需要另起炉灶时，留有充分的时间余地，避免造成被动。

其次，要认真梳理、消化领导意图。

起草前的这一步，要舍得下功夫，并贯穿起草全过程。

一要把领导意图同上级相关方针政策、本级相关规定要求作融会贯通，使领导意图的表达更加吻合大政方针和本单位实际，确保讲话涉及的规定、要求、依据的合法性和工作的连续性。

二要把领导此次意图与该领导一贯的思想主张作融会贯通，保证领导讲话精神前后的一致性。

三要把领导新的意图和平时了解、捕捉到的领导其他思想"火花"作融会贯通，把握领导的思维方式和创新思路，保证领导讲话精神的科学性。

总之，要善于在领导不同时机、不同条件下的讲话中，理出一贯的基本的思想，以此为指导，加深对领导新提出的思想观点的理解。还要注意，对领导交代意图中讲到的具体问题、典型事例，一定要作必要的调查核实。因为领导所知的无论是正面还是反面的事例，有可能只是耳闻，不够翔实准确，在没有核准前是不能轻易写入讲话稿中去的。

最后，要创造性地完善、深化领导意图。

领导干部由于工作繁忙，除了少数特别重要的讲话稿外，难于挤时间专门向机关详细交代讲话意图，往往只谈些主要甚至概略想法，这自然需要起草人围绕领导意图进行独立的创造性的思考使其臻于完善。如果起草者是领导说什么就写什么，没有半点儿创新发挥，那么，只起到"传声筒"和"打字员"的作用。这样的讲话稿也许领导能勉强通过，但难于达到理想效果。而且应看到，负责起草讲话稿的，往往是讲话所涉及工作的相关部门人员。对起草者来说，是把工作成效、碰到的困难、需要解决的问题，渗透到讲稿中，争取领导"关注"、推进相关工作落实的极好机会。

领会领导意图的过程，也是充分发挥起草者主观能动作用的过程。在时间充裕的情况下，起草者可以在领导出题目、谈想法后，进行多种方式的调查研究，并在这个过程中发挥创造性思维，对领导意图进行理性深化和拓展完善。既要坚决遵循和贯彻领导意图，又不能拘泥于领导的某句话或对某个具体问题的判断。对个别有出入或似是而非的问题，该补正的补正，该完善的完善，该充实的充实，融会贯通于讲话稿中，实现领导意图与起草者补正的有机统一。这既是正确贯彻领导意图的需要，也体现了真正地对领导负责。

第三、要清楚应达目的

弄清背景，领会主旨后，必须进一步思考领导这次讲话应该和能够达到什么样的目的。初学写领导讲话稿的，往往忽略这一步。老到的起草者都很重视这一步，往往会发动参与起草的同志共同讨论和深入剖析：

一是上情和下情需要领导讲什么样的话、讲到什么程度，也就是将客观形势、部队工作实际对领导讲话的"需求"分析透；

二是领导的这次讲话应讲到什么样的程度、解决什么样的问题、达到什么样的目的，也就是把讲话可能达到的"目的"明晰化；

三是将需要与可能统一起来，根据确立起的讲话应达"目的"，来推敲和确定讲话的度如何把握、讲什么样的思想观点、出台什么样的创新举措等。

总之，**领会领导意图一定要升华到"清楚讲话达到什么目的"，再从目的反推应讲到什么程度，来决定谋篇布局**。这条把握好了，才能思路清、框架正、举措实，撰写中会少走很多弯路，才不会犯一厢情愿的主观主义错误和出现颠覆性的需要重起炉灶的现象。

（四）凝练思想要善于登高望远、辩证思维、推陈出新

讲话稿有无深刻的思想性，很大程度上决定领导讲话的质量和成效，这是领导本人和上下高度关注的一个问题，也是讲话稿撰写中应啃下的一块"硬骨头"、应打败的一只"拦路虎"。

我们先来探讨有关"思想"的基本概念。

《辞海》对"思想"的解释是："思想"亦称"观念"，即理性认识。毛泽东曾指出，人们对客观事物的认识，开始是感性认识，这种感性认识的材料积累多了，就会产生一个飞跃，变成了理性认识，这就是思想。《现代汉语词典》解释"思想"，是指客观存在反映在人的意识中，经过思维活动而产生的结果。"思想家"的定义是：对客观现实的认识有独创见解并能自成体系的人。

有人用诗一般的语言描绘思想：思想是什么？思想是以人类的生命热情、生活体验所消融了的知识，被激活了的、炽烈的、深邃的、流动的，也许博大，也许精微。但是，它会走向生存，而不致僵化、凝固和死寂。没有已故的思想，已故的思想只是知识，真正的思想，活在知识与自我关系之中。是彼此的互动与重塑。对于自我而言，思想是吸纳的，又是敞开的，无论是面对社会权力，还是知识权力，都是独立的。可以肯定，思想与标本之类无缘，是对范

式的超越。

美国成人教育学家卡耐基说:"如果我们有着快乐的思想,我们就会快乐;如果我们有着凄惨的思想,我们就会凄惨;如果我们有着害怕的思想,我们就会害怕;如果我们有不健康的思想,我们就会生病。"

从写作的角度讲,思想是一切文章的骨干和核心,没有思想的文章好比没有"灵魂"。因为思想是人们对矛盾问题的深刻认识和解决办法的深刻见解,文章赖"思想"而永生,无"灵魂"而猝死。

探讨这些概念,是想告诉大家,出思想,固然需要很厚实的理论功底和丰富的实践经验积累,但也并不神秘和高不可攀。只要将感性认识上升到理性认识,人人都可以出思想,年轻的机关干部也大有可为。当然,思想有正误、好差、深浅、高低等区别,应努力出正确的深刻的崇高的思想。还应补一句的是:愤怒出诗人,孤独出思想,热闹出时尚。出思想要耐得住孤独。

下面,我仅就撰写领导干部讲话稿如何出思想的角度作点讨论。

第一、善于登高望远,在应有高度上出思想

增强领导干部讲话稿的思想性,最重要的是站在思想理论和全局的高度上思考问题、提出对策,引起大家的共鸣,给人深刻启示,化为推动工作的动力。

什么是高度? 从广义上来讲,是指在一组不同层次且有序排列的相关量中,从较低层次量到较高层次量之间的距离。它有非常丰富的内涵,大致有以下五种性质:

一是思想性。 广义高度所指的相关量,或是一种相对统一的见解，或是一种人为的定义。比如中学、大学等学历，是人们对学习经历和学术水平的不同层次阶段的统一标识和规定。这就告诉我们，高度本质上是人们对客观世界的一种带有理性的认识，因而具有思想性。

二是相关性。广义高度的各相关量之间，存在着密切联系。比如战略与战术之间，战略是指导战争全局的计划和策略，喻指决定全局的策略；战术是进行战斗的原则和方法，喻指解决局部问题的方法。所以，战略与战术之间存在着高度的相关性。高度的相关性表明，只有在相关量之间才能进行孰高孰低的比较。

三是规律性。广义高度的各相关量之间位置或层次排列，依照人们对客观事物的认识规则进行排列。比如对以下相关量人们通常认为：全局与局部，全局为大；上层建筑与经济基础，上层建筑居上；理论与实践，理论来源于实践并高于实践；等等。高度的规律性告诉我们，要确定何者为高，须遵循人们对客观世界的认识规律。

四是丰富性。广义高度的相关量，大量存在于经济、政治、文化、社会和人们工作、学习、生活各个方面、各个领域之中。比如，高度有时表现为用战略眼光审视战术问题——战略高度；有时表现为用理论指导实践——理论高度；有时还表现为概括与抽象、归纳与总结——理性高度；有时表现为上下级在思想上行动上保持一致——组织高度；等等。高度的丰富性表明，高度现象普遍存在各个领域。

五是相对性。广义高度是相关量之间的距离，参照量不同，显示的高度也不同。高度可以是一个连续变化的量，不存在绝对的高度。相对性回答了高度的"比较"问题：不同人对同一个问题，认识相同或不同，就显示高度的一致性或差异性；而同一人对不同问题，认识高度也可能不一样，即双重标准——如对甲问题站在全局高度看待，对乙问题却站在局部看待；今天能够站在全局高度看问题，明天又回到局部立场看问题。弄清高度这一概念的各种性质是很有意义的，它是准确把握高度、站到应有高度出思想的基本前提。

那么，领导讲话稿的高度指的是什么，怎样才能把握准、表达好呢？

一是要在讲清"为什么"中获取领导讲话的"思想高度"。

党中央曾在一个"通知"中专门强调，"一个领导者，起草一个文件，或者讲一篇带有指导性的话，总应该提出问题，分析问题，解决问题"。1981年中共中央《关于各级领导干部要亲自动手起草文件，不要一切由秘书代劳的指示》提出和分析问题，实际就是讲"为什么"，这是对领导讲话出思想、解难题的基本要求。

基层领导一般只需要讲好"干什么"，越是高层领导，越需要同时讲透"为什么"。讲好"干什么"比较容易，讲透"为什么"非常不易。

要想讲清"为什么"，作者只有搞清楚讲话稿所涉的客观事物本质及各种关系，才能察人之所未察，见人之所未识，形成独到的"为什么应该这样做""为什么不该这样做"的深刻思想见解。"以其昏昏，使人昭昭"是谈不上思想高度的。

正确认识客观事物，必须掌握锐利的思想武器。这个思想武器就是马克思主义的世界观和方法论，及马克思主义中国化的成果——中国特色社会主义理论。古人说得好："人无远虑，必有近忧，虑之不远，其忧即至。祸因多藏于隐微，而发于所忽。智者避险于无形，明者远见于未萌。"必须学会全面观察——从时空、正反、纵横、彼此等多种角度去分析、比较和研究客观事物，善于从大处、远处、深处想透彻，从历史、全局、利益角度理清楚，充分揭示"为什么应该这样做"和"这样做必然成功"的必然途径和客观规律。

还需要说一说的是，领导讲话稿的思想高度具有相对性，我们追求的是在应有高度上出思想，这个"应有"就是适度，并不是越高越好。出思想如不实事求是，任意拔高的话，就会失去科学性和感染力，欲高反降低。高度，要高得真实、高得自然，与所阐述事物的本质相符，与讲话领导的身份职责相符，与论证的事实内容相符，与讲话的场合要求相符，不能搭成虚无缥缈的空中楼阁。高度有时需要提升，有时也需要降低，如在上级召开的会议上讲话，当涉及本单位工作的归纳提炼和阐述意义，应当虚怀若谷，切不可拔高。

二是要从对大政方针深刻领悟中获取讲话的"领导高度"。

讲话的"领导高度"，主要是立足于领导岗位特点和责任使命，具有指导和推进工作的预见性、深刻性、权威性。这些依赖于对大政方针相对最快、最准、最深、最全的领悟和宣讲上：

——是该领域上级新颁发重要文件、新部署重大工作、新指示要求的最先阐述；

——是对大政方针精神实质、地位作用、深刻含义、内在要求等，最为权威的解读和释疑；

——是如何结合实际、实践、实情，科学推进大政方针贯彻落实的富有哲理、最有创见的论述；

——是对大政方针系统的而不是零散的、全面的而不是局部的、辩证的而不是片面的宣讲。

高度决定视野，视野决定深度。起草领导讲话努力做到了这四个"最"，讲话的"领导高度"就自然形成了。

三是要从"大气独特"的起草中获取讲话稿的"艺术高度"。

大气独特，是讲话稿写作的一种审美感受，是起草者在撰写过程中充分运用写作技巧，通过材料的精挑细选、结构的严谨完整和语言的灵活运用，获得的一种写作艺术高度，实际也是领导和机关人员能力素质的外在体现。

由于领导干部担负的职责、丰富的阅历和过人的能力等，决定了他们通常都具有个性鲜明的特质。比如，政治立场坚定，原则性强，旗帜鲜明；思维敏捷，观察深刻，哲学素养好；言之凿凿，要言不烦，富有语言美；联系群众，平易近人，工作作风实等。这些特质，反映到讲话稿起草的审美把握上，就有了大气独特的艺术高度的表现。如果起草的领导讲话稿，思想观念落后、观点模糊不清、结构松散琐碎、文风浮华做作、语言轻率偏激等，就不符合领导的特征，自然也就没有讲话艺术高度可言。

提升讲话稿艺术高度，除了作者在思想政治上要坚持正确的立场、观点和方法外，很重要的是，要善于学会运用政论文写作的基本技法，做到在主旨确立、谋篇布局、形式表达和语言运用上，都豁达大气，协调兼顾，自然流畅，富有美感。在《星星之火，可以燎原》中，毛泽东这样讲道："所谓革命高潮快要到来的'快要'二字作何解释，这点是许多同志的共同的问题。马克思主义者不是算命先生，未来的发展和变化，只应该也只能说出个大的方向，不应该也不可能机械地规定时日。但我所说的中国革命高潮快要到来，决不是如有些人所谓'有到来之可能'那样完全没有行动意的、可望而不可即的一种空的东西。它是站在海岸遥望海中已经看得见桅杆尖头了的一只航船,它是立于高山之巅远看东方已见光芒四射喷薄欲出的一轮朝日,它是躁动于母腹中的快要成熟了的一个婴儿。"(《毛泽东选集》第1卷)——这是"大气独特"的领导讲话范本,达到了极美的艺术高度。

第二、善于辩证思维,在揭示规律中出思想

有些同志在起草领导讲话稿前,也看了不少材料,听了许多情况介绍或汇报,可是一到写时,还是雾里看花,停留表象,堆砌材料,就事论事,写不出应有的深刻的思想性。解决的办法:

一是要学会运用辩证思维这一"法宝",开掘思想的深井。

开掘思想深井到了关节点上,你多挖那么一两锹,泉水可能就喷涌而出,少那一两锹,就可能是一个枯井。然而,这"一两锹"挖得准不准、挖下去能否见效,要看你有没有掌握辩证法这一真功夫。可以从时间的角度,把事物放在过去、现在和将来的对比分析中,查找在不同阶段上的特点和前后联系,以此来把握事物产生、发展的根本原因及内部规律。也可以从空间的角度,把各个事物、各个属性有机地联合作一个统一的整体,剖析事物内部结构,由表及里,挖掘发展变化深层次动力,达到从整体上把握事物本质和规律。

实践中,有的讲话稿通不过,反复改,常见的问题有,说好时"一片大好",说差时"一团漆黑",不讲两分法;说这项工作如何重要时,不兼顾其他重要工作,强调一个方面,忽视另一个方面;说问题时,从现象到现象,不能就事论理,揭出原因和本质;说了一大堆矛盾,但指不出主要矛盾是什么;讲了一大通对策,但未挑明根本对策是哪条,这样就很难启发人。要对所讲的问题用两点论、两分法等辩证思维进行全面分析，见微知著地深挖下去，揭示矛盾的本质，使解决问题对策科学化、具体化、条理化，让人听后越琢磨越有味道，甚至回味无穷。

邓小平关于世界大战较长时间打不起来的讲话，他作的分析是很典型的"透过现象看本质"的思维方法。他讲："过去我们的观点一直是战争不可避免，而且迫在眉睫。我们好多的决策，包括一、二、三线的建设布局在内，'山、散、洞'的方针在内，都是从这个观点出发。这几年我们仔细分析了形势：首先，苏美谁也不敢先动手……其次，苏美战略布局没有完成……同时，第三世界、中国、第二世界，包括苏美的人民都不希望、不支持战争……"（《邓小平文选》第3卷）邓小平从天下大势出发，简明扼要地抓住了世界大战较长时间打不起来的本质原因，讲清了道理，说到了关键，令人心服口服。

二是要勇于面对问题，在就事论理中揭示规律。

讲话稿出思想，大都是围绕问题展开的。领导讲话影响的大小，很大程度上取决于是不是真正抓住了问题，是不是针对普遍存在的问题去写的。可以说，问题是讲话稿论理的基础、出思想的引线、感召力的关键。写讲话稿必须抓"一碰就响"的热点问题，抓普遍存在的难以解决的问题、抓反映发展规律的根本性问题。

达到上述要求很难，因为面对问题需要勇气，解决问题更需要大勇与大智的结合。这就要求作者面对问题勇于揭、不能捂。捂，只能使主观与客观相分离，越捂问题越多，积重难返；只有揭，才能使主观与客观相吻合，在揭露问题中解决问题，获得新进步。揭露矛盾和问题开始可能难受一些，甚至要承担一些责任，但却能变坏事为好事，变被动为主动，使事物向好的方面发展。

讲话稿是为讲话者叙事、说理、解惑等需要而准备的，常常要在稿中确立一种观点或批驳一种观点，以对听众思想和行为施加影响，因而具有鲜明的就事论理性。为此，一方面要用充足的理由，严密的逻辑推理去说明问题，教育听众；另一方面需要融理论于情感之中，动之以情，晓之以理。讲话稿中的理，通常指反映客观规律的基本理论、道德观念，或是科学文化知识及方法、经验等。说服听众的根本在于以理服人，好的讲话稿，无不具备阐述道理方面的精辟而透彻。同时，要有新鲜感，也就是我们通常所说的时代感，避免老生常谈。

有的讲稿总的看上去不错，但又觉得少点什么，往往就是面对尖锐的问题，少几句高度概括、一针见血的话，让人打不下深刻的烙印。要从局部的感性的表象里跳出来，用全面的辩证的分析，提炼和总结出"入木三分"语句。这种语句，是领导思想的精华，也是讲稿的"眼睛"。

第三、善于推陈出新，在与时俱进中出思想

《礼记·大学》中有句话："苟日新，日日新，又日新。"意思是说，如果能够一天新，就应保持天天新，新了还要更新。领导讲话也应如此地给人耳目一新、次次有新的感觉。

推陈出新出思想，是思想的解放、观念的解放，实质上也是人的自我解放。法国著名建筑设计师保罗·安德罗说："传统是在我们背后的东西，有时候会推着我们往前走，但是传统永远不会是我们前方的东西。因此，我一直认为，我所建造的是未来的传统。""一个建筑师并不是其作品的主人，而是一个仆人，而既然做一个仆人，就要做一个好仆人。建筑师不该总是抱着'我要建一座地标建筑'的想法去设计作品，而是时刻想到公众——那些走进建筑的人。"这个安德罗，就是国家大剧院的设计者。这段话说的是一种自我的解放。推陈出新出思想贵在解放自我，没有自我的解放，就没有思想上的解放。自我解放不仅是方法论意义上的观念更新，更是世界观意义上的价值重建。

英国作家王尔德有这样一句名言：第一个把女人比作花的是天才，第二个把女人比作花的是庸才，第三个把女人比作花的是蠢才。《孙子兵法》上有段话也非常精辟："见胜不过众人之所知，非善之善者也"，"故举秋毫不为多力，见日月不为明目，闻雷霆不为聪耳"。意思是，预见胜利不超过常人的见识，就算不上高明中最高明的。这就好比举秋毫之重算不上有力，能见日月之光算不上眼明，能闻雷霆之声算不上耳聪一样。高明人必有高见，有高见才能吸引人、打动人。我们虽然不可能处处做到"语出惊人"，但如果都是些似曾相识的事例，老调重弹的观点，程式化的篇章，肯定倒人胃口，讲话就达不到应有目的。

鲁迅先生曾经一针见血地指出："急不择言的根源，不在于没有想的功夫，而在于有功夫的时候没有去想。"起草讲话人员是有功夫去想领导讲话的，要在多想中选择因时因事因人的不同表述内容和新的方法，即使对同一件事、同一批听众，作两次讲话，也应注意变化，在变中求新、求活、求精彩。

还应该注意处理好新老话题的关系。起草者一般都想写一些过去没讲过的话、没涉及的问题，这种求新精神应该提倡。但在现实生活中，问题的老和新是相对的，而且往往是交织在一起的，可以说是老中有新、新中有老。不少话题，过去讲，现在讲，将来还会讲。事实说明，新话题能写出好讲话，老话题同样也能写出好讲话。不过后者更难一些，需要下更大的功夫。要在讲老问题时找出新的角度，谈出新的认识。说到底，就是要提高新形势下分析认识问题的思想理论水平和解决问题的能力。因而，善于在"推陈出新"和"旧题新作"中实现有机统一，也是讲话稿出思想的重要途径。

（五）布局行文要服从主题需要、务实要求、个性特点

布局行文如果做到了既主题鲜明，又求真务实，还有个性特点，那么，讲话稿的这三大支柱就坚实稳固地"立"起来了，质量就能保证。

第一、布局服从主题需要

主题在讲话中起着统帅的作用。没有主题，文章不过是一个没有灵魂的躯壳，合理布局也无从谈起。

一是必须主题单一不出叉枝

主题要单一，是指一篇讲话稿只能有一个中心思想。正如清代文学家刘熙载所说："凡作一篇文，其用意俱可以一言蔽之。扩之则为千万言，约之则为一言，所谓主脑者是也。"全篇讲话肯定什么，反对什么，提倡什么，批评什么，都必须服从服务和充分体现主题，不能模棱两可，更不能多头并重，让人摸不到头脑。一篇讲话的容量有限，不要希冀在一篇讲话里说明或解决许多问题。只能围绕着一个主题，把它说深说透。如果东拉西扯，另出叉枝，就会使讲话稿头绪繁多，受众如坠雾中，不知所云。

主题要单一，还指讲话涉及的范围要尽可能小一些。著名语言学家王力说过：撰稿"范围大了，你一定讲得不深入，不透彻"，

这话很对。初学者常犯的毛病,是追求领导讲话讲得全面,讲得系统,好像不这样写就体现不出领导的身份和水平。这是一个认识误区。一定要根据阐述主题的需要来决定框架的大小和篇幅的长短,只要主题突出了,短文章也是一篇好讲话;只要主题讲透了,话不多也能打烙印。

二是必须围绕一个中心布局

服从服务于主题,最终要落实到谋篇布局上。主题是讲话稿的"纲",纲举才能目张。

要围绕主题搭建框架。元代程端礼说:"作文,以主意为将军,转换开阖,如行军之必由将军号命"。"转换开阖"指的就是结构布局。构成讲话稿框架的观点,必须都是烘托主题"红花"的绿叶。红花只能是一朵,不能让过多的绿叶遮住了红花的光彩,也不能让过少的绿叶单薄了对红花的扶持。如果中间夹了少许紫叶、蓝叶等杂叶,即使漂亮,但分散了对"红花"的注意力,应毫不留情地除去。

要围绕主题选用材料。根据主题表达的需要,确定各个材料的取舍、详略程度和表达次序。如果主次不明、文理不顺、行文无序,或杂乱堆砌,就会造成主题不突出,以至淹没主题。选用材料要做到实中有理,将典型事例、统计数据中隐含的道理点出来,不搞空洞说教。

要围绕主题遣词造句。语言文字是用来传达、表现主题的,只有根据主题需要来遣词造句,才不至于流散杂乱、主次不明。清代袁枚讲,主题像"主人",文辞只是"奴婢""兵卫",不能"主弱奴强",那样它就不听指挥了。只有把词语变成主题手中的"精兵",开头点题、破题,中段论题、述题,结尾收题、耀题,一切都听从主题的调遣，才能实现"指挥若定，心到字从，文笔生辉"。

第二、文风服从务实要求

不避讳地讲，当前文风方面问题比较突出。2004年9月29日《中国青年报》曾报道，某省人大代表建议省政府工作报告要少点"进一步"，为何？因为一篇工作报告共用了36个"进一步"！2005年中央电视台春节联欢晚会上，小品《汇报咏叹调》描述了这么一个情节：公司的办公室主任去参加上级召开的解决饲料质量的会议，因个人爱好溜会去听男高音讲座了。第二天，公司经理要听取会议精神的汇报，情急之下，这位主任竟根据经验，胡乱瞎编一通，总结出要"提高认识""强化意识"等五条会议精神。这位主任在汇报中的一些异常，使经理怀疑其可能溜会了，他马上打电话向另一位与会者核实会议精神，事实竟与办公室主任汇报的那五条完全对号。更为可笑的是，随后召开的"消灭蟑螂"的会议，领导讲话居然也与这五条一模一样。这个小品令人捧腹，虽然有点夸张，但不能不说是对时下一些领导干部讲话套话连篇不务实、格式化的讽刺。

有人曾尖锐地抨击有的领导讲话存在着"两跑两变"的现象：

——"跑题"，就是该讲的蜻蜓点水地讲，不该讲的为吸引眼球乱讲；该见人见事、直言不讳时，尽说些不着边际、无关痛痒的事；该义正词严、实话实说时，又扯些云山雾罩、南辕北辙的事，只要冠冕堂皇有派头就行。

——"跑调"，就是讲别人的事用扩音器，说自己的事用减音器；讨人喜欢的话慷慨地讲，批评的事重起轻落地讲；原则的事圆滑着讲，好事揽过来往自身讲，坏事推得一干二净地讲，只要能对自己脸上贴金有利就行。

——"变脸",就是领导的事顺着讲,群众的事藏着讲,难办的事挑着讲;以往的成绩移植到现在讲,现在的问题模糊为历史遗留讲;讲成绩,用乘法讲,讲问题,用除法讲,只要关键时刻能得彩头就行。

——"变味",就是坏事正说,大事小说,旧事新说,明事暗说,难事瞎说,直到把做错的事情变成为纠错经验,八字没一撇的事弄成个蓝图,只要忽悠更高的领导晕乎乐乎就行。

显然,这"两跑两变"是为广大群众深恶痛绝的,应该坚决纠治。

起草领导干部讲话稿怎样做到文风务实?应该努力做到"四讲":

一要讲短话

从严控制讲话稿的篇幅,尽可能短些、再短些。列宁主张讲话要挤掉水分,"愈简短愈好"。德国著名的演讲学家海茵兹·雷德曼在《演讲内容的要素》一文中指出:在一次演讲中不要期望得到太多。宁可只有一个给人印象深刻的思想,也不要五十个让人前听后忘的思想。宁可牢牢地敲进一根钉子,也不要松松地按上几十个一拔即出的图钉。邓小平历来主张开会、写文章要长话短说,反对重复啰唆、东拉西扯。他在1992年南方谈话时就指出:"现在有一个问题,就是形式主义多。电视一打开,尽是会议。会议多,文章太长,讲话也太长,而且内容重复,新的语言并不很多。重复的话要讲,但要精简。形式主义也是官僚主义。要腾出时间来多办实事,多做少说。"他曾经毫不客气地在一个开得时间太长、重复发言太多的高级干部会议上批评说:会上讲短话,话不离题。议这个问题,你就对这个问题发表意见,赞成或反对,讲理由,扼要一点;

没有话就把嘴巴一闭。《邓小平文选》共收录文章119篇，最短的不足百字，最长的南方谈话7500字，还是四个地区的讲话综合整理的。现在国际上通行领导人站着讲话，很大程度上是让人讲得少些、短些、精练些。总之，讲稿贵于精，不在于长。过长了，听众就会产生一种听觉疲惫，讲话效果会大打折扣。

善于讲短话，实际是领导能力和水平高的体现。简短明快的讲话本身就具有新意，把讲稿写得短而精、实而活，是真正的"大手笔"，需要一种炉火纯青的写作艺术。有人做过统计，恩格斯在马克思墓前的著名演说仅仅1260字；美国第26任总统罗斯福的总统就职演说仅有985字。1984年7月17日，37岁的法国前总理洛朗·法比尤斯发表的演说，更为简练，仅有三句话：第一句，"新政府的任务是国家现代化，团结法国人民"；第二句，"为此要求大家保持平静和表现出决心"；第三句，"谢谢大家"。在一年一度的奥斯卡颁奖仪式上，人们在目睹世界影星风采时，也洗耳恭听获奖者的精彩致辞。大会明确规定获奖者讲话时间不得超过45秒钟。一旦超过便红灯警告，乐队也奏起《请君下台》的乐曲。1917年喜剧大师卓别林获得奥斯卡奖，他仅说了一句话："此刻，言语是多么多余，多么无力"，巧妙地表达了感情，征服了人心。

简洁并不是目的，目的是要管用。常有人说："有话则长，无话则短"，实际上应该改成："有话则短，无话则不讲"。不讲话，不一定是没水平，不一定是不重视。我国古代就追求"以少少许，胜多多许""文约而事丰"的境界。我们转变会风，开短会、讲短话，在当今工作生活的快节奏和社会信息交流频繁的时代，更受人欢迎。

讲话要做到简短，必须作充足的准备。有人曾问美国第28任总统伍德罗·威尔逊："准备一份 10 分钟的讲稿，得花多少时间？"他回答："两个礼拜。""那准备一小时的演讲稿呢？""一个礼拜。""如果准备两小时的讲稿呢？""不用准备，马上就可以讲。"可见，讲话简短不仅仅是形式上的"短"，最重要的是内容上的高度凝练，是话少而意深的体现，这对撰稿提出了更高更严的要求。

二要讲自己的话

个人作的讲话不都是自己的话么？并不都是的，只有自己思考、自己提炼、自己风格的话，才是自己的话。目前的领导讲话稿，往往有着太多的那些别人都知道的老话、永远正确的官话、形式为主的过渡话、规范统一的客套话等。面孔大同小异，遣词造句上下雷同。如：会议没有不隆重的、闭幕没有不胜利的、讲话没不重要的、领导没有不重视的、部署没有不科学的、组织没有不严密的、成效没有不突出的……高层领导工作繁忙，每篇讲话都自己动手写自己的话是不现实的，但重视讲、努力讲自己的话，抵制套话、空话、大话、虚话，是应该做的。

毛泽东是语言大师，他善于在讲话中综合运用各种修辞手法，信手拈来，挥洒自如，形成自己个性化的语言风格。像"青年一代是早晨八九点钟的太阳""这正如地上的灰尘，扫帚不到，灰尘照例不会自己跑掉""一切反动派都是纸老虎""不是东风压倒西风，就是西风压倒东风"，等等。

三要讲解决问题的话

领导者讲话的根本目的，是为了解决问题。

讲解决问题的话，就应讲实事求是的话。领导干部的口才好，固然是好事，而更重要的是要有实事求是的务实作风。靠嘴上生花的功夫，轰动的只是一时，只有真正符合实际、解决问题的讲话，才能服人心、除障碍，达到应有目的。领导讲话或阐明思想，或发表评论，或抒发情感，或兼而有之，要做到有助于解决问题的话，努力讲深讲透，无助于解决问题的空话坚决不讲。领导讲话开展表扬批评要务实，要坚持鼓励和调动积极因素为主，但言过其实的表扬，往往使被表扬者飘飘然，沾沾自喜、骄傲自满，甚至不能保持清醒头脑而走向反面；不实的表扬，也容易损伤领导的威信，因为反映了领导掌握实情不细、把握分寸不当。所以领导讲话要防止肯定成绩说得过满、过高，对于"最好""非常好""历史性"等表扬词应慎用。开展批评，则要坚持真理、坚持党性，力避好人主义。要不唯上、不唯书，勇于面对现实，揭短亮丑，剖析症结，讲出令被批评者猛然醒悟的事实和道理，真正达到听一次批评、受一次震撼、有一次收获、得到一次进步的目的。

讲解决问题的话，就应讲科学提炼的话。老一辈革命家为我们树立了光辉榜样。如邓小平善于根据马克思主义的根本原理，结合当今中国实际，吸取群众智慧，把党的对内对外政策科学地、创造性地加以提炼概括，用简洁的语言表达出来。例如"发展是硬道理"，"科学技术是第一生产力"，"稳定压倒一切"，"一国两制"，把全球各国关系概括为"东西南北"关系，"和平与发展"两大主题等。这些话，不仅被亿万中国人民牢牢记住了，有的已成为国际性语言，而且成为邓小平理论的重要组成部分、推动中国特色社会主义建设科学发展的强大动力。

讲解决问题的话，就应讲听众记得住的话。如果领导讲完话，听众普遍能记住十句八句最关键的话，就不失为一次成功的讲话。如果领导讲完话，听众左耳朵进、右耳朵出，记不住讲的话，就是一次失败的讲话。因此，写领导讲话稿一定要高度重视以通俗体现深刻，努力使群众一听就懂，易记易行。很多人都听过著名心血管病专家洪昭光教授所作的健康报告。据说他每次作报告，听众如云，场场爆满，不论是高层领导、专家学者，还是基层群众、普通百姓，对他的健康报告都爱听，他的讲稿更是十分抢手。究其原因，很重要的是大量运用了群众喜闻乐见、记得住的语言，让大家一听就懂，一懂就用，一用就灵。请看他的经典语言："天天三笑容颜俏，七八分饱人不老""相逢借问留春术，早晚走路比药好。"请看《八字健身》歌："日行八千步，夜眠八小时。三餐八分饱，一天八杯水。养心八珍汤，强体八段锦。米龄八十八，茶寿百零八。"洪昭光教授正是用通俗的语言，把大众健康科普知识的种子播撒到了人们心里，收到了答疑解惑、传播科学的极好效果。

四要讲激起听众共鸣的话

领导讲话效果好坏的一个重要衡量标准，是看讲话是否以情动人，以理感人。也就是说，应该琢磨如何用自己对讲话主题的关注，引发出听众同样的兴趣；如何用自己对主题与材料的理解，去启迪听众触类旁通的思索；如何用自己对讲话内容倾注的感情，去点燃听众内心的情感之火。必须找准切入点、选好动情点、引入升华点，抓住了这三个"点"之间的密切联系与实质要求，就能使领导的讲话扣人心弦、引起共鸣，收到理想效果。

美国学者约瑟夫·克拉帕在所著《大众传播的效果》一书中，提出了受众心理有三种选择性因素：选择性接受、选择性理解、选择性记忆。说明写作是作者与受众多边交流的系统，并不是由作者自说自话决定一切，而是受到受众心理需求、社会环境影响等的制约。这一道理揭示得很深刻。领导讲话是大众传播的一种形式，写讲话稿就必须根据听众的需求特征去把握听众心理的变化，讲能激发共鸣的话，才能实现感染力的升华。如果激不起听众共鸣，光靠领导讲话的权威性去压服，那成效就大打折扣了。

"感人心者，莫先乎情"。领导讲话重在动真情，只要讲心里话、大实话，就能够打动听众。朱镕基同志在当选后的记者招待会上，有一段讲话就很具感染力，至今为人们津津乐道、念念不忘。他讲：不管前面是地雷阵，还是万丈深渊，我都将一往无前，义无反顾，鞠躬尽瘁，死而后已。他用前有"地雷阵""万丈深渊"等形象生动的比喻，后有熟语导入连续的排比句式之中，既升华了主题，又因其强烈的节奏感和陈中见新的造句手法，使人感受到了一股排山倒海的言语张力和气势。

举撼人心灵的经典事例，并辅以评论，常能拨动听众心弦，激起强烈共鸣。孙中山在一次演讲中讲道：南洋爪哇有一个财产超过千万的华侨富翁。他有一次外出访友归家晚了，因未带夜间通行证，怕被荷兰巡捕查获拘捕，只得花钱请一个日本妓女送自己回家。日本妓女虽然很穷，但是她的祖国很强盛。所以她的地位高，行动也自由。这个中国人虽然很富有，但他的祖国却不强盛，所以他的地位还不如日本的一个妓女。"如果国家灭亡了，我们到处都要受气，不但自己受气，子子孙孙都要受气啊！"孙中山通过富豪与妓女社会地位的强烈反差，深刻揭示出"落后就要被欺负""落后就要挨打"的道理，升华了演讲主题，唤醒了听众强烈的爱国心。

有篇领导讲话谈"要建立起彼此间的相互信任"，说了如下一段话：什么叫信任？有则故事给了我们明确的答案。有位下岗残疾工人跛着一条腿，背着包，拿着小喇叭，沿街干掏下水道的生意。有一天下午，他到一个女主人家干活，女主人本来不需要上班，但3点多钟时，单位来电话要她马上去一下。见女主人要出门，那位工人马上收拾东西要走，说等到晚上或明天家里有人时再来。女主人问："你不修好，怎么就走呢？"工人说："你家里没人，万一丢了什么东西，我就不好说了。"女主人哈哈一笑："不会的，一看就知道你是好人，我放心，我把钱先付给你，你干完活，带上门就行了。"说完，女主人真的走了。这时，这名工人百感交集，想起工作过的日子，每到一家，客气的倒点水、递根烟，但多数人看不起、不放心，好像自己是来骗钱的，有的冷眼相看，有的步步监视。一次他从口袋里掏螺丝，那家女主人呵斥他出去抽完烟再进来。想到这里，这位工人认真地把活干完，打扫完卫生，没有拿女主人放在桌子上的钱便走了。回到家里，他摆酒痛饮。家里人不解，他讲了下午的事，又喝了一大口酒，眼睛里闪着晶莹的泪花说："下岗10年，今天尽管一分钱没赚到，但是我最高兴的一天，我第一次得到这么充分的信任，这份信任对我是这么珍贵。"这则故事告诉我们，信任是互助的基石，是醇香的美酒。我们都有这种感觉，信任别人和被别人信任，别人愉快，自己舒畅；信任的对立是猜忌和戒备，猜忌别人或被别人猜忌，别人痛苦，自己难受。上级对下级的信任，下级对上级的信任，平级之间的信任，都会产生巨大的力量。这段精辟的说理，有强烈的感染力、说服力。这种优良文风、话风就值得我们认真学习和继承弘扬。

第三、行文服从个性特点

这是撰写领导讲话稿必须把握好的特殊要求。

领导干部在性格、能力、工作方式上，大多个性特点鲜明。如革命前辈中，毛泽东年轻时曾有雅号叫"毛奇"，因他主张"丈夫要为天下奇,即读奇书,交奇友,做奇事,做个奇男子"。周恩来有"周公"之称。以"公"相称,既显尊其公正贤明之意,也是周恩来非常有凝聚力的表现。毛泽东1949年12月2日给柳亚子的信中曾说:"周公确有吐握之劳。"朱德在党内多称"朱老总",推其德高望重,毛泽东对他最精当的评价是在延安说的两句话——"度量大如海,意志坚如钢"。任弼时的外号是"骆驼",叶剑英在一篇文章中说:"他是我们党的骆驼,担负着沉重的担子,走着漫长的、艰苦的道路,没有享受、没有个人的任何计较。"彭德怀被称是"猛张飞",毛泽东在1935年写给彭德怀的诗中的名句,"谁敢横刀立马,唯我彭大将军",是大家熟悉的。刘伯承有"当代刘伯温"或"军神"之谓,毕现其军事家风采。叶剑英则常被人呼为"参座",因他长期在军队总参谋部工作,工作作风极为严谨。徐海东有"徐老虎"或"中国的夏伯阳"之称,喻其作战之勇敢。刘亚楼被说成是"雷公爷",因其英俊潇洒,性烈如火。这些个性,在他们的讲话中必然会表现出来。

讲话稿是给领导准备的,领导是主讲人。这就要求我们努力把握、理解、熟悉领导的个性特点,防止把不同领导的讲话写成一个面孔、一个模式。经常写领导讲话稿的机关干部归纳了一个诀窍,叫作"把领导写进去"。具体地说,要把握好以下特点:

职务特点。不同的职务、不同的分管工作以及在领导班子中的不同位置,决定了讲话的分寸、语气和角度。如主要领导讲话,一般要体现全局性、方向性、政策性和指导性,要给人以强大的鼓舞力量和鞭策压力。而副职和部门领导,一般要体现分管工作的指导性和可操作性。军事领导的作风雷厉风行,给他们起草讲话稿结构语言要干净利落;政治领导说话讲究沉稳严谨,给他们起草讲话稿理论性、思想性要更强一些。

性格特点。领导首先是人，而且是性格各异的人，有的豪放率真，有的沉稳含蓄，有的幽默风趣，有的坚韧刚强，有的质朴谦和……人的性格对其思维、讲话习惯有很大的影响。不同性格的领导，其讲话的风格必然不同，对事例、句式、词汇和语气的选择也会迥异。譬如，人的性格有理智型、情绪型、内向型、外向型、顺从型、独立型等，掌握这些特点，对起草讲稿就很有益处。如顺从型性格的领导喜欢言必有据，讲话稿重要提法都应有权威出处；独立型性格的领导喜欢在讲话中发挥，讲话稿应多注意放开思路和用活语言。

文化修养特点。不同的文化程度，直接影响到语言习惯。譬如，出身"老基层"的领导，讲话朴实通俗，爱说"大实话"，给他们起草讲话稿要多用事实说话，多用通俗语言，深入浅出，特别要多写一些他们熟悉的基层情况。出身"老机关"的领导因长期从事机关工作，对讲话稿的写作很内行，给他们起草讲话稿一定要做到观点鲜明、事例典型、语言准确、文字流畅。高学历的领导喜欢用带有哲理性的语言，常常引经据典注意文采。由于文化经历不同，知识型领导的旁征博引也有不同特点，一般是学文科的偏爱名诗古词，学理工科的偏爱数据事实。

年龄资历特点。年龄资历的不同对讲话风格也有不小影响。譬如，年纪大的领导阅历多，经验丰富，喜欢进行纵向比较，回顾历史，对比过去，好讲优良传统；年轻领导往往思想活跃，对新事物接受得快，喜欢进行横向比较，好用新辞藻新语言。资历深的领导在单位一般具有较高的威信，给他们起草讲话稿言辞可以严肃一点，口气不妨强硬一些；资历浅的领导一般都比较谦逊，给他们起草讲话稿语气要平和，少用强硬口气，指出问题或批评人时更应注意使用大家易接受的语言。

（六）运用语言要做到准中见活、雅俗得体、言如其人

讲话是语言的艺术。深刻的思想，明确的主张，都是通过语言体现出来的。同样的思想，用不同的语言来表达，效果是截然不同的。语言的艺术性高，听众都爱听、记得住、能入脑，给讲话稿增添活力、给领导增添魅力。

毛泽东曾经深有感触地说："语言这东西，不是随便可以学好的，非下苦功不可。"（《毛泽东文艺论集》）

驾驭好语言，首先要有深厚扎实的理论功底，把相关经典理论融会贯通，运用自如；再是要有丰富的工作生活实践和群众语言积累，最鲜活最感人的语言往往是平民百姓的俗言俚语；还须有较强的驾驭文字能力，要言不烦，行文流畅，才能写出为广大干部群众易于接受、读了打烙印的东西。有的机关干部写领导讲话稿，往往语言枯燥乏味，句子又长又拗口，领导讲起来没有劲，群众听起来没有味。改变这一状况，应重视语言运用的"三个做到"：

1. 要做到"准中见活"

我们一定要有这样的意识，领导讲话稿不同于文艺作品，基本特点是真实，不允许任何虚构和夸张。常讲"事实胜于雄辩"，就事实本身来说，它不能代替"雄辩"，但"雄辩"总是以事实为根据的。在讲话稿中，主题是灵魂，事实材料是骨肉。离开准确的事实，讲话就会成为空洞、虚幻的说教。总之，领导讲话稿的语言运用，"准"始终是第一位的，"活"是在"准"的前提下的"活"，

两者次序不能颠倒。为此：

一是讲话稿运用的事实一定要准确无误

作为领导不可能事事都去亲自调查了解，从对事业、对领导、对工作高度负责出发，起草者对讲话中运用的事例，每个细节，包括数据、时间、地点、人名等，都必须搞得十分准确，每一个情节与客观完全一致，而不能有任何夸大缩小。任何未经核实、主观臆测的东西，绝不能出现在领导讲话中。朱镕基在上海工作期间，有一次作重要讲话前的调查研究，一位局长向他汇报说，他们局这个月大概比上个月增产百分之五到六。朱镕基听了立即打断他的话："局长同志，究竟是百分之五还是百分之六？是百分之五点一还是百分之五点九？为什么不是准确的数字，还要加什么'大概''也许'之类模棱两可的话。凡是统计数字，一定要十分精确，是多少，就是多少！"语气严厉，不留情面。此后，下属的所有汇报材料，都很注重事实准确和数据精确。

二是要学会从"总和"和"联系"中把握好事实

列宁说过：在具体历史条件下，一切事情都有它个别的情况。如果从事实的全部总和、从事物的联系中去把握事实，那么，事实不仅是"胜于雄辩的东西"，而且是证据确凿的东西。如果不是从全部总和、不是从联系中去把握事实，而是片面的或随便挑出来的，那么事实就只能是一种儿戏。这段话讲得非常深刻，一些年轻的机关干部常常犯"管中窥豹"的认识偏差，写出的文章片面性大，问题往往就出在这里。我们在运用事实时，不能搞事例的堆砌，更不能用个别代替一般，那种简单的"观点加例子"的写法是不够科学的写法。典型事例的运用，关键是要有代表性。一定要在占有大量真实材料的基础上，作科学概括和量化分析，从全部"总和"及"联系"中去把握事实，在事实与论点之间架起一道理性认识的"桥梁"，真正揭示事物的本质和发展规律。

三是要善用通俗化形象化等方法讲"活"道理

不少领导喜欢脱稿插话或即席讲话，讲的虽然寥寥数句，会场效果往往很好。为什么？因为这些个性化的语言，不但针对性特别强，而且通俗、形象、鲜活，使人产生亲近感和可信感，与会人员耳朵都竖起来了，听得进、记得住。

以毛泽东《改造我们的学习》为例。这篇讲话写于1941年，当时在场听众的知识水平和理解能力都相对比较低，所以通俗化就成为这篇讲话最大的语言特色。整篇讲话运用了许多群众喜闻乐见的俗语，如："闭塞眼睛捉麻雀""瞎子摸象"等，特别是"墙上芦苇，头重脚轻根底浅；山间竹笋，嘴尖皮厚腹中空"，语言形象，说理性强。既容易让干部群众认识到学习的重要性和紧迫性，又为他们今后的努力指明了方向。其中一段话是这样讲的："这两种人都凭主观，忽视客观实际事物的存在。或作讲演，则甲乙丙丁，一二三四的一大串；或做文章，则夸夸其谈的一大篇。无实事求是之意，有哗众取宠之心。华而不实，脆而不坚。自以为是，老子天下第一，'钦差大臣'满天飞。这就是我们队伍中若干同志的作风。这种作风，拿了律己，则害了自己；拿了教人，则害了别人；拿了指导革命，则害了革命。"（《毛泽东文艺论集》）听这样的讲话，可以说如沐春风、如雷贯耳、如醉如痴。这是一篇用通俗化语言将道理讲深讲活的不朽之作。

把一些抽象的、概念化的内容加以形象化处理，往往能收到出奇好的效果。请看辽宁省辽阳市商检局副局长孙玉刚调往抚顺市任商检局长时的就职演讲：同志们：省局把我交流到抚顺，我坚决服从，能熔入你们的火炉，我感到荣幸，但要说明：辽阳产的这块煤，灰分肯定不少，尽了努力，热值不一定很高，靠大家帮忙了。来这里主持工作，随手带了三件东西：第一，我带来了一只碗。平时，碗口总是向上，什么意见都能装，一定广采众议，悉心听取；形成了决议碗口朝下，包括我在内，谁也不能轻易再翻动——要实行集中指导下的广泛民主，在广泛民主的基础上的最大集中。同时，还要用它装满"水"，举起来，大家看端得平不平。第二，我带来一张纸。决不用它打收条、打欠条，我要用血汗写下今后的历史，交上合格的答卷。第三，我带来一颗心。除了布置工作和检查工作，大家就是同志朋友的关系，手足之间以诚相待。我要用自己的心换同志们的心……这篇讲话，巧妙地借他物寓以深刻的意义，构思新颖，特色鲜明，不落俗套。"辽阳产的这块煤"，这是自比，寓自己不是"闪闪发光的金子"的含义；把抚顺商检局比作为"火炉"，寓有能锻炼人的含义；"灰分肯定不少，尽了努力，热值不一定很高"，这里寓有自谦的意思。"来这里主持工作，随身带了三件东西"，"一只碗、一张纸、一颗心"，表达自己履职尽责的态度、准则和决心，有新意，吸引力强，自然得体，值得学习借鉴。

四是要借助其他语体和手法丰富语言的感染力

在交叉、横断学科不断出现，人们的知识结构发生变化，文化素养和审美水平不断提高的今天，大家对领导同志的讲话要求也随之提高，那种干巴巴的说教越来越没有影响力。因此，讲话的语言也要突破公文语体的局限，更多地向政治语体、文艺语体和新闻语体等汲取营养，有的可以借鉴，有的可以直接"拿来"。古人说："言之无文，行而不远。"领导讲话虽然不是文学作品，但同样可以写得有文采，有感染力。习近平总书记的很多重要讲话，对一些史料和先贤的名言信手拈来，给讲话增添了强大感染力。老舍先生曾经说过："我写文章，不仅要考虑到每个字的意义，还要考虑到每个字的声音。不仅写文章是这样，写报告也是这样。我总希望我的报告可以一字不改地拿来念，大家都能听得明白。虽然我的报告作得不好，但是念起来很好听。让句子念起来叮当地响。好文章人家愿意念，也愿意听。"叮当响的语言，仿佛大珠小珠落玉盘，形成优美的旋律，而这也正是讲话所需要的语言美。

2. 要做到"雅俗得体"

讲话稿语言最明显的特征，是口头语同书面语有机结合。口语朴实、流畅、简短、活泼、自然、通俗易懂，但常不够精确规范。书面语准确、规范、典雅、优美，但是结构复杂，句式较长，书卷气较重，不易上口。讲话稿要取两者之长相结合，既要注意为听众易接受而口语化，又要为加强语言表现力、论述准确性而使用必要的书面语言。两者相辅相成，就能"雅俗得体"，达到理想效果。

一是用寻常的语言讲理，把深刻埋在浅显中

要认识到，领导讲话是一种与听众情感的交流和心灵的契合，越自然顺畅，效果就越好。有经验、高水平的领导者，在讲话时都是雍容大度、从容不迫的，用明白如画的语言来阐述深刻的道理，在不知不觉中征服听众，抓住大家的心。请看李瑞环同志如何讲总结："善于琢磨，学会分析综合，认真把情况搞全了、弄准了，把材料掰开了、揉碎了，把关系理顺了、摆正了。""实践可以产生理论，但并不等于理论，如同木头可以做成桌子，并不等于桌子一样。要把实践中的感性认识上升到理性认识，必须经过去粗取精、去伪存真、由此及彼、由表及里的改造制作，而这个过程就是总结。"（李瑞环，《学哲学 用哲学》）

第五讲 经天纬地 妙笔生花

从生理角度讲,讲话以声为媒,通过听觉神经把语言信息传到大脑,而大脑皮层对日常使用率高的口语反应,要快于使用率低的书面语言。从心理角度讲,听众喜欢接受熟悉的生活语言,它质朴、鲜活的特质,让听众感到亲切和真诚。如果过分强调有文采的书面语言,会程度不同地把听众的注意引向形式因素,忽略讲话内容。甚至因为语言的华而不实,引起听众的反感和排斥。

我国古代伟大的思想家老子说过"大道至简"。有的同志写讲话稿喜欢显示文采,结果度把握不好,堆砌了过多令人费解的辞藻,就显得矫揉造作了。读起来既不上口,又叫人麻酥酥的。有的领导上台讲话时,念到一些地方,实在说不出口,只好皱皱眉头跳过去,这是很煞风景的。真正的高手是不屑于卖弄的,有时甚至大智若愚、大巧若拙,话说得极其简朴,甚至带着"土气",但好念、中听。有的高层领导的讲话,都是用的短句子,许多地方都是一句短语,一个句号,越咂摸越有味道,这是一种很高的境界。

高尔基说:"语言艺术应该写得生动如画,应该写得能使读者看到语言所描写的东西,就像看到了可以触摸的实体一样。"(高尔基,《论文学》)无数事实表明,讲话中最动人最有魅力的语言,往往是那些原汁原味的生活大白话,它能以新鲜性和趣味性引起听众的注意和兴奋。有人曾问爱因斯坦,究竟什么是相对论。作为一个非常深奥的理论问题,如果用科学术语来解释,必定冗长晦涩,让人难以理解。爱因斯坦是如何解释的呢?"你同你最亲爱的人坐在热气逼人的火炉边,一个钟头过去了,你觉得好像只过了五分钟。而如果你一个人孤单地坐在热气逼人的火炉边,只过了五分钟,你却像坐了一个小时。这就是相对论。"高深的理论,只因为巧用人的感受作比喻,简单几句话就说明白了。

有一次，毛泽东来到抗日红军大学作关于和平解决西安事变的报告。有人问：如果蒋介石不谈判，不接受张学良、杨虎城的抗日主张怎么办？蒋介石心狠手辣，毫无信义，放了他，他会抗日吗？毛泽东说："你们看，陕北的毛驴很多。毛驴驮了东西是不愿上山的，但是陕北老乡让毛驴上山有三个办法，一拉、二推、三打。蒋介石是不愿意抗战的，我们就采取对付毛驴一样的办法，拉他、推他，再不干就打他。当然喽，要拉得很紧，推得有力，打得得当，驴子就被赶上山了。西安事变就是这样。当前，日本帝国主义和中华民族的矛盾是主要矛盾，我们党领导全国人民抗战是主要矛盾的主要方面，起决定作用的是我们，国共合作一致抗日是大势所趋。但是，驴子是会踢人的，我们要提防它，这就是既联合又斗争。"你看，毛泽东将我党关于西安事变的斗争策略，讲得多么浅显易懂，任何人听了都会心服口服。

二是用口头书卷语说事，实现"雅俗共赏"

有的年轻机关干部曾和我讨论，很想将领导讲话稿写得通俗鲜活，"俗中见雅"，但真的写起来就不知如何具体落笔。解决这个问题，需要对讲话常用的口头语体作些剖析，大致可分为三种：

一种是日常口语体，也就是通俗口语。跟平时唠家常讲话差不多，绝大多数是口头语，夹杂少量书面语。如前面讲到的毛泽东同志说的："蒋介石是不愿意抗战的，我们就采取对付毛驴一样的办法，拉他，推他，再不干就打他。当然喽，要拉得很紧、推得有力、打得得当，驴子就被赶上山了。"

另一种是事务口语体，也就是事务口语。这种语体以书面语为主，夹杂着一些口语作联结或润色。如本节开头所写："驾驭好语言，首先要有深厚扎实的理论功底，把相关经典理论融会贯通，运用自如；再是要有丰富的工作生活实践和群众语言积累，最鲜活最感人的语言往往是平民百姓的俗言俚语；还须有较强的驾驭文字能力，要言不烦，行文流畅，才能写出为广大干部群众易于接受、读了打烙印的东西。"

还一种是口头书卷语体，也就是口头语加书面语的综合体。两者有机融合统一于一体，视讲话主题需要，有时口头语多些，有时书面语多些。如邓小平的一段讲话："虽然军队里老同志不是很多了，战士们大都是十八九岁、二十岁出头的娃娃，但他们仍然是真正的人民子弟兵。在生命危险面前，他们没有忘记人民，没有忘记党的教导，没有忘记国家利益，面对死亡毫不含糊。慷慨赴死，从容就义，他们当之无愧。我讲考试合格，就是指军队仍然是人民子弟兵，这个性质合格。这个军队还是我们的老红军的传统。"这里有典型的口头语词汇（老同志、十八九岁、娃娃等）和句式（无主句、省略句等），也有典型的书面语句式词汇（慷慨赴死、从容就义等），但二者之间结合得水乳交融，恰到好处，既亲切生动，流畅自然，又逻辑严密，表述完整，堪称口头语与书面语结合的典范。

很显然，第一种日常口语体，比较适合领导干部在基层一线，和群众面对面交流使用。第二种事务口语体，比较适合领导干部代表一级组织作总结报告使用。第三种口头书卷语体，比较适合领导干部在大多数场合发表讲话用，因而是最适合讲话稿写作的语体。

运用口头书卷语体撰写领导讲话稿，要注意分清书面语、口头语不同的使用方法。一般来说，一些概念、政策、方针的表述，要求言简意赅，准确严密，宜运用书面语表达，而具体解说分析则可以用自然流畅的口头语表达；一些需要把握的关键问题可以用书面语表达，而一些典故、事例引用则可用口头语表达。毛泽东在《论持久战》的著名演讲中，谈到抗日战争中的决战问题时指出：

"抗日战争中的决战问题应分为三类：一切有把握的战役和战斗应坚决地进行决战，一切无把握的战役和战斗应避免决战，赌国家命运的战略决战应根本避免。"

这一段是准确周密的书面语，是下文论述的总纲。接下来的分析形势则形象生动，基本上是口头语：

"英勇战斗于前，又放弃土地于后，不是自相矛盾吗？这些英勇战斗者的血，不是白流了吗？这是非常不妥当的发问。吃饭于前，又拉屎于后，不是白吃了吗？睡觉于前，又起床于后，不是白睡了吗？可不可以这样提出问题呢？我想是不可以的。吃饭就一直吃下去，睡觉就一直睡下去，英勇战斗就一直打到鸭绿江，这是主观主义和形式主义的幻想，在实际生活里是不存在的。"

这段讲话可以说是雅到巧处，又俗到极致，大雅大俗，合二为一，给人以雅俗得体、醍醐灌顶的深刻印象。

3. 要做到"言如其人"

如果传达或阅读了一篇讲话，大家马上说这真像某某领导讲的话，那这篇讲话稿就起草得很成功。达到这样的成功，起码要注意以下几点：

一要正确把握和写出领导讲话的不同风格

领导讲话风格大致可分为四种：

一种是**平实性风格**。特点是情绪沉稳，谦逊低调，朴实无华，按部就班，中规中矩，声调起伏小。起草平实性风格的讲话稿时，要语气温和，兼顾各方，直截了当，说清说实，多用大实话、通俗话，少用华丽辞藻，避免过多的虚词、形容词。

一种是**激情型风格**。特点是热情洋溢，声情并茂，讲话有强烈的鼓动性、感召力。起草激情型风格的讲话稿时，要多用短句、排比句和感情色彩比较浓的词句。讴歌赞美时要倾注感情，情真意切，批评抨击时要正气凛然、疾恶如仇，使语言富于激情。

一种是**严谨型风格**。特点是条理清晰，说理严谨，表述评价多选用中性词，很少用比较极端的词，讲话富有哲理和启发性。起草严谨型风格的讲话稿时，可多选用权威经典说法、语法严密的句子，有根有据，富有说服力。尤其要过细斟酌评价性语言，严把分寸，切忌话说得过高过满。

还一种是**幽默型风格**。特点是喜欢以交流的形式，自由活泼地将自己的意见、想法表达出来，语言幽默，谈笑风生，富有较强的吸引力。起草幽默型风格的讲话稿时，注意使用轻快的语言，轻松地道破严肃的问题。选用一些有趣味的材料、大家熟悉的典故以及歇后语、顺口溜等，有时还可旁征博引加以发挥，使讲话生动幽默、妙趣横生。

总之，起草者要"代人立言"，必须使自己的写作适应主讲领导各具特色的讲话风格，才能确保讲话稿"言如其人"。

二要正确把握和写出领导个性化语言

领导讲话风格，是领导语言运用宏观的综合性特点；领导讲话个性化语言，则是领导语言运用微观的个性特色。起草领导讲话，不但要适应领导讲话风格，还必须体现领导个性化语言特色，不然就不真正像这位领导的讲话。前面讨论的领导讲话"行文"要服从个性特点，是从谋篇布局的整体上把握好个性特点；这里讨论的是从语言运用的具体细节上把握好个性特点。怎样写出领导个性化语言？

首先，语言要符合人物职业身份特点。人物身份不同决定了语言个性不同。举个例子：有一家哥俩闹分家，分了几天也没分清，决定请邻居中的裁缝、厨师、船老大、车把式四人来说和。这四人觉得事情棘手，于是相邀先到厨师家碰个头，讨论一下。一个说："我看咱们去了要快刀斩乱麻，别锅了碗了分不清。"一个说："咱们办事不能偏了，要针直了缝正了才行。"一个接过话茬儿："嗨，咱原先也不是没有管过这号事，前有车，后有辙，别出格就行。"另一个听得不耐烦了："我看别在这里啰唆了，不如到他家再见风使舵。"厨师媳妇是开小卖店的，听了后"扑哧"一声笑了："你们几个真是三句话不离本行，卖什么的吆喝什么。"这五个人说的话，就是长期职业环境熏陶出的有身份特点的个性化语言。从部队来讲，军事主官与政治主官、主官与副职，身份不同就决定了语言特点应有明显的个性化区别。

其次，语言要符合人物性格修养特点。大家都可能看过电视剧《亮剑》，里面的人物性格特点刻画得很鲜明。你看主人公李云龙，作为从大别山里走出来的庄稼汉，性格暴躁，待人真诚，说的话虽然土得掉渣，却又热得像火，被骂也不生气。赵刚作为燕京大学的高才生，说的话有板有眼，很有条理，处处露出书生气，有点曲高和寡。秀芹是农村里淳朴善良的年轻女性，言语行为中透出温柔、又有一丝的狡黠。剧中的对话，生动表现了人物的不同性格，极富感染力。每个领导干部都有反映自己性格修养的语言特点，如能在讲话稿中得到生动、鲜明的体现，这篇讲话就会更受各方的欢迎和好评。

再次，语言要符合人物心态意境特点。个性化语言不但源于人物身份和性格，而且受面临讲话时个人心态意境的制约。即便是同一个人，身份、性格未变，但处于高兴、生气、忧虑等不同心态意境时，说话的语气、神态和内容也不会是相同的。有个比较经典的例子：有一天下大雪，秀才、县官、财主在亭中赏雪相遇。财主提议以"雪"为题，每人一句，合吟一首诗赞美景。秀才先说了一句："大雪飞送仙景。"县官接了一句："都是皇家瑞气。"财主笑着说："再下三年何妨？"这时，来了一个躲雪的穷人，一听就生气，忍不住嘟哝了一句："放你娘的狗屁！"同样面对大雪纷飞，四个人所持的心态不同，品出的意境不同，决定了语言的差别。秀才是读书人，语言讲文采；县官是个官员，不忘为皇帝歌功颂德；财主不愁吃，不愁穿，把下雪看作是乐事；唯独穷人，饥寒交迫，下大雪使生活更苦，当然要埋怨了。假如秀才、县官和财主遇变故也成了穷人，或当时心情不佳，面对大雪，他们也绝不会吟"飞送仙景""皇家瑞气""再下三年"，也少不了埋怨。总之，人物语言的个性是综合性因素决定的，会随着喜怒哀乐的变化而发生动态变化，撰写领导讲话稿，语言运用必须符合领导当时的心态意境。

写出领导个性化的语言，还要注意做收集个性化语言的有心人。机关干部应重视利用日常接触领导、陪同下基层、共同参加会议等各种机会，细心收集反映领导干部身份、经历、性格、气质、讲话习惯和喜怒哀乐等方面的个性语言，并在起草讲话稿时灵活得体地揉进去，就会使讲话稿大为增色。

三要正确把握和写出领导在不同场合的语言

领导干部在不同的场合代表的身份不一样，讲话内容也应随着其所代表身份的不同而有所变化。例如，以书记或副书记的党内职务身份在党的会议上讲话，要牢记民主集中制的根本原则，用"班长"语气、不能用"家长"语气讲话，切实防止将行政身份带到党的会议上"发号施令";在上级召开的会议上讲话,用语、修辞上务必注意礼貌和谦虚谨慎,讲成绩留有余地,切忌说得过满,讲问题直接坦率,切忌文过饰非;在参加平级之间交流会上的讲话,介绍经验做法要从严把握好度,多用探讨的语气,不能用强加于人的语气,尽量避免使用"要……""一定要""必须要"的句式;在出席下级单位会议上的讲话,用语要充分体现对下属的理解、关心、支持和尊重,不能用居高临下、颐指气使的语气说话,要循循善诱,以理服人,以情感人。

四、调查报告写作实用技能

调查研究是认识和改造世界的基本手段,是领导机关指导工作的重要前提和保证。我军《政治工作条例》规定,机关干部应当"具有较强的调查研究能力、文字表达能力、协调办事能力和帮助基层解决问题的能力",调查研究能力被排在了首位。机关干部接触的写作文体中,调查报告也是常用的文体。因此,机关干部增强能力素质必须提高调查研究能力,并学会撰写高质量的调查报告。

(一)调查报告的基本概念和主要类型

1. 调查报告的基本概念、特点和作用

什么是调查研究

比较经典的说法:调查,就是对实际情况进行考察了解,尤其

是指到现场去了解情况，把握事实；研究，就是对调查得来的材料进行综合分析，弄清事物内在联系，探求本质和规律。 其中，调查侧重于回答"是什么"，主要是凭借人的感觉器官去认识事物的表面现象和外部特征；研究侧重于回答"为什么""怎么办"，主要是凭借人的思维对调查中得到的材料进行分析、综合、概括、提炼。

我党历来十分重视调查研究工作。毛泽东曾讲："我们的口号是：一，不做调查没有发言权。二，不做正确的调查同样没有发言权。"(《毛泽东选集》第1卷）邓小平深刻指出："离开群众经验和群众意见的调查研究，那么，任何天才的领导者也不可能进行正确的领导。"(《邓小平文选》第1卷)

调查研究有"三大领域"，即自然科学领域的调查研究、社会科学领域的调查研究和军事领域的调查研究。调查研究的历史源远流长，大致可划分为"三大阶段"。第一阶段是古代的直觉调查研究。主要是到实地、查实情。其特点是：内容比较简单，渠道比较单一，工具手段落后，缺乏理论。第二阶段是近代的经验调查研究。经典的方法，一是通过观察家庭去观察国家。如德国的恩格尔，通过"家计调查"，提出了著名的"恩格尔定律"，即收入水平越低，家庭越穷，用于伙食开支的比重就越高。二是通过研究社区去研究社会。英国查尔斯·布斯和卢·普雷，是最早使用问卷调查的人。三是通过分析阶层去划分阶级。马克思、恩格斯是这方面的杰出人物。近代调查研究的特点，是从直觉走向经验、从感性走向理性。依据的是对这个世界认识所积累的知识和经验；调查的问题更细、更深入，既有国计民生的基本问题，更关注一些具体的社会问题；开始出现大型的、科学的调查研究活动，如问卷调查等调查研究方法逐渐成为科学和制度。第三阶段是当代的科学调查研究。20世纪20年代至今,调查研究的基本特征是从理性走向科学。突出表现在:理论原则趋于科学化,技术方法趋于现代化,资料数据趋于精确化,调研机构趋于专业化。如国内外比较流行的调查方法有统计调查法、文献调查法、实验证明法、"特尔斐法"等,有不少官方和民间的"智库"实际上是专业的调查研究机构。

什么是调查报告

简单的表述是:调查+报告=调查报告。比较通俗的说法是:**调查报告是对客观事物进行深入细致的调查,将调查情况作综合分析研究后,写成的反映调查结果的书面报告。**

需要认清的是,虽然调查研究的活动与调查报告的写作密切联系着,是有机统一、不可分割的整体。但调查研究不一定都要写成报告,有的只需整理成资料就行。而且,调查报告的写作对调查研究的资料也是视目的和需要作选择,不是完全实录,也不一定反映调查研究的所有活动。

调查报告与其他文体有哪些区别

调查报告与总结报告的区别,主要体现在:总结报告的目的是全面回顾过去,总结经验和教训,谋划和部署今后工作;调查报告的目的是对特定事物对象作调查研究,揭示事物的真相、本质和规律,主要用于掌握情况,研究改进工作。总结报告内容仅局限于本单位的范围;而调查报告的作者是"第三者"的身份,其内容可以是某个单位发生的事情,也可以是面上普遍存在的问题或情况。总结报告的落款是一级组织或机关或代表一级组织的主管;调查报告的落款是实施调查的组织或个人。

调查报告与经验材料的区别,主要体现在:两者都要搞调查才能写出来,但写调查报告作调查,目的比较宽泛,可以是总结经验的调查，可以是反映情况的调查，可以是揭露问题的调查等；写经验材料作调查，目的比较单一，主要是为了总结推广有指导意义的经验做法。两者在文体结构上也有区别，调查报告一般要写清"是什么""为什么"，但对"怎么办"可不写，如写了"怎么办"，即是经验型的调查报告，兼有了两种文体特征；经验材料一般要写清"是什么"，而且要回答"为什么"，还要写清"怎么办"，即怎样才能做好。调查报告的落款是实施调查的组织或个人，经验材料的落款是出经验的单位或个人。

调查报告的主要特点和作用

对调查报告特点有多种概括和提炼。我认为：

真实——是调查报告的"生命"所赖。只有情况真实、问题真实、材料真实、反映真实、概括真实的调查报告，才是有生命力、战斗力、感召力的调查报告，才是遵循客观规律、真正解决问题的调查报告。真实性差，调查报告的基石就立不住，必然会垮掉和死亡。

实效——是调查报告的"价值"所在。调查就是解决问题。为了达到某种目的，才去搞调查、写报告。调查目的越明确、针对性越强，则调查报告的价值就越大，影响就越广。反之，价值就越小，影响就弱。这就要求我们切实把解决问题作为撰写调查报告的根本目的，贯穿调查研究和报告撰写的始终。

新颖——是调查报告的"灵魂"所依。只要调查报告能查人所未知、察人所未觉、揭人所未明，有新观念、新事实、新举措，调查报告就有了"灵魂"，就有了"亮点"，就有了魅力。如果调查报告反映的是人所共知、人所共识的事物或陈旧套路，那么就从根本上失去了撰写的必要性。

及时——是调查报告的"效力"所载。如果调查报告有前瞻性、见微知著、未雨绸缪，实效性就会成倍增加；如果调查报告针对性很强，但出台迟缓、时过境迁、放"马后炮"，则实效性就会大幅衰减。可见，调查报告及时性与效力成正比。

综上所述，调查报告的重要作用，主要体现在为领导干部和机关提供决策依据，推广典型经验，揭露存在问题，扶植新生事物，澄清事实真相上，因而具有十分重要和不可替代的指导价值、实用价值、信息价值和舆论价值。

2. 调查报告的主要类型

调查报告种类繁多，如何分类，不尽一致。常见的分法有两种：一是按性质分。可分为三大类，即政策性的、学术性的、工作性的调查报告。二是按内容分。主要有七种类型：

综合型的调查报告。这是一种为领导机关或领导者制定某项方针政策或某项工作规划，机关工作人员对有关情况进行广泛而系统的调查，摸清情况，科学分析，综合研究，而写出的调查报告。这种调查报告的特点是具有重大工作研究的性质，可作为制定政策、拟订方案的重要依据。

经验型的调查报告。领导机关为了推动某项新的方针政策的贯彻执行或某项新的工作任务的完成，对已经做出成绩、取得经验的典型单位或个人，进行深入的调查研究所写出的调查报告。这种调查报告的特点是内容具有鲜明的代表性和指导性。

开拓型的调查报告。是反映实践中出现的具有方向性的新事物、新发明、新创造的调查报告。这种调查报告的特点是前瞻性、新颖性强，敢于扶植新生事物，目的是让人们接受新生事物，打开崭新局面。写这种调查报告应着重说明新生事物"新"在何处，它产生的基本条件是什么，经历了哪些发展阶段，遇到了哪些矛盾和困难是怎样克服的，还存在哪些短板和不足等。尤其要揭示它的成长规律，阐述它的作用和意义，提出应采取的完善、鼓励、推广措施。

揭露型的调查报告。这种调查报告主要用于揭露重大矛盾和存在的突出问题。如建设发展中的重大矛盾或不良倾向、现实生活中的坏人坏事、重大事件或恶性事故的真相及原因教训等。这种调查报告重在揭露鲜为人知的事实真相，指出危害性，提出处理意见和建议。目的在于引起上下高度关注，为及时准确解决问题提供依据。

反映型的调查报告。主要是根据上级机关或领导指示要求，对某项重要工作、某个新生事物、某个疑难问题的现状作调查研究，提供客观翔实的实际情况，作为上级弄清情况、研究问题、制定政策的依据。这种调查报告以叙述具体事实为主，较少分析、议论。

专题型的调查报告。在贯彻执行路线方针政策或重要决策部署中，对一个时期需要解决的主要矛盾、需要推进的某项重大工作、需要解决的某个重大现实问题，经过调查研究，提出解决问题的意见和办法。这种调查报告的特点是直接为工作具体决策服务，分量重、影响大。

史实型的调查报告。就是对有关重大历史事件，通过大量史料的查证，说明其发展过程的来龙去脉，反映历史真相，还其本来面目，总结吸取历史经验教训。这种调查报告具有解开谜团、拨乱反正、正本清源的作用。

（二）"题好，是调查报告成功的一半"

一个调查报告质量高不高，往往不取决于调查者的身份、报告内容的长短、文字的优劣，而取决于调查研究的课题，是不是吸引上下的"眼球"，是不是拨动大家的"心弦"，是不是引起广泛的"共鸣"，是不是成为决策的参考依据。因而可以说"题好，是调查报告成功的一半"。

怎样抓准课题？这方面就要像老鹰抓兔子一样，学会在高高的空中翱翔，瞪大眼睛，透过重重障碍，看清楚沟沟壑壑、茅草丛中的兔子，就张开爪一跃而下，又准又狠地扑住拼命奔逃的兔子不放，直到饱腹为止。

1997年，新华社社长郭超人回答一所大学所作的关于记者成长道路的调查时，有这样一段精彩对话。

问：什么样的人不能当记者？

答：多数人能想到、能做到的，而你想不到、做不到，就不能当记者。

问：什么样的人能当记者？

答：多数人能想到、做到，而你也能想到、做到的，能当记者。但只可能当一般的记者。

问：什么样的人能当好记者？

答：唯有多数人想不到、做不到，而你想到了、做到了，才能当一个好记者。

这段对话简明生动，讲得很深刻。调查研究要像"鹰"一样发现得了和抓得住躲在草丛中的兔子，就必须比兔子的其他天敌飞得更高、看得更远、瞄得更准、动作更快。其中最关键的是想到别人没有想到的问题，看清别人没有看清的问题，抓住别人没有发现的问题，才能写出眼光独到的调查报告，才能解决别人解决不了的问题。

具体地说：

把握调研方向，要做到"三个紧紧盯住"：紧紧盯住那些在全局工作中处于中心或关键位置，牵一发可动全身的重大问题进行调研；紧紧盯住那些上下都感到最头疼，争议多，摩擦多，久拖不决的难点问题进行调研；紧紧盯住那些大家都感到困惑，目前尚无明晰的解决思路办法的疑点问题进行调研。

克服调研困难，要体现"三个越要"：问题越尖锐，影响面越广泛，调研越要瞄准不放，狠下功夫；问题越难解决，在历史上反复出现的次数越多，调研越要迎难而上，聚焦攻关；问题引发的因素越复杂，各层次疑问越多，调研越要刨根问底，锲而不舍。

深化调研课题，要坚持"五个善于"：善于发现体现事物发展规律的新动向，准确地预测和描绘事物发展趋势；善于挖掘体现时代精神、对推动工作有很强激励作用的先进典型事迹；善于捕捉能给人们深刻启迪的新思想，揭示改革创新成果的时代意义；善于总结解决当前突出矛盾和倾向性问题的新鲜经验；善于澄清众说纷纭、莫衷一是、影响深远的重大事件真相。

拟写调查报告标题，要足够"**吸引眼球**"。调查报告的标题更需要鲜明昭示调查主旨，真正抓住读者。军以上高级机关经常使用的是概括主题的标题，如《关于大力培育当代革命军人核心价值观的调查与思考》《关于实行军官职业化制度的调查与思考》《关于深入开展创先争优活动的调查报告》，比较鲜明、直白。新闻媒体常见的调查报告标题有设问式、比喻式、引申式、并连式、警句式等，如《激活一池春水》《战士自费看病为哪般？》《低学历干部：谁来为他们领跑？》，比较鲜活、吸引人。

（三）"七分调查三分写"

毛泽东强调："一切结论产生于调查情况的末尾，而不是在它的先头。只有蠢人，才是他一个人，或者邀集一堆人，不作调查，而只是冥思苦索地'想办法'，'打主意'"。（《毛泽东选集》第1卷）陈云说："领导机关制定政策，要用百分之九十以上的时间作调查研究工作，最后讨论作决定用不到百分之十的时间就够了。"（《陈云文选》第3卷）这是很有道理的。决策是一个提出问题、分析问题、解决问题的过程。为了防止和克服决策中的随意性及其造成的失误，提高决策的科学化水平，不但要把调查研究贯穿于决策的全过程，而且要成为占决策过程中大部分时间的真正重中之重的工作。

新华社有位资深记者说了一句看似是悖论的话：好文章是用脚写出来的。他将文章是用"手"写出来的常识，破天荒、违常规地形容为是用"脚"写出来的，内中寓意深刻。因为如果你没有用"脚"去深入实践、深入基层、深入群众、深入生活、深入事件，你是不可能亲知、深知、广知、全知、真知想调查了解的事物的，因而不可能写出好文章，同样，也是不可能写出好的调查报告的。

我的体会，撰写者调查阶段的深广度、疏密度、真实度以及抓问题的准确度，从根本上决定着调查报告的质量高低。搞调查研究，切忌刚刚调查一点眉目，很多实质性东西的头绪还没有理清，就急于动手写，总想早点写出来，也就是还没有"钻进去"就想"冒出来"，这样急于求成，往往难于写出质量高的调查报告。有经验的成熟的起草者，在精力分配上，一定是"七分调查三分写"。而缺乏经验的起草者常常是"三分调查七分写"，前者往往成功，后者往往失败。

怎样做到用七分精力搞调查：

第一，调查准备要"细"

一是要广泛收集相关资料内容。其中主要包括：与调研课题有关的政策理论观点和制度规定；与调研课题有关的经验动态等信息资料；与调研课题有关的历史资料和现实状况；与调研课题有关的对象背景资料。

二是要周密制订调研计划。其中包括：调研的目的和要求；调研的范围和对象；调研的内容和纲目；调研的方式和方法；调研的步骤、进程；调研的组织和注意事项。还要设计好调研的具体活动、问卷的具体内容、座谈的详细提纲等。

第二，调查方法要"活"

传统调研有五种基本方式：普遍调查、综合调查、典型调查、对比调查和专题调查。有七种基本方法：访谈调查法、座谈调查法、实地调查法、问卷调查法、抽样调查法、实验调查法、文献调查法等。实践中，可根据不同的调研课题、调查对象，选择不同的方式方法组合。这里重点讨论一下近些年使用越来越多、但质量参差不齐的问卷调查法。

问卷调查法是运用书面提问或表格的形式询问调查对象，从中获取各种信息的一种调查方法。这种方法对所调查问题作定性定量的客观分析很有帮助，因而使用范围广、频率高。但实践中也暴露出部分机关干部不太会设计问卷的问题比较突出。

问卷调查的基本类型有报刊问卷、邮寄问卷、送发问卷、访问问卷、自填问卷、代填问卷、集会封闭型问卷、开放型问卷、半封闭型问卷、计算机自动统计问卷等，目前最常用的是计算机自动统计问卷，又快又准。其一般结构有：标题、简要说明、主体（各种题目及选择答案）、结束语等。要注意问卷中的语言应礼貌、诚恳、平易近人，文字应简洁、准确、有可读性；问题的内容应具体，不提或少提那些抽象的、笼统的问题；问题的内容应单一，不应出现交叉和双重填写的问题；提问的态度应客观，不能用诱导性和倾向性的用语。问卷调查的答案设计有肯否式、选择式、排列式、填入式、尺度法等。

组织问卷调查，最难的是如何科学合理地设计问卷的选项内容，因为它直接决定调查数据统计质量和调查的成败。机关干部在需要设计问卷时，应重视把握好如下原则：

穷尽性原则。是指所列出的答案要包括所有可能的情况，不能有遗漏，不至于部分调查对象因为所列答案中没有合适的可选而放弃回答。对有些不具穷尽性的问题，可以在所列出的若干答案后加上"其他"。例如：您的婚姻状况是：A. 已婚　B. 未婚。本题显然忽略了"离婚""丧偶"两种情况，导致部分调查对象无法回答。须注意的是，若一项调查结果，选择"其他"的比例较高，说明答案设计不恰当，有些重要的带普遍性的类别没有列出，难以达到调查目的，应重新设计答案。

互斥性原则。是指答案与答案之间不能相互重叠、相互包含或交叉，即对同一个问题，只能有一个选项适合调查对象。例如：您的职务：A. 军事干部　B. 政工干部　C. 基层干部　D. 其他。显然，第三项"基层干部"与第一二项交叉，因为基层干部中既有军事也有政工干部，有关人员就不知道如何填了。只有按"团以上领导、机关干部、基层干部、其他"来划分，才符合互斥性原则。

对称性原则。在提供带有对比性的选项时，要全面考虑，避免片面性，否则设计出的问卷无法客观反映被访者的观点态度。特别是对有对比意义的选项，数目要对称，防止产生误导。如：您认为作风建设目前哪方面存在问题更突出？ A. 思想作风　B. 学风　C. 工作作风　D. 领导作风　E. 干部生活作风　F. 形式主义　G. 官僚主义。很显然，形式主义、官僚主义概念小，与前五项是不对称的。

通俗性原则。就是说，答案中不要使用那些陌生的、过于专业化的术语，以及那些模棱两可、含混不清或易产生歧义的词或概念。如：您的性格属于：A. 胆汁质　B. 多血质　C. 黏液质　D. 抑郁质。题中涉及的四个选项是心理学专用术语，很多调查对象可能因不懂其含义而无法回答。有必要换另外同义的通俗说法，或对这四个选项加以说明。

梯度性原则。对问卷中有关涉及渐进性的问题，应该设计若干具有梯度的选项，而且梯度间距应该合理。例如：你上月阅读长篇小说部？ A. 0 部　B. 1–10 部　C. 11–20 部　D. 21 部以上。此题选项之间梯度太大，而且在一月时间内看 10 多部甚至 20 多部长篇小说，也不符合客观实际。应该缩小间距。可以考虑将答案选项改为："A. 未读或不足 1 部；B. 1–2 部；C. 3–4 部；D. 5 部以上"。

政治性原则。设计选项时，不能存在政治性错误选项，以免产生暗示性的错误诱导。因为，有些答卷者原来可能只是较为模糊、零散的认识，经这类问卷的"启发"，有可能会迅速上升为明晰的错误观点；有些答卷者有求异的思维特点，对问卷中表面看来有"独到"见解的错误观点更容易认同；另外，这类带有政治性却不置可否的问题，回答者可能明知不对，但问卷"启发"，会以为"允许存在"或"可供选择"，客观上模糊了是非界限。

第三，调查作风要"实"

毛泽东对调查研究如何听到真话，讲了以下要领："怎样使对方说真话？各人特点不同，因此，要采取的方法也各不相同。但是，主要的一点是要和群众做朋友，而不是去做侦探，使人家讨厌。群众不讲真话，是因为他们不知道你的来意究竟是否于他们有利。要在谈话过程中和做朋友的过程中，给他们一些时间摸索你的心，逐渐地让他们能够了解你的真意，把你当作好朋友看，然后才能调查出真情况来。"（《毛泽东农村调查文集》）他又说："没有满腔的热忱，没有眼睛向下的决心，没有求知的渴望，没有放下臭架子、甘当小学生的精神，是一定不能做，也一定做不好的。"（《毛泽东农村调查文集》）这些论述和要求非常精辟，无论过去、现在和将来，都是做好调查的法宝。

俗话说："入深山采好药，临深池钓大鱼。"将求真务实的作风贯穿于调查研究的全过程，很需要调查报告起草者当好"三种人"。首先，**要当好勘探的人**。勘探人员走遍全国各地，风餐露宿、打眼放炮，是为了找矿。蕴含在基层、群众、现实生活中的情况、素材、资料也是矿藏，也需要勘探。调研就是勘探。再是，**要当好采矿的人**。已经探明的矿源，经论证具有开采条件和价值以后，由采掘人员进行开采。调研工作在确定课题并制定调研方案后即进入正式调研阶段，这也是采矿。鼓励人们知无不言，言无不尽，和盘托出。还**要当好冶炼的人**。开采得到的原油、煤矿、铁矿等还不能用，必须经过加工、冶炼，才能变为真正有用的"宝贝"。当好"三种人"，核心是深入实践、勇于探索、求真务实。要舍得花主要精力，用"脚"走到实践一线，真正地问实话、查实况、察实情、刨实底，就能给写好调查报告奠定坚实基础。

调查作风要"实"，还必须认真鉴别调查事实的真实性。要注意"眼见"并不总是"为实"。《论语》上记载的"颜回煮食"的故事，是一个很能启迪人的典故。说的是孔子周游列国时，在从陈国到蔡国去的道路上断了粮。这时，他最得意的、最信任的弟子颜回，从外面讨了一点米回来，连忙生火做饭，饭快要煮熟时，孔子看到颜回从锅里很敏捷地抓了把饭塞到嘴里吃了。孔子就对颜回的操行发生了反感。为了证实自己的怀疑，饭熟了以后，孔子并不马上就吃，却说："刚才我打盹时梦见死去的父亲，想祭奠他，不知饭是否干净。"这位诚实的颜回赶快说："不行，今天的饭不干净，刚才有烟灰掉进锅里，我觉得把脏饭丢了可惜，就抓起来吃了。"孔子听了，才知道是错怪了颜回。可见，就是圣人亲眼所见，也不见得就是真实的。准确地说，孔子这次没有看到反映本质的部分，这种情况，在我们现实生活中并不是偶然的。有本心理学著作举到一个例子：有一年，在德国举行的心理学大会上，一个男子突然冲进会场，后面紧跟着追进一个持枪的男子，二人在会场斗殴，其中一个人放了一枪，两人后来跑出场外，前后经过约 2 分钟（这是大会主席有意设计安排的）。事情如此突然，与会者当然是精力高度集中地观察到了这一场面。事后，大会主持者请与会者把当时的情况如实写出来。应该说，这是目击者亲身经历，但写出的 40 份报告真实准确程度大出人们意料：一是重要之处出现错误的，40 份报告中错误在两成以下的只有 1 份；两成至四成的 14 份；四成至五成的12份；五成以上的13份。二是写了臆想细节的，40份报告中占一成的有24份，一成以上的有10份，一成以下的只有6份。这说明，虽然是第一手亲眼所见材料，也会程度不同地出现两方面的失实：一个是受场景、情绪等影响，对重要的突发的客观事实没有来得及全面观察清楚；另一个是受个人爱憎、好恶及修养等影响，可能加进若干主观因素。

调查应注意挤干道听途说的"水分"。间接得来的材料比较容易失真。《吕氏春秋》中说："夫得言不可不察。数传而白为黑，黑为白"。有这样一个故事，有一天，一位老人大咳一阵，吐出一口痰来，他惊叫了一声，他的儿子一看，原来痰里有一片白茸茸的似乎像羽毛的东西。这件事被邻居知道了，就传遍了全村，说老人吐了一团羽毛。传到第二个村子，就成了老人吐了一堆羽毛。再传下去，又成了老人吐了一只天鹅！我们搞调查研究，一定要去伪存真，剔除像"老人吐天鹅"那样的传闻材料。

（四）"眼里进去、心里出来"

深入实际的调查，只做了"眼里进去"的上篇文章，更难更重要的是做好从"心里出来"的下篇文章，变成撰写报告的理性认识。从"心里出来"应重视做好以下工作：

1. 从表象进去，拽本质出来——提炼主题要"实"

从表象进去，就是对收集到的大量鲜活素材，进行由表及里、由浅入深、由虚到实的分类梳理、筛选、剖析。拽本质出来，就是从事物表象升华到本质揭示，从感性认识凝练到理性结论。

拽本质出来，最主要的是提炼主题要鲜明准确。调查报告的主题必须与调查主题相一致，但又应体现出在调查了解大量事实后，对调查主题的深化。个别情况下，如出现调查前后的看法大相径庭，应重新推敲和审定主题。

调查报告必须紧紧围绕形势任务和中心工作，确保所揭示的问题对指导当前工作有很强的针对性。缺乏针对性的调查报告，味同嚼蜡，没有人愿意看，很可能变为废纸。必须克服旧观念、老框框的束缚，摆脱别人没说过的不敢说、别人没提过的不敢提的顾虑，抓住被调查对象本质特点和代表的发展方向，大胆立论，旗帜鲜明地研究和解决新问题；必须打消反映情况不全面的担心，突出主要方面，防止面面俱到、冲淡主题；必须以小见大，命题尽量小一点，不能用大观点统小材料、"大帽子"底下如扣个"小身子"，那种畸形必然套话、空话连篇，没有说服力。尽可能做到反映问题和找出解决办法结合在一起写，避免只反映问题，不拿解决办法，使主题悬空、虚化。

2. 从混沌进去，牵链条出来——梳理思路要"清"

对一篇调查报告而言，表述清晰是至关重要的。如若表述不清，即使情况准确，文章的价值也难免大打折扣。调查获得大量的素材，初看混沌一片。如何牵出链条，理出脉络，删繁就简，形成思路呢？

"理思路"要体现规律。事物的产生和发展都遵循一定的规律，调研报告的写作过程实际上也是探索事物发生发展规律的过程。思路，就是撰写人认识客观事物发展规律的思维活动方向和路线，也就是作者的思想脉络和踪迹。有的也称它为思维过程的"路线"。我们写材料时常说"吹路子"，实际上就是指"吹思路"，梳理概括出层次观点。思路是一条线，不能断。正如叶圣陶说的，"思想是有一条路的，一句一句，一段一段，都是有路的，好文章的作者是决不会乱走的"。思路是一个整体，不能乱。法国作家布丰说得好，"为了写得好，必须充分地掌握题材；必须对题材加以充分思索，以便清楚地看出思想的层次，把思想构成一个连贯体，一个绵续不断的链条，每个环节代表一个概念；并且，拿起笔了还要使它遵循着这最初的链条，陆续前进，不使它离开线索，不使它忽轻忽重，笔的运行以它所应到的范围为度，不许它有其他的动作"。这些真知灼见告诉我们，写作思路确是一条路。但这条路不是轻易就能看得见、摸得着的。路的方向，是该客观事物发展的方向；路的宽窄，是该客观事物发展的程度；路的衔接，是该客观事物内部的关系。总之，你只有真正摸清、准确把握了，才能科学理清调查报告的写作思路。

"搭架构"要遵循逻辑。结构是报告的外在表现形式，是作者表述调研经过和结果的方式，结构上的创新只是形式问题，形式应当为内容服务，不能把主要精力放在追求形式上。要按照"围绕主题，层层推进，环环相扣"的原则搭起调查报告架构。做到立论正确，论证有力，条理贯通、层次分明，前后呼应，头尾一致，段落之间有内在联系，保持有征服人心的逻辑力量。必须注重逻辑性、层次性和条理性统一，论据与观点一定要有严密的逻辑关系。如果没有逻辑关系，无论多少事例也很难证明观点的正确性。

"牵链条"要善于穿珍珠。一颗珍珠可能不那么起眼，但如果把它们穿成串，无论是分量还是价值就大不一样了。要把一些零散做法、点滴经验以及问题归纳综合起来，使认识更加条理，做法更加系统完善。比如，有作者调查一名团政委在加强党委集体领导中一些行之有效的做法，比较零碎。但合并同类项、做理性提炼，写成调查报告后，将珍珠串了起来，就变成了加强党委集体领导必须防止十个问题的经验做法：

（1）将党委会和行政会区别开来，防止把职务带到党内来，淡化党委的集体领导。

（2）党委研究问题出现较大意见分歧时，防止久拖不决，降低党委集体领导的效能。

（3）当少数人的意见未被采纳时，防止会外扩散，损害党委集体领导。

（4）在讨论热点问题时，防止从个人或小团体的利益出发，涣散党委的集体领导。

（5）领导成员变动时，防止"一个将军一个令"，中断党委的集体领导。

（6）在班子里任职时间长了，防止以情况熟、资格老自居，用个人意见代替集体领导。

（7）新进班子的同志，要防止借口情况生疏，不积极参与集体领导。

（8）工作顺利时，防止随心所欲，忽视党委的集体领导。

（9）工作取得成绩时，防止夸大个人作用，贬低党委的集体领导。

（10）工作出现失误时，防止产生埋怨情绪，怀疑党委的集体领导。

这篇调查报告，可以说基本概括了团一级党委集体领导中经常遇到的倾向性问题。实践证明，经过系统归纳综合的研究成果，往往更受领导和基层官兵的欢迎，更容易进入思想，进入工作，进入领导决策。

3. 从感性进去，悟理性出来——理性跳跃要"高"

应看到，当你抓住一件东西总不放时，那么你只会拥有这件东西，这件东西也永远牵住了你。如果肯放手、跳出来，你就获得了其他观察角度和选择机会，往往会更准确地看清这件东西的真正价值，更加科学地作出选择结论。调查研究离不开工作实际，离不开用具体事实说话。但是如果陷入具体事实的"感性"之中被牵住，"跳"不出来，就只能写出工作总结和具体做法，就不能悟出源于事实又高于事实的"理性"的调查结论。显然，这种"跳"，就是从具体跳到抽象，从特殊跳到一般，实现感性到理性的飞跃。这种"跳"当然尽可能高点，能望远点，但也不要跳到半空悬起来，落不到实处。也就是不要写那些"上不着天，下不着地"的调研文章。

如果说调查是沉下去，那么研究就要站上来。现在一些部门局限于自己的小圈子研究问题、谋划工作，从局部看无可挑剔，但拿到全局往往行不通。事例堆砌和拼凑不是研究，观点加例子不是研究，没有启发性也不是研究，只考虑局部管用、眼前管用更不是研究。研究问题要出思想、出见解、出对策，不"跳"是办不到的。必须把局部与全局联系起来，跳出小圈子在更大的格局中看问题想问题。

调查研究有时出现结论上的错误，往往是没从具体事实中跳出来，感性升华到理性没有做好。让我们来剖析这样一件真事。前些年社会上不适当地宣传"高消费"。某军一个领导干部听说本部队的"好作风八连"也受到了高消费的消极影响，他就派一个处长去调查。这位处长到八连一看，发现问题不少，他调查出了五个惊人的数字：

（1）16个战士口袋装着小镜子；

（2）28个战士向家里要钱；

（3）三个月中41个战士家里邮来包裹；

（4）13个战士铺上了电褥子；

（5）一个连队竟然有5台洗衣机。

结论是：该连的好作风丢了。结果受到了上级严肃批评。

该军另一位熟悉"好作风八连"的领导对此事半信半疑，他派一名副处长再去细细核查存在问题的原因和教训，结果发现：

（1）16个口袋装着小镜子的战士中，有13个脸上长了"青春痘"；

（2）28个向家里要钱的战士中，有23个是为了交主动报考上函授大学的学费；

（3）三个月中收到的41个包裹中，39个寄的是书籍和学军民两用技术的工具；

（4）13个电褥子是连队为有腰腿疼、关节痛的老战士购买配置的，结果症状大为减轻；

（5）5台洗衣机能给全连每个官兵每周至少节省2小时洗衣服时间，如用来读书，每人每月可多读1本书。

结论是：该连队是朝气蓬勃、紧跟时代、积极进取的好连队，最终受到了肯定和表扬。

这5个现象的统计数字前后一致，准确无误，但得出了截然不同的结论。根本原因是，前者的调查被具体事实的表象迷了眼，没有透过现象看本质，结果得出了错误的结论；后者从具体事实中跳了出来，把八连放在新环境中，用新的视角，将5个数字与改革开放、五讲四美、鼓励成才等联系起来看，抓住了五方面变化的本质所在，得出了正确的结论，写出了高质量的调查报告。

一言以蔽之，写调查报告可以说既要"入乎其内"，又要"出乎其外"。入乎其内，沉下去深入调查研究，才能有丰富的素材，有真情实感；出乎其外，跳出来站到应有的高度，才能有开阔的视野，以崭新的视角做出分析，抓准问题，写出独到的见解，阐述有震撼力的思想，提出攻关破难对策，这就不失为一篇好调查报告。

实现感性到理性的升华，还必须学会比较。没有比较就没有鉴别。判断一个事例、一种观点、一条经验对不对、新不新，最好的办法莫过于比较。常言道，"不怕不识货，就怕货比货"。一比就知道哪个好哪个差，哪个对哪个错，哪个新哪个旧。掌握比较的方法，就有可能总结提出新的对策。比较的方法很多，常用的方法是：拿今天的情况和问题与昨天的情况和问题作比较；拿先进的方法和经验与一般性的方法和经验作比较；拿本单位、本部门的工作与成就和兄弟单位的工作与成就作比较。这样一比较，即使自己反应迟钝一点，也能从中找到差距，看到发展，发现特点，并从中选择需要的事例、观点和经验。

（五）"一切为了解决问题"

无论何种类型的调查报告，都有着鲜明的针对性、目的性。正如毛泽东所说"调查研究是'十月怀胎'，解决问题是'一朝分娩'"，最终，都应以达到目的的多少、解决问题的好差，来衡量调查报告的成功与否。

着眼"一切为了解决问题",撰写调查报告不但要把握时代脉搏,抓住前沿问题,选择关系全局、影响长远的大事难题做文章,而且在撰写全过程中应始终注意:

文风干练只说有用的话。撰写调查报告的目的是在向决策层反映情况、提供看法和建议,不是宣传文章,不需要说理鼓动。应直白、直接阐述,用事实和逻辑说话,可有可无的话不说,不必要的形容词不加。别人已写的事别去凑热闹,或从不同的角度去写。我国唐朝诗人崔颢在黄鹤楼上写了一首诗:昔人已乘黄鹤去,此地空余黄鹤楼,黄鹤一去不复返,白云千载空悠悠,晴川历历汉阳树,芳草萋萋鹦鹉洲,日暮乡关何处是,烟波江上使人愁。后来,诗人李白到这个地方后也百感交集,很想写点什么,但是琢磨半天跳不出崔颢的意境,只好叹道:"眼前有景道不得,崔颢题诗在上头",李白这种无新不写的精神值得我们后人学习。

对策建议必须新颖独到。对策建议是调查报告的点睛之笔,是全篇文章重头戏。写好对策建议,首要的是端正动机,不是为了赢得领导赞赏,不是为了争彩头、出政绩,应始终坚持对事业高度负责,以直言不讳反映真情实况、遵循规律真正解决问题,作为出发点和落脚点。始终坚持抓长远大事与"短平快"相统一,抓前瞻性研究与解决现实矛盾相统一,抓总结经验与揭示问题相统一,抓服务领导决策与服务工作落实相统一,能见到他人所未见、敢写他人所未写、善言他人所未言。

要快速反应、追求时效。撰写调查报告的"快"应体现在全过程,从材料收集,到分析综合,到构思撰写,到审定上送,都应"快"字当头,使领导和机关能够在第一时间、最佳时机利用报告做出科学决策。调查如不及时形成报告，就会因时过境迁而成为"昨日黄花""马后炮"，写得再好也了无一用了。

要跟踪促进调研成果转化。这是撰写调查报告不可缺少的重要一环。一篇调查报告、一个调研成果来之不易，凝聚了很多智慧和汗水，用不好是一种浪费、一种损失。撰写者不能报告一交就任其自然，要用多种方式宣传调研成果，使更多的领导和部门了解调研成果，努力把调研成果转化为领导决策。如有一篇《加强基层政治教育管理亟须解决的几个突出矛盾》的调查报告，尖锐指出：当前部队一是政治教育要求高与战士接受能力弱的矛盾突出，要从实际出发合理提出教育要求；二是主课教育任务重与其他教育项目多的矛盾突出，要切实搞好归口管理；三是强调按计划实施与客观情况变化大的矛盾突出，要建立适应政治教育特殊规律的应变机制；四是区分层次的需要与组织实施困难的矛盾突出，要探索切合基层实际的分类施教的方法；五是拓宽教育路子与教育者素质低的矛盾突出，要在提高基层干部组织实施教育的能力上下功夫。作者积极跟踪和促进调研成果转化，结果其中不少对策建议进入了上级新颁发的指导性文件中，很好地发挥指导实践的功能。

（六）"到什么山上，唱什么歌"

调查报告总体上有综合型、经验型等七种类型，虽然基本技能是通用的，但每种类型也各有一些特殊要求。必须"到什么山上，唱什么歌"，才能提高撰写质量。下面，主要围绕政治机关常用的几类调查报告作分类探讨。

1. 反映官兵思想状况的调查报告写作

部队的建设与发展，以及部队具体任务的完成，都与官兵的思想状况紧密相连，而官兵的思想又是动态变化的。因此，通过调查研究，及时了解与研究官兵的思想特点、官兵面临的实际问题和困惑、官兵思想变化趋势，并探索其发展变化的规律，加强思想教育的针对性、有效性，是这类调查报告必须承担的任务。

反映官兵思想状况的调查报告一般采用描述性的写作方法。主要解答官兵思想状况"是什么"的问题，对对象的状况、特点和发展过程作出客观、准确的描述。描述性调查研究一般从观察入手，而不是从理论或假设入手。

其写作方法举要：

①把"今天"的现实思想及时反映出来

②朴实无华亮出官兵心声

③尽量从基层的视野进入

④写出新时代军人的风采

⑤多个角度展现官兵思想

例如，调查报告《武警XXX总队新战士入伍动机调查》，就朴实无华地亮出新战士的心声。报告写道：众所周知，现在的新兵思想普遍比较活跃，兵员构成日趋多样，他们的入伍动机到底出现了哪些新情况、新特点？近日，调查组来到武警XXX总队对680名新战士进行了一次专题调查，了解到新兵入伍动机，主要有4种：当兵，为了改变人生命运；当兵，为了找到用武之地；当兵，为了得到更多锻炼；当兵，为了寻找一份纯真。调查报告不但收集统计了四种动机的比例和生动的言行表现，而且对三年前同样的调查数据做了对比，剖析了变化产生的缘由，并提出了因势利导的教育引导建议。

2. 反映专项工作的调查报告写作

所谓反映专项工作的调查报告，主要是针对部队在贯彻执行党的路线方针政策，以及落实上级指示要求中，对一个时期需要解决的主要矛盾、薄弱环节或带倾向性的问题，经过调查研究，提出解决问题的意见和办法，所撰写的调查报告。既然是"专题"，一是要聚焦，忌"散"，忌"平"，忌"浅"；二是要探索问题，避免无关痛痒的经验介绍和过多叙述司空见惯的好人好事。

其写作方法举要：

①努力从探索、研究工作指导思想和方法的角度反映专项工作

②主动以思维的超前性和工作前瞻性的角度反映专项工作

③善于从常规性内容中挖掘新思想的角度反映专项工作

如：调查报告《政工网触动了我们什么》

基层网络的"开关"打开还是关上由谁抉择——网络首先触动的是人的思想观念；

挡不住的互联互动，封不住的虚拟空间——网络要求带兵人必须尊重战士的主人翁地位；

信息来源平等了，居高临下不灵了——审视我们的素质能否适应信息实时传递这一新情况；

上网需要两只手：一手权益，一手责任——作为主人翁，应该对自己、对部队、对网络负责。

3. 揭露问题的调查报告写作

这类调查报告主要是以揭露部队建设中某些突出矛盾或消极面，达到提高认识，吸取教训，改进工作的目的。这里讲的突出矛盾或消极面，主要指：

一是部队建设中中急需解决的突出矛盾；

二是某领域某工作存在的严重不良倾向；

三是发生的重大事件或恶性事故。

揭露问题的调查报告，要求不仅如实地揭露问题，而且客观地分析原因，准确地判明性质，指出问题的危害性，还要提出解决问题的办法和处理问题的具体建议，目的在于引起多方面关注，造成某种舆论，为上级和有关部门在解决和处理这些问题提供依据。

撰写揭露问题的调查报告，要坚持一个理念，即我们揭露的问题和现象可能是消极的，但发挥的作用必须是积极的。为此，在写作上要讲究策略，把握好度。

一是要善于区别建设性批评和破坏性批评。建设性批评是为了克服我们工作中的缺点，进一步密切上下级之间的关系，以形成有利于更新思想观念，有利于部队建设的环境；破坏性批评是指那些在客观上容易煽动群众不满情绪、激化矛盾、影响稳定的批评。在揭露矛盾与消极面时，必须防止破坏性批评，积极倡导建设性批评。

二是对揭露和批评对象要精心选择，不能"有闻必录"。要尽量选择那些有普遍教育意义的典型事例，通过批评和揭露，使干部群众能够从中受到深刻而生动的法制教育、政策教育、纪律教育和作风教育。

三是要尽量选择那些已经处理或者正在处理的典型事件，在批评和揭露矛盾和问题的同时，既让大家将教训变成财富，又看到各级组织和领导对这类消极的东西和不良倾向的正确政策和鲜明态度。

四是批评和揭露问题的调查报告中的事实，一定要查原始材料和找当事人核实，确保准确无误。要防止和克服由于作者自身思想方法片面或偏激情绪而造成反映问题失实或情节失真。

其写作方法举要：

①揭露上级有关指示或重大举措在贯彻落实中遇到的问题。如《开展"夺红旗、争红星"评比竞赛活动必须坚决抵制形式主义》。

②揭露能引起共鸣的问题。如《基层干部离兵倾向不可忽视》。

③揭露官兵关注的热点、难点、焦点问题。如《低学历干部：谁来为他们领跑？》。

④揭露不合理而常常是司空见惯的问题。如《警惕：不起眼的"垃圾"泄密》。

⑤揭露想说未说而不敢说的问题。如《加强旅团主官教育管理的难点与对策》。

4. 剖析典型的调查报告写作

我们平常工作中有一个"解剖麻雀"工作法，即通过对个别典型问题的解剖，找出共同的、规律性的内容。为什么能如此？因为"麻雀虽小，五脏俱全"，共性总是寓于个性之中的。

剖析个别典型问题调查报告重在讲"个别"，当然这个"个别"

不是鸡毛蒜皮的小事，也不是不屑一顾的庸议。这个"小"是从"大"取出的"小"，是透过它能够见到"大"的"小"，是由这个"小"能够悟出"大道理"的"小"。也就是说要"所言者小，所见者大"，"片言以居要，一目而传神"。

以小见大的关键是：胸中有"大"，眼能识"小"。胸中有大，包容全局，才能掂出小事的分量；眼能识小，见微知著，才能将小事与大局联系起来。应具有立足全局，居高临下的恢宏气势，才能知大见小，见小思大。具体在调查报告的写作上，就是做到"全局着眼，一点着手"。

全局着眼：站得高、看得远，也就是要站在党的路线方针政策的高度，站在部队建设与发展蓝图的高度，看清形势任务中哪些是当前最突出、最令人关心的问题，而且还要了解它的发展趋势，预见到事业发展中可能出现的问题——找到选题的大致方向。

一点着手：选择既是关联全局，又是最要害、最敏感、最容易捅得响的问题。它是"一点"，却是工作中的"突破口"；它是"一发"，却是"牵一发动全身"的"一发"；它是从大处着眼，又是从小处着笔的。

其写作方法举要：

①抓住具有典型意义的问题。如《从60名被判处重刑青年官兵的犯罪心态，看经常性思想工作应注意的几个问题》。

②善于抓"小中见大"的问题。如《为啥文书一人在本上"开会"》。

③抓上级法规、重要指示贯彻落实中的问题。如《基层学习贯彻军队党支部工作条例情况的调查》。

④抓容易被人忽视的问题。如《标兵连队指导员累倒之后》。

⑤抓看似浅显却潜藏深意的问题。如《别把"小段子"不当回事》。

请看例文：《从60名被判处重刑青年官兵的犯罪心态，看经常性思想工作应注意的几个问题》

一、经常性思想工作应努力创造一种和谐、宽松的氛围，使青年官兵愿意说心里话、敢于说心里话、有地方说心里话。

二、经常性思想工作不能搞恐吓，而应循循善诱，搞好引导，使官兵犯了错误后能够勇于承认和改正。

三、经常性思想工作要与人为善，多在消除隔阂、化解矛盾上下功夫，使那些不该发生的案件得到有效的预防。

四、经常性思想工作应注意克服片面性，既做后进层，也做先进层的工作，防止意想不到的案件发生。

五、做经常性思想工作的人一定要公道正派，既以理服人，又以高尚的人格力量感化人。

5. 展现新生事物的调查报告写作

这类调查报告主要是通过展现具有方向性的新人、新事、新思想、新风尚、新创造，达到支持新生事物、发展新生事物的目的。这类调查报告，应着重说明新生事物"新"在何处，它产生的历史条件是什么，经历了哪些发展阶段，遇到了哪些矛盾和困难，这些矛盾和困难是怎样解决和克服的，指明它的发展方向以及应采取的措施。它要求撰写者应具备敏锐的洞察力。因为这种调查报告敏感性强，要敢于扶植新生事物，敢于担风险，其目的是让人们接受新生事物，打开新局面。

其写作方法举要：

①要着力关注军队建设中代表发展方向的新情况。

②要有独特的视角，言人所未言。

③要抓住萌芽状态的新事物，敢开"第一腔"。

④要能把握时代的脉搏，抓住事物发展的主流。

如例文：《打开行囊看新兵的"新"》

博客（BLOG）：边走边写、我博我在；

篮球、运动套装、明星签字：我运动我快乐；

纪念章、军事书：血脉深处的军人情结；

高考资料、文曲星：激人奋进的军校梦。

从新兵行囊里这几种类型的新物件，就可以看出现在的新兵，既有着追求时尚的热情，又有着年轻活泼好动的特性；既有着崇拜英雄的军人情结，又有着激越奋进的军校梦想；他们既给军营带来青春的活力，又给带兵人提出了更新更高的要求。写这类调查报告，要求我们自身能不断增加思想积累、生活积累、素材积累，才能熟悉他们、了解他们、懂得他们和教育引导好他们。

6. 展现部队建设新面貌调查报告的写作

展现部队建设新面貌的调查报告，就应该真正把我军的现代化历程放在世界新军事变革的大格局中加以考察，把我军在现代化建设中部队和个人放到履行新世纪新阶段新使命的征程中去透视，从而能够准确地把中国军队现代化进程真实地奉献给读者。

其写作方法举要：

①展现部队官兵在新形势下表现出的新活力。如《"蓝色文化"

涌动万里海疆》。

②讴歌部队履行使命任务中创造的新业绩。如《观念一变天地宽——空军某基地创新训练模式的调查报告》。

③注重反映部队改革和发展的新思路。如《战争，先在数字演播室打响》。

④用心灵感受官兵的情怀、展现他们的风采。如《大学生士兵成长轨迹一瞥》。

（七）调查报告例文剖析

2005年7月初，我领着空军政治部宣传部和南空政治部宣传处的同志调查撰写了《关于空××师思想政治教育情况的调查报告》。军委首长7月25日批示："这个调查很翔实，看出这个师抓教育下了实功夫。报告的文字也很生动、鲜活，请宣传部、军办调研室认真阅研。"调查报告摘要如下：

关于空××师思想政治教育情况的调查报告（摘要）

空××师驻××市，历史上战功卓著，在抗美援朝和国土防空作战中先后击落击伤敌机17架，执行过我国第一颗氢弹爆炸穿越"蘑菇云"取样等重大任务，涌现出"空军英雄战士"杜凤瑞等15名一等功以上的英模，目前是装备新型战机的部队。

近期，空军、南空政治部派出工作组，对该师思想政治教育情况作了全面深入的调查研究，有四个方面印象深刻：

一是真用心。为保证教育摆上位、真落实，2001年以来，该师先后研究制定了11份富有本单位特色、针对性操作性实用性都比较好的抓教育措施办法。上下都反映，"在咱们师，教育真有地位。领导把教育当事业干，当岗位职责做，当战斗力抓"。"不仅政委、主任盯教育有股认真劲、细心劲，就是师长、团长，一看天气不能飞行，也都马上想到抓教育"，"我们搞的教育不照搬照抄，紧密联系官兵实际，有人、有事，力求搞一次就有一次效果。"

二是真投入。该师抓教育坚持党委、支部集体抓，军政领导一起上，每年重大教育，仅师、团军事主官就上三五次课；坚持科学统筹军政训练，教育时间和正常节假日都有保证，这在航空兵部队是很难得的；重视教育的质量效果，有些重要教育要连抓好几次补课；对教育的基础性建设舍得投入，2001年来，筹措资金1100余万元改善教育的环境和条件。

三是真较真。该师认真制订和严格实施了教育检查评估激励机制，将不易把握的"软指标"，变成了让人能感受得到的"硬指标"，奖优罚劣动真格。4年多来，全师先后有17名优秀干部因单位思想政治建设成效突出被提前或越级晋升，2个单位和4名干部主要因抓教育不得力、成效差，在单位评先进和个人立功、使用上被"把关"。

四是真有效。这几年，部队建设尽管任务重、困难多，但该师官兵精神面貌好，战斗力成长快，全面建设持续健康发展，多次出色完成急难险重任务。师多次被总部评为军事训练一级单位，连续3年被空军评为先进师党委，连续12年杜绝刑事案件，连续8年保证地面安全。

该师抓思想政治教育的基本经验，比较集中地体现在：

一、高质量的党委议教，形成了抓教育求真务实的动力、集体

领导的合力、开拓创新的活力，这坚强的"三力"合成，是该师思想政治教育针对性强、实效性好的根本保证。

该师坚持将党委议教，作为学习领会大政方针，提高思想理论水平，不断深化和统一对教育地位作用认识的过程；作为深入分析部队形势，确定教育重点和主攻方向，从思想政治上掌握部队的过程；作为查找和纠正薄弱环节，明确职责分工，不断提高党委管教质量和效益的过程。这样的党委议教，不仅议出了新的观念、新的举措，而且形成了新的动力、新的局面。

——"教育管方向、出战斗力，抓教育就是抓大事；抓不好教育，上级不找你，问题也找你"，这是该师党委真管思想、实抓教育的认识基础。这一认识来之不易。2000年前后，该师建设经历了一个"马鞍形"的发展过程。师党委深刻剖析经验教训，领悟到求真务实的思想政治教育，是战斗力成长的"倍增器"；什么时候思想政治教育坚强有力，部队全面建设形势就好，否则发生问题就多；思想政治教育本来是实的，所谓"虚"只是有人把它做虚了。认识的到位带出了教育观念的更新，师政委在全师上下反复宣传师党委的认识："教育与训练像战斗力的两个轮子，哪个弱了都不行"、"教育与训练同处战略地位，要像抓飞行训练一样抓政治教育"、"务实的教育一个不能少，玩'虚'的教育一个不能搞"。观念的更新带来了教育的真抓实做，师党委这几年坚持议训与议教一并实施、一样认真；训练任务与教育任务同步下达、同抓落实；检查团、站党委和基层支部的工作，首先检查管思想、抓教育的情况；评估教育不重形式重实效，始终坚持用战斗力标准和全面建设状况来衡量。该师××团连续十多年保持飞行安全，但一段时间存在着一手"硬"一手"软"的问题，部队全面建设发展不够平衡，管理教育方面的问题比较多，党委3年未评上先进。师党委着重指导他们从加强思想政治教育等基础性工作入手抓整改，师主要领导连续两年带队去蹲点，下大功夫帮助端正认识、健全制度、培训骨干，增强教育针对性实效性，较好地使两手都"硬"起来，去年跨入了先进党委行列。

——"抓教育是一班人的共同职责，都要积极主动抓；不抓是失职、抓不好是不称职"，这已成为该师各级党委、支部和军政领导干部的共识共为。这种共识共为，集中体现在"三个到位"上：一是集体抓的认识到位。学习军队政治工作条例等法规和剖析部队教育实践，使他们认识到，党委对政治教育负有集体领导的职责，一班人都有责任，不仅政治干部要负责主抓，军事干部也要动手抓；以往教育效果之所以不够好，一个很重要的原因是党委集体领导教育的意识不强，一班人的职责没有履行到位；只有一班人都动手，克服政治干部"单打独斗"的现象，教育力度才能大大加强，教育氛围才能真正浓厚，教育效果才有坚强的组织保证。二是集体抓的机制到位。他们制订颁发了规范化、操作性很强的党委议教程序和标准。师、团（站）党委每个季度至少一次的定期议教和重大教育活动前的及时议教，确保了一班人都能深入领会上级精神，全面准确掌握部队思想动态；议教中要求每个常委都要根据主题和岗位职责，提出对策意见，集中了集体智慧，确保了议教决议更加符合部队实际；每次议教决议，都明确一班人抓教育的具体责任和授课任务分工；实施了逐级向下指导议教落实的制度，上级领导定期参加下一级的党委（支部）议教，实施面对面指导。师还多次转发团、站党委常委议教发言和议教决议，促进互相交流、共同提高。三是集体抓的行动到位。师党委明确提出，"政治干部要懂军事，善于结合军事工作抓教育；军事干部要懂政治，善于通过教育促进军事工作落实"。党的十六大召开后，不仅师政委，而且师长都亲自动手备课，深入三片部队宣讲会议精神。去年，空军在飞行人员中开展革命英雄主义教育，师长结合自己在1992年遇到空中发动机着火，6分钟成功处置七种险情的经历，给全师飞行员现身说法谈体会，促进了革命英雄主义精神和无畏精飞的职业道德深入飞行员的心坎。

——"搞教育传统丢不得、创新更可贵；不在继承中加强就没了灵魂，不在改革中发展就没有出路"，这是该师党委议教管教的深刻体会。这方面，他们始终重视抓住"准""活""实"三个要领。一个是把"准"大方向。紧紧围绕坚持党对军队的绝对领导、履行我军职能使命来谋划政治教育，坚持不懈地用先进思想和进步精神贯注部队。这些年，该师团以上领导干部的科学理论轮训班越办越规范，成效越来越明显，深入研究探讨了新形势下加强部队思想政治建设不少管用的对策办法；我军的光荣传统尤其是富有该师特色的"发扬杜凤瑞精神"的系列化教育，在基层官兵中打下了深深烙印。另一个是激"活"老办法。该师在弘扬我军开展思想政治教育的优良传统中，不断赋予老办法新的活力。针对新的社会环境和青年官兵心理特点，2002年，师党委在研究贯彻空军政治部《关于充分运用大众传播媒体，加强和改进空军部队思想政治教育意见》时，作出了完善军营广播系统的决定，明确即要保证上级的要求、党委的声音、主流媒体的信息，能及时传播到每一个角落、每一名官兵；又要寓教于乐，让官兵在不同时段听到与场景心情相吻合的歌曲音乐等。现在，该师三片部队都建起了团队广播站，覆盖到了所有连队的主要场所，与军营闭路电视系统相互配合、相得益彰，官兵就餐能听到新闻，散步能听到音乐，经常能听到本单位新信息，分散小点的官兵还能听到指导员的讲课，等等，花钱不多的老工具焕发出了新光彩。师党委还明确要求，"要将连队的黑板报办成党支部的'机关报'"，机关专门就黑板报内容、形式、更新时限等制定具体规范，经常组织评比展览。目前，基层黑板报及时写身边人、议身边事、讲身边理，充满了官兵喜闻乐见的短、小、快、活内容，成为党支部的好喉舌、宣传教育的好载体。他们每逢节日就组织群众性的自编自演文艺晚会，还自下而上调演巡演；经常性的读书演讲、歌咏比赛、谈心活动、征集来自官兵的名言名句，等等，也开展得红红火火。集会时的拉歌，也喊出了师魂，"不怕苦、不怕累，人人争做杜凤瑞"，使集会成了互相比士气、赛作风的场所。再一个是做"实"新招数。师党委坚持适应新形势、开拓新思路、探索新举措，用以解决仅凭老办法还难以奏效的问题。如，建立健全"凭素质立身，靠实绩进步"的用人导向机制，加强干部教育管理；开发完善军营网络教育功能，充分发挥现代教育手段的作用；广泛采用互动式、情境式、自助式等教育模式，深化群众性自我教育。尤其在解决航空兵部队教育时间难保证、军政训练在时间安排上"老打架"的难题上，取得了突出成效。他们向科学统筹要时间，向提高训练效益要时间，制订了6项教育协调制度和6条保障措施；实施大场次、大强度的科学组训；坚持训练与教育"两套常备计划"，飞行抓"天"、教育抓"变"，等等。将每个场次飞行总时间由过去平均××来个小时，提高到××小时以上，现在飞两天等于过去飞三天。这样一来，不但训练任务年年圆满完成，而且教育时间都有充裕保证，有效防止了"训练时间要多少给多少，教育时间剩多少用多少""休息日搞教育""业余时间搞教育"现象，官兵的休息日基本不被占用，实现了教育、训练"双赢"。空军宣扬和推广了该师军政训练协调发展的经验做法。

二、科学化的机关组教，体现了抓教育统筹、督导、评估全过程，章法、队伍、保障全方位，军营、社会、家庭全领域，这严密的"三全"管控，是该师思想政治教育针对性强、实效性好的关键所在。

在思想政治教育整个链条中，机关处于承上启下、部署督导的关键位置，组教能力的强弱和工作质量的高低，直接影响着政治教育的落实和效果。这些年来，该师党委高度重视发挥机关组教作用，机关积极主动履行职能。注意完善具体章法，发挥制度规范作用，用制度化保证组教科学化；适应官兵自主需求，利用内外资源优势，用开放化推动组教科学化；集中上下智慧力量，发挥群众监督作用，用民主化促进组教科学化，形成了立体多维教育格局，促进了高效有序运转。

第一，统筹注重科学、督导全程跟进、评估敢于较真，该师机关组教不放空炮、不挂空挡，不达目的不撒手，追求投入产出的最佳化。教育任务多头下达、超出基层承受能力；把过程当作效果，只讲"投入"不计"产出"，这是带有普遍性的问题。师政治部深入剖析原因，认识到"教"出多门、基层忙乱，主要是机关统筹组织不到位；过程是达成目标的必经阶段，不是过程不重要，而是有时没有把过程做扎实；不少教育流于形式走过场，要害在于缺乏质量意识，重布置、轻考评、不较真。为此，他们一是抓教育"源头"统筹，在"合流""关闸"上下功夫。充分行使总部赋予的"四种权利"，完善政治教育协调和规范的制度措施，明确细化各部门抓教育职责。严格实行教育时间归口管理，教育任务统一下达，对经党委批准、各部门安排的专项教育，按照相关内容结合、相同内容合并、相涵内容分别"记账"的原则进行综合统筹，逐项明确教育时间和内容安排，统一用一个《教育任务通知书》下发部队执行。对上级下达的临时性教育任务，及时进行梳理分类，结合专题教育、时事政策教育和经常性教育实施。这样做，不仅有效地避免了各自为政、层层加码、杂乱无序等现象，而且争取了主动权，增强了各项教育的针对性。二是抓全程跟进督导，在"引路"、"纠偏"上下功夫。每次重大教育部署展开，都确定先行单位，深入思想调查，跟进指导，总结推广经验，以"点"上管用经验指导"面"上教育展开；师、团（站）机关坚持每月深入基层抽查教育，每半年进行一次全面检查讲评；对教育问题较多的单位，派驻工作组去解剖和帮带。2003年，师、站联合工作组，到连续4次在上级教育检查中被点名批评的××场站汽车连，蹲点两周进行整顿帮带，将总结的教训通报全师，引导其他单位举一反三、改进工作。2001年以来，该师先后推广27个试点经验、重点解剖3个基层单位的问题，收到了很好的效果，有13份教育经验做法被军区空军以上转发。三是抓效果科学评定，在"细化标准"、"质量监控"上下功夫。制定实行加强政治教育监控的措施，明确党委、领导干部和机关的具体职责，细化落实党委（支部）议教、教育准备会、听（授）课、情况汇报、基层评教等8项制度的具体要求。把教育实施过程划分为准备、动员、授课、辅导讨论和教育笔记、深化活动、补课、资料登记等"八个环节"；对重大教育任务，如保持共产党员先进性教育活动，还专门制定《教育各阶段检查评估标准》，逐一明确需做的具体工作和标准要求。尤其是为了提高教育

"投入"后的"产出"质量,他们创造性地推行了"双评"和"三本账"的做法。"双评",就是师、团(站)每月随机抽听一次基层干部讲课,组织听课官兵无记名填表测评授课质量;团(站)领导和机关当场作质量点评,并将测评、点评情况及整改措施张榜公布。"双评"使授课干部感受到了前所未有的压力,也充分激发了精心备课、讲准讲实、讲出感染力的动力。"三本账",就是领导干部和机关检查部队教育,对发现的问题不但当场指正,而且"记账";下次检查还要对上次指出的问题"回头看",进行"对账";年底统一"算账",作为奖优罚劣和改进下年教育的重要依据。这"三本账",有效地纠正了教育落实好差"一笔糊涂账"、抓好抓差一个样的现象,维护了教育的严肃性。

第二,立具体化章法去管、建高素质队伍去抓、用强有力保障去促,该师机关组教"法"、"人"、"物"立体建设,"软"、"硬"件同步推进,追求教育机制的最优化。他们始终盯着教育"短板",在立规矩、强队伍、抓保障上使实劲,建立健全环环相扣的运行机制,确保"虚功"能够"实做"。一是,针对组织实施教育在统筹协调、环节落实、资源利用、民主监督、质量管控等方面存在的问题,先后出台了《关于进一步加强政治教育协调和规范的制度措施》《加强思想政治教育监控的措施》《关于组织开展基层民主评教活动的措施》等五个操作性文件,比较系统完整地规范了怎样抓教育落实,使组教的方方面面、各个环节,都有章可循、有据可依。二是,针对机关组教和基层施教的能力素质与履行职责之间存在的差距,师、团(站)政治机关都开办了"政治夜校",坚持每周一、周四的晚上,组织机关和基层政治干部学习基础理论、研学教育法规、听领导和专家讲课、开展经验交流和难题会诊等,全面操练组教施教能力。每年组织基层政治干部业务集训和授课比赛，针对普遍性弱项和倾向性问题，上下结合，反复讨论修改集训方案和比赛规则，确保训一次有一次所得、赛一次有一次提高。各团、站机关还根据官兵所长，分别组建起教育辅导、思想工作、心理疏导、法律信息咨询等骨干队伍，每年组织集中培训，经常结合下部队等时机进行面对面指导帮带。最近的一次测评结果，全师组教施教的骨干胜任本职的达95%以上，讲课优质率达到73%。三是，注重抓好教育的基本保障，营造浓厚的学习教育氛围。近年来，他们坚持把教育硬件设施建设纳入部队全面建设规划，针对新时期广大官兵知识渴求和改进教育手段的现实需要，多方筹措资金，在三片部队建起覆盖到所有基层的军营局域网，为每个连队普遍建起有8台左右微机，能连接军营局域网的学习室。他们还重建师史馆和杜凤瑞纪念馆，在三个营区竖起386块灯箱标语牌，统一制作48块飞行现场板报。最近，又为每个基层连队图书室平均补充了901册新书。

第三，军营资源流通共享、社会文明为我所用、家庭力量积极借助，该师机关组教贯彻大教育观，努力盘活教育资源，追求教育效应的最大化。为解决教育中存在的现有资源利用不充分、教育手段方法陈旧，缺乏感染力等问题，师机关组织了专题研讨和实地走访。他们发现，军营内外可利用的教育资源十分丰富，只要树立"时时有教育，处处有资源"的大教育观念，就能够开发好、整合好、利用好。为此，他们按照凡是有利于深化教育效果、丰富教育内容、改进教育方式的资源，都要勤于善于敢于利用的思路，制定了《大力开发和充分利用内外资源，着力增强政治教育活力的若干措施》。这个措施，对内外资源开发利用各订了8条，一看就会、一用就活，照着做就管用，深受部队欢迎，被有的同志形象地称为"活力双八条"。他们在具体落实中，一是在激活内部资源上求发展。深入挖掘杜凤瑞精神的时代内涵，编发故事集，集中宣扬他"忠于党和人民的革命精神，捍卫祖国领空的献身精神，苦练杀敌本领的拼搏精神，压倒一切敌人的战斗精神"。对大项教育、重点课题，推行集中谋划、分工备课、巡回授课、团站联动、股连捆绑、骨干互用，一堂优质课能够全团（站）甚至全师共享。樟树场站建立股连"互动小组"，共同研究教育内容，探索教育方法，共用教育资源，较好地解决了业务股因没有政治干部、教育的实效性不够强的问题。充分开发群众性自我教育资源，坚持官教兵、兵教官、兵教兵，让各类学有专长、学有所思的官兵走上讲台，开展实话实说、现身说法、知识竞赛、小辩论、小演讲等活动。他们还努力增加课堂教育的科技和信息含量，每年组织的讲课比赛全部采取多媒体形式，并刻录成光盘下发部队。二是在用活社会资源上求突破。注重发挥部队驻扎在江西革命老区、"军旗升起的地方"的地缘优势，采取"请进来、走出去"的办法，充分利用红色教育资源，让官兵在开阔视野、增长见识中，加深对教育内容的理解，促进正确观念的形成和巩固。在开展"兴起学习贯彻'三个代表'重要思想新高潮"教育活动中，师先后组织官兵参加江西省"十六大精神宣讲团"巡回宣讲大会，"井冈山精神"、"红旗渠精神"报告会和图片展。去年（2004年），开展革命英雄主义教育时，他们组织全师××名飞行人员，集体参观"八一"起义纪念馆、江西革命烈士纪念堂，在南昌起义领导人塑像前举行宣誓仪式，邀请新四军老战士作革命传统教育报告，引起强烈反响。每年的老兵复退期间，师属三片部队都坚持邀请地方民政部门领导宣讲就业形势，请退伍后取得突出成绩的老兵回部队传授经验，帮助复退战士坚定应对市场经济竞争的信心。三是在灵活借用家庭力量上求实效。基层单位经常请来队战士亲属上讲台谈希望，组织来队干部家属谈感受，激励官兵安心部队、扎根军营；利用定期给官兵家庭写信发函时机，请他们配合部队共同做好子女的思想工作。空××团一名16岁考上大学的干部，因不适应新机改装快节奏、高强度的机务保障工作，一度产生较严重的离队思想。师、团、大队和中队领导抱着"决不让一人掉队"的想法，一面苦口婆心地反复对他进行说服教育，一面针对这名干部不愿家人为自己担心的心理，及时把他父亲、姑姑、姑父请到部队，配合部队共同教育感化，终于使这名曾经扬言"宁肯背处分，也要离部队"，甚至以绝食抗拒的年轻干部迷途知返，重新融入部队大家庭，开始积极主动地钻业务、干工作。

三、实打实的基层施教，落实了抓教育围绕中心工作转、围绕解决问题转、围绕以人为本转，这管用的"三转"并举，是该师思想政治教育针对性强、实效性好的重要基础。

党委议教的意图决策、机关组教的部署要求，最终要靠基层这个环节来落实；教育的针对性实效性，最终也要通过基层这个末端来体现。该师将教育的"千条线"，求真务实地拴到了基层这"一根针"上，坚持紧紧围绕中心工作、解决问题、以人为本来施教，体现了基层施教应把握的基本原则、主攻方向和重要环节，为增强教育针对性实效性奠定了较好的基础。

一是把各项教育内容聚焦到战备训练这一中心上，任务越重越作为。该师作为一支重要拳头力量，这几年战训任务逐年加重，飞行员人均年度训练时间由原先的××小时，递增到现在的××小时,战术训练比重占××%以上。他们紧紧抓住提高部队战斗力、推动军事斗争准备这个根本,坚持各项教育内容向提高战斗力聚焦、为完成任务服务。做到战备训练推进到哪个阶段,教育就进入到哪个环节;部队执行任务进驻到哪里,教育就跟进到哪里,使政治教育与军事训练课目和战备任务需要紧密融合、同步合拍。开展高难度的战术训练,就着重开展战斗精神、科技练兵的教育,激发官兵攻坚克难、科技兴训的积极性创造性;进入飞行训练旺季,就着重开展我军优良传统教育,激励官兵不怕疲劳、连续作战的参训热情。去年下半年,空××团改装新型战机,接收了来自全空军7个不同单位的干部。为把大家的思想真正统一起来,他们及时开展"一家人,一条心,一个起跑线"的专题教育,今年又开展了"荣誉、责任、使命"系列教育,有效地凝聚了军心。在基层举行"我为杜凤瑞团队添光彩"主题思想汇报会,宣扬"今天的训练质量就是明天的战斗力,今天的作风就是明天部队的传统",有力地激发了官兵敢于挑战、连续作战的拼搏精神。改装时限紧,机务大队就组织一线保障人员24小时轮换检查维护,近一个月没有休息,先后有4人累倒了也坚持不下岗,确保了新机按时顺利开飞。他们还把每次执行演习演练、轮战等重大任务,都作为检验思想政治教育战斗力的重要契机,通过誓师动员、挑应战、树标兵和战地快报等方式手段,激发官兵昂扬斗志,锤炼部队过硬作风。五年来,该师先后圆满完成×××演练等重大任务。前不久,所属空××、××团相继赴一线机场轮战,他们乘势大抓"强化战斗精神,提高打赢能力"教育,将"十足信心,百倍努力,千遍辛苦,确保作战训练万无一失"鲜红标语树在轮战机场,引导官兵认清使命任务、强化敌情观念、培养严谨作风、坚定必胜信心。空××团轮战分队出色完成任务，取得千分考评制×××分的优异成绩；空××团整建制轮战，××架飞机转场全部一次起动升空，落地后××分钟就担负战斗值班，比规定时间提前××分钟。

二是把各种教育要求落实到解决问题这一焦点上，迎着问题敢作为。该师注重提高基层党支部发现和解决自身问题的能力，引导基层牢固确立"问题牵引课题，教育解决问题"，在教育落实中迎着难点、热点、焦点问题上，以咬定青山、百折不挠的精神，在解决问题上求针对性、见实效性。基层施教坚持思想调查不深入，不草率进入实施阶段；思想问题找不准，不盲目确立教育课题；解决方法不明确，不仓促组织授课；问题解决不彻底，不轻易撒手。针对大学生干部逐年增多，有的不适应基层工作和艰苦环境的问题，他们坚持每年大学生干部分来后，先集中一个月统一组织强化教育；分到连队后，再按适应期、见习期、单独工作初期三个阶段，用分工专人一帮一等方式，组织跟进式思想教育，入情入理地帮助他们把个人追求目标与部队建设实际需要统一起来，较好地解决了不同阶段的思想问题。在解决官兵各种思想问题中，对倾向性问题，用普遍教育的方法来解决；对个别问题，主要用谈心帮带的方法来解决；对难点问题，用上下一起做工作的方法来解决；对由实际问题引发的思想问题，坚持用教育引导与办实事相结合的方法来解决；对官兵心理方面的问题，坚持基层思想骨干和专业心理咨询骨干共同来解决。他们还重视把教育融入管理之中，坚决处理问题突出、屡教不改的个别人，维护教育的严肃性。在近两年的党员先进性教育中，对群众评议靠后、经支部帮带仍无改进的基层党员果断采取组织措施，先后对56名党员下达"提醒通知书"，8名预备党员被取消资格，2名党员被劝退，较好地纯洁了党员队伍、教育了部队官兵。

三是把各类教育目标体现到以人为本这一本质要求上，着眼发展长作为。该师在实践中认识到，胡主席提出的科学发展观强调以人为本，对部队来说，要坚持教育人、引导人、鼓舞人、鞭策人，又要尊重人、理解人、关心人、帮助人。基层的教育必须紧紧围绕人的需求，紧贴官兵的思想、行为和利益实际来实施，不是高大全就好，而是越近越实越好。他们在全师干部中鲜明地提出了"三句话"：一个是"让主人翁真正有地位"。不但积极开展群众性自我教育，注意用"问题大家摆、道理大家讲、是非大家辨、答案大家找"等办法，充分尊重和体现基层官兵在教育中的主体地位，而且十分重视加强基层民主建设。从2002年起就实行了基层重要事务公开，发动和引导官兵积极正确地行使民主权利，既促进了基层全面建设，又收到了较好的自我教育效果，经验做法被空军推广。去年以来，他们又将基层民主引申到参与党委工作报告的起草、基层机关双向讲评、先进典型的评选确定等方面，使官兵主人翁地位进一步体现出来。××场站的年终总结表彰大会别开生面。会前，由基层支部民主推荐7个类型的标兵候选人；会上，逐个播放反映候选人事迹和工作片段的录像，然后由全站官兵无记名投票评选，计票过程中插演自编自演的节目；最后，站领导像颁"百花奖"一样给当选标兵颁奖。大家说，"自己选出来的标兵，我们服气、好学！"另一句话是"用欣赏的眼光看部属"。这一说法在该师干部中广为流传，也成为践行以人为本的自觉行动。他们教育带兵人，一定要全面客观地看待官兵，尤其要用时代的眼光、全局的眼光、发展的眼光，多捕捉、多欣赏、多鼓励部属的长处，"只要是金子，就是埋在土里，也要挖出来让它发光"，从而最大限度地激发官兵的积极因素,用积极因素克服消极因素。他们在全师官兵中广泛深入地开展学习成才活动,并与驻地大型企业、政府部门、高等院校等29个单位建立共建共育关系。部队上下学知识、强素质、求进取,"争创学习型军营""争做学习型军人"的风气越来越浓,近3年先后评比表彰63名学习成才标兵,近40%的退伍老兵拿到了国家劳动部门颁发的职业技能资格证书。近年来,年轻大学生干部要求考研考博的人数逐年增多,有的担心"考出去可能就回不来了",要求卡一卡,一度影响了部分大学生干部的思想稳定和工作积极性。他们打破狭隘的"用人""留人"观念,提出"只要是人才,培养出来对军队、国家有用,对干部个人全面发展有利,不管能不能回××师,都要积极支持"。对凡是符合考研考博基本条件,只要本人申请,自下而上审查合格,该师都开绿灯成全。三年来共有××名干部报考,××名被录取。这使大学生干部真实地感觉到"在空××师人才不会被埋没,发展不会受限制,只要好好干,不愁没出路",收到了送出一个、稳定一批的积极效应。还有一句话是"将官兵的利益高高举过头顶"。这几年,官兵个人和家庭涉法问题增多,该师去年专门成立了"维护官兵合法权益中心",积极普及维权法律知识,开设了法律咨询热线,一年多来接受了180多人次咨询,正式受理27件涉法纠纷,其中有20件得到圆满解决。他们还千方百计地将组织的关心和温暖送到官兵心坎上,保障单位领导干部在军营局域网开设个人信箱征询意见,对先后收到的71条意见建议都及时回复,有32条得到妥善处理,密切了官兵关系,增强了部队凝聚力。4年来,师先后组织实施了飞行员家属就业、干部经济适用房、士官家属临时来队住房、特困官兵救助等"暖心工程",仅去年就一次性安置17名飞行员家属就业,在××市区修建的318户干部住房年底即将完工。××场站采取与共建单位定期举办"鹊桥会"的办法,为大龄官兵找对象创造条件。去年以来促成11对确立恋爱关系,有4对已结婚成家。这些体现人性化、充满人情味的举措,有力激发了广大官兵爱军精武、爱岗敬业的内在动力。空××团飞行员撰写的"山沟有乐,乐在气顺风正心连心,团队是我家;蓝天有情,情在天高云美志上志,飞行为我爱"对联,生动表达了他们奉献军营、建功蓝天的豪情壮志。

这一篇经验型调查报告,比较集中地反映了调查报告的常用写作技巧。

一是选题比较准。当年,军委首长突出强调要加强思想政治教育针对性实效性,空军要专门召开加强思想政治教育座谈会作出研究部署,但面上缺少这方面过硬的经验做法来发挥示范引路作用。我们在全空军筛选和实地调查,发现了有很多单位有好的做法,但我们没有被淹没在典型线索堆里头,坚持专心地找能重点回答思想政治教育怎样做到针对性强、实效性好的典型,终于发现××师具备这个基础。

二是调查比较深。我带了空军和南空机关宣传部门7个人到该师,用了九天时间,从上到下、从里到外、从纵到横,将思想政治教育相关的情况查了个遍。光我自己,就与30多名各级领导干部和20多名基层官兵作了交谈。九天中,调查组没有踏出过一次营门到邻近的国家级风景区或××市休闲一下,而是天天加班到凌晨两三点才睡觉,所有能利用的时间都用来调查研究,消化素材,推敲经验做法。

三是提炼比较精。初稿出来后，该师党委常委会集体讨论审稿，大家感到有点儿吃惊。师长、政委说，有两个没想到，一个是，稿子写的事，全是他们做过的事，这么多生动感人的事实和细节，没想到调查组来一个星期就能收集得这么齐全；另一个是，他们的做法是零零碎碎的，很多是跟着感觉走的，只是什么有用就怎么做，没想到调查组能够概括提炼得这么有理性、有套路。如：

"高质量的党委议教，形成了抓教育求真务实的动力、集体领导的合力、开拓创新的活力，这坚强的'三力'合成，是该师思想政治教育针对性强、实效性好的根本保证"；

"科学化的机关组教，体现了抓教育统筹、督导、评估全过程，章法、队伍、保障全方位，军营、社会、家庭全领域，这严密的'三全'管控，是该师思想政治教育针对性强、实效性好的关键所在"；

"实打实的基层施教，落实了抓教育围绕中心工作转、围绕解决问题转、围绕以人为本转，这管用的'三转'并举，是该师思想政治教育针对性强、实效性好的重要基础"。

他们感到，这"三力"合成、"三全"管控、"三转"并举，确实是这些年师党委、机关和基层抓教育的经验精华所在，总结得很深刻、很形象，打烙印，也好记。

四是结构比较好。整个调查报告首先用"四个真"概括了该师思想政治教育针对性强、实效性好的鲜明标志和独特成效，让读者眼前一亮。接着用了纵横交错式全面展开。横式是三大块，分别讲党委议教、机关组教、基层施教，纵式是每一块层层深入地展开，讲如何议教、组教、施教，结构清晰，逻辑严谨，一目了然。

五是语言比较活。用了大量生动鲜活的官兵语言。如报告一开头，讲该师抓教育好的方面用了四个"真"，真用心、真投入、真较真、真有效，每一个真都用具体事实来阐述。还有"思想政治教育本来是实的，所谓'虚'只是有人把它做虚了"、"抓不好教育，上级不找你，问题也找你"、"务实的教育一个不能少，玩'虚'的教育一个不能搞"、"搞教育传统丢不得、创新更可贵；不在继承中加强就没了灵魂，不在改革中发展就没有出路"、"飞行抓'天'、教育抓'变'"、"用欣赏的眼光看部属"、"将官兵的利益高高举过头顶"等，都是我们在调查中采集到的群众语言。

后来，这篇调查报告在"空军加强思想政治教育针对性实效性座谈会"上，被作为主要典型经验作了重点介绍推广，总政机关作了转发，被广泛传播，引起较大反响。普遍感到学了能用、用了有效，其中不少经典做法，被采纳进相关指导性文件中，较好地达到了用典型经验指导解决面上倾向性问题的目的。

五、工作总结写作实用技能

（一）工作总结的特征、类别及构思特点

1. 工作总结的概念

比较经典的定义：人们对已经实施的某一阶段的工作，用科学的立场、观点和方法，进行回顾、分析、研究和提炼，使零星的表面的感性认识，上升为全面的系统的理性认识，从中找出规律性的

东西,以肯定成绩,得出经验;看到问题,找出教训;认识规律,指导工作,并用书面形式表达出来,这就是工作总结。

工作总结是机关使用频率很高、作用影响很大的重要文体。工作总结的层次和要求有高有低,写作难度亦有大有小。如军以上单位换届的党代表大会上的工作报告、年度工作总结报告等,是难度非常大的;基层单位、部门的阶段性工作或具体事项的工作总结,则比较容易撰写。

2. 工作总结的特征

回顾性是工作总结的文体特性。工作总结与其他文体相比较,它的鲜明特征是"事后行文"。出发点是"对过去怎么看",因而总是以回顾为开始、以回顾为基础、以回顾为素材的。回顾,对总结来说,就是给它陈述事实提供实践本体,就是一位实践者或观察者的理性思考。回顾,既是一种基本方法,又是构成总结内容的重要组成部分。只有通过理性地、全面地、系统地回顾,才能把当时工作开展的背景、主客观条件、指导思想、目标任务、工作过程、成效和不足搞清楚,才能为检查、分析、评价、展望提供翔实的客观依据。总结如果脱离了对实践的回顾,那么所有收获、体会就无从谈起,经验、教训也无的放矢。

全面性是工作总结的内在要求。工作总结是对实践情况实事求是地客观准确反映和评价。无论是对某一时期、某一阶段的工作总结,还是对某项任务的专门总结,都必须把工作的全貌系统地反映出来。从内容来说,既要突出重点,又要兼顾各方;从评价来说,既要肯定成绩,也要指出不足;从结论来说,既要提炼经验,又要明确教训；从态度和倾向来说，不仅要表明应当发扬和提倡什么，而且要表明应当避免和防止什么；从对今后展望来说，不仅要指出努力方向，而且要指出应把握好的问题等。总之，要一分为二辩证地全面地总结。

实用性是工作总结的本质属性。工作总结中的收集归纳，利于记录历史；全面回顾，利于理清思路；阶段总结，利于承前启后；肯定好的，利于激励士气；查找不足，利于扬长补弱；提炼经验，利于把握规律；展望今后，利于科学发展。总之，无论何种类型的工作总结，费力费神地归纳提炼写出来，主要是因为它读了有感、听了有悟、用了有效。

指导性是工作总结的核心价值。工作总结是以回顾为出发点，但过去，只是现在的过去；而现在，是过去的延伸；向后看，是为了向前进，总结的落脚点是面向未来，以指导性为最终目的。因而从本质上说，它是以现在的眼光来审视过去的行为，以发展的眼光来评价曾经的实践，以指导的眼光来谋划今后的工作。总之，总结的过程是一种由表及里、由浅入深、由此及彼的分析判断过程，是一种把经历升华为经验、把感性上升到理性的过程，是一种探寻规律、认识真理的过程，是遵循规律、继往开来的过程。很显然，科学地指导和推进今后工作，是工作总结的核心价值所在。

3. 工作总结的类别及构思特点

工作总结按照性质来划分类别，可分为综合性总结、阶段性总结、专题性总结三大类。

按照使用范畴来划分类别，可分为向上级汇报用总结、本级例行使用总结、转发指导用总结。其中：向上级汇报用总结，包含着综合性、阶段性、专题性总结报告，是下情上达、收集动态、监控进程、了解成效的重要方式，是机关大量使用的文体类型；本级例行使用总结，主要是综合性、阶段性总结报告，经常提供给本级党委和领导使用，是常委会、办公会、领导小组会等各种会议不可或缺的重要材料；转发指导用总结，主要是专题性总结报告，注重总结有典型意义、指导作用的经验做法，往往用在各种刊物和媒体上做宣传推广。

下面重点探讨较为常见和实用的综合性总结、阶段性总结、专题性总结的构思特点。

（1）综合性总结

综合性总结，就是对一个单位或一个部门在一个整块时段内完成的全部工作情况所进行的总结，所以也叫"全面总结"。它以全面、系统、较大篇幅和块状结构为基本特征。属于机关的大材料，用得较少，但地位作用十分重要。一般都抽精兵强将担纲撰写。如能牵头或参与，则无疑是该机关部门的重要笔杆子。

综合性总结的写作特点。除了总结的共性特点外，它的个性特点主要有：

总结的全面性更为突出。首先体现在总结涉及所有工作领域，如党委总结，包括了政治、军事、后勤、装备各方面的主要工作；其次体现在全面的工作内容，如政治工作的总结，包括了思想建设、组织建设、作风建设等，思想建设中，又可包含理论武装、思想教育等；另外体现在全面的工作情况，包括现象与背景、成绩和经验、问题与教训、对策与打算等；还有体现在全面的工作思考，包括工作指导思想的确立、工作思路的梳理、需要重点把握好的问题等。总之，是全领域全方位全时空的工作总结。

总结的完整性更为凸显。主要是工作的阶段性、过程性和分析概括完整。一般情况下，从工作部署、实施、发展到结束，都应有相应的阐述，能看清工作全貌；不同阶段产生不同的问题，反映不同的特点，采取不同的措施，也有适度叙述，能看清如何推进；不仅仅就事论事地汇总工作，也不单纯地罗列工作，还有辩证的系统的一分为二的分析和提炼，这才是很有意义和价值的总结。

总结的思想性更为鲜明。主要体现在总结的时代感、前瞻性、深刻性和指导性上。首先是工作的指导思想、方针原则，随时代的发展而发展，随所承担的新使命新任务新要求而变化，富有时代特色。其次是工作的方式方法，无论是对已做的提炼，还是对将做的谋划，都应体现与时俱进，不断创新。另外是对经验的总结和对工作指导要重点把握的问题的论述，更是将大量具体的感性认识升华到科学的理性认识层面，充分体现了总结的鲜明主题、对所反映事物本质和规律性的准确把握。一份高质量的总结报告，之所以有很强的感染力生命力和指导性，主要靠它有很强的思想性。

总结的结构要件更为齐全。综合性工作总结的结构要件通常有：标题及导语；主要工作和成绩；经验体会；存在主要问题及原因；今后工作打算；指导工作需要把握的问题。多数综合性总结都具有以上六个要件，也有部分综合性总结视具体情况和需要，对经验体会、原因教训、指导工作需要把握的方面，只概括写，或不单独写而插入相关内容中。

综合性总结写作要件的构思：

标题

综合性总结的标题拟制，主要有以下两种方法：一是正副标题式。正标题概括总结主题，副标题标明单位名称、时间、文体名称。如《着眼有效履行使命，大力推进科学发展，为创建有特色高水平国内一流大学而努力奋斗——在中国共产党空军某大学第三次代表大会上的报告》。二是公文式。由单位名称、时间、文体名称组成。如《空军某大学理学院社会科学系二〇一〇年工作总结》。前者在大型会议、重大场合用得比较多，后者在小型会议、小范围场合用得比较多。

导语

综合性总结的开头一般有一段导语。这一部分应从全局着眼，以浓缩的文字，概括和交代全篇总结的主题思想和主要内容。一般要直截了当地说明总结的目的、意义，概述工作的基本情况、总体评价，以及下一步工作的主要目标和要求。导语的写作最重要的是学会高度概括，必须概其大略，择其精要，提纲挈领，高度凝练，切忌冗长。导语概括好了，总结的"魂"和"纲"就有了。这往往需要起草人员费较多心思和时间才能推敲、完成好。

主要工作和成绩

这一部分要具体说明做了哪些主要工作，取得哪些突出成绩，它是总结的主干部分。经验的提炼要以它为基础，存在的问题要以它作反衬，今后的打算又要以它为参照。写作时，应注意每项成绩最好能用一个"观点"统领，并搭配一个相应数据或典型事例。有两种基本方法可供参考：

第一种：按工作领域概括成绩。一般来说，党委全面工作总结可分为思想政治工作、军事训练、正规化管理、基层建设、后勤建设、装备保障、党的建设等几个方面阐述。常用的标题拟制方法，一是用直接肯定工作成绩和效果的判断句；二是用前句写工作做法、后句写取得成效的"行"与"果"联合词组；三是把两句合为一句，做法和效果自然地糅合在一起的复合句。如在中国共产党空军某大学第三次代表大会上的报告是这样概括成绩的：思想政治建设富有成效；教育训练取得丰硕成果；科技创新能力持续增强；人才队伍建设成效明显；正规化和基层建设水平不断提升；后勤保障能力进一步增强；党委班子建设取得新进步。这里用的是判断句标题，也是比较常用的。

第二种：抓住工作的特点来概括成绩。这种概括，打破了工作领域的制约，特点鲜明，开合自如，不落俗套。写好了，很出彩，但提炼归纳难度较大。标题一般采用"行"与"果"联合词组。

在提炼和撰写中，要重视做到：分析材料，按质归类，不同层面的不要串在一起；抽象概括，提炼要点，不要面面俱到开杂货铺；做法与效果要统一，观点与事实要一致，层次内涵要相宜；同级标题尽可能用好联想、好记住的相似句式。

经验体会

所谓经验体会，是指在工作实践中领会和得到的有关事物本质范畴的新知识，是通过摆事实、讲道理概括出来的揭示事物发展变化规律性的认识，因而，它能够反映该事物的本质联系和必然趋势。

经验是总结的重要组成部分，是成绩的精华所聚，是成绩取得的说明，是内在规律的表象化。总结写得好不好，很大程度上是看经验体会提炼得好不好。有的人写总结，列举了大量成绩，却没有上升到理性高度，无法给人留下深刻的印象；有的人写了所做的大量富有特色的工作，却散乱无章，东一下西一下，没有归纳提升，对实践没有多大的指导意义；还有的是写的成绩与经验的内在关系脱节、不对应，总结的经验无法概括成绩，或者成绩无法归纳推理出经验。可以说，总结中最难写的地方就是归纳提炼经验体会。

归纳提炼经验体会首先应把握好的是，经验是从相应的成绩中总结而来，而通常是以体会的形式出现的，应呈现出一种观念的形态。一方面因为总结采用的第一人称所限，只宜用体会的口吻；另一方面因为它是成绩的升华，为了与成绩部分相区分；还因为成绩往往与实践相连，而观念则源于实践又高于实践，所以，经验体会应用思想性强的观念形态来表述。归纳提炼过程虽然难度大，但也有某些规律可循，主要有以下几种途径和方法：

一是从本单位特色工作中提炼经验。请牢记特色的杰出性、唯一性、不可替代性。抓住这三个属性，抽象概括提炼出经验所在，就能使整个报告熠熠生辉。

二是从部队建设重大现实问题方面提炼经验。提炼经验根本目的是指导工作，回答如何解决好重大现实问题的经验做法，具有独特的感召力。

三是从上级关注和未来发展的重要问题方面提炼经验。上级关注的往往是全局上的重要问题，未来发展的预想又强有力地影响现实筹划。紧贴全局性前瞻性问题提炼的经验，其指导价值是无与伦比的。

四是从与过去或与兄弟单位的对比中提炼经验。前后对比，容易看出发展变化；纵横比较，可深刻揭示内在规律。用好了这种方法，既增强所提炼经验的说服力，又往往给人留下不可磨灭的印象。

五是从更新思想理念、创新工作模式的角度提炼经验。观念的更新，往往起决定性的作用。工作模式机制的创新发展，又具有长远的根本性指导意义。注重从这些方面提炼经验做法，推广价值更大，影响更深远。

总之，选择总结经验的最佳角度，就是从工作全局出发，认识并把握最能反映自身工作和经验做法的事实范围和方向，聚焦到最有价值和指导意义的问题上，从符合时代精神处寻找，从突出成绩处寻找，从与众不同处寻找，从新鲜创意处寻找。

存在问题

这部分占用篇幅可能不长，但上下瞩目、举足轻重、意义重大。首先，要端正总结指导思想，坚持实事求是，敢于善于揭露矛盾。其次，要深刻剖析存在问题，力求说准、说深、说够，决不避重就轻、文过饰非，决不大事化小、小事化了。再是，既要列举问题主要表现，更要查找问题根源，利于从根本方面认清症结，坚决克服薄弱环节。还有，点名批评要一切从效果出发，做到言而有据，分量适度，举一反三，启发教育大多数。

今后工作安排

要根据形势任务、上级部署和本单位职能，鲜明地提出今后工作的主要目标、具体安排、任务分工和完成措施。内容必须明确具体，有很强的操作性。篇幅长短与详略，可根据需要确定。

指导工作要把握好的问题

这部分的写作由于指导性、思想性强，历来是撰写中很难啃的"骨头"。首先，要注意区分"今后工作安排"主要讲做什么、做到什么程度，而"指导工作要把握好的问题"主要讲怎样才能做好，两者有明确的界面，不能混淆。否则就会"你中有我，我中有你"，出现交叉重复。其次，要把握好的问题是从指导思想层面进入的，而指导思想统率、驾驭工作任务，是"纲"，工作任务安排是"目"，纲举目张。指导思想通常写工作的指导方针和做好工作的基本途径、关键环节，整个总结的指导性往往集中在这部分内容中。必须旗帜鲜明地坚决贯彻大政方针及上级党委决策部署，适应新形势新要求，符合本单位本部门的实际，又要高度概括，重点突出，说理清晰，要求完整。

（2）阶段性总结

阶段性总结，就是对一个单位或部门在一个时段内完成的主要工作进行的总结。它以局部工作和较小时段以及线状结构为基本特征。这种总结文体在机关常见，是用得较多的小总结，如季度工作总结、月份工作总结、执行重要任务的某阶段工作总结等。

阶段性总结是综合性总结的简洁版、缩微版，写作和构思方法与综合性总结大同小异。涉及工作挑重点写，不需面面俱到。

①标题。往往是单位＋时段或主题＋总结，如《××单位一季度工作总结》《××师参加××演习准备阶段工作总结》。

②导语。往往开门见山，比较简略，不需要讲总结的目的和意义等。

③主要工作成绩。往往局限于总结主题框定的范畴，不涉及其他工作，不需要全面总结。

④总结的时段视主题内容涉及的时间确定，可长可短。

⑤成功的经验做法以及问题的原因教训。从实际需要出发，可写可不写。

⑥今后工作打算。因受总结时段的局限，有的工作尚未展开或完成，一般只作补充性或调整性的阐述，不作更多的新安排。

⑦工作指导把握的问题。视实际情况可写亦可不写，可详写亦可略写。

(3) 专题性总结

专题性总结，就是对一个单位或某个系统在特定时段内完成的某项重要工作所进行的专门总结。它以特色、特殊、特点和局限某个领域某项任务为基本特征，涉及时段可长至多年，也可局限于完成某项任务的数天，内容通常偏重于总结好的做法和成功的经验，或深层次地总结、剖析存在问题，提出对策办法。因而是比较常见的"典型经验总结"或较少见到的"反面典型剖析"。

专题性总结的写作贵在一个"专"字上，以下基本方法可供参考：

运用三个对照，将专题性总结的参照坐标确立好。一是对照上级相关指示和要求，全面回顾如何抓贯彻落实，检查验证工作指导思想的把握情况；二是对照工作计划和完成任务标准，坚持用末端成效检查落实情况，逐项进行绩效评估，作出好差结论；三是对照同类单位同项任务中的先进典型，以其为标尺，在明确差距中进一步找准原因。这三个对照，可以说将上、下、纵、横的坐标系都立起来了，有助于辩证、客观、准确地评判和做好专题性总结工作。

搞好三个分析，确保专题性总结的阐述判断科学化。一是分析对获得成绩起作用的诸多因素中，哪些是起关键作用的主要因素，哪些是起辅助作用的次要因素；二是分析存在问题的直接原因和根本原因，找出哪些是起主导作用的主要矛盾，哪些是间接影响的次要矛盾；三是分析形势任务需要什么样的专题总结，筛选本单位成功的经验、失误的教训，找出哪些是全局上有学习或借鉴意义的。

精选三种材料，增强专题性总结的深刻性和感染力。一是背景材料。即关于工作开展和事件发生所处的历史时空、自然环境、客观条件等方面的材料；二是典型材料。选择最有代表性、能集中体现事物本质、说明经验观点的典型事例、人物和个性化语言，使总结材料既生动，又使读者信服；三是数字材料。选用相关的数字材料，精确化具体化地阐述工作状况、反映发展变化、说明工作效果和经验特点。

（二）悟透上级精神和领导意图是首要前提

如果将总结比喻为一条船，那么上级指示和领导意图就是舵。因而，正确领会和贯彻上级指示、领导意图，是写好工作总结的第一前提、第一要务、第一遵循。

参加写总结的同志，往往受思想政策水平、工作范围、实践经验，尤其是对全面情况了解等条件的限制，不可能一下子就能对上级的指示要求理解得很深刻，对本级领导的意图吃得很深透。这就需要注意以下几点：

一要深入学习相关大政方针和上级指示。这种学习不同于平时参加政治学习，它需要站在本级党委的角度，主要领导的角度，指导本单位全面建设发展的角度，进行学习和思考。一般要思考这样几个问题：上级主要精神是什么？这些精神与本单位建设发展有哪些联系？在贯彻落实中应注意把握和解决什么问题？如何把主要思想和原则要求体现到总结中去？尤其是上级领导到本单位检查考察工作时的重要讲话，往往有对本单位建设发展、重大任务完成情况的权威性评价和今后工作指导意见，这些是搞好总结的重要依据，更要多下功夫学习研究和把握好。

二要认真研究领会本级党委和领导意图。一个单位的工作总结，是本级党委和领导思想、意图、决策的重要体现。写总结的同志，虽然是具体执笔者，但必须以党委、领导意图为准绳，绝不可随心所欲地想怎么写就怎么写。通常的半年、年终工作总结或重大任务总结，主要领导同志事先都会有所考虑，有个基本思想；党委班子有时会先议个意见，有个基本看法。对这些思想和看法，要多研究几次，真正领会好。另外，还要把党委常委在工作总结涉及时段内的分析形势记录，尤其是主官归纳总结；党委常委会、首长办公会会议纪要和有关文件以及首长在平时调查研究、会议和工作中重要讲话等，都找出来认真看一看，系统地学习研究，联系起来思考。这样才能深化对总结涉及工作形势的看法及评价的认识，深化对党委、领导关于总结指示精神的理解，并从中体会和把握好本级党委和领导思想的连续性及整个意图。

三要尽可能早动手、早"敲门"。凡事预则立。富有经验的总结撰写者，往往在领导意图形成之前，就及早摸清意图，提出建议，争取主动。主管部门在领导交代意图前，可先按照惯例的时段和分工，收集资料，思考框架；在领导交代意图时，撰写者可以边听，边用"抛砖引玉"的方法提出一些具体建议，挖掘领导意图；在送审总结的框架提纲时，可视情提出两套或更多不同的框架提纲，请领导从中审选，进一步摸准领导的思想和看法。

四要辩证准确地领会贯彻好领导审议意见。领导审稿，可能只讲些站位要高、思想要深刻、文字要精练等原则意见，也可能讲些具体的肯定和否定意见；在集体审查讨论总结稿时，有的领导干部有时会从不同的角度提修改意见。要高度重视，下功夫仔细琢磨，力求全面准确地理解，切忌自以为是。但也要实事求是地吸纳，不能光考虑尊重个别领导意见，而有悖多数领导共同看法、牺牲文字内容的客观性系统性。对不够全面不宜吸收的意见，要妥善做好解释和统一思想认识的工作，并征得相关领导成员同意。

（三）广泛深入的调查研究是重要基础

写一个能客观反映实际情况，能深刻剖析经验教训，能有力指导今后工作的高水准工作总结，需要对工作的全过程进行系统的而不是片段的、深入的而不是肤浅的调查，需要掌握全面的而不是零碎的、具体的而不是原则的情况，需要仔细挖掘能启迪人思考、具有说服力感召力和指导价值的具体素材。调查搞得越细，素材挖得越多，写起总结来越能得心应手、运用自如。要把握好以下几个方面：

在调查内容上，主要是立足总结及布置工作涉及的时段，围绕"对前段（如去年或上半年）形势怎么看"，"对下步（如明年或下半年）工作怎么干"来展开的。着重调查和收集对工作成效的评估及主要事实、对存在问题的看法和原因分析、对做好下步工作的具体意见和建议。有时还需要弄清今年与去年、这段与前段工作的相互影响，弄清重大典型事例的来龙去脉等。

在调查时机上，除特殊场合使用或上级有指示要求外，一般在总结涉及时段的末尾作调查，最好是下级单位正在进行总结时。这样有利于从下级摆的成绩、谈的经验、查的问题、找的教训中，收集新鲜深刻的观点和典型生动的事例，使工作总结更加具有群众基础和广度、深度。

在调查对象上，主要是找下一两级的领导干部和机关综合部门的负责同志调查，也可以开一些机关干部和基层官兵座谈会。要特别注意挑选有理论功底，有思想，又有领导工作实践经验的，譬如对上级机关下来任职的领导骨干作重点咨询,从他们身上挖掘到的闪光思想、独到见解、精辟概括、生动事实,往往数倍于其他对象。还要注意调查对象典型性与普遍性的结合,好、中、差的单位都宜抽样调查,尤其要重视调查解剖特别好和特别差的单位,可能挖掘到特别有启迪价值的素材。

在调查方法上,选好了调查对象,尽可能先发"安民告示",详告调查意图,使其有充分时间做好准备。在调查形式上,个别交谈往往比召开座谈会更有收获,不要文字材料随意谈或许能听到更多真情实话。凡开座谈会,应积极引导和鼓励畅所欲言。还应调阅下级的工作总结及有关材料作参考。

(四)谋篇布局舍得下功夫是必然要求

在调查的基础上,要舍得下功夫琢磨工作总结的思路和布局。路子对了、布局顺了,写起来就省劲得多。毛泽东曾说:"写文章要讲逻辑,就是要注意整篇文章、整篇讲话的结构,开头、中间、尾巴要有一种关系,要有一种内部的联系,不要互相冲突。"(《毛泽东选集》第5卷)只有对内容经过精心思考,对文章的谋篇布局细细推敲,胸有成竹,再动笔写作,才能写出结构严谨,逻辑性、条理性强的文章。列好提纲是起草前的一道重要工序。按提纲写稿子,有许多好处,可以帮你组织材料,使你想问题更周到,免得一面写一面想。提纲列得细一些更好,不要光列大题目,还要列小题目,每个小题目里各写几层意思,哪一层意思里面放哪一个事例,也要考虑清楚。层次不高、比较简短的总结,可以不列提纲,但一定要打好腹稿,对谋篇布局想明白。

谋篇布局通常要把握好四个问题：

推敲主题。要根据上级指示、领导意图、调查的实际情况，确定总结的指导思想和主题。这是写好总结的"魂"，马虎不得。起点要高，落点要实。尤其是专题性总结，要抓住全局上需要的、有现实意义的、迫切需要解决的关键性问题，使主题具有思想性、针对性和指导性，必要时可把指导思想和主题观点体现在总结的大标题、前言和一级标题上。专题性工作总结主题的提炼，常用以下方法：

一是多角度求新法。从不同角度进行分析、思考，或从矛盾的另一面换选角度，或抓住事物的特点换选角度，尽可能选择一个别人没有写过的，人们不容易想到的新角度，来提炼和确定主题。

二是精神境界分析法。从搜集到的全部材料出发，从总体上进行分析研究，看看最集中体现着一种什么样的精神境界。第一步，全力捕捉最高精神境界；第二步，依据最高精神境界找出几个支撑点；第三步，用简洁的语言，分别把最高精神境界和精神支撑点概括出来。

三是分类归纳法。按照材料的性质，安排总结的层次结构。第一步，将搜集到的全部材料，按不同的性质，分成几类，形成几大"板块"；第二步，分析提炼各个"板块"中的核心内容，并用简洁的语言概括出来；第三步，在几个层次观点的基础上，归纳提炼总结的主题。

合理布局。要根据指导思想和主题，确定总结的重点内容和大框架。不但要根据事物内在的联系，确定各个部分之间、部分与中心之间的关系，而且要根据总结的重点和逻辑关系，确定各个部分的次序。坚持从全局需要出发，决定孰轻孰重，划分次序篇幅，不能以偏概全、湮没重点。

完善结构。总结的结构特别是年度工作总结的结构，往往是基本情况及经验、存在问题及原因；今后工作安排这样的"老三段"或再加需要把握好的问题的"四大块"。但这不是写工作总结的固定格式。结构形式可根据内容和需要突出的重点问题而变更，"两段式"、"三段式"、"四段式"都可选用；有的一级标题下可有二级标题，有的一级标题下也可不分层次；有的可用部门工作的"块块"结构，有的也可打乱"块块"，抽出重要问题来写的"条条"结构。总之，只要能够从结构的安排上，看出突出什么问题、强调什么问题、说明什么问题，就是好结构。切不可机械地追求规范、统一，而牺牲了结构的科学合理。

不断优化。初步确定的总结主题和结构，在送审或撰写中，会经历反复推敲和不断优化的过程。期间，既要善于坚持成熟的意见，又要敢于摒弃不完善的思路。有时费了很大的劲，才把主题和结构确定下来，但由于领导对某个问题的认识有变化，提出改变主题和整个结构的"颠覆性"意见。这时，尤其需要撰写者沉得住气，静下心认真分析领会领导的意见，不可盲目服从，又切忌固执己见，要找兼顾各方的平衡点，择善而从。

（五）科学的高度概括是基本方法

工作总结是通过文字来总结过去、部署未来的。无论过去完成的，还是未来要做的事都很多，不高度概括的话，无法都体现到总结的文字中。可以说，总结涉及的范围越大、时段越长，对概括的要求越高。

一是概括到位"不散架"

工作总结，最怕"总"不起来，照顾不到"面"；但又很忌讳

"全",搞面面俱到,抓不住重点。

写总结常说的几句行话是:**成绩要说够**,是指对成绩的评价要有足够的分量,举例最有典型性,不是说得越多越好;**经验要实在**,是指提炼出取得成绩主要靠什么,找最管用的指导性最强的,不是所有经验做法都罗列;**问题要点透**,是指在存在问题中,把要害的倾向性问题指出来,不是点得越全越好;**原因要找准**,是指要深层次剖析导致问题发生的必然的根本性因素,主要找内因,少讲或不要讲外因;**任务要明确**,是指要把主要干什么、怎么干,讲得明明白白,把重点工作、主要问题突出出来。尤其是分管领导或部门要求照顾到某项工作,提出多增点笔墨时,这就更要从全局出发,全面衡量,区别主次,以高度概括为重,如果不加区别地把各项工作平铺直叙,必然"散架",是不可能写好总结的;**要求要讲明**,是指从组织领导、指导思想的角度,简明扼要地讲清抓好工作落实需要重点把握好的关键环节,不是重复强调重点工作。

二是特点鲜明"不一般"

"一般化"是撰写工作总结的常见病。追究起来,就是缺乏对新颖思想、特色工作、经验做法的提炼概括,缺乏自身独特的东西。

在起草总结的过程中,往往会进入这样的"误区":大家辛辛苦苦干了这么多,这也不错,那也很好,什么成绩、什么经验都想总结,结果写出来的总结只能是"大路货"。事实上,一个单位不见得方方面面的经验都过硬,要在众多的好思想、好经验中提取"特色"、写出"精品",必须将"一般化"的东西毫不留情地减下来,从而把最能体现本单位特色的写实、写精。

三是以纲带目"不混沌"

这里所说的"纲",指的是思想和观点,"目"指的是事实材料。以纲带目,就是用思想和观点统率材料,用思想和观点为总结这条"龙"点上"睛"。这是写总结高度概括的重要体现。否则,总结就会混沌一片不亮丽、不清晰。

说思想和观点是工作总结的"眼睛",因为它不是凭空产生的,而是从工作实践和材料中,抓住最本质最可贵的东西概括出来的。述好一个思想、用好一个观点,往往能省很多文字。而且能使人"耳朵竖起""眼前一亮",感染力指导性大为增强。有时读完、听完洋洋万言的总结,最能记住的,往往是这几句闪光思想和高度凝练的观点。

以纲带目,还要使材料非常自然地为观点服务,不要机械地用材料说明观点,更要防止"帽子大"、"身子小","纲"和"目"脱节;观点和材料结合的形式也要灵活多样,切忌千篇一律的"观点+例子"的呆板形式,可以先亮观点,也可以先摆材料,还可以夹叙夹议,使观点与材料融会贯通,浑然一体。

四是详略得当"不偏颇"

该详则详,该略则略,恰当使用素材,合理分配篇幅,这是写工作总结的基本要求。从理论上讲都好明白,但实际处理起来就比较难。凡是写文章的老手都有一个体会,展开写的长文相对好写,同样内容压成短文,则难度翻番。因为该详则详,是指重点内容要占应有篇幅,多写点,比较好办。该略则略,语言必须归纳、提炼,能一句话说清的,决不用两句话;事例必须精选,选最有代表性的,避免堆砌罗列;繁简必须得当,有特色的见解要适当展开,一般认识要尽可能地简要。

把成果体现在总结里面,用谁、舍谁,哪个详写、哪个略写,处理得好,各方面都满意;处理不好,就会造成不必要的矛盾。一般规律是,工作总结涉及的范围越大、时段越长,详写的机会越少,尤其是综合性的工作总结,对具体工作和典型事例很少展开写,大都是简略写;对直接领导的各个单位,在表扬、肯定、举例和占篇幅方面,要兼顾各方,大体平衡,防止畸轻畸重。

五是表述精准"不离谱"

精练准确的表述,是写好工作总结的又一要素,也是高度概括的必然要求。

内容要层次分明,不能我中有你、你中有我,上下交叉、前后交叉。语言要符合公文写作要求,做到简明、庄重、平实,不能花里胡哨、渲染夸张,不能拖泥带水、含混不清。尽量使用规范语言,避免晦涩难懂、生编硬造和模棱两可。

坚持实事求是,用事实说话,用事实论证观点,不空泛议论。肯定成绩注意分寸,尤其肯定现在时不能随意贬低过去。归纳问题恰如其分,讲两分法。总结经验与教训做到辩证分析,不能掺杂其他因素。总结中涉及的时间、地点、单位、人名、例证、情节,包括语法、修辞等方面,都要注意准确性、逻辑性,防止犯"低级错误"。

(六)富含思想性指导性是精髓所在

工作总结中最亮丽的,是"出新思想""有新举措"。思想性、指导性是总结的灵魂,是制高点,是质量的精髓所在,是撰写的"重头戏"。

要善于在由表及里分析中找出带规律性的东西

工作总结概述基本形势是必要的,但立足点应在"分析"上,分析的着重点应在"找规律"上。如果没有在透彻分析形势的基础上形成的对规律性的认识,这样的总结是没有多大启迪的。

空军某大学在第二届党代表大会工作报告中,总结了五年建设发展的基本经验是"六个必须":(一)必须把创新理论作为行动指南,牢牢把握办校治学的正确方向。(二)必须把育人质量作为永恒主题,为打赢信息化战争锻造合格人才。(三)必须把改革创新作为发展动力,积极探索综合大学的建设之路。(四)必须把人才建设作为强校之本,最大限度地激发积极性和创造力。(五)必须把艰苦奋斗作为传承法宝,始终保持奋发有为的精神状态。(六)必须把党委领导作为根本保证,切实形成团结奋斗的强大合力。

再如,某单位党委在年终工作总结分析部队建设形势中,尖锐指出:为什么有些我们一向认为全面建设不错的单位,出了事故以后才发现有那么多漏洞和问题?为什么一些同类型事故和案件重复发生、控制不住?为什么有的单位工作起伏很大,"经验往上报,事故往外冒"?为什么有些问题在同一单位总是循环出现,周而复始?分析起来,原因是多方面的,但主要是由于领导作风不扎实,导致工作不落实。

以上"六个必须""四个为什么",就总结和点出了带规律性的深层次东西,给人重要启迪,能发挥出长远影响。

要善于根据新的使命任务提出纲领性要求

面对新使命、新任务,总结部署下阶段的工作,党委和领导机关需要有个宏观上把握的东西,以利于高屋建瓴地指导工作,这就是总结部署必不可少要写的指导今后工作纲领性总要求。

空军某大学在第三届党代表大会工作报告中,对今后五年工作的总体要求是这样写的:"今后五年,我们必须从时代发展高度,紧贴空军转型建设,着眼有效履行使命,坚持目标牵引,用《创建一流大学规划》引领发展;坚持体系支撑,用加强办学育人体系建设保障发展;坚持创新推动,用新理念新思路新举措深化发展;坚持科学发展,用全面协调可持续根本要求推进发展,确保科学发展观在大学建设各个领域生根结果,确保以教学科研为中心的各项任务圆满完成,确保全校高度集中统一和安全稳定,为建设强大的现代化空军作出更大贡献。"

再如,某单位党委对新年度部队工作提出的"围绕打赢闯新路,依据法规搞建设,注重经常打基础,瞄着问题抓落实"的要求等。这些纲领性总要求提得好,不但读起来朗朗上口,更重要的是将大思路、总要求立起来了,发挥出应有的指导作用。

要善于研究提出本级范围内的制度机制型措施

研究制度机制型措施,是撰写总结的人员为党委和领导出"大主意",当"高参"的必然要求。制度机制型措施不同于"头疼医头、脚疼医脚"的临时性应急性过渡性措施,它往往能对部队建设发展起到长远性稳定性的推动作用。这方面措施的质量高与低、数量多与少,也是衡量党委工作总结写得好差的一个标志。

空军某大学在第三届党代表大会工作报告中提出:"发挥主渠道作用,深入推进中国特色社会主义理论体系'三进入'。全面实施培育当代革命军人核心价值观'六项工程',完善精细化、周期化、自主化、系统化、常态化培育模式。""不断优化队伍结构,进一步健全完善教员选调、进修深造、代职锻炼和高职晋升制度机制,积极解决年龄、学缘、经历不尽合理,以及高职晋升'瓶颈'等突出矛盾。稳步推进教官制,聘任上级机关和部队领导为客座教授。"这些制度机制型措施,使整个总结的指导性操作性大为提高。

要善于严肃指出和解决倾向性问题

总结是一级组织部署指导工作的重要载体,它具有的权威性严肃性,使其在开展批评、解决存在问题方面的影响力不可替代。因而,工作总结能否充分揭露矛盾、准确点明症结、敢于开展批评、善于解决问题,也是衡量总结的思想性指导性强弱的一个标志。

对存在的倾向性问题,首先要敢讲、敢点、敢批,不能隔靴搔痒、蜻蜓点水,更不能遮遮盖盖、文过饰非。其次要高度重视动机与效果的统一,既要坚持原则性、战斗性,又要动之以情,晓之以理;着眼于明事析理、吸取教训、举一反三、杜绝再犯;着眼于未来发展、团结鼓劲、充分调动积极因素。还要讲究方式方法,在批评存在问题的同时,也指出解决问题的思路、办法;仔细核实清楚批评涉及的事实和来龙去脉,防止失察失准,必要时在正式宣讲或下发前,专门向当事单位当事者询问核实。

(七)精雕细琢不厌改是质量保证

工作总结初稿出来后,大量的更艰苦的工作还在后面的送审和修改上。

要有反复修改的思想准备

树不修剪不茂盛,文不修改不精粹。工作总结写一遍就成功的,团级单位比例较高,师级单位比例较小。军以上单位的工作总结几乎没有一遍成功的,有的写三稿、四稿,有时甚至写七八稿。

一些思想性指导性很强，上下反映很好的总结，大都是经过反复修改的。总之，级别层次越高，总结通过越难，修改次数越多。如果初稿写出来就想交差，或者改几遍就不耐烦，那是写不好工作总结的。要保证工作总结质量必须沉住气，精雕细琢；耐住心，反复修改。

要善于征求和吸纳多方面意见

总结大致要经过"初稿——征求意见稿——送审稿——会议讨论稿——正式印发稿"这五种不断修改完善的递进形态。对每个阶段收集到的意见建议，要以认真又实事求是的态度妥善处理好。一般情况下，凡对个别文字作调整充实的意见，要尽可能多地采纳；凡针对部分内容的修改意见，要择善加以取舍；凡对改变结构或思路的重大修改意见，要采取非常慎重的态度，在起草小组集体研究的基础上，报分管领导或主官决定是否修改。各方意见都作妥善的吸纳处理，并落实到文字上后，就形成了"送审稿"；呈军政主官修改审定后，就成了提交首长办公会或常委会或党委全会的"会议讨论稿"；再吸纳会议讨论提出的意见建议，并经军政主官签发，就成为具有法定效力的"正式印发稿"。可见，完成工作总结的每一步，都需要认真听取和积极吸纳多方面的意见建议。

要切实提高集体修改的效益

正如古人说的，"三个臭皮匠，赛过一个诸葛亮"，一个人能力水平再高，总有他的局限性。工作总结的指导性权威性，决定了它的起草和修改过程，必须始终建立在群策群力、集思广益、集体修改的基础上。我从当干事到当处长和部长的经历中，深深体会到，提高集体起草、集体修改的效益，首要的是牵头撰稿人要有民主作风，鼓励大家敢于发表不同意见。因为，集体起草和修改中产生不同意见是很正常也是很可贵的事，有时发生争论，一两个小时也写不了几个字。但把矛盾充分揭示出来了，意见统一了，问题解决了，总结的水平就会提高一大步。如果大家都当"闷葫芦"，既影响总结的质量，个人也得不到提高。再是集体起草、修改的参与者，一定要珍惜"实兵锻炼"机会，积极思考，主动谈看法，不要怕自己的意见被否定，不要怕别人说你水平不高。因为你的发言既能启发别人，又能让他人衡量和评价自己的看法，使你悟到学到很多不发言就学不到的东西，你何乐而不为呢？！

总而言之，总结是个梳理的过程，要系统地归纳提炼，在不断扬弃中把握工作规律；总结是个积累的过程，要客观分析做过的每一件大事，在不断反思中汲取经验；总结是个感悟的过程，要用心体味事情表层下蕴含的本质，在不断揭示事物的规律中提升思维水平；总结是个创新的过程，要以与时俱进的态度对待经验和实践，在不断开拓进取中实现素质跃升；总结是个修改的过程，要积极吸纳、集思广益、善于否定，在螺旋式的上升中才能到达质量效益的巅峰。

六、文章修改基本方法举要

以上的机关四种常用文体，成稿后的修改方法，与修改其他类型的材料是基本相似的。稍有不同的是，这四种文体的思想性、说理性、指导性、实用性比一般材料更强些，所以改起来要更加认真和细致。

（一）公文"三分写、七分改"

大凡文章大家，对自己的作品无不是改了又改，才拿出来发表的。古人云："文章不能一做便佳，须频改之方入妙耳"。刘勰在《文心雕龙·附会》中有句经典的话："改章难于造篇，易字艰于代句。"为什么这么"艰""难"？因为作者心中有思维定式，往往留恋着已有成果，不自觉地抵御着新意的涌现。唯有作者勇于突破自己，善于吸纳他人意见，才能进入文章表达的新境界。

公文作品一定意义上形同号令，对指导工作举足轻重，而且也不是个人的成果，代表的是集体智慧和意志，这就决定了写成初稿后免不了要逐级送审、反复修改。鲁迅就说，文章不厌千遍改，"写好了至少改五遍"。鲁迅是个大文豪，他的文章还要至少改五遍，何况是发出后成千上万人要传达学习、遵照执行的重要公文呢？因此，公文"三分写、七分改"是撰写中的必然过程和常见现象。

修改自己的文章也是提高写作能力的一个重要环节。因为，修改文章符合人们认识客观事物由浅入深、由片面到全面的规律，又弥补作者视野和思维的不足。多一次认真修改，就多一份写作的体验和收获。既可以使公文逐步接近完善，也使我们的写作水平不断得到提高。要自觉克服"孩子总是自己的好"的偏见，克服"留给领导改"的偷懒思想，克服割"尾巴"怕疼的情绪，用忍痛割爱的精神，在修改中否定自己，在否定中提高质量。什么时候你自觉和乐意不厌其烦地修改自己的文章了，那么你是真会写文章了！

（二）修改基本要领和方法

文章是写给别人看的，不是为了自我欣赏。要学会用读者眼光看文章、改文章，努力写得改得让人愿意看下去并有所受益。毛泽东在《反对党八股》中尖锐指出："许多人写文章，做演说，可以不要预先研究，不要预先准备；文章写好之后，也不多看几遍，像洗脸之后再照照镜子一样，就马马虎虎地发表出去。其结果，往往是'下笔千言，离题万里'，仿佛像个才子，实则到处害人。"(《毛泽东选集》，第3卷）这是对不良文风的尖锐批评，对我们颇具警示意义。

要"热写冷改"。"写"和"改"是文稿形成中两个不同的阶段，它们虽有不可分割的联系，但不能相互代替。写的时候，要"趁热打铁"、一气呵成，而不要左顾右盼、写写改改，这样很容易打乱写作思路。改的时候，需要"晾"。因为自己写出来的文章，往往看哪儿都好，但如果"晾"它一段时间，再来看看，也许就发现不足了。因此，如果时间允许，应采取"冷处理"的方法，隔个时段，再逐段逐句，仔细推敲，有助于更多地看出毛病，使文稿改"粗"为"精"，达到"多一个字累赘，少一个字不行"的精练程度。

要"晾静结合"。"晾"后修改还必须静下心，沉住气，全文至少看两遍，看清看准再动笔。我的体会，第一遍应重点看主题是否鲜明、看框架是否合适、看观点是否准确、看层次是否清晰等大的方面，对文字好差可一掠而过；第二遍应重点看文字是否精练、看语言是否鲜活、看标点是否准确等较小的方面，同时推敲主题观点与材料内容是否统一。看的过程中以思考为主，发现需改动处，先画个记号，稍后一起改。

要"先大后小"。要克服"改小不改大""改前不改后"的常见病，坚持先从全局着眼、大处入手进行修改。即先修改观点和层次，改满意了再去改文字和标点。如果先改文字的毛病，往往关注细节、一叶障目，大的毛病就不容易看出来，不容易改好。

要"手下留情"。修改文章既要精益求精，又要珍惜他人劳动果实。上级机关经常需要修改下级呈报的材料，动手时要严抠细酌，力求改顺改好；但也要提醒自己，最了解第一手真情实况的是呈文的下级机关或基层，原文自有道理，对可改可不改的，尽量保留原貌，这既是应有的慎重和对原作者的尊重，而且对帮助初学写作者增强学会写文章的信心也有益。

基本的修改方法：

变动主题

变动主题，通俗讲是"枪毙"了原稿，或者叫"颠覆"性否定，是最大最难的修改。如果初稿方向不对路、主题不鲜明，让人看了不得要领，说明需要动大手术——变动主题。如果是修改下级呈报的材料，可帮助推敲一个主题思想，让原单位重写；如素材足够，又有条件时，也可直接变动主题改稿。要强调的是，不到其他路都走不通的万不得已状态，决不可轻易变动主题。

订正观点

要认真审看各层次的观点是否符合表达主题需要，在理论、逻辑方面是否站得住，是否准确反映了内容素材。如果这些方面不行，就会大大削弱这篇文章的存在意义。因此，对这"三个是否"要反复斟酌推敲，对其中不准确、不鲜明、不生动或内容交叉、大小不匹配、层次高低不协调的观点予以订正。

年轻的机关干部推敲观点易犯逻辑不严密的问题，尤其要注意运用形式逻辑中的同一律、矛盾律、排中律、充足理由律，以及辩证逻辑、情感逻辑、数学逻辑等原理，纠正不符合逻辑和概念交叉的观点。

调整结构

要认真推敲文章的结构是否合理、清晰，段落是否紧扣主题思想、衔接是否紧密。内容先后次序安排上，要开门见山，把最重要的核心内容放在前面，其他的作为补充、衬托。层与层中的颠倒之处，要给予调整，脱节之处，要用过渡语相连。

调整结构要注意灵活采用四种关系结构形式。一是顺序关系结构。即按事物发生、发展、结局的过程，由先而后的顺序排列。二是层次关系结构，即按内在逻辑关系，层层积累而又上下照应。三是连环关系结构，按曲折连环的方式，可从某一连环处"节外生枝"发展开来，又照应回去，叙述就比较新颖灵活。四是平衡关系结构，先说正面的，再说反面的，利弊并举，正反兼说，前后呼应，求得平衡。

增删材料

发现观点与材料统一不够好的，要对材料进行增删。通常方法有三种：一是对材料堆砌过多、淹没了观点的，要勇于割爱，删去多余部分、不典型部分。二是对不够准确翔实的材料，要加以订正和完善。三是对行文抽象、缺乏具体典型材料的，要挖掘、充实新的具体材料。

润色语言

仔细看语言运用是否得当，对概念含糊不清、缺乏逻辑性的语言给予纠正，尽可能选用一些恰当的生动的群众性语言，替换枯燥乏味、缺乏生命力的语言，用大众化的群众喜闻乐见的语言文字表达深刻的思想观点，增强文章的可读性和感染力。

最后要提个醒的是，写作意图必须一以贯之。作者在修改过程中，既要广纳群言，听得进批评，又要有主见，不能随波逐流。多人参与修改文章时，可谓仁者见仁、智者见智，但并非每条修改意见都符合写作意图和主题主线。经过多人改过后的稿子，也有可能伤及了筋骨。此时，作者不但应有"文章不厌千回改"的虚心和耐心，还要心中有底数、有大主意。坚持讲真理、不能顾面子，切实保证全篇都紧紧围绕主题主线展开，写作意图任何时候都不偏离。

第六讲 求真务实 行则必果

谈谈机关干部"抓落实"的基本技能

抓落实，是机关干部三大基本功中的一大支柱。

我们稍加留心都会发现，上到党、国家和军委领导，下到各级机关以及基层主官，平时使用频率很高的一个关键词，就是"抓落实"。可以说是年年强调、上下强调、事事强调、反复强调。尽管各级都在讲"抓落实"、都在查"抓落实"，但一些部门、一些干部不善于、不会甚至不去抓落实，仍是带倾向性的问题。这些现象，反映出抓落实既举足轻重、极其重要，又非常复杂、难度很大，因而很有必要作认真的研究探讨。

我们先来剖析"落实"的定义。落实本是"果实"之意，北周诗人庾信在《枯树赋》中说："开花建始之殿，落实睢阳之园"。词意总是随着时代的变化而变化，按照现代人的理解，落，即落下、落地；实，即实际、实在。

辞典的解释：落实，就是使计划、政策、措施等能够实现。

通俗地讲：落实，就是把想到的、说过的、计划的付诸行动，并达到预期目的。

贵在落实、难在落实

对于抓落实的重要性，我们党和国家领导人先后有过很多精辟的论述。

毛泽东要求共产党员一定要有"认真实干"的精神，强调"一件事不做则已，做则必做到底，做到最后胜利"（《建国以来毛泽东文稿》第4册），"什么东西只有抓得很紧，毫不放松，才能抓住。抓而不紧，等于不抓"。（《毛泽东选集》第4卷）

邓小平明确要求"少讲空话、多干实事"，凡事都"要落在实

处","开会、讲话都要解决问题"。(《邓小平文选》第 2 卷)

习近平总书记强调:"我们的所有成就,都是干出来的。这里的关键,就是始终注重抓落实。如果工作落实抓得不好,再好的方针、政策、措施也会落空,再伟大的目标任务也实现不了。因此,抓落实是领导工作中一个极为重要的环节,是党的思想路线和群众路线的根本要求,也是衡量党员领导干部世界观正确与否和党性强不强的一个重要标志。"(习近平 2011 年 3 月 1 日《在中央党校春季学期开学典礼上的讲话》,发表在《求是》杂志 2011 年 3 月 6 日第 6 期)

这些论述,将抓落实的重要意义和基本要求讲得很清楚很深刻,是指导我们抓好落实的根本遵循。

(一)"工作不落实,一切等于零"

落实,是理想与现实的桥梁;落实,是认识与实践的纽带;落实,也是计划和行动的结果。抓落实,是把决策变为人们的实践行动、由认识世界到改造世界的过程,它是一切工作的出发点和落脚点。

美国通用电气公司前首席执行官杰克·韦尔奇应邀介绍管理经验,有人听后感到失望,便问:"你讲的那些内容,我们差不多都知道,请问差距究竟在哪里?"韦尔奇回答:"你们仅仅是知道了,而我却做到了,这就是我们之间的差距。"正如电视剧《士兵突击》中的一句台词:"想到和得到,中间还有两个字,那就是'做到'。"做到了,就是落实!做不到,前功尽弃!

无数事实都证明,落实出战斗力,落实出创造力,落实出竞争力。再完美的蓝图、再周详的计划,再严密的部署,如果抓而不实、落而无声,不能在终端见到预定成效,那么,就不能走出"一流的决策,二流的落实,三流的结果"这个常见的"怪圈",都会变成水中月、镜里花。卫留成任海南省省长的第一个月内,认真审看文件、亲自做出了57个批示,后来跟踪问效,只落实了2件,其他的要么不知下落,要么"正在办理"。该省有关部门2002年4月提出的表彰6名援藏干部的文件,竟然经过两年半的时间,才"旅行"到他的手里。正如俗话所说:"千忙万忙,不抓落实是瞎忙;千招万招,不抓落实是没招;千条万条,不抓落实是白条。"

山西省长治市原市委书记吕日周,经常对全市的干部们讲的一句话是:"开会+不落实=0;布置工作+不落实=0。"总之,"工作不落实,一切等于零"。实际上,正确的大政方针确定之后,科学的规章制度制定之后,各项工作任务布置之后,如果不能真正有效地落实,其后果,不仅仅是等于"零"的问题,比等于"零"还要严重得多。因为,不落实或落实不力,意味着丧失机遇,而机遇一去不返,损失是无法估量的;意味着事业衰败,而衰败引发危机,"多米诺骨牌"会连锁倒下的;意味着一切空谈,而空谈,会误国家、误事业甚至误生命。从这些意义上可以说,落实高于一切,落实胜于一切,落实重于一切。

(二)"这能力那能力,不落实就没能力"

抓不抓落实,是态度问题;会不会抓落实,是能力问题。机关干部三大本领中,出主意是核心能力、写文章是看家法宝,抓落实是根本所在。但核心能力再强，看家法宝再多，如果执行力比较差、抓落实不到位，就达不到根本目的。而且核心能力的强弱、看家本领的好孬，也要靠抓落实的具体实践来检验和评判的。还应该看到，抓落实的态度、速度和力度，直接反映事业心、责任感和能力、作风，因而抓落实也是机关干部思想作风和工作能力的试金石。作为一名优秀的领导干部、机关干部，必然是一个抓落实的行家里手。总之，"这能力那能力，不落实就没能力"。

"微软在未来十年内，所面临的挑战就是执行力"——比尔·盖茨这句话，道出了抓落实的能力在现代社会中的极端重要性。我还想起拿破仑说的一句话，他说："想得好是聪明，计划得好更聪明，做得好是最聪明又最好！"这里说的做得好，实际就是落实得好，可见，抓好落实，是"最聪明又最好"的。

机关干部怎样从根本方面提高抓落实的能力，努力达到"最聪明又最好"呢？我感到：

一要自觉遵循马克思主义认识路线

抓落实，是将主观范畴内的东西转化为客观现实的过程，是实践——认识——再实践——再认识，感性认识向理性认识飞跃的过程。在这个过程中，首先要大胆实践、勤于实践，把各项方针政策、工作部署和措施要求，落实到实际工作中。接着，要思考抓落实的过程，完成从感性认识到理性认识的第一次飞跃，及时总结出一些道道，也就是指导实践的理性认识。光这样还不够，还必须把形成的理性认识再返回到新的实践中，接受检验，进行修改和完善，在辩证否定中不断上升到新的更高的认识层面，完成理论形态到现实形态的第二次飞跃。如果这些实践和认识过程减了、少了、偏了，是难于做到"最聪明又最好"的。

二要掌握好"抓"的辩证法

抓落实,是分析矛盾、解决矛盾的过程,其能力中的核心要素,是懂得和会用辩证法。从大的方面讲,一个是,必须坚持主观与客观相统一。一切从实际出发,自觉遵守事物发展的客观规律,使主观意愿符合客观实际。不能凭想象、凭推理,自作聪明、自以为是。同时,又要重视发挥主观能动性。再一个是,必须坚持动机与效果相统一。动机与效果的统一是辩证唯物主义的基本要求。抓落实既要有对事业高度负责的良好动机,又要追求效果的最佳化。如果只有抓落实的动机而不顾效果,会导致唯心论;只片面强调效果而否认动机,会导致机械唯物论。要务必使抓落实的每项工作既经得起实践的检验,又经得起历史的评判。还一个是,必须坚持突出重点与兼顾一般相统一。事物的主要矛盾决定着事物的发展,抓住了主要矛盾,就抓住了解决问题的关键。只有明确主攻方向,集中精力抓重点,才能牢牢掌握抓落实主动权;同时要通过抓要事、攻难事、成大事,来带动其他各项工作的全面落实。

三要坚持唯物史观的本质要求

人民群众是社会的主体和历史的创造者。历史唯物主义的群众观要求我们抓各项工作的落实,都必须把最广大人民群众的根本利益实现好、维护好、发展好。只有坚持一切为了群众,一切依靠群众,尊重人民群众的主体地位和首创精神,才能真正赢得人民群众的衷心拥护和积极参与,从根本上保证各项工作落到实处。还要看到,人在实践中创造人化自然,并从人化自然中改造主体本身,实现促进客观世界发展和人自身不断完善的双重目的,实现这个双重目的离不开实践。在抓落实的过程中,必须坚持改造客观世界的同时改造主观世界,只有自觉改造主观世界,才能全面提高改造客观世界的能力。

以上这些，体现的是用辩证唯物主义和历史唯物主义原理指导抓落实，只有首先学会运用这些"大智慧"，才能牢牢把握"最聪明又最好"的制高点和主动权。

（三）"一分布置，九分落实"

工作从谋划布置到具体落实的整个过程中，布置是务虚的，动嘴即可；落实是务实的，流汗才行。决策确定后，需要花更多的心思、投入更大的精力来抓落实，才能实现决策的目的。因而抓落实的难度和精力投入，应该是"一分布置，九分落实"。

"九分落实"虽难，只要按规律去抓就不难

任何事物都要经历一个发生、发展、高潮和结局的过程，都有其自身特定的客观的发展规律。在其发展过程中，旧的矛盾得到解决，新的矛盾又会出现。而且，任何事物的发展都是曲折复杂的，不可能一帆风顺，每个阶段都会呈现出不同的特性。事物就是在这种曲折中螺旋式地发展前进的。这就决定我们抓工作落实不可能一蹴而就、一夜抱个"金娃娃"，不能指望一步到位、一劳永逸。

抓落实有时像煮饭，操之过急容易煮成"夹生饭"，不紧不慢又容易煮成"锅巴饭"；有时像踢球，界限不明易越位，职责不清易错位。有些工作今天落实了，明天情况一变就不一定能落实；在这部分人身上能落实，在那部分人身上就不一定能落实；在这个单位能落实，在那个单位不一定能得到落实；有些工作过去这样抓能落实，现在还这样抓可能落实不了。因此，落实是个长期的、动态的变化过程，只有牢固树立"反复抓、抓反复"的思想，多杀几个

"回马枪",才能促进工作落到实处,达到目的。

"九分落实"虽难,只要老老实实去做就不难

老老实实,实际就是百分之百地负责。我国航天发射中心有个著名的"三零"管理模式:让每项工作零缺陷,让每个部件零故障,让每个人心中零疑点。落实工作、执行任务,就要有这种一丝不苟、精益求精的较真劲,不漏掉任何一个环节,不轻视任何一个细节。高技术条件下,军事实践活动的融合程度越来越深,一体化水平越来越高,衔接的链条越来越紧,任何一个细小的差错,都可能造成无法弥补的损失。追求"三零"管理,说到底是责任的量化、细化、具体化。责任一旦落实到岗位、具体到人头,且具有可追溯性,落实的环节就会流畅起来,落实的效率和效益就能提高。

老老实实,就是做事舍得下"笨"功夫。无论机关还是基层,绝大多数工作是经常性的、基础性的。抓好这些看似琐碎、平常、具体工作的落实,心浮气躁不行,投机取巧更不行。正如著名心理学家、哲学家威廉·詹姆士所说:"播下一个行动,你将收获一种习惯;播下一种习惯,你将收获一种性格;播下一种性格,你将收获一种命运。"(威廉·詹姆斯,《心理学简明课程》(Psychology The Brief Course))只有"咬定青山不放松",不图名利、不拘形式、不理嘲讽,脚踏实地地干,一步一个脚印往前走,播下行动,播下习惯,播下性格,才能绳磨石断、水滴石穿,实现目标。这样做也许有点"笨",但时间一长,就会尝到成功的甜头。

老老实实,就是坚持把简单的事重复做好。坚持,实质是一种意志的较量。有了坚定的意志,才能把简单的事情千百万次地重复做好;有了坚定的意志,才能把大家公认容易的事情真正做到;有了坚定的意志,才能达到抓落实的最终目标。英国医学家罗斯为了证实蚊子是传播疟疾病菌的媒介，和蚊子打了多年的交道。1893年的一天，罗斯在显微镜下已经观察了8个多小时的蚊子了。长时间的观察累得他眼睛发酸，视力模糊。可是，还剩两只蚊子没有观察。是放弃呢，还是继续坚持观察下去？罗斯咬咬牙，决定继续观察。他一丝不苟地瞪大眼睛，观察蚊子每个部位，突然，他发现这两只蚊子身上有一种从未见过的细而圆的细胞，细胞中含有由黑色物质组成的小颗粒，而这种小颗粒和疟疾寄生虫的色素完全一样。就这样，他坚持不懈地做旁人都能做的简单事情——在显微镜下观察数不清的蚊子，终于在人类历史上首次找到了传播疟疾病的根源所在。

"九分落实"虽难，只要领导带头抓就不难

苏联的谢·阿列克谢耶夫在《列宁的故事》中记录了这样一件事：卫国战争时期，一封从察里津前线发给列宁的急电中写道："冬天快到了，士兵还缺少冬衣御寒，弹药将尽，已申请解决，上级迟迟未予答复。"列宁让秘书把电报送到军需供给部。一小时后，他打电话给部长："你好！我是列宁，送去的电报收到了吗？""没有收到。""请去查一下。""我马上去，然后给您去电话。""不，我等着。"部长立即查到了电报。他立即拿起电话告诉列宁："电报找到了，现在我与同志们研究一下，再给您回电话。""不，我等着。"部长说："现在和军械服装管理处联系，然后把结果告诉您。""不，我等着。"很快，问题得到解决，部长马上报告给列宁，列宁道声谢，就挂了电话。数天后，列宁遇到军需供给部长时说了句："你们部办事效率真高！"事后，这个部的办事效率明显提高了，下面的意见也少了。列宁连续三句"我等着"，有如高高扬起的鞭子，鞭策着军需供给部那些敷衍懒惰的人们。而后的一句"你们部办事效率真高"，既像是赞许，更多的则是对他们渎职怠职的告诫和批评，促其反省，尽快改正不良的工作作风。各级领导和机关如果事事处处都有这样雷厉风行、一抓到底的较真劲，还愁工作落实不了么？

我们的事业成功靠落实，团队取胜靠落实，理想实现靠落实，个人成才靠落实……总之，一切所思所想，如果离开了落实，就如"滚滚长江东逝水"、就成"竹篮打水一场空"。因而，请你牢记：

——落实是成功所靠
——落实是事业所重
——落实是生命所倚
——抓落实的谋略是最关键的谋略
——抓落实的作风是最务实的作风
——抓落实的本领是最重要的本领

二、小赢靠智、大赢靠德

大家都可能想学抓落实的诀窍，期盼立竿见影，很快成为抓落实的"高手"。其实，提高能力素质是一个永恒的课题，也是一个渐进的过程和发展中的问题。欲学做事，先学做人。德，是为人之本、从政之基。做事，小赢靠智、大赢靠德。观察会抓落实的"高手"，我觉得他们的共性特征是"善思考、淡名利、重修养、秀口才"这四大内功练得比较好。这些内功与个人抓落实的能力水平是成正比的。

（一）练好"善思考"内功

思考是一切工作的前奏。央视有句广告语：山因势而变，水因时而变，人因思而变。勤于思考是成就一切事业的摇篮，是工作活力和创造力的源泉。思考上不去，抓落实就"少、慢、差、费"，开拓创新就成了空喊口号。

古人说："学而不思则罔，思而不学则殆""行成于思毁于随"。

美学上有一个著名的论断：世界上不是缺少美，而是缺少思考和发现。

法国作家巴尔扎克有句名言：一个能思考的人，才真正是一个力量无边的人。

成功学家也告诉我们，人类最大的天赋就是思考的能力，只有思考才是构建成功最真实的劳动，没有经过思考的人生是失败的人生。

美国哈佛大学告诫学子的一句座右铭是：你们到这里，不是来发财的，你们到这里来，为的是思考，并学会思考。凡到美国哈佛大学的人，都会被这句话所震撼，并引发深思。

这些，都反映了思考方向的正斜、程度的深浅、层次的高低，不但决定工作的层次和质量，而且左右着事业和人生的成功与失败。一个没有思考习惯或不善于思考的干部，一定是个品位不高的干部。只有养成思考的习惯并不断提升思考的层次，个人能力素质才能不断提高，单位建设才能有新突破、新局面。

揭开历史的帷幕就会发现，古今中外凡是有重大成就的人，无一不是善思考的人。爱因斯坦狭义相对论的创立，就经过约10年的思考。他说："学习知识需要思考、思考、再思考，我就是靠这个学习方法成为科学家的。"发现和创立"大陆漂移学说"的德国气象学家、地质学家魏格纳，因病住院躺在病床上，他看到墙上的世界地图，地处南美和非洲的海岸线凹凸有些互补，经过他的不断思索研究，终于发现并创立"大陆漂移学说"，轰动了全世界。科学家牛顿看到苹果落地，并没有熟视无睹，而是思考"苹果为何不飞到天上，而是要往地下落？"结果发现了万有引力定律。哲学家黑格尔在著书立说之前，曾在哲学界缄默6年，不露锋芒。在这6年中，他以思考为主，深钻细研。哲学史家认为，这平静的6年，其实是黑格尔一生中最重要的时刻。江西有条"邓小平小道"，现在已经成为游客观光的一个热点景观。"文革"期间，邓小平在江西下放劳动，每天坚持在这条不过1000米的乡间小道上边走边思考，很多忧国忧民的改革思想在这条小路上萌芽。

伟人与凡人的根本区别在哪里？实际上，伟人只不过是一个善于质疑、善于思考、善于创新的凡人而已。每个人的头脑中，都潜藏着质疑的巨大能量，只不过很少的人点燃它；每个人的思维中，都存在着创新的无尽金矿，只不过很少的人开采它。一个思想懒惰者在实践中因循苟且，得过且过，总感到万事亨通，没啥问题。而一个勤于思考的人，往往是在别人认为没啥问题的情况下，独到地发现存在的问题。读李瑞环《学哲学 用哲学》一书，他讲："工作要艰苦，思想更要艰苦。思想的艰苦对于一个领导干部来讲，才是最重要的、最困难的。"他从一个被誉为"青年鲁班"的木匠，成长为党和国家重要领导人，很大程度上就得益于养成了善于思考的习惯，从而能经常想到常人所没有想到的，经常能悟出常人所没有悟出的。

新形势下部队建设面临着许多新挑战，不少同志在挑战面前摆不脱传统思维定式的束缚，丢不掉程式化的固有做法，习惯用老经验指导工作，用老套路抓落实。比如，一遇到问题，就去翻本本，前人没有做，就不敢想，不敢做；不善于独立思考，过于盲从，人云亦云，抱残守缺。因此，不打破惯性思维，创新思维就难以产生和立足，就无法成为常态和常势。

强调善于思考、善于创新也不能走入一味追求标新立异、为创新而创新的误区。创新的本质是对事物发展内在规律的进一步揭示，创新是一个扬弃的过程，创新不能搞全盘否定，走向虚无主义。只有善于在继承的基础上谋创新，才能始终充满生机活力。不能为了沽名钓誉、出名挂号，把心思和精力都用在标新立异上，那就走向了创新目的的反面。

我在空政宣传部工作时，感到宣传处的申进科同志很善于思考。他观察问题和写东西，往往有独特的视角、独有的领悟。他总结实践经验，归纳了11种思考方法，我认为提炼概括很到位，在这里作个介绍：

（1）**问题牵引式思考**。就是直面某一新生事物或某一重大问题凸显的矛盾，作寻根问底的思考。

（2）**突破困惑式思考**。就是针对某个反复强调、反复抓，就是解决不了、解决不好的问题，通过辩证思考，发现矛盾和规律，探求思路和办法。

（3）**再感觉式思考**。就是对他人思考过的问题进行再感觉、再思考，使其进一步理性化、通俗化。

（4）**激情迸发式思考**。就是在被一个人、一件事感动之后迅速进行思考，这种思考充满了感情和激情，充满了举一反三的创造。

（5）**见怪要怪式思考**。就是对一些看似奇怪的问题或似乎不符合常理的问题进行深层次思考。

（6）**反循规蹈矩式思考**。这类思考就是不墨守成规，在敢于解放思想、破旧立新中解决问题。

（7）跟踪追击式思考。就是一个突出问题解决后，通过跟踪问效，反思和进一步实现决策的最优化。

（8）怀疑否定式思考。就是针对大家都在自觉不自觉、习惯于这么做的事，思考有没有不尊重实践、不尊重科学、不尊重发展的问题。

（9）质询问题式思考。就是对本来应该能做好的事，现在却做不好，查找问题在哪里。

（10）主持公道式思考。就是针对正常中的反常、公平中的不平的现实问题，思考问题的根子在哪里，怎样做到公开公平公正。

（11）系统集成式思考。就是针对一个宏观领域的问题，深入、系统、连续、集成地进行关注和思考。

申进科同志还归纳说，提高工作质量的决定性因素，不是文字水平，更不是学历和文凭，而是思考方法和思考层次。注重思考、刻苦思考，是机关干部立身和成长的基础工程，是提高能力水平、加强思想修养的基本途径，是从根本上把握部队建设发展、掌握规律的客观要求。他还讲，思考要有责任感和事业心作支撑，要有迎难而上、知难而进、与时俱进的精神状态，要把"思考"当作事业干、当作日子过。这些真知灼见，希望能变成大家共同的思考的力量、思考的财富。

（二）练好"淡名利"内功

机关干部作为党委、领导的参谋和助手，工作出了成绩，是党委和领导决策得好，功劳是组织的集体的，自己往往不显山显水；工作出了问题，要追究直接办事人责任，承担的责任大，搞不好被追责挨批。因而，没有淡泊名利、甘当无名英雄的思想，当不好机关干部，抓不好工作落实。

有句古话说得好："天不言自高，地不言自厚，海不言自深"。

宋代理学大师朱熹任福建漳州知府时，曾为创办的白云岩书院写过一副对联："地位清高，日月每从肩上过；门庭开豁，江山常在掌中看。"这是千百年来中国仁人志士崇高精神追求的一个缩影。中国古代《韩诗外传》中，还记载了这样一个耐人回味的故事：一个叫闵子骞的人，醉心功利，贪图名声，常常烦躁抑郁，终于"积弊成疾"。他久卧病榻之上，在细细翻阅史书和圣贤著作中，对世界万事万物的观感豁然开朗，找到了平常之心，所积心病与身体的"瘙痒"症，竟然都一并祛除无余。

淡泊名利，是共产党人的高尚情操。

红军团长方和明回地方安置时，有关证明和介绍有延误，当地方领导问他在部队是干什么的，他说是战士。政府部门看他这么大把年纪，就没作安置，让他回家务农。10多年后，他的身份才为人所知。有人不解地问他何以埋名隐功，他回答简单极了："和我一起报名参军的72人，已牺牲71人，我还要什么呢！"

志愿军"活烈士"李玉安埋名隐功40年，被发现后，许多人也对他的举动大感不解。李玉安却坦然道，打仗又不是图功，当时死了那么多人，咱活着的如果向党和人民伸手，日后还有什么脸再见那些战友呢？！

真是掷地有声，朴实无华，感人肺腑呀！不愧为将全心全意为人民服务作为宗旨的真正共产党人。

由此我想起邹韬奋的一句话，"一个人光溜溜地到这个世界上来，最后光溜溜地离开这个世界而去，回想起来，名利都是身外之物，只有尽一个人的心力，使社会上的人多得到他工作的裨益，是人生最愉快的事情"。这就是革命前辈的名利观，为我们后人树立了楷模。

淡泊名利需要保持一颗平常心。无怨无悔地工作，尽职尽责地干事。浮躁作风是机关工作的大敌，浮躁的主要表现是扑不下身子，耐不住寂寞，急功近利，浅尝辄止。要明白一个道理，扫天下的本领，是通过不厌其烦地扫一个个陋室而积累、培养出来的，整天只想扫天下而不愿扫一室的人，肯定练不成扫天下的本领。不仅天下扫不了，而且一室也会扫不好。如果眼高手低，大事情做不来，小事情又不愿意做，对这种人委以重任，十有八九会把事情做坏。

细思之，人世间的许多不如意事，都源于太看重个人名利得失。例如：争功劳，争位置，争荣誉，争排场，争来争去，天天活得很累；或者总是与这个人比高低、比风头，和那个人比强弱、比待遇，结果越比越不如意，总找不到心理平衡；欲望太强而力不从心时，就心灰意冷，一蹶不振；翻云覆雨而一帆风顺时，就颐指气使，冷眼看人，结果被人戳脊梁骨……民国元老、著名书法家于右任曾写过这样一副著名对联："少思八九，常想一二"，横批是"如意"。既然人生中"不如意事常八九"，这一大趋势大格局谁也改变不了，那为何不忘掉那让人烦恼的"八九"，多想想让人愉悦的"一二"呢？这样的话，"如意"就天天陪伴你了，何乐而不为呢？于右任先生一生饱经沧桑沉浮，却能荣辱自安，就在于他能深悟这副对联的睿智，沉醉于这副对联的意境。常有亲朋好友及弟子求教他高寿的养生之道，他总是指指客厅墙上高悬的这副对联，捋胡子笑而不答。

讲淡泊名利，不能回避追求崇高、伟大的话题。什么叫伟大？有各种定义。字典上说：伟大就是"品格崇高，才识卓越，气象宏伟，规模宏大，超出寻常，令人景仰钦佩的"。我认为，伟大并不神秘，伟大并非高不可攀，伟大离任何人都不远。因为从本质意义上讲，"伟大＝自我牺牲"。比如，母爱最无私，最具有自我牺牲精神。为了儿女，奉献一切都心甘情愿。因而大家都承认，世界上的母爱是最伟大的。但伟大又有鲜明的层次特征，那就是所牺牲所奉献的受益对象范围越广、影响越深、价值越大，则伟大的层次越高，受景仰越多。任何人在一定的前提、环境和氛围激励下，都能够选择、能够做到局部的或全身心的自我牺牲和奉献。无论是过去的张思德、黄继光、邱少云、董存瑞、雷锋等，还是当今的苏宁、李向群、杨业功、李中华、方永刚、郭明义等，都充分证明，自我牺牲与淡泊名利是一对孪生兄弟。自我牺牲越多、淡泊名利亦越好，他就越难能可贵，越崇高伟大、越受人尊敬。那些被千万人敬仰的楷模，其实都是甘于自我牺牲的平凡、普通人。也就是说，无论你职务高低、能力大小、年轻与否，只要你追求崇高，能够在平凡的岗位上，自觉多做淡泊名利、甘于奉献的事，那么积少成多、积小为大，你同样能够从平凡走向不平凡，从普通走向伟大！

（三）练好"重修养"内功

法国心理学家伊尔·索尔芒调查了全世界18个贫困国家，他得出的一个结论是：人类最大的敌人不是灾祸，不是瘟疫，也不是令人憎恨的战争，人类最大的敌人就是自己。自己的懦弱，自己的虚荣，自己的恐惧，自己的一切的坏习惯。借用他的话，我觉得抓落实的最大敌人，或许不是各种各样的客观困难，而是抓落实者自己，自己的一切坏习惯。

第一，要做一个谦诚似玉、度量如海的人

谦诚和度量，是自身素质重要组成部分。谦诚和度量培养起来很不容易。就像人面人心各不相同一样，人的度量是千差万别的。有的豁达大度，"将军额上能跑马，宰相肚里能撑船"；有的因一件小事、一句闲言，就可能斤斤计较，耿耿于怀，多年不忘。机关各部门上有首长、下有基层，机关干部既要上情下达，又要下情上报，处于承上启下的"风口浪尖"之中。事情多，协调难，产生摩擦、不和谐的可能性也多。如果谦诚不够，度量小了，就不能心平气和、配合默契地抓好工作落实。

正如泰戈尔所说："当我们是大为谦卑的时候，便是我们近于伟大的时候。"礼让不是人际关系方面的怯懦，而是把无谓的内耗和可能的被攻击降到最低限度。《史记·留侯世家》记载：秦朝末年，张良在博浪沙谋杀秦始皇没有成功，便逃到下邳隐居。一天，他在镇东石桥上遇到一位白发苍苍、胡须长长、手持拐杖、身穿褐色衣服的老人。老人的鞋子掉到了桥下，便叫张良去帮他捡起来。张良觉得惊讶，心想：素不相识，怎么就差遣我帮你捡鞋子？但见他年老体衰，便到桥下帮他捡回了鞋子。谁知这位老人不仅不道谢，反而大咧咧地伸出脚来说："替我把鞋穿上！"张良见他自己能做的事还要他人代劳，本想拒绝，但转念一想，帮人帮到底。于是默不作声地蹲下替老人穿上了鞋。张良的恭敬从命，赢得了这位老人"孺子可教"的首肯。又经过几番考验，这位老人终于将自己用毕生心血注释而成的《太公兵法》送与张良。张良得到这本奇书，日夜诵读研究，后来成为满腹韬略、智谋超群的汉代开国名臣。张良克制自己的不快，为老人拾鞋、穿鞋，看上去好像很窝囊，但这并不是软弱的表现。自己比老人身强力壮，处处礼让，这既表现为对老人的尊重，也表现为对自身品格的完善。张良正是在不断礼让的过程中，磨砺了意志，增长了智慧，最终成为"运筹帷幄之中，决胜千里之外"的杰出军事家、政治家。

有位事业有成的实业家说，他一直信奉"做事三原则"："有勇气来改变可以改变的事情，有度量接受不可改变的事情，有智慧来分辨两者的不同。"这些是待人处世的真谛。

长征时期，朱德与张国焘的策划分裂阴谋进行斗争时，一些不明真相的人围攻他，抢走他的马匹，还不给饭吃。他的警卫员冲那些人发火，朱老总却劝他说：不要对自己的同志发火。抢走了马，我用腿也可以走路嘛，饿点肚子也没关系！他那恢宏的气度，被毛泽东赞为"度量大如海"！陈毅何尝不是如此，1935年，他为了贯彻中央的抗日统一战线指示，只身去寻找一支与党失去了联系的游击队，被游击队的司令员误认为是叛徒，捆起来整他打他羞辱他，还差一点要了他的性命。然而，误会消除后，陈毅毫无怨言，还和他成了好朋友。新中国成立后，那位游击队司令员每到北京开会，陈毅总要请他到家里做客。

孟子曰："我善养吾浩然之气。"此气有四种形态：临渊不惊，临危不惧；宁死不屈，宁折不弯；可抛头颅，不失节操，此为壮气。把酒临风，横槊赋诗；壮心不已，志在千里，此乃豪气。不以物喜，不以己悲；心不恋进退，思不虑得失；不求与日月相始终，只见今世之乐无穷，此乃逸气。与天地相应和，与自然相吐纳，万物静观皆自得，四时佳兴与人同；见花落水流，能知其旨趣，听禽鸣天籁，可悟其天真，此为清气。此四气合在一起，就是"做人"

最高境界的"浩然正气"。有了这样的浩然正气，处世就能做到容得下人，容得下事，容得下不同意见，尤其是容得下反对过自己的人。你将这"四个容得下"真正融入了自己的品德，化成为自觉的行动，你的谦诚和度量就到了"自由王国"的境界，工作和生活就会永远对你微笑！

第二，只琢磨事，勿捉摸人

如何做到"只琢磨事，勿捉摸人"，这是机关干部自身修养的一大现实课题。

"琢磨"一词，产生于有雄才大略的汉武帝时代，体现了一种精益求精，努力进取的时代精神；"捉摸"一词，出现于积贫积弱的宋代末期，反映了人心叵测，相互猜测的不良心态。

领导机关掌控着各种权力，是机关干部琢磨事、干大事、干成事的良好平台。琢磨事的人，将自己的事业摆到高于一切的位置，倾注了满腔的爱、奉献了所有的情、凝聚了全部的力。为了所琢磨的事获得成功，不计名利，不怕牺牲，时时处处珍惜机遇、顾全大局、维护团结。如孔繁森同志，默默无闻、兢兢业业地在副县级岗位上干了10多年。他不会跑官，也绝不要官。别人是提职援藏，他却是平职支援西藏，平职返回山东。无论在什么位置上，只会琢磨事的他，始终深怀爱民之心，信守为民之责，常思富民之策，勤办利民之事。他在50岁的盛年以身殉职，留下的"绝笔"是去世前4天琢磨出的发展处于世界屋脊的阿里地区经济的12条建议。他留下的是一名共产党员琢磨事的最高境界——热爱人民，鞠躬尽瘁。

领导机关是各种人际关系交织的中心，机关干部如果心术不正，就会陷入捉摸人的误区。往往拉关系、结圈子，争名于朝，争利于市，甚至搬弄是非，阳奉阴违。往往遇事则委难以责人，事平则抑人以扬己。把权力大小,作为自身地位高低的标准;以私利多少,来衡量人际关系的冷热,最终在争权夺利、营私舞弊中走火入魔,甚至身败名裂。如河北省国税局原局长李真,他挖空心思捉摸人达到了登峰造极的地步。当他罩着"河北第一秘"和"河北最年轻的正厅级干部"的光环时,在干部任用上呼风唤雨,可以说想让谁上、谁就能上;当他被关进监狱,冥思苦想检举揭发,想争取赎罪免死时,他又是想叫谁下、谁就准下。尽管其捉摸人的功夫出神入化,但功夫用错了地方,在捉摸人的过程中走向了自我毁灭,被永远钉在了历史的耻辱柱上。

只琢磨事、勿捉摸人,必须正确对待和处理竞争。现代社会,无论机关还是其他职场上,各种形态的竞争不可避免,且愈演愈烈。竞争,总体上是激发正能量,是社会进步的动力。一个没有对手的动物,往往是死气沉沉的动物。人也同样,一个没有对手的人,往往会成为不思进取的人。必要的正当的竞争,有其他方式替代不了的加快成长、促进提高和实现最优化的特殊功能。这一切的关键,是你对竞争对手持什么样的态度。要看到,真正了解你的人,除了你的朋友、同事外,就是你的竞争对手。工作中出现一个对手并不是一件坏事,恰恰是好事,因为能反衬出你的强大或衰弱、你的睿智或愚钝。请重视你的对手,因为他们能最早发现你的过失和弱点;请感谢你的对手,因为他们能使你有真正的危机感和动力,督促你迅速纠正问题,创造更强业绩。面对竞争对手,你不能整天盘算如何使招、挖坑去打击对方,这短期看似乎"精明",长远看非常愚蠢。应该将对手作为动力源,从欣赏的角度学习对手,并以超越对手的标准来要求自己。无数事实证明,欣赏对手往往比打击对手,更有利于自己的事业,更有利于自己的进步。有一位年轻人去一家著名的广告公司求职，好不容易通过了淘汰率很高的第一轮测试，成为进入第二轮的10位应聘者之一。第二轮是从10位中选聘2至3人，测试方式是让每位入围者按要求当场设计一件作品，并当场展示给另外9人看，互相打分并写出相关评语。这位年轻人在评分时，对其中3人作品非常佩服，他怀着欣赏的心情，实事求是地给他们打了高分，写下了赞美的评语，并预感到"僧多粥少"自己会落选。令他意外的是他入选了，而更令他意外的是，他欣赏的3位中只有一个人入选，这是为什么呢？后来，该广告公司总裁对他说的一番话使他醒悟。总裁说："入围的10个人，可以说都是佼佼者，专业水平都比较高，这固然是重要的方面。但公司更为关注的是，入围者在相互评价中，是否能够彼此欣赏。因为，庸才往往自以为是，看不见别人的长处，这倒情有可原。但如果是精英级的才干，却对对手不客观评价，那就心胸太狭窄了。严格意义上说，那还不是精英人才。落选的几位虽然专业水平都很不错，但遗憾的是，他们缺乏彼此欣赏的眼光，而这点其实比专业水平更重要。"这位总裁真是眼光独到、慧眼识人呀！这一经典事实也告诉我们：面临日趋激烈的竞争，只有抱着欣赏对手，向对手学习的心态，才是正确的心态；只有善于学习对手的长处，弥补自己的短处，才能加快走上成功之路。

第三，要高调做事、低调做人

高调做事，是一种责任，一种气魄，一种精益求精的风格，一种执著追求的精神。但不是脱离实际地说大话，不是吹吹乎乎的高指标，不是言而无信的空表态。高调做事的本质是事业第一、追求完美，不达目的誓不罢休；是无论全局性大事，还是具体细小工作，都竭尽全力，务求达到最高水平，体现最好风格。

高调做事，需要从现在做起，兢兢业业，开拓创新，在平凡的工作中燃烧激情。不论你遇到了多揪心的挫折，都应当以坚持不懈的信心和毅力，感动自己，感动他人，把自己锤炼成一个高调做事的人。

自信，是高调做事的动力，是创新业绩的源泉。一颗充满希望的心灵，具有极大的创造力，这种创造力会激发人的潜能，实现人的理想。人一旦有了这种自信，并经由自我暗示和潜意识的激发，这种信心就会转化成一种"积极的感情"，它能帮助人们释放出无穷的热情、智慧和精力，进而帮助人们获得事业上的巨大成功。

学会自己鼓励自己，是高调做事成功的一个诀窍。从古到今，凡成大事者，莫不受尽磨难，在磨难中完成自我教育，也水到渠成地成就了事业。如果你正在遭受困苦，这并不完全是坏事，"天将降大任于斯人也，必先苦其心志，劳其筋骨，饿其体肤，空乏其身，行拂乱其所为"。因为老天要把重任交给你，必先磨炼和考验你！从根本上说，能自己鼓励自己的人，就算最终功亏一篑，没有成功，但也不会是一个失败者，因为他在自我鼓励、坚持奋斗的过程中，已经收获丰硕。

低调做人，无论在地方还是军队，都是一种谦卑处世，大智若愚，看似平淡、实则高深的处世谋略。谦卑是一种大智慧，是为人处世的黄金法则，懂得谦卑的人，必将得到人们的尊重，受到世人的敬仰。大智若愚，贵在一个"若"字上，因为"若"产生了弱的假象，掩饰了强的潜在。与谦卑、养晦结合在一起，就奠定了厚积薄发、转弱为强、反败为胜的基础。

低调做人，是一种博大的胸怀和超然洒脱的人生态度。它代表着豁达、代表着成熟、代表着理性，它是和含蓄联系在一起的，也是人类个性最高境界之一。低调的人会用平和的心态来看待世界的一切。一个善于进退，始终保持低调的人更容易被周围人接受。低调做人才能保持一颗平凡的心，才不致被外界左右，才能够冷静务实，这是一个人成就大事很重要的前提。

不论你的资历、能力如何，在人生舞台上把自己看轻些，把别人看重些，始终保持虚怀若谷的低姿态，是最受益也最有长远力量和价值的。在秦始皇兵马俑博物馆里，有一尊被称为"镇馆之宝"的跪射俑。仔细观察这尊跪射俑，它左腿蹲曲，右腿跪地，右足竖起，足尖抵地，上身微左侧，两手在身体右侧一上一下作持弓弩状。秦兵马俑坑至今已出土了数百上千的各种陶俑，除了跪射俑外，都有不同程度的损坏，需要人工修复。而这尊跪射俑是保存最完整的。仔细观察，就连衣纹、发丝都还清晰可见。跪射俑为何能保存得如此完整？导游说，这得益于它的低姿态。首先，跪射俑的体高只有1.2米，而普通立姿兵马俑的身高都在1.8米至1.9米之间，兵马俑坑都是地下坑道式土木结构建筑，当年代久远，棚顶塌陷，土木俱下时，高大的立姿俑首当其冲，低姿的跪姿俑就没受什么损害。其次，跪姿俑作蹲跪姿，重心在下，增强了稳定性。可见，学会在适当的时候，保持适当的低姿态，绝不是懦弱和畏缩，而是一种聪明的处世之道。

低调，从根本上说，是为了更有利于高调成事；能屈，从长远看，是为了必要时能伸得更直。低调，是自然的意境，不争不是无争，只是时机未到，该争时会全力以赴，但不是去争身外之物。低调，是平和的心态，无为不是不为，只是有所不为，该为时会积极作为，那是为了热爱的事业。总之，做人的低调，是为做事的高调积蓄品格、智慧、精神、能量；不是为了低调而低调，因为太低调也有作秀之嫌。

第四，必须学会战胜自我

老子说："知人者智，自知者明；胜人者有力，自胜者强"。鲁迅也说：改造自己，总比禁止别人来得难。世界上最为困难的事情，莫过于战胜自我。而只有战胜自我，才能成为一个有修养的人，一个有前途的人，一个高尚的人，一个脱离低级趣味的人，一个能获得事业成功的人。

战胜自我，是对人生理想的不懈追求，是对自满懈怠、贪图安逸、放弃抛弃的否定，是一步步向完美的靠近。其实，人生最大的敌人就是自己，最大的挑战就是自我挑战。自己肯定自己，是一种意志的胜利；自己征服自己，是一种精神的升华；自己控制自己，是一种理智的成功；自己创造自己，是一种心灵的陶冶；自己超越自己，是一种人生的成熟。凡是能够肯定自己，征服自己，控制自己，创造自己，超越自己的人，就具备了足够的力量，战胜事业和生活中的一切艰难不幸和挫折。

在闻名世界的威斯敏斯特大教堂地下室的墓碑林中，有一块名扬世界的墓碑。上面刻着这样的话："我年少时，意气风发踌躇满志，当时曾梦想改变世界。但当我年事渐长，阅历增多，我发觉自己无力改变世界，于是缩小了范围，决定先改变国家。但这个目标还是太大了。接着我步入了中年，无奈之后我将试图改变的对象锁定在最亲密的家人身上，但天不遂人愿，他们个个还是维持原样。当我垂垂老矣时，我终于顿悟一件事：我应该先改变自己，用以身作则的方式影响家人。若我先能当家人的榜样，也许下一步就能改善我的国家。再后来，我甚至有可能改变整个世界。"——这块碑文，深刻揭示了修身养性、战胜自我说起来容易，做到是很难的。

而要真正做好了，你就是无敌的。

战胜自我，重要的是战胜自己的惰性。有个比喻很形象：世界上最短的距离，是从手到口，因为将美食佳肴送到嘴里不费吹灰之力；世界上最长的距离，是从口到手，因为把志向追求变成实际行为，必须吃大苦、流大汗。不少机关干部天资很好，具备创造一流工作的基本素质。但有的成才不够快，其中一个突出原因，是惰性大了点。一个人实现志向要有压力、还要能吃苦。如果没有了压力，就失去了动力；如果不能吃苦，就会在困难前止步。一个人如果沉溺于轻松的生活，就好像泡在甜醋中，会软化人的精神钙质，往往使人无声无色、平平庸庸地走过自己的一生。生活在施加压力、赋予苦累的同时，也为人们准备了一份丰盛的收获。当我们感到活着"挺累"的时候，恰恰可能是我们活得最美好、最有价值的时刻。

我看过一本报告文学集，叫《泪比血红》。其中记叙了一个非常感人的战胜自我的故事。有个上海姑娘叫袁和，她在"文革"中高中未毕业，就失去了读书机会，被分配到一个街道小厂，当一名糊纸盒的杂工。逆境中她没有气馁，而是立志挑战人生，发奋自学。当时连教科书也买不到，她就到一个教授家中去借。教授只有一本，不能给她，她就借来抄，整整一个星期，几乎没怎么睡，硬是把厚厚一本教科书抄下来，再还给教授。凭着这股劲，她自学完了高中和大学课程。1977年"文革"结束恢复高考，中科院研究生班招生，她去报考，街道干部不让去，说她高中没读完，大学没上过，考研究生是发疯了，压了五十天，不开介绍信。袁和姑娘没有退缩，一直反映到市招生办，终于答应给她考试机会。街道领导说，如果考得上，我的名字倒过来写。结果呢，袁和在三百多名考生中，考了第四名，正式录取为中科院化学研究所研究生，而且又在一年半后，以优异成绩获得美国一所大学的奖学金，出国攻读硕士学位。到美国后，美国的老师和学生看不起这位瘦小的中国姑娘，而且在两个月后，又发现她得了乳腺癌。袁和在死神的威胁下，大无畏地挑战人生，经历了三次大手术，却仍然按期在两年内完成学业，以高分获得硕士学位，从校长手中接过了金灿灿的全优毕业证书。其中，她战胜了多少常人难于想象的困难呀！不幸的是，癌细胞广泛扩散，她刚毕业不久，就逝世于美国的蒙特·荷利亚女子学院。她的事迹和精神震撼了全院师生。蒙特·荷利亚女子学院为此降了整整两天的国旗，不是为了纪念已故的总统，而是沉痛悼念这位普通的中国留学生。当地四家报社用大篇幅刊登了袁和的事迹和照片，并把她的事迹称为美国公民都为之惊叹的"关于战胜自我的勇气的一课"！

我当时看完这篇报告文学，久久没有合上书本，被袁和姑娘"战胜自我的勇气的一课"深深感动。一个人能力有大小，在有所作为上，是不必勉强把自己放到一个"最佳"位置上的。但重要的是，你应该有一个追求和体验的过程。我奋斗过，我尽到了自己的努力，我还将继续我的追求，不留下遗憾——倘若这样，不管成果大小，你都无悔人生了！

机关干部战胜自我，还要做到"每临大事有静气"。古语云："心宁智生，智生事成"。静气，不仅是一种境界，一种气度，一种修养，更是一种能力。机关级别越高，对干部这方面的要求越高，对遇事不稳当越忌讳。一定要"急"，能赶得上去；稳，能沉得住气。尤其是处理作战训练、突发情况、事故案件中，更是对机关干部这一素质养成的严峻考验。

20世纪60年代,有这么一个真人真事。北京市公安局有个机关干部外出执行任务,他穿着便衣乘北京至广州的火车赶赴目的地。期间进车上的厕所方便,刚想关门,一个年轻的女人一闪身也挤进了厕所,反手将门锁上,说:"先生,把你的手表和钱全给我,不给,我就喊你耍流氓侮辱我!"这么突然的情况,进来时车厢厕所门口又没有人见证,这位干部头脑"嗡"地一下,不知怎么办好。突然,他张着嘴巴,指着耳朵,不停地"啊、啊",装成一个聋哑人,表示不知道她说什么。这个女人为难了,赶忙打手势,公安局这位干部直摇头,表示理解不了。这个女人很失望:"真倒霉,偏偏碰着一个聋哑人。"她正要离去,此时"哑巴"一把抓住女人,抽出钢笔交给她,打手势,要她将刚才说的话写在手上,并将手掌伸了过去。这女人一看有了转机,不禁转忧为喜,接过钢笔在他手掌上写下了:"把你的手表和钱给我,不给我就喊你耍流氓。"此时公安局干部开口说话了,说:"我是便衣警察,你犯了抢劫罪,手上的字就是证据。你跟我走!"这女人一下子傻了眼。

试问,你有没有这样"猝然临之而不惊,无故加之而不怒"的本领?

(四)练好"秀口才"内功

站起来能讲、坐下来会写,是机关干部两个引人瞩目的能力素质标志,哪项弱了,都导致能力素质不全面。因而,机关干部必须练好"锦于心而秀于口"的内功。

美国社会学家调查上万人后得出过这样的结论:"世界上人们最害怕的事情之一,是当众讲话。"西方有位哲人说过:"世间有一种成就可以使人很快完成伟业,并获得世人的认识,那就是讲话令人喜悦的能力。"三千多年前,埃及古墓上镌刻着这样的铭文:"便捷的口才将使得你雄辩滔滔,占尽上风。"刘勰在《文心雕龙》中写道:"一人之辩,重于九鼎之宝;三寸之舌,强于百万之师。"古人又说:"震天下者,必震之有声;导人心者,必导之于言。"可见"秀口才"是何等的重要。

我国五千年文明史,讲话艺术源远流长。公元前11世纪的殷商时期,商代第19任国王的《商书——盘庚篇》,有1285字,可以说是我国最早的演说稿。春秋战国,百花齐放、百家争鸣,演说大家辈出。孔子曰:一言可以兴邦,一言可以丧邦,当时学生分四科,"言语"为一科。孟子强调"言近而旨远"。墨子、韩非子主张话风朴实,反对华丽浮躁。老子、庄子提出"美言不信",认为美言不真实。苏秦、张仪凭三寸不烂之舌,游说七国,纵横天下。南朝著有《丽辞》《比兴》,专论语言修辞。我国二十世纪的新文化运动,高举民主、科学两面大旗,演说活动达到高潮,涌现出孙中山、陈独秀、李大钊、鲁迅、秋瑾等一批大师。毛泽东、周恩来、邓小平等我们党的老一辈革命家讲话艺术更是登峰造极。

以西方为主的发达国家,讲话艺术经历了兴盛、停滞、恢复、创新等阶段。客观地说,目前总体水平明显高于东方。公元前五世纪至公元前二世纪,古希腊、古罗马形成演讲黄金时代。古希腊语言学家柯拉克斯名著《演讲艺术》,首次提出演说三段论。亚里士多德发表了《修辞学》,至今仍有指导意义。中世纪,西方国家进入封建社会,战争连年不断,演讲艺术衰退,宗教布道代之而起。公元十六世纪,欧洲文艺复兴运动才结束了黑暗的中世纪文化,涌现出了一批很有影响的演讲家,如英国的弗兰西斯·培根,演讲艺术开始逐步恢复原有的水平。近代，随着经济、社会的发展和科学技术的突飞猛进，语言表达有了前所未有的重要意义，在创新中形成了新的高潮。各国出现了一大批优秀的演讲家，如马丁·路德·金、丘吉尔、安东尼、罗斯福、列宁、甘地、撒切尔等。被认为是当代最优秀演讲家的戴尔·卡耐基，他的著作在100多个国家发行，总印数上亿册。西方发达国家各种正式场合的演讲，是习惯不照稿宣读的，而且幼儿园、小学、中学都开设专门的演讲训练课程，培养这种习惯。这种从小抓起，以及广泛的实践培养，使全民的演讲艺术水平越来越高，对优秀演讲的崇拜也越来越多，演讲已成为欣欣向荣、很有发展的行业之一。美国的由专业优秀演讲人组成的"全美演讲人协会"，会员已达5万多人。每场演讲，低的上千美元报酬，高的50万美元以上。

联想到我国这方面的现状，从小学生中学生到大学生，都不太重视讲话艺术的学习和培养。不少党政军领导干部在需要演讲的场合，做不到挥洒自如地脱稿演讲。有的不论何种会议或场合，不管对象是谁，讲话必念稿，甚至在回答记者提问时也念稿子，而且念起稿来套话连篇，往往是台上开大会，台下开小会，台上讲得口干，台下睡倒一片。机关干部这方面的差距也不小，口才不够好的占了相当大的比例。

言为心声。心无点墨说话就空，心无底气说话就虚，心无群众说话就玄，心无责任说话就飘。口才好差，言之正误，关键在于思想。思想对了头，言之成理，言之有礼。嘴巴上需要有个"把门的"，思想上必须先有个"方向盘"。这个"方向盘"，就是马克思主义和我们党的创新理论。因而，机关干部必须先用真理"锦于心"，才能练好"秀于口"的内功。要坚持真理，敢讲真话，维护正义，尤其要敢讲求实之言，敢讲逆耳之言，敢讲不同之言，敢讲报忧之言，不阿谀奉承，不人云亦云，更不能谎报军情。德高望重的国学大师季羡林说："要说真话，不讲假话。假话全不讲，真话不全讲。"此话富有深意和辩证法。

表达能力不只是你的"口才"，在表达自己思想的过程中，非语言表达方式也很重要，有时作用甚至更明显。这里所讲的非语言表达方式是指人的仪表、举止、语气、声调和表情等。通过这些方面，人们可以更直观、更形象地判断你的智商和素质，看出你的自信和感情，从而获得很重要的"第一印象"。哈佛大学的教授做过一个非常有趣的实验，让两组学生分别评估几位教授的授课质量。他把这几位教授的讲课录像带，无声地放给一组从没有听过他们讲课的学生看，得出一套评估结果。然后与那些已经听过这几位教授几个月讲课的另一组学生的评估结果进行对比。结果，两个小组的结论竟然惊人的相似。这表明，要提高演讲的感染力，不能光练"口才"，还必须高度重视演讲时的仪表、举止、语调、表情等的训练和完美。

练"秀于口"的内功，要舍得下苦功夫。我认识一位老首长，在空军任要职多年。战争年代，他当师团政治机关干部时，虽然才思敏捷，但笨嘴拙舌，大众场合一讲话就闹大红脸，结结巴巴常出洋相。他痛下决心练口才，每次听人讲话，都揣摩怎么样才能让人爱听。每天早晚一有空，他都一个人悄悄地跑到营地后面的小山沟里，对着周围的大树练讲话，或者躲在房子里，站到镜子面前练讲话。后来，他的讲话条理清晰，抑扬顿挫，引经据典，出口成章，引人入胜，成了空军、全军都有名的"铁嘴"。我还认识一位哈尔滨军事工程学院毕业入伍的高才生，有一点先天性的小结巴，而且是日常讲话越放松时，结巴得越厉害，只要紧张起来就好一些。他先天不足后天补，用心苦练在课堂讲课和大场合时怎么不出现结巴。功夫不负有心人，他后来真就练成了在任何课堂上讲课、任何大场合讲话，居然一句话都不出现结巴，跟平时判若两人。因为口才出众、文笔又好，他从科技干部改成宣传干部，一直当到了军区空军宣传处处长和正军级学院的政治部主任。有不少机关干部认为自己口才不理想，有自卑感，请坚定信心，只要用心练，功到自然成。

在即席讲话、需要脱稿的场合"秀口才"难度更大一些。以下要领应把握好：

第一，胸有腹稿，才能流利表达。不能打无把握之仗，事先准备充分是必不可少的。重要场合的脱稿讲话，应在心里头默背几遍要点，达到滚瓜烂熟，届时就能从容发挥。

第二，"声"如看山不喜平，不能老用一个调子讲话。声调既要自然不做作，又要富有变化，该高则高，该低要低，该快则快，该慢要慢，抑扬顿挫才能有感染力。

第三，重要观点和内容，节奏要稍慢和有力。让大家听得清，并有一定的回味消化时间，必要时可复述。常见毛病是重点不重，一个节奏，讲得过快，导致听众难于听明白。

第四，要吃透讲话要义，把相关情感自然地揉到讲话中。针对不同的听众特点，因人制宜；情真意切，侃侃而谈；喜怒哀乐，随文起"舞"，你的讲话就会像磁铁一样吸引听众。

这些要领用好了，就是念文章和传达文件，味道也会很不一样。

三、文化是本、精神是源

文化,本质上属于社会意识,是人的各种意识及其表现形式的总和。文化精神可以演化为精神文化,包含制度文化、行为文化和环境文化三个范畴。

文化,在一定的意义上讲,是我们赖以生活的一切,或者说是我们为之生活的一切。人的生活所不可缺少的情感、意义、价值等,都是由文化向我们提供的,文化就是我们的精神家园。

文化最大的特质,就是具有极强的渗透性、持久性,像空气一样无时不在、无处不在,能够以无形的意识、无形的观念,深刻影响着有形的存在、有形的现实。

文化的力量,从大的方面讲,它能够化平庸为伟大,化消沉为奋发,化软弱为刚强,化愚昧为智慧,化腐朽为神奇,化庸俗为高雅,化干戈为玉帛……没有文化的团队是团伙,没有文化的民族是散沙,没有文化的军队是乌合之众。在顺境中可以处处感受到文化的力量,在逆境中这种力量会得到更大的引爆,创造出奇迹。纽柯是美国一家钢铁公司,1916年肯·艾佛逊出任该公司总裁时,它处于破产的边缘。后来,该公司年平均增长率为17%,年销售额达400亿美元,进入美国钢铁业前三名,荣登《财富》杂志"全球最受赞誉的公司"榜。艾佛逊退休后把纽柯公司绝处逢生的成长历程,写成《小总裁大企业》一书。他总结自己是得益于用文化管人,这家公司成功的经验是"70%的企业文化加30%的技术"。这说明"人管人累死人,文化管人管住魂"。将人的行为从被动服管,引导到主动做好,这是文化管人的最高境界。文化是企业的核心竞争力，也是强大的生产力，能带来比技术有更大能量的效率。同理，文化也是军队核心战斗力的重要组成部分，因为它能充分激发战斗精神，带来人与武器的最佳结合。

文化的传承是一项工程。某方面文化的形成后，前期，是少数人影响多数人；中期，是坚定的影响不坚定的；后期，是多数人影响少数人。文化虽然融入我们的血液之中，但事实上，观念形态与制度形态的文化也只是现实生活的反映和产物，它也会随着时代的变迁而改变。实际上文化一直在不断变化和生成着，传统亦不断吐故纳新。按照黑格尔的说法，传统并不是一动不动的，而是生命洋溢的，有如一道洪流，离开它的源头越远，它就膨胀得愈大。按照新解释学的观念，传统文化正是因存在于人们的理解与解释之中，才实现了"过去视界"与"当今视界"的融合，使传统文化得以更新，并成为一种符合时代要求的新的文化传统。因此，对于传统文化的态度不是要去固守，而是要创造性地转化。

文化决定思想，思想支配行为，行为决定结果。有个权威的研究专家指出，相对来说，改变一个人的工作能力，可以增加1倍的功效；改变一个部门的工作流程，可以产生10倍的功效；而如果改变整个单位的文化，则可以产生100倍的功效。

落实是一种理念，是一种责任，是一种行为习惯。

当组织的所有成员在头脑中都确立了落实的观念，对组织的任何一项政策、制度、任务、措施等，都能坚持不懈地贯彻落实到末端，直至实现目的。当它成为一种融化在人的精神和行为中的习惯时，落实也就成了一种"文化"。这种"文化"，在整个抓落实的系统中，处于核心的本源地位，对组织成员起着非制度的强大驱动力的作用。一旦将这一"文化"精神培育、确立起来，抓落实就有了持之以恒、源源不绝的动力和保证。

我国有悠悠五千年文化，应该说文化底子非常深厚。但应该看到，我国自古以来是一个比较缺乏落实文化的国度。著名学者梁漱溟就曾说过，中国文化是一个"理想自理想，现实自现实，终古为一不落实的文化"。这话说得重了点，但看一看历史，春秋战国时天马行空般的论辩，魏晋时期盛行的清谈之风等，无一不是这种不落实文化的反映。古人如此，后人这方面的"短板"也是比较突出的。比如，当前大家都十分反感的不落实现象，可以随手举出一大堆：只图形式，不重实效，靠会议落实会议，靠文件落实文件，靠讲话落实讲话；注重过程，忽视结果，部署工作雷声大，逐级衰减，落实工作雨点小，浅尝辄止，表面上轰轰烈烈，实际上雨过地皮湿；遇到问题能推则推，能躲则躲，能将就则将就，有风险的不愿干，有困难的不去干，得罪人的不想干。这些，实际都是不落实的文化反映。

中外文化在抓落实方面的反差是比较大的。中华民族几千年连续不断的文明史和相对封闭的社会生活，养成了我们在处理问题上过多的灵活性和变通性，这虽有利于处理好人际和社会关系，符合中国社会人群密集的现实。但这种灵活和变通，影响到了我们在执行过程中需要的分毫不差的严格精神。德国、日本的制造业是公认的世界一流，这与德国的工厂车间里标准化规章制度最多且条条落实、日本人连煮鸡蛋都要看着温度计和钟表的严格精神是密不可分的。有一家德国公司并购了我国一家倒闭的国企，德国人成大股东后，掌握了实权，开始搞调研抓整治。这家倒闭国企的员工从上到下，都等着新的德国老板能够拿出新招，大刀阔斧地搞企业改革。结果，德国派来的管理人员调研完后，居然没有动这家倒闭国企原有的一整套规章制度，而是一项一项较真地抓这些规章制度的落实。从上到下都感到吃惊，他们竟然没有新立什么章法？！但从上到下又感到了压力，因为原来那些规章制度是挂在墙上的、写在纸上的，百分之八九十是落不到末端环节的，但德国人较真后，虽然还是按照过去的规章制度来管理的，但几乎都落到了末端。这一较真，这家原来的国企第一年就扭亏了，第二年、第三年，产值、质量和效益翻番地开始上升。这个实例揭示了一个很深刻的问题，好的规章制度必须要有较真的落实相配合，否则规章制度再好都是废纸一堆。像这样一个倒闭的国企能够很快扭转局面，很大程度上是因为主管人员来自德国这样一个认真严谨最重落实的民族，一定意义上可以说，是"落实文化"救了这个国企。

我感到，在一个组织中，"落实文化"应包括创新、求实、责任、法治、诚信、细节、和谐、慎独等要素。其中，创新是抓落实的第一动力，求实是抓落实的核心理念，责任是抓落实的根本支柱，法治是抓落实的长效机制，诚信是抓落实的稳固基石，细节是抓落实的关键环节，和谐是抓落实的必备环境，慎独是抓落实的重要保障，共同组成"落实文化"体系。培育和铸牢这些文化本源、精神要素，抓落实才能无往不胜。

（一）创新是抓落实第一动力

创新，就是对过去和现在的思想、观念、制度、习惯、方法等的扬弃和重组，以及对新事物的探索、总结、吸纳和创造。创新是人的能动性、创造性的最高体现，人类生命的本质在于创新，人类未来的希望也在于创新。创新能力集成了领导者的知识、技能和智慧，能够用超越一般的更高水平、更强能级和更快效率实现创造意图，是领导者履行职责极为重要的条件，也是衡量、检验领导者综合能力的重要标志。

创新的思维越多、方法越好、行动越快，抓落实亦会质量越好、速度越快、成果越多。没有创新地抓落实，就会停留于一般化落实、"传声筒"落实、低效率落实，甚至是打败仗的不落实。

所有抓落实的创新，都可以回归于文化的创新。创新文化是与创新活动密切关联的文化形态，也是社会成员对创新活动的基本态度。创新文化主要是从三个方面影响着作为创新主体的人：一个是从价值观念上。人与人、群体与群体之间，对待创新的基本态度是不同的。有的积极主动，勇于开拓、敢于创新；有的被动消极，趋于守成，害怕创新；有的持之以恒，坚韧不拔；有的经不住挫折，临难而退。这些现象的背后，都是因为基本的价值取向和精神动力不同所致。创新是人的各种高级能力与活动方式有机协调、综合运用的过程，是对创新现象及所涉社会因素进行解读、组合、集成的过程，因此，一个创新者个人或团队要将创新活动坚持到底，必须有开拓进取的人生观、价值观引领，有科学理念、科学精神的导航，这样才能有强烈的创新激情驱动。另一个是从文化氛围上。一个涌动着许多创新元素的文化氛围，能让人思想解放，精神振奋，不断追求创新。即使在创新失败时，获得的也是鼓励和支持。创新文化是创新者的精神家园，在它的滋润哺育下，花蕊可以结出累累硕果，幼苗能够长成参天大树。还一个是从制度体系上。创新是一项涉及多种要素的复杂经济、社会现象，任何创新都不是绝对孤立地完成的。创新系统各部分之间的相辅相成、互动共享，是创新系统成功的特征和保证。实现子系统间的交互、共享，要靠制度和文化。制度以硬性的规范对以人为重点的创新要素进行激励或约束，而文化则通过对人及团队核心价值的认同实现软性的激发或约束。在这里，创新文化不仅仅是虚拟的价值与气氛，而是嵌入到组织、体系和人的能动之中的无形力量，时刻发挥着强大的导向、激励和约束功能。因此，我们必须坚持不懈地从塑造创新的价值观念、营造创新的文化氛围、完善创新的制度体系入手，培育创新文化，提升创新能力，从根本上增强抓落实的动力。

破除思维定式是培育创新文化的重要前提。思维是人类的思想之剑、智慧之光。大哲学家狄德罗曾经说过："怀疑是走向哲学的第一步。"要创新，就必须对前人的想法加以怀疑，从前人的定论中，提出自己的疑问，才能够发现前人的不足之处，才能够产生自己的新观点。洛克菲勒有句名言："如果你想成功，你应辟出新路，而不要沿着过去成功的老路走。"只有思维站在了时代的潮头，理论创新、制度创新、技术创新才有可能，各项工作才会有大的突破。没有创新思维的"牵引"，与创新有关的实践活动就会成为无源之水，无本之木。

目前制约我们比较多的，一是权威性思维定式，二是习惯性思维定式，三是经验型思维定式。如打不破这些思维定式，创新思维就难以产生和立足。

让我们来看一道有趣的测试题：请问 1+1=1；2+1=1；3+4=1；4+9=1；5+7=1；6+18=1，这是否可能？请你来回答。绝大多数人第一反应很可能是这样的："这题是荒谬的！不可能有正确答案！"

实际上每道题的计算结果都是可以成立的，请看下面：

1（华里）+1（华里）=1（公里）；

2（月）+1（月）=1（季度）；

3（天）+4（天）=1（周）；

4（点）+9（点）=1点（13点即下午1点）；

5（月）+7（月）=1（年）；

6（小时）+18（小时）=1（天）。

这道题形象生动地揭示，只要你树立起"一切都是可能的"创新思维，那么，你抓工作落实就能从无答案中找到答案，从不可能中找到可能。

如何衡量和评价创新，是一个公认的难题，因为各个领域的创新很难用共性的或量化的标准衡量。中科院院士过增元倡导建立"三维创新评价体系"来评价科技创新。他认为，不但应分为引进消化再创新、集成创新和原始创新三个创新的类型，还应该从创新的层次来衡量科技创新的程度，其中第一个层次是某个具体问题的创新，第二个层次是研究方向和路线创新，最高层次是整个研究领域的创新。创新的性质应分为改进型、填补空白型和颠覆型。由此，可建立一个三维评价方法和指标，来判断研究项目或研究成果的创新程度。创新类型、层次、性质分别为这个三维评价的X、Y、Z轴，每条轴上分为3个档次，最高3分。如在创新类型（X）轴上，引进创新1分、集成创新2分，原始创新3分；在创新层次（Y）轴上，问题创新1分、方向创新2分、领域创新3分；在创新性质（Z）轴上，改进创新1分，填空创新2分，颠覆创新3分。如果对某个项目的创新性很难确定处在某个档次，也可取两个档次的中间值，如1.5分，2.5分等。根据这个方法，某一创新成果按照分类落在这个坐标系内，其创新分=X+Y+Z，最高分为27分，可以定义创新指数=创新分/27，创新指数的最大值为1.0。创新指数小于0.33的为初等创新，在0.33和0.67之间的为中等创新，在

0.67 和 1 之间的属于重大创新。过增元院士认为，该评价方法虽然不能完全定量地评价创新程度，但至少提出了一个半定量的标准，能够更为准确、客观地反映一项科研成果的创新程度和水平。我觉得这"三维创新评价体系"的基本原理和方法，可以尝试改造运用到对抓落实的各项创新的衡量评价上，使评价创新进一步细化量化具体化，更好地发挥导向、激励作用。

（二）求实是抓落实核心理念

求实，就是要实事求是。对此的经典释义，是毛泽东 1941 年 5 月作《改造我们的学习》报告中的一段话："'实事'就是客观存在着的一切事物，'是'就是客观事物的内部联系，即规律性，'求'就是我们去研究。我们要从国内外、省内外、县内外、区内外的实际情况出发，从其中引出其固有的而不是臆造的规律性，即找出周围事变的内部联系，作为我们行动的向导。"（《毛泽东选集》，第 3 卷）邓小平认为，毛泽东思想的精髓，就是"实事求是"这四个字，他说："毛泽东同志所以伟大，能把中国革命引导到胜利，归根到底，就是靠这个。"（《邓小平文选》，第 2 卷）陈云在很多场合讲："这些年来，我自己有一条很深的体会，那就是要讲真理，不要讲面子，不唯上、不唯书，只唯实。"（《陈云文选》第 3 卷）培育求实文化：

一要以"干"求实

马克思有句名言：一步实际行动比一打纲领更重要。（《马克思恩格斯选集》第 3 卷）

邓小平说得好：世界上的事情都是干出来的，不干，半点马克思主义都没有。

以干求实的过程,是主观和客观相统一的过程。言语永远是行动的矮子,实干永远是做好一切的前提。要从自己做起,从正在做的事情做起,从解决具体问题做起。一切工作往实里抓,一切用行动来说话,一切用实效来证明。

以干求实,不能为个人名利所惑,不要提脱离实际的口号,不要搞"门面工程"和"形象工程"。彭德怀在"大跃进"时期,针对有的地方虚报粮食高产的问题,亲自选了一亩上好的地块,选好种,用良肥,自己动手耕种和试验,用确凿可信的亩产,抵制当时粮食亩产不断"放卫星"的浮夸风,体现了共产党人实事求是的可贵品格。

二要以"真"求实

讲真话、报真情、出真招、办真事,是马克思主义科学精神和我们党优良作风的具体体现,也是对党员干部思想品德和能力素质的基本要求。

求真,很不容易做到做好,因为往往遇到利益冲突、常常陷于名利束缚。矛盾是客观存在的,利益冲突是不可避免的。要坚信从长远看、从最终结果看,只有真实最有力量、只有真话最有价值、只有真干最有前途、只有真相最有生命。虚的东西,唬得了一些人,骗不了所有人;假的东西,遮得了一时,瞒不了永远。

以真求实,要勇于揭露矛盾,敢于坚持真理。事实上,揭短,短变长;亮丑,丑变俊;护短,短更短;遮丑,丑更丑。出了问题遮盖,一个问题变成了两个问题。有些问题本来不大,一捂一盖,就发炎化脓,变成更大更难解决的问题了。作为领导机关的干部,发现问题是水平,揭露问题是党性,解决问题是政绩,遮盖问题是犯罪。绝不能搞隐情不报、重情轻报、急情缓报。碰到矛盾，要视压力为挑战，化难题为机遇，敢于动真，善于较真，以真取胜。坚决纠正把准备落实的说成正在落实、把正在落实的说成已经落实、把多年的成绩说成近期成果等虚假做法。要对事实负责、对组织负责、对历史负责，始终盯着问题，勇于解决问题，才能转化矛盾，有效抓好工作落实。

三要以"深"求实

"实"与"深"是孪生兄弟。求实必然要深入实际、深细调研、深刻总结、深谋远虑。

求深，很重要的是搞好调查研究。要注意克服工作部署多、检查督促少、一般号召多、跟进指导少的倾向，坚持深入基层与群众打成一片，调查掌握真情实况，及时发现和解决深层次的问题。

《孟子》中有一则故事：有人送给子产一条鱼，子产让管池塘的小吏把鱼放到池子里去。小吏把鱼煎着吃了，却报告子产说："才放到水里时，鱼显得不安的样子，过一会儿就活跃起来，摇头摆尾地游走了。"子产听了高兴地说："这下子可给鱼找了个好地方。"

现实生活中，像子产这样脱离实践、作风漂浮、偏听偏信的领导和机关干部也不乏其人。有的高高在上，不深入实际调查研究，不了解基层的实际情况；有的虽然下去了，但只是听听汇报，以汇报的好差来评价有关工作，往往被那些添油加醋的汇报所蒙蔽；有的不对落实情况进行督促检查，抓工作构不成回路，落不到末端。必须不怕吃苦，迈开双脚到群众中去，到实践中去。既身到、又心到，蹲得住、沉得下，和基层群众交朋友，心贴心地了解基层群众的疾苦，倾听基层群众的呼声，急他们所急，帮他们所需，解他们所难，才能将工作往深里抓，在实处落，见到真正成效。

四要以"恒"求实

燕子垒窝，蜜蜂酿蜜，靠的是日积月累。任何工作的落实都不是一劳永逸的，是一个长期反复的过程。

以恒求实，要坚持订长谱、用长劲，从根本方面、基础环节抓起，力求长治久安。要重视克服领导强调时抓一抓、上级检查时抓一抓、出了问题时抓一抓的冷热病，"虎头蛇尾"、只做"上篇文章"忽视"下篇文章"等现象，对易反弹、易回潮的问题，更要多搞几个"回头看"，多杀几次"回马枪"，在反复抓、抓反复中推动工作高标准落实。

培育求实文化，要特别重视反对和纠正各种形式主义、官僚主义的问题。在一些单位和党员干部中，"假、大、空"现象比较突出。"假"就是指导思想不端正，弄虚作假，只报喜不报忧，甚至为了政绩，而制造假经验、假数据；"大"就是工作中搞大呼隆，贪大求全，脱离实际，不计成本，往往事倍功半；"空"就是装潢门面，华而不实，浮在面上，满足于当"收发室"、"传声筒"，空话连篇，不干实事。

我国的畜牧业代表团去荷兰考察时，参观农庄养牛场，发现牛圈地面上竟是牛粪和泥混在一起，有的还扔上些稻草，这场景令考察团的成员十分诧异，感到与想象中世界一流的畜牧养殖业应该具有的水平相差甚远，不如我国的规模化养殖基地内牛圈的水泥地面整洁干净。细问之下，农场主介绍说，研究表明，在地面松软的情况下，奶牛站立的舒适程度高，产奶量和牛奶品质也会高。如果是水泥地面，看着干净整洁，实际上奶牛长时间站立在这种硬地面上，产奶量和奶的品质都会下降。众人恍然大悟，更发人深思的是，这位荷兰农场主最后说:"每年来我们农庄参观考察的,有不少中国的代表团,对牛圈地面应该松软这一科学要求,你们早就了解了,但你们的牛圈是修给领导看的,给参观人看的,和我们不一样。"此话一针见血地指出了只重形式、不讲科学,只追求过程的"美"、不在乎结果"优"的现象,根源是形式主义、官僚主义在作怪!

(三)责任是抓落实根本支柱

责任文化,是落实文化中的脊梁。责任文化刚强,抓落实的大厦就坚固挺拔;责任文化衰弱,抓落实的大厦就歪斜倾塌。

责任是最高境界的行为自觉。什么是责任?用马克思、恩格斯的话来说:它就是社会对生于该社会中的个人的一种"规定"、一种使命,是一种无可推脱必须完成的"任务"。人的责任心,是一种对道德的认识,对道德的态度,更是一种对道德行为的实践。

通俗地讲,责任是人对自己的工作、群体、社会所承担的任务,是人对应尽的义务采取的自觉态度,是对自己所负使命的忠诚。责任就是忘我的坚守,责任就是人性的升华,责任就是做好你被赋予的任何有意义的事情。责任不是抽象的概念,而是在数量、质量、时间、安全、效益等方面有严格规定的行动规范。能力,永远由责任来承载。而责任本身就是一种能力。

前面讲到的先进典型成都军区炮兵某团,他们抓落实之所以这样过硬,关键是将责任具体化、制度化、有形化,使全团官兵在责任文化氛围中,养成了按责任行动的高度行为自觉。在这个团里,大到一个武器装备,小到一个电灯开关,一块玻璃,甚至是一个窗户上的插销,都明确了管理的责任分工。他们每一块窗玻璃,什么时候去检查都是干干净净的；每个窗户插销都是齐全的，打开的角度都是一样的，就因为责任文化已融入了心田，变成了每时每刻的行为自觉。

责任意识哺育出的强烈的责任感会使人终身受益。人的行为受意识支配，一旦有了责任意识，在从事某种工作或者完成某项任务时，就会有一种潜在的积极主动做好的意识，这种意识自然地化为一种攻坚克难的精神和动力。任何时候，我们都不能放弃肩上的责任，扛着它，就是扛着自己生命的信念、生命的价值。如果你不愿意拿自己的人生开玩笑，那就在工作中勇敢地负起责任。只有这样，才有可能被赋予更多的使命，才有机会争取更大的荣誉，才有资格获得别人的敬重。

世界上最愚蠢的事情之一就是推卸自己眼前的责任。认为等到以后准备好了、条件成熟了再去承担才好。实际上，在需要你承担重大责任的时候，毫不犹豫去承担它，尽心尽力去做好它，这就是最好的状态、最好的时机。如果不习惯这样去做，真等到所谓的条件成熟后，你往往不再能承担起重大的责任，也难于做好重要的事情了。

敢于担当不是发个号召能实现的，需要通过健全责任机制，培育责任文化才能解决好。海尔电冰箱从钢板成型到冰箱出厂，共有156道工序，明确了545项制造者、检验者的具体责任，并有详尽的落实记载，这使每个人担当何责、如何担当极为清楚明白，养成了行为自觉。不但生产线是如此，日常管理也处处体现责任文化。该厂有个材料库，楼高五层。整个楼内有2945块玻璃。主管在每块玻璃的角上设置了编号小条，条上写有擦玻璃人和监督者的编码。发现哪一块玻璃脏了，马上就能找到这两个人。这一机制，就保证了这两千多块玻璃"日清日洁",从不出现埋汰现象。正是责任文化从根本方面保证了工作高效、产品优质。

健全的责任制度应该包括：1. 严明的责任体系。不但明确谁来干,而且明确直接责任、间接责任、监督责任及其方法,做到既无漏洞,又不烦琐,同时赋予履行责任所必要的权力。**2. 细化的责任内容**。把干什么、怎么干、干到什么程度细化量化,具体分解落实到每一个人、每一项工作乃至每一个细节,并有明细的评判验收标准,切实做到事有专管之人、人有明确之责、责有限定之期。**3. 封闭的责任回路**。对工作从筹划、布置、实施、抽捡、验收到再筹划,全过程的每个阶段都有相应的责任分工、反馈、监督和考评奖惩办法,做到责任落实一条线、不断线,构成全封闭的回路,确保全程抓到底,件件落实处。

（四）法治是抓落实长效机制

通俗地讲,法治是指在某一社会中,法律具有凌驾一切的地位。所谓"凌驾一切",指的是法律本身被赋予无比崇高的地位,任何人都必须遵守,包括制订者和执行者本身。政党、政府和官员的行为必须是法律许可的,而这些法律本身是经过某一特定的民主程序产生的。即法律是社会最高的规则,没有任何人或机构可以凌驾法律之上。

法治精神在落实文化中具有根本性作用

法治文化是抵制妨碍抓落实的人治文化的强大武器。法治文化是一个国家或民族对于法律生活所持有的以价值观为核心的思维方式和行为方式,产生于民主政治和商品经济。法治文化是相对于人治文化而言的一种进步的文化体系,其关键词是权利、民主、法治。法治文化要求民主程序化规范化、权利高于权力、法高于人,用法治代替人治。人治文化产生于专制政治和自然经济,法律重在治民,是治民的工具和手段。人治文化主张权力高于权利,权力高于法律,人高于规则。而任何抓落实,只有民主程序化规范化、权利高于权力、法高于人,才能持续、稳定、长远地落到实处,实现目的。如果权力高于权利,权力高于法律,人高于规则,那么任何落实都可能扭曲走样、少慢差费,甚至半途夭折,毁了事业。因此,要全面、长远和稳定地抓好各项工作落实,必须把法治文化作为根本建设来抓。

明太祖朱元璋曾问群臣"天下何人最快活",大臣万钢答:"畏法度者最快活。"明代政治家、改革家张居正也有一句名言:"天下之事,不难于立法,而难于法之必行。""法之必行"之难,实际就是抓落实之难。应该承认,无论机关还是基层,目前普遍缺少浓厚的法治文化氛围。有不少很好的法规制度,有些领导干部和机关没有带头坚决贯彻,存在着以自身利益得失来决定取舍,甚至无原则"打擦边球"、搞变通等现象,结果在落实中变味了、走样了,甚至被束之高阁。不依规矩,不成方圆。要持久、深入、有效、稳定地抓好各项工作的落实,必须尽早尽快地培育法治文化、健全法治建设。

美籍日裔著名学者福山近来研究人类政治思想史,写的《政治秩序的起源——从前人类时代到法国大革命》一书中,对古代中国的国家政权评价很高,但对法治则持全盘否定的态度。他尖锐地指出,法治文化在中国文明中是缺少的。我国两千多年的政治文化传统,总体上属于一种人治主义,即人治文化。这些事实,显示出今日建构法治文化的紧迫性和艰巨性。

依靠法治抓落实才能真正健全长效机制

好制度往往举一反三，持久给力，一旦成为人们的行为规范和准则，就能够收到最佳抓落实效果。有一个故事，讲的是古时候大灾荒年代，有7个人在一起共度饥荒，每人每天能够分一碗粥用以充饥。为了粥分得均匀，就一天轮一个人负责分，结果轮到分粥时，打粥的人就给自己打得相对多一些，就能吃得饱一些。因为粥少人多，这种分配方法大家不满意，后来又想了一个办法，从7个人中选一个相对资历比较老、威望比较高的人，由他来负责掌勺分粥。一开始还不错，但是慢慢地有的人就开始讨好这个掌勺分粥的人，跟他套近乎，这样粥可能分得多一些。这又造成新的不公平，7个人感到这样也不行，就成立一个三人监督委员会，每次分粥的时候监督掌勺人，这个办法刚开始还行，但后来监督的人和分粥的人也经常出现争执，摆不平。最后，这7个人想出了一个招数，立了一个制度，仍然每个人每天一轮分粥，但负责分粥的那个人必须是最后一个拿粥。这个制度一实行后，分粥的人就特别公平，因为他是最后一个拿，否则就会自己吃亏。这样做以后，谁都感到这个办法好，谁都认为分粥分得很公平。这个故事生动地说明，依靠制度抓落实、解难题，是最公平，也是最科学的办法。

第二次世界大战中，美国的空降兵采购部门和降落伞制造商，因为降落伞出现的质量问题发生了矛盾。空降兵采购部门说，你们的降落伞质量必须达到100%合格，否则就不买你们的了。造降落伞的公司老板采取了不少措施，使降落伞的合格率提高到了99.9%。到了这个程度后，老板就说，质量没法再提高了，这么多降落伞，你要100%合格不可能。空降兵部队采购部门见说服不了老板，就提出必须在新签订的有法规效力的合同上写上这样一条规则：每批降落伞出厂时，随机抽一具，由降落伞公司的老板背上这具伞亲自去试跳，否则就视为质量不合格不接收产品。这个规则确立后，慌了的老板将所有的设计人员、管理人员找来，通宵达旦，加班加点，反复查找和解决产品深层次的质量问题。其后，每一批抽检和在战场上使用都达到要求。久拖不决的威胁伞兵安全的质量隐患，就靠立了这么一个法规性的制度，使100%合格真正得到落实。我相信，今后不管是谁当降落伞制造公司的老板，只要验收的规则是要求老板背上随机挑出的伞亲自试跳，他绝对不会在降落伞质量方面有一丝一毫的马虎。从中反映出了什么？就是你要抓落实就要靠法治手段，这是最管用的，而且是管长远的。

落实法治必须从各级领导和机关带头严起

构建法治文化需要各级领导和机关高度重视和积极推进。古人云：小智者治事，大智者治人，睿智者治法。要将法律知识寓于文化思想传播之中，从而把法律知识转化为法律意识、法治理念和法治精神，变法律知识的单向灌输为润物细无声的文化熏陶和教育，真正使法律意识、法治理念融入每一个人的内心，成为每个人文化心理的一部分，成为全体成员的共同自觉意识与追求。同时，要大力完善"以法为准、以人为本"的各项法规制度体系，以规范人的行为，使大家都有法可依、有章可循。

一些领导和机关干部严人不严己、严下不严上，直接影响了法治文化培育和贯彻。要切实加强教育、管理和监督，使领导和机关干部始终置身于组织视野之内，法规约束之中，群众监督之下。要切实认清不依法决策的领导不是称职的领导，不依法办事的机关干部不是合格的机关干部，自觉依据法规制度谋划工作、解决难题、抓好落实。

（五）诚信是抓落实稳固基石

落实工作任务，离不开诚信。因为一个人只有诚信，做事才能踏实，认真；做事踏实，认真，才能保质保量、一丝不苟地完成自身所承担的各项工作任务。因此，诚信是落实的要义，诚信文化，是落实文化中的重要基石。

诚信是人格魅力的"标识牌"

诚信的含义相当广，是人们人格因素中那些美好的东西。包括遵守诺言、实践承诺、老老实实、诚实可信，讲真话、不虚妄，办实事、不撒谎，守信用、不食言等。通俗地表述，就是一诺千金，说到做到。孔子说："民无信不立。"对工作来讲，诚信是落到实处的人格保证；对团队来讲，诚信是无形的宝贵资产；对组织来讲，诚信是凝聚人心的法宝；对社会来讲，诚信是维护健康秩序的保障。

鲁迅先生说过：伟大的人格的素质，重要的是个"诚"字。诚信是人格魅力的标志。诚实的人活得最潇洒，因为他永远不用圆自己曾说过的话。是否诚实守信，不仅反映了一个人的思想品德和道德觉悟，还反映了一个团体的信用程度。古人说得好："伪欺不可长，空虚不可久，朽木不可雕，情亡不可久。"你或许能在所有的时候欺骗某些人，也能在某些时候欺骗所有人，但不可能在所有时候欺骗所有人。一个表里不一，言而无信的人，可能蒙混乃至得势一时，但不会长久，到头来还是让虚伪害了事业，害了自己。所谓老实人从长远看不吃亏，道理就在这里。

诚信可以给人以力量，更可以使人在工作、学习和做人方面有计划有步骤地进行，并能得到真正落实。诚信的人能如古人所说：知之为知之，不知为不知；内不以自诬，外不以自欺，自觉地做到实事求是，任何时候都坚持真理，不文过饰非，更不掩盖事实真相。

诚信是成就事业的"通行证"

中华民族向来是一个讲"诚信"的民族。自古以来有所谓"五常"，把"信"与"仁""义""礼""智"平列，称作做人的五种常道或常规。孟子云："诚者，天之道也；思诚者，人之道也。"古人还讲："大丈夫一言既出，驷马难追"。可见古人把"诚信"看得非常重要。毛泽东也说过："我们应该是老老实实地办事；在世界上要办成几件事，没有老实态度是根本不行的"。

无论政府，还是团队，只有诚实守信，才有巨大的号召力、感染力。领导和机关干部如不遵守自己的诺言，哪怕只有一次，都会使下属很快产生不信任感，得不到群众信任的上级怎么可能带领部属做出优秀成绩呢？对下属的许诺一定要一丝不苟及时兑现，即使带来一些未预想到的损失也不能打折扣，否则，作为领导者失去的东西将会更多。

领导机关的干部，作为一级管理者，在被管理者眼里，往往代表了准确、正义和秩序。如果管理者的评判不真诚准确，假当真，真当假，朝令夕改，前后矛盾，言行不一，喜怒无常，不能在恰当的时候给出正确的褒奖与惩罚，那就会给被管理者一种误导，让他不知道什么是对的，什么是错的，他会失去衡量真伪的标准。而管理者在被管理者心目中的形象也会大打折扣，这样不只会打击被管理者的工作信心，甚至会改变他积极的人生态度和工作精神，严重影响成长进步。

诚信是识别人才的"试金石"

一个人的人品如何，直接决定了这个人对社会的价值。而在与人品相关的各种因素之中，诚信又是最为重要的一点。一个缺乏诚信的人不可能真正成为大有作为的人，诚信是识别人才的"试金石"。

一家高级轿车代销公司的总经理，决定从业务主管中选出一位接替他的职位。他找来两位候选人，布置了一项任务作考核。欧洲原厂100辆最新款的轿车就要运抵，分给这两位业务主管各50辆，三个月内谁卖得最多，谁就是新的总经理。但老总特别提醒：原厂告知，这款车有一个电子零件有瑕疵，发生故障概率为百分之五十。由于这个瑕疵不会影响到行车及安全性，所以原厂没有计划召回车子。如果使用中发生瑕疵现象，原厂负责更换，但受生产条件制约，零件要三个月才能运抵。

三个月考核期快满时，一个主管卖了49辆，另一个主管一辆都没有卖出去。老总就暗请一个朋友假装买主去调查。老总的朋友试驾这款新车后，问那位已卖出49辆的业务主管："请问最快何时可以交车？""可以立刻交车"，但没介绍车有瑕疵。老总的朋友接着到那个一辆车都没卖出去的业务主管那里，试驾后说："请问最快何时可以交车？""三个月"。"为什么要这么久？""因为这款车一个零件有瑕疵，我得申请更换，三个月才能到货。若您急着要车，我可以介绍您向我的同事购买，他有现车。"

老总听完朋友的叙述后，好奇地找来了那位落败的主管问："听说，他卖出去的49辆车中有30辆是你介绍的，你为什么要将客户往竞争对手那里推呢?"这位主管说:"从员工的角度,我有达成销售的责任,但我无法卖一辆事先知道有瑕疵,却没有零件可以马上更换的车子给客人,这跟自己的原则抵触。所以在向客人介绍时,我都如实告知这个瑕疵,如要买,得更换零件,三个月后提货;如急用,不在乎这个瑕疵,那请到我们公司另一销售点去看看。虽然这样会造成别人比我卖得多,但我心安。如果他被您选为总经理,就表示您重视业绩,而忽视诚信,这也与我做人的原则相违背。从职场生涯角度看,我也不适合这样的企业文化,也没有什么可惜的。"老总听完后,毫不犹豫地选了这位销售"落败"的主管当继承人。

(六)细节是抓落实关键环节

细节,对工作任务的真正落实起着不可替代的重要作用。有时一个蚁洞,就大堤溃决;一招不慎,就满盘皆输,因而创建良好的落实文化,必须构建细节文化。

细,就是细致、细心。在心理学中,细是一种严密的思维活动。构建细节文化,要求组织中的所有成员都能认识到细节的重要性,养成重视细节的习惯。我们不妨反思一下,有些工作落不到实处、达不到标准,原因虽然多种多样,但有一点是共性的,就是我们缺少细节文化,做事满足于差不多,不能精耕细作,有时就"差之毫厘,谬以千里"。细节文化的本质是严谨,表现为认真的态度、科学的精神和极端负责的细致,追求的是把细节做到极致的完美,从而达到"1+1>2"的成功。

"魔鬼在细节中,天使也在细节中",这话看似矛盾,其实是辩证统一的。将巨大的任务逐级分解，细化、细分到微小的环节，每一个环节都准确无误地完成了，则再大的工程也能最终实现。忽视细节，如魔鬼附身，会受到无情的惩罚；抓好细节，一顺百顺，能积小胜为大胜。

抓落实的过程，是一个化理论为实践、化抽象为具体、化"粗"为"细"的过程。细微之处见精神、细微之处见境界、细微之处见功力、细微之处见水平。没有细节文化奠基，不可能有抓落实的辉煌。

注重细节在中华民族源远流长

我们的祖先很早就意识到了精益求精、严谨细致的重要性，形成了一系列把重视细节、不忽视小事作为成事之基的哲理认识。如，老子"天下难事，必作于易；天下大事，必作于细。"《荀子》"积微，月不胜日，时不胜月，岁不胜时。凡人好敖慢小事，大事至，然后兴之务之。如是，则常不胜夫敦比于小事者矣！"；韩非子"慎易以避难，敬细以远大"，还有"人之持身立事，常成于慎，而败于纵"、"不积跬步，无以至千里；不积小流，无以成江海"，等等。这些流芳千古的哲言，体现了中华民族注重细节、严谨细致的智慧、作风和美德。

16世纪以前的中国科学技术，总体上处于世界领先地位。一个很重要的原因，就是我国古代的科技先驱以严谨细致的作风，勤于观察、长于思索、勇于探究、辛勤耕耘，才有了造纸、火药、指南针、印刷术等伟大的发明。沈括是北宋著名科学家，朝廷曾任命他主持司天监的工作。为了观察北极星的实际位置，他每夜利用天文仪器观察天象，并在前半夜、半夜、后半夜三个固定时间内，分别用纸张精确地画上北极星在天空中的位置。他坚持了整整三个月，共画了二百多张图,最终得出一个重要的天文学结论:北极星的位置不在北极,它离开北极有一度左右。正是有了这样一种注重细节、实践和实验的科学风气,沈括所著的《梦溪笔谈》被誉为"中国科技史上的坐标",所记录的许多科技成就被列为世界第一。如,根据化石推断古代气候的变迁,比西欧早400多年;用流水侵蚀学说阐明华北平原和雁荡山峰的成因,比西方类似学说早了700年;根据观察结果,主张十二气历,比与它相似的欧洲萧伯纳农历早了800年。正是千千万万沈括这样的先辈,引领炎黄子孙养成了注重细节的文化传统。

严谨细致是老一辈革命家的优良作风

毛泽东不但是一个大气磅礴、指点江山的伟大人物,而且观察事物敏锐、研究细致入微。如,他对于自己的诗词作品,从来都是反复修改,千锤百炼,精益求精。写于1961年的《卜算子·咏梅》:"风雨送春归,飞雪迎春到。已是悬崖百丈冰,犹有花枝俏。俏也不争春,只把春来报。待到山花烂漫时,她在丛中笑。"其中,"犹有花枝俏"的"犹"字,初稿为"独";"俏也不争春"的"俏也"两字,初稿为"梅亦";"她在丛中笑"的"丛中",初稿为"旁边"等,都是经过一再推敲斟酌的。20世纪60年代,毛泽东将大庆精神、铁人精神概括为"三老四严",即:对待事业,要当老实人、说老实话、办老实事;对待工作,要有严格的要求、严密的组织、严肃的态度、严明的纪律。这实质上是要求全国人民学习大庆石油队伍严谨细致的精神和作风。

周恩来是用严谨细致的作风写就历史的典范。1949年8月,宋庆龄应毛泽东、周恩来的邀请,从上海来到北平,共商建国大计。周恩来去接站前,亲自到安排宋庆龄居住的地方,检查接待工作,在厨房里发现没有准备西餐刀叉，因为宋庆龄在西方国家生活时间比较长，她有吃西餐的习惯，周恩来马上作了纠正；屋内摆放了一盆菊花没有剪枝，周恩来当即交代做了修枝。开国大典后，宋庆龄乘专车回上海，周恩来为她送行，火车开了，他跟着火车走，车开得快了点，他就快步走；火车再快了，周恩来就小跑，一直跑到月台尽头，仍向已当选中央人民政府副主席的宋庆龄挥手，直到看不见才离开车站。宋庆龄后来读了记载周恩来这些细节的报告文学，热泪盈眶，亲自用毛笔抄写相关段落，写了满满7张纸，留下来作纪念。至今这7张纸还保存在宋庆龄故居的文物库里。当年接待美国总统尼克松访华时，大到联合公报的谈判，小到招待美国代表团宴会的菜单和伴宴音乐，他都要亲自检查安排。当尼克松在中国政府为他举行的欢迎宴会上，听到家乡的乡村音乐时，十分高兴，举杯向周总理表示感谢。这次访问能够取得历史性的重大成就，与周恩来细到极致的安排，并由此形成非常难得的良好氛围是密不可分的。

细节是左右事业成败的重要因素

对个人来说，细节体现着素质；对单位来说，细节代表着形象；对事业来说，细节左右着成败。

关键时候、关键环节的细节处置，能决定一个国家的兴衰、一项事业的成败。这不是夸大其词，而是有着科学的理论根据和无数的史实证明。

西方一首源于史实的民谣说：

丢失一个钉子，坏了一只蹄铁；

坏了一只蹄铁，折了一匹战马；

折了一匹战马，伤了一位骑士；

伤了一位骑士，输了一场战斗；

输了一场战斗，亡了一个帝国。

民谣说的是1485年的一天，英国国王理查三世准备和里奇蒙德伯爵进行决战，战斗的胜负将决定谁统治英国。决战当天早上，理查派了一个马夫去备好自己最喜欢的战马，但由于少了一根钉马掌的铁钉，铁匠只能用三根铁钉，将就着把其中一个马掌钉好。战斗开始后，理查国王勇猛地冲在最前面，但他那匹马少了一个钉子的那块马蹄铁掌掉了，战马跌翻在地，理查也被掀倒在地上，他的士兵见状溃退。等国王好不容易爬了起来，四周已全是敌人。这一大仗的失败，直接诱因是因为少了一个马掌钉！莎士比亚为此写了一名句："马，马，一马失社稷！"马蹄铁上一个钉子是否丢失，本是初始条件的十分微小的变化，但其"放大"效应却是一个帝国存与亡的根本差别。这就是政治和军事领域中的所谓"蝴蝶效应"。

战争年代，刘伯承带领机关人员外出时，逢山问山，这座山叫什么，海拔多少，属何山脉，坡度多大，有几条上山的路；遇水问水，这一江河叫什么，上游在什么地方，流经何处，流速多少，流量几何，落差多少，渡点在哪里。刘伯承提出那么多的问号，就是要促使机关人员自觉地想得细一点，能自我寻根问底，知其然又知其所以然，以利战争的胜利。

我们不少机关干部在细节文化的修养方面，差距是比较大的。尤其要高度重视和努力纠正以下一些常见的细节问题：

要防止出现文字差错。机关承办文件不但比较容易出现文字丢、漏、差、错，也可能出现格式套用不当，还可能在大家都意想不到的地方出大洋相。空军这方面有一个多年前发生的很典型的事例，政治部的一个二级部，呈送了一个文件给当时的空军司令员和政委，内容中居然将空军的某副政委写成某政委，而且是经过层层签署后送上去的。司令员先看到了，就将政治部主任找来，指着差错说，军委最近是不是下令，把我们的政委调整了？政治部主任面红耳赤、无言以对，拿着文件回去，在政治部举一反三，搞了一次作风整顿。大家想一想，是不是越是不大注意校对的地方，越有可能蹦出这样的超级错误？我就碰到过一个新来大学政治部帮助工作的干事，在呈文件的时候，应该套用空军工程大学党委文件的红字固定格式纸，结果套用了空军工程大学的红头固定格式纸，经处领导和政治部副主任审阅送上来了。用大学党委名义还是大学名义是有重大区别的，这样的差错如果审稿的领导同志不仔细，是不大容易看出来的，上报下发就会造成很坏影响。所以，防止多发性文字差错的弦要时刻绷紧，校对一定要不厌其烦、滴水不漏。

要严守办文时效和程序。机关在承办文件过程中，既要看上级或领导的指示要求里有没有明确的时限，还要看文件具体事项内容中，有没有急切的时限要求。如时限很紧，你就不能按部就班，处长不在等一等，部长不在等一等，今天不在明天递，这很可能造成公文处理上的迟缓，有时导致严重后果。我在军区空军机关工作时，就见到过司令部一位处长，在周末下班前接到事关军事训练的一个重要文件，他一目十行地没细看，就想当然地认为下周一呈送首长也可以，具体经手的新参谋又不知轻重，未提醒处长。结果，上级在周日就因贯彻这一重要文件将军区空军主要领导急召到北京开会。该处长因压误重要文件导致严重后果被追究记过处分。假如是处理有关作战的文件，机关误时非打败仗不可。呈送牵涉其他部门工作的审批件要及时与有关部门协商会签，取得共识再逐级呈送领导审批；必须自下而上逐级呈送，特殊情况需要越级时，要先请示报告需越过的领导,征得同意后再呈,事后及时补送;签给两位平职领导看的文件,一定要先送给直接分管的领导,假如你先送给另外一位领导看,有可能出现直接分管的那位领导同意或不同意的意见还没来得及表达,另外一位领导一签字,他再有意见就很难签署了,这就是程序出错,可能造成工作被动、协调困难。要牢记机关工作的严肃性,时时刻刻用"如履薄冰"的心态办文、办事,对每项程序、每个细节保持高度警觉,处处按程序规范去做,才能持之以恒地做到零差错、零失误。

要周全组织会务工作。组织会议以周全见作风、见质量、见效益。一是制定会务方案要周全。对会议的每个环节、会议涉及的各个方面、会议各个工作小组等都要作具体安排,明确分工内容、要求、责任和时限,确保环环相扣,有条不紊,密切合作,形成合力。二是会前安排和特情处置准备要周全。在办会过程中有时会出现一些"怪事",比如:话筒准备得好好的,但正式开会时"一言不发";会场突然停电;主要领导面前的会议材料出现缺页;领导和来宾座次顺序出错。要正确处理这些问题,会前务必多想几个"万一",多设计几个应对预案,保证临变不惊、处变不乱。我国自古以来是一个重礼仪的国家,会议席位的摆放问题马虎不得。主席台上,军政主官在双数座位坐中间的时候,容易出差错,这时候,面向观众的中间双数座位中,右侧是一号位,左侧是二号位;党的会议应该书记在一号位,副书记在二号位,其他会议应该军事主官在一号位,政治主官在二号位。请记住一句通行不变的座席规则:"主席台上一把手的左侧是二把手"。三是会议现场服务要周全。人员进出会场秩序,领导或重要来宾接待,特别是表彰发奖,不能乱套闹笑话,要组织相关人员进行必要的预演。要防止个别领导干部迟到而影响会场严肃性,时间快到提个醒,哪个领导都不会埋怨你的。领导的主持词、讲话稿,机关干部一定要带备份。我在空军机关就经历过,在一个大型会议上,明明前一天将主持词交给了领导的秘书,但很不幸他忘了带。我作为主办会议的二级部领导带了备份,开会入座了,秘书急急忙忙来找我,额头直冒汗,我说不要紧,这儿还有一份,马上弥补上了。承办会议人员应在开会之前清点人数,重点是主席台人员是否到齐,主动向主持会议的领导报告,便于领导能够掌握时机宣布开会。如果你没有做,那就是失职。我也经历过这么一件事,有一个军区空军的副处长,张罗着一个重要会议,主持会议的军区空军政委一看时间到了,就问他,人齐了没有,这个副处长看都不看,就答到齐了。政委马上宣布开会,几句开场白后说,下面请某副政委来传达文件,结果那位副政委因特殊情况还没到会场。你们想想,出这样的差错,在重大会议现场,上千人大眼瞪小眼地盯着、等着,会造成什么样的影响?后来这个办事粗心大意的副处长很快就确定转业了。四是会后细节要周全。如及时起草呈送会议纪要、报告,做好与会人员返回工作,搞好会议的新闻报道,回收会议密级文件,收集传达贯彻情况和反映等,做到会散事清。会议会餐如果临时有领导不来,你不注意撤桌签、调座位的话,很可能出现礼宾方面的不妥,特别是接待重要领导、外宾的时候,那种细节是不应该草率的,它体现了机关的作风。还有一个细节也作个介绍,就是有不少同志不会倒茶。倒茶实际有学问。老百姓有一句土话叫"酒满杯、茶半杯",是很有道理的。因为大多数人爱喝的是绿茶,倒入满满一杯开水,适宜75℃水温的绿茶很容易泡黄了。因此,泡绿茶应倒半杯,而且不宜盖盖,这样杯中的水温不会过高,茶的品味不易受到破坏。但红茶是适合用沸水泡，而且倒满杯，盖上盖的。当然更讲究的有个茶道。你别小看这些细节，它能体现出你的文化积淀高低厚薄。

总之，机关干部思考问题、处理文件、上传下达、来往接待、完成首长交办的事项，都要努力做到不让正在办理的文件在我手里积压，不让领导交办的事在我手里延误，不让正在传递的信息在我手里中断，不让各种差错和泄密现象在我这里发生，不让基层来办事的同志在我这里受到冷落，不让机关的形象在我这里受到负面影响。

（七）和谐是抓落实必备环境

和谐是中华传统文化的要义和精髓，是优秀的文化遗产。和谐是工作落实必需的基础和秩序。

和谐出凝聚力、出战斗力，也出效益、出干部。"唯宽可以容人，唯厚可以载物。""人能尽其才，则百事兴。"和谐是团队的纽带，是事业成功的保证。唱"独角戏"，跳"单人舞"，不可能干成大事。要大力倡导"阳光、真诚、责任、感恩、宽容"的和谐文化，组织内每一位成员都要坚持大事讲原则，小事讲风格，以大局为重，以事业为重，珍惜团结，相互尊重、相互信任，胸襟坦荡、虚怀若谷，在团结共事中增进感情，在协调配合中加深信任，在宽容谅解中化解恩怨，在营造和谐中增强合力。

营造和谐文化，纯洁人际关系，尤其需要注意：

共事不混事，和气不"和泥"

陈毅元帅曾赋诗说："难得是诤友，当面敢批评"。"诤友"者，能直言其过。古人云："士有诤友，则身不离于令名"，可见好友之间，讲究个"净"字，确实很有价值、很有必要。我曾多次听当年是老红军、老八路的首长跟我讲，战争年代我军内部的批评与自我批评风气好得很。连长、指导员们平时带兵打仗敢嚷敢骂，魄力大得很。但他们参加党支部民主生活会或党小组会时都是乖乖的，用他们的话说，就是"天不怕、地不怕，就怕支部民主生活会"。因为这时候，普通的战士党员都能毫不留情、直言不讳地批评连队干部种种耍脾气、搞主观、瞎指挥等不良表现，连队干部都能认真听，该检讨的马上检讨，毛病会改得越来越少。正是这种不"和泥"的健康批评风气，使连队凝聚力、战斗力不断增强。现在的党组织民主生活会上，批评与自我批评开展很不够，大都是"多栽花、少栽刺"，你好我好大家都好，一团和气。这不是一种进步的现象，而是一种优良传统失传、精神生活滑坡的表现。

机关内部营造和谐文化，就必须充分认清，敢给你提意见的人，才是真正爱护关心你的，是"忠言逆耳利于行"，是"良药苦口利于病"，是我们最应该亲近的好朋友。要积极倡导利用党组织生活开展批评与自我批评，互相帮助、互相监督，知无不言、言无不尽，扬长纠短、共同进步。要和气不"和泥"，严格不"出格"，团结不"结团"，信任不"放任"。以事业和工作为重，揽事不揽权，干事不误事，出面不出风头，当助手不乱插手。在日常工作生活中，互相间多一点信任，少一点猜忌；多一点关爱，少一点冷漠；多一点沟通，少一点独处；多一点谦让，少一点计较，自觉做到思想上同心，目标上同向，行动上同步。这样才能形成和衷共济干事业、凝心聚力谋发展的和谐局面。

践行君子交，摒弃甘若醴

年轻的机关干部对机关的人际关系往往有胆怯心理，怕处理不好，有的又受不良社会风气的影响，陷入物化的庸俗人际关系误区中。据传，《红楼梦》的作者曹雪芹，有一次参加一个相熟的赫都统的50大寿宴请，他除了送副对联外，另外还送了两酒坛的泉水。赫都统以为是什么陈年好酒，令人启封酒坛，每人斟上一盏。可笑的是，分明白水一杯，赫都统喝后却碍于情面当众称赞："真是好酒也！"曹雪芹哈哈大笑说："这不是好酒。"随即将送来的对联挂起。上联写的是"朋友之交"，下联写的是"淡淡如水"。众人见状鸦雀无声，那位赫都统恍然大悟，他说："好呀！圣贤有言，水淡而情浓，君子之交贵在真，淡淡如水见真情，我们一起喝！"结果这两坛子泉水，被贺寿的人痛痛快快、热热闹闹地一饮而光。"君子之交淡如水"的佳话从此广为流传，成为人际关系清风正气、高雅脱俗的境界标志，与"小人之交甘若醴""不给好处不办事，给了好处乱办事"等歪风陋习形成鲜明反差。

机关干部之间，要多交流思想、多交流学问，少来一些吃请、请吃，更不要互相之间沉溺于礼尚往来，将物质上的厚薄当成友情的温度计。孔子说四种人令人厌恶：一是喜爱说人坏话的人，二是居下位而诽谤上位的人，三是有为而无利的人，四是果敢而不通事理的人。无论是军营内还是社会上，无数事实都说明，物以类聚，人以群分；近朱者赤，近墨者黑。建立在利益关系上互有往来的酒肉朋友，只能同甘，不能共苦，这样的朋友交得再多，也没有多大益处。建筑在志同道合、共同事业基础上的战友、朋友，才能同舟共济、同甘共苦。机关干部要多交"淡如水"的真朋友，远离"甘若醴"的假哥们。

敬上不畏上，敢于讲逆言

古人说得好："千士之诺诺，不如一士之谔谔"。春秋战国时代，齐威王为听真话，曾颁布命令："群臣吏民，能面刺寡人之过者，受上赏；上书谏寡人者，受中赏；能谤议于市朝，闻寡人之耳者，受下赏"，结果齐国大治。封建时代的政治家尚能如此，我们共产党人应该做得更好。可以观察到不少机关干部，对上级领导很尊重，但也常常将事事服从领导、从不提不同意见，理解为是爱护和尊重领导。机关干部要提高能力素质，必须纠正这种误区。

对领导的正确态度，应该是敬上不畏上，为了事业，秉公直言，善于向领导提出不同的甚至相反的意见。这样才能帮助领导干部将问题看得更全面，处理得更好，这才是真正的爱护领导、尊重领导。周恩来生前与别人交谈工作，最不喜欢听"没意见"这三个字。有一天，周总理参加一个会，研究讨论将在重大场合演出的话剧《屈原》剧本的修改完善。周总理发表了不少意见，然后问一个身边人的意见。他说：我都同意，没意见。周总理就很不高兴了，说：我不喜欢你们一来就同意我的意见，那还讨论什么？！在日本的松下公司，松下总裁曾立了一条铁的规矩：不开没有不同意见的会。说：谁能指出我的意见不妥当之处，我给予重奖。而且言出法随，多次重奖敢于独立思考，敢于向上级提出不同意见的员工。结果，松下公司每年的技术革新，大大小小加起来就高达两千多项。我们太缺少领导与部属之间这样的"敢于讲逆言"风气。各级机关的领导应该学习周总理和松下总裁等开明领导的作风，用多种方式鼓励周围的同志敢于直言，使敬上不畏上成为一个规范，营造健康的、民主的、真诚的人际关系和谐氛围。

身正作号令，爱兵胜亲人

干群关系怎样才能处理好？威信从哪里来？无非是两种途径。

一种是以"威"取"信"。认为依靠手中的职权，端起个架子，耍个威风，"你是下级，敢不听我的"，连骂带罚，"威信"就建起来了。实际上，以威取信，部属"畏而远之"，是有威无信，可见以"威"取"信"是个误区。另一种是以"信"建"威"。古人说得好，"为将之道，当先治心"，"其身正不令而行，其身不正，虽令不从。"威信是以部属的拥护为前提的，树立威信，归根到底在于赢得人心。以身作则是无声的命令，比有声的命令更有感召力。机关干部应努力以自己的德、能、勤、绩，使部属心服口服。对基层排忧解难的事要及时办、认真办，不能办的要耐心解释、讲清道理，决不能摆架子、讲官气，更不能盛气凌人、故意刁难。要坚持做到：同样需要，下级第一；同样需要，基层第一；同样需要，士兵第一。这样建起来的威信根基厚实，是真正的威信。

我军从建军初期开始，一贯强调官兵一致，严爱并施。长征路上，一到宿营地，战士休息，干部忙于烧洗脚水，为战士挑水泡；煮稀粥，先打干的给战士吃，干部喝稀的；睡山洞，干部睡在洞口，为大家挡风。你说这样的军队能不大破敌军么？为什么极端艰苦的红军，却绝少有士兵"开小差"，而动不动就打骂体罚士兵的国民党军队，虽然生活不错，仍时常有人"开小差"呢？带兵不爱兵是根本原因。这些年，对部队管理教育只讲严、忽视爱的现象是时有表现的。在构建和谐文化中，要重视解决带兵不爱兵的倾向。

（八）慎独是抓落实重要保证

所谓慎独，就是在无人监督的情况下，仍能坚持自己的道德信念，自我监督，自我约束，自觉地遵纪守法，自觉地按照规范、准则和要求去做。很显然，在落实文化中，慎独文化是不可或缺的重要组成部分。

刘少奇说过这样一段话：即使在他个人独立工作、无人监督、有做各种坏事的可能的时候，他能够'慎独'，不做任何坏事。这一精辟论述，解释了"慎独"的本质内涵和重要意义。刘伯承曾教育部属，战战兢兢，无事不成；心无所惧，寸步难行。其中的要义，也是慎独。慎独，是抓好工作落实的重要保证。能否做到慎独，以及坚持慎独应达到的程度，也是衡量一个人自我修养好差的重要标尺。

当一个人没有欲望时，他的生活是枯燥无味的，是没有活力的。当一个人欲望太多时，他的生活又是处处充满危险的。没油水的地方常常是平稳的，不容易摔倒；有油水的地方常常是滑溜的，而且跌倒后想爬起来站稳，还很不容易。

古人是很讲究"正"的。有一次，季康子问政于孔子，孔子告诉他，正的意思就是端正，为官的带头走正路，谁还敢走邪门歪道呢。老子说："以正治国，以奇用兵。"国外也推崇"正"。莎士比亚有句妙语："没有比正直更富的遗产"。塞万提斯说得好："正直是最好的人生航标"。

"正"作为人类优秀的传统文化和精神文明成果，共产党人、革命军人更要大力倡导，身体力行。各级机关干部要让基层和部属服你，听你，敬你，更应该做公正的模范。怎么做到正？无数事实说明：心有信念——正有基石；无欲则刚——有刚才正；欲不可纵——纵欲则歪。

在新的形势和条件下，各级领导干部、机关干部能不能过好权力关、金钱关、美色关，就是对能否保持慎独的很现实很直接的考验。有一个人从飞行员、机关部门领导，一直当到了正军职领导，后来因为贪污受贿、巨额财产来源不明等，被判刑16年。一颗耀眼的将星从此陨落，留下了一道耻辱的痕迹。他在悔罪书中写道："我把改造思想、改造世界观只对他人，不对自己，思想不知不觉发生了蜕变。"他由衷地感叹，"信念是生命的保护神，一旦丧失，就像一头疯狂的野兽，不是掉进深谷自取灭亡，就是被猎人开枪打死；一个没有了理想信念的人就等于没有了灵魂，必然导致身败名裂"。小洞不补，大洞受苦；小节不保，必酿大祸。他从收受烟酒衣物等"小事"开始，发展到收受金银首饰等贵重物品，直至后来多次接受地方老板、包工头上百万元的贿赂，也"脸不改色心不跳"。生活不检点、娱乐不健康、交友不慎重，也是他走上犯罪道路的腐蚀剂和催化剂。他痛苦地回忆说："走上重要领导岗位后，自己手中有了一定权力，身边不乏一些年轻貌美的女子，自制力差，掉进了温柔的陷阱不能自拔。"为此，他还画了一幅题为《灾难》的漫画：在一条两边杂草丛生的道路上，站着一名打扮入时的女子，手持铁锹，正在埋葬陷阱内躺着的一个深陷其中、不能自拔、奄奄一息、似鬼非鬼的人。这个被埋的人，就是他对自己的画像。十个贪官九个色，温柔井中不知害死了多少人！

将一块磁铁投入沙堆中，磁铁表面便会粘上些许铁屑，磁铁吸引铁屑，是因为存在磁场。围绕着权力，也有一个看不见的权"场"。各种意有所图的人会在"权场"中向着权力中心做定向移动。于是就有了"包围"。有权力就一定有包围。如没有健全的法制，则权力越大，包围越厚；包围越厚，则廉正越少、慎独越缺。

英国数学家罗素说得好：物质上无止境地追求，其结果就是对人生价值无止境地否定。巴西医生马丁思调查了不廉洁行为的官员和清廉官员各583人，他发现：有不廉洁行为的官员生病率高达60%，清廉官员只有16%，而且不廉洁官员得病后死亡率也远高于清廉官员。这可能跟不廉洁官员违法乱纪的心理负担及贪吃贪喝贪色等不健康生活方式有关。

慎独落到实处，必须"慎初"。不能以"就这一次，下不为例"为由，原谅自己、放纵自己、开脱自己，要"严把第一关、严守第一次"。必须"慎微"，从一点一滴做起，时时处处严格要求自己，勿以善小而不为，勿以恶小而为之。必须"慎终"，"一日得失看黄昏，一生成败看晚节"，贡献越大、待遇越高，越要严于律己，彻底摒弃"有权不用，过期作废"的思想，永葆公正形象。老一辈革命家一生廉正，是我们后人的楷模。周恩来严格区分公私，个人在人民大会堂加餐喝了汤交钱，吃了点心也交钱。这些具体事，让工作人员非常感动。有一张周恩来交一角两分菜汤钱的收据，就被放进了历史博物馆珍藏。

机关干部不同程度地掌握着不能公开的涉密资料、承办着不能公开的密级事项，因此保密不仅是必须遵守的准则，同时也是保持慎独的必然要求。无论何时何地，都要牢记自己的身份，管住自己的嘴，不能自我炫耀、自我陶醉、信口开河、夸夸其谈。第二次世界大战期间，美国一艘潜艇的水兵与一位姑娘热恋，出航前在公共电话亭给恋人打了个电话，说自己潜艇几点出航，要到哪里去。哪知隔墙有耳，被一个间谍听到，情报送出去，很快潜艇被击沉，跟心爱的姑娘从此永别。外国情报机关承认，约有百分之七十的情报是从无线网络信号中获得的。机关干部一定要严防"密"从口泄、"祸"从网出。

四、作风如玉、效率似金

抓落实要实现又好又快,一靠作风,二靠效率。作风和效率像抓落实这台车上的两个轮子,必须坚强有力,必须协调一致,哪个弱了哪个偏了,都会严重影响抓落实的成效。

(一)培养"准、快、细、严、实"作风

作风是一个人或群体在思想、工作和生活等方面表现出来的态度和行为。机关干部要把大事办好、公事办正、难事办成、急事办稳、好事办实、杂事办妥,必须有个好作风。"准、快、细、严、实"这五字作风要求,是机关工作延续多年、行之有效、成为共识的作风要求。它既高度概括了作风建设的基本元素,也反映了机关干部的精神状态和人品官德。

"准"是首要前提

"准",如同持枪瞄准时枪的准星,偏离了"准",一偏皆偏,一错全错。毛泽东说:学问再大,方向不对,等于无用。因而求"准"是机关作风建设第一要务。

目前,不"准"的主要表现是:方向不清路走歪,情况不明决心大,心中无数主意多;理解"断章"加"想象",进言"听说"加"可能",行文"估摸"加"推理",办事"迷糊"加"越位",落实"变通"加"臆断"。

"准"的基本要求是:准确吃透上情,谋事不偏向;准确摸清下情,办事不糊涂;准确贯彻决策,务实不跑调;准确依法操作,

匡正不随意；准确运用口笔，严密不出错。

"快"是重要载体

"快"，反映的是行为状态，体现的是思想作风和责任意识。要谋事早、干在先，抓住机遇，雷厉风行，快马加鞭，赢得时间。朱德元帅说：要迅速按时完成任务，一切事情超过时间迟迟动作，就会失去作用。有了时间，才拥有一切；丢了时间，一切无从谈起。

目前，不"快"的常见表现是："目光短浅"，做事无预案；"丈二和尚"，反应慢半拍；"轻重不分"，忙而无效率；"动如蜗牛"，老是低速行；"不催不办"，你急我不急；"拖拉推诿"，分工成分家。

"快"的基本要求是：准备充分，打有准备之仗；强化"紧张快干""立即行动"的理念，先人一步、快人一拍，早预测、早行动，早见效，不迟疑，不拖拉，不耽搁；要当"马前卒"，不当"马后炮"，不能等着领导出主意、给办法，更不能等领导催了才去办；要以工作不完成便寝食不安的精神，善于抓住时机而不丧失时机，计划内的工作按时办完。总之，要头脑灵敏反应快，承上启下运行快，解决问题落实快，按照节点进展快，条理清晰环环快，急事急办超常快，督促检查反馈快。

"细"是关键环节

"细"，是成功阶梯，好作风始于细节。自古就讲，"细心天下通行，粗心寸步难行"。机关干部处于组织协调、承上启下的中枢位置，没有"细"，处处悲剧；没有"细"，必败无疑。

目前，不"细"的常见表现是："上下一般粗"，小官说大话；谋划部署工作不具体，原则来、原则去，下级难遵循；丢三落四，犯低级的"错、忘、漏";工作打"马虎眼"、"大呼隆","牛头不对马嘴";行为随意,靠"大概"、"差不多"拿主意、办事情;重布置、轻督查、疏结果,工作落实不到末端等。

"细"的基本要求是:要把做好每件事情的着力点放在具体做好每一环节、每一步上,不好高骛远;要"一是一、二是二","丁是丁、卯是卯",从最简单、最平凡、最普通的事情做起,特别注重把自己岗位上的、自己手中的事情做好、做精、做细,做出精彩来。要细而有道,恪守章法,事事处处按规章制度办事;要由小见大,观察细、剖析细,见微知著;要滴水不漏,自己该想到做到的无一遗漏,同时应想到做到的补缺到位;要缜密谨慎,承办事项有记载,发出文电询收到,呈上报告盯批复,交代事项要回报,完成任务有时限,过细核查,用细节确保成功。总之,要思考问题心细,调查研究抠细,起草文电精细,计划安排详细,措施具体工细,组织实施过细,检查验收仔细。

"严"是核心所在

"严"的精髓是认真。毛主席讲:"世界上怕就怕'认真'二字,共产党就最讲认真。"这应该成为我们对待事业,对待工作的座右铭。严是爱、松是害。严格是责任、是担当,严己是品行、是本分,严人是关心、是爱护。"严"字当头,是抓作风建设的重要标志。

目前,不"严"的常见表现是:"从严"应该说到做到,但实际上有的说得很严,做得较差,言行不一;"从严"应该从上严起,但实际上有的对下很严,自身不严,上下不一;"从严"应该持之以恒,但实际上有的严一阵子、松一阵子,前后不一。

"严"的基本要求是:要严格要求,坚持高标准,追求卓越和完美,敢于动真碰硬,不怕揭短亮丑;要严守纪律,依法从严治军,不折不扣落实条令法规;要严作表率,各级领导以身作则,要求下面做到,喊"向我看齐",自己首先做到做好;要严明奖惩,将履职尽责具体化,实行问责制,对任何违章违纪都"零容忍",依靠制度机制激励先进、鞭策后进,鼓励创新。

"实"是最终落点

"准、快、细、严"都要体现到工作的落实上,一切都必须用工作的实效来衡量,因而"实"是作风建设落脚点。

目前,不"实"的常见表现是:把"部署"当"落实",把"说到"当"做到",把"抓过"当"解决"。好大喜功,一分成绩说三分,唯恐上级不了解、领导不知道;浅尝辄止,一目十行就感觉真谛在握,挖井半尺就认为源远流长;说话是巨人,行动是矮子,一片豪言壮语,挂在嘴边而已;个别的为人不诚信,表态调门高、落实行动慢。

"实"的基本要求:就是务实、扎实和落实。务实,就是要把提高战斗力作为部队一切工作的出发点和落脚点。机关一切工作都要充分体现这个指导思想。扎实,就是真抓实干,不以事小而不为,不以事杂而乱为,不以事急而瞎为,不以事难而畏为。落实,就是要把党委的决定和领导的意图变成群众的自觉行动,达到预期目的。总之,做人要实诚、在位要实干、绩效要实在。

树立靠真才立业的风气,是抵制庸俗的人际关系,培育机关"实"的作风的重要一环。

一是坚信"锥置袋中,锋芒毕露其外"。这就像锥子置于袋中一样,你的素质是锥尖、是内因,裹住你的袋子是环境、是外因,内因是决定性因素。你有真本事将锥尖磨锋利了,外界的环境是个布袋,你能顶穿;是个皮袋,锥尖够锋利,你也能顶穿;即使是个铁皮袋，只要你锥尖锤炼得够硬，照样也能穿出袋中，崭露锋芒，成就事业。你相信这一条，那你就有了正确的判断和行动。当你才干厚实了以后，机遇会接二连三地向你走来，挡也挡不住，就能够在各种不同的环境、不同的条件下实现自己的理想与抱负。没有磨砺自己的锥尖，你就是好高骛远，就是眼高手低，机遇就会远远离你而去。因此，如果成长进步不顺利，应该先查查自身的"锥尖"是否磨锋利了。怨天尤人，埋怨环境是懦弱的表现，也可能是自欺欺人的解脱而已。

我给大家讲一个很有意思的故事。美国的坎福特大学要聘请一位教授，待遇很高，有一百多人前去应聘。经过层层筛选，只有15人获得面试。面试到最后，只剩下西奥和亚当斯两个人了。其中，西奥先生学问精深，记忆力惊人，但性情温和，不拘小节，日常生活粗心大意。亚当斯比西奥年轻几岁，有一副洪亮的嗓音，聪明伶俐，但爱耍小聪明，知识功底并不比西奥扎实。学校出了个题目，叫《古代苏门人的文明史》，给西奥和亚当斯，让他俩准备论文，三天后在学校大礼堂公开演讲，接受最后的考评。西奥在这三天内废寝忘食，日夜赶讲稿。而亚当斯呢，却连玩了三天。演讲当天，两人分别到台上就座后，西奥才惊恐万状地发现，自己用打字机打好的讲稿不翼而飞了，回旅馆的路又很远，没招了。学校的演讲按姓名字母排先后，亚当斯先讲。西奥抬头一看，亚当斯手上竟然拿着他的讲稿，并且口若悬河、抑扬顿挫地演讲，其超人的口才、丰富的表情和精湛的学识，赢来礼堂内多次热烈的掌声。轮到西奥，他的一切东西都写在了亚当斯偷去的稿子上了，由于心情极端沮丧，要另开思路即席演讲已不可能，他只好脸红耳赤，逐字逐句地重复亚当斯刚才演讲的实际是他准备的稿子内容。连气带火，声音低沉,现场内只有一两个人鼓掌,与亚当斯的热烈掌声形成鲜明对照。演讲结束后,校长和全体评选小组成员退出会场去投票。学校该聘谁,整个礼堂里的人早就有数,肯定是亚当斯!亚当斯按捺不住、得意忘形地用手拍了拍西奥,假笑着说:"哎呀,老兄,没办法,两者只能选其一。"这时,校长及评选小组成员都回来了。校长说,"诸位先生,我们一致作出了决定——聘请西奥·霍迪先生为教授。"所有听众全惊呆了,不相信自己的耳朵。校长继续说:"让我把讨论情况向诸位披露吧。亚当斯先生知识渊博,口才过人,我们大家都有同感。但请不要忘了,亚当斯是拿着稿子在演讲的,而西奥先生呢,却凭着听一遍就不忘的超人记忆力,把前者的演讲内容,一字不漏地重复了一遍。当然了,在这之前,他不可能看过那份讲稿的一句一字的。我们要聘用的教授,正需要有这样超人的天赋。"礼堂里马上响起了经久不息的掌声。大家走出会场后,校长走到西奥面前,见西奥脸上仍然是那惊喜交集、不知所措的样子,便握着他的手说:"祝贺你,西奥先生。不过,我也得提醒你一句,日后在我们这儿工作,可要留点神,别把写好的稿子到处乱放呀!"

在我们现实生活中,也能找到亚当斯和西奥的影子。总有亚当斯式的人物,聪明过头了,以为投机取巧就能够过关斩将取得成功。但虚的终究实不了,假的毕竟真不了。只有西奥这样有真才实学的人,即使碰到点磨难,最终必然成功。机关干部培养抓好落实的优良作风,一定要学西奥,不当亚当斯!真才立业不搞投机。

二是防止误入"攀龙附凤"的成长误区。要看到,有的机关干部才干总体不错,但想通过拉关系,找靠山,以便"快马加鞭",更快地成长进步;也有的机关干部才干差距大一些,想通过感情投资，盼望领导特殊照顾，增加提升的可能。这样做会被周围多数人评论为"此人心术不太正"。因为攀龙附凤的动机，会表现在行动上，群众看在眼里，心中自有一杆秤，对这种现象会很反感，这样的干部在公众心目中形象是好不了的，在民主测评、民主推荐中得票也是高不了的。一不小心可能摔得很重，甚至翻不了身。还是靠才干、靠实绩，走大道、走正道，安全可靠又心安光荣！

总之，"准、快、细、实、严"，是宝贵传统，需要大力传承；是优良作风，理应蔚然成风。当它成为作风的坐标被人遵守，成为经验的经典奉为至宝，成为工作的准则规范行为，它的活力就将穿越时空，它的生命就会无限延长。机关干部无论身居何处，务请牢记"准、快、细、实、严"，永远不过时。只要你将其化为自觉行动，你就能成为优良传统和作风的继承者、践行者、传播者，你抓工作落实就会游刃有余、效益倍增。

（二）实现时间利用的最优化

时间有着鲜明的特性：一是无法节流。人可以储蓄金钱，谁也无法储蓄时间。"一寸光阴一寸金，寸金难买寸光阴。"二是无法逆转。光阴似箭，一去不复返。美国著名牧师内德·兰赛姆在94岁临终时留下这样一句遗言：假如时光可以倒流，世上将有一半的人能成为伟人。可惜，失去的时间永不再来。三是无法替代。时间资源无法用其他资源替代，一个人即使再有本领、再有金钱，如果没有生存活动的时间，一切都不复存在。

时间是抓落实的重要条件和载体。时间是世界上最宝贵而有限的资源，是一切成就的土壤。时间最不偏私，给任何人都是一天二十四小时；时间也最偏私，给任何人都不是一天二十四小时。不懂管理时间的人，不可能是有效的管理者；一个人连时间都管不了，则什么也管不好。有效的时间管理，是一切管理的基础、一切落实的前提。得到时间，你才有得到一切的可能。你要么是时间的主人，要么就是时间的奴隶。

时间利用有巨大潜力可挖。不知你有没有留心到，一个单位最富丽堂皇的场所，往往是会议室。不但光线好，装修得体，有舒适的座椅、饮水机等，开会、接待，时常摆上新鲜的水果和小吃。加班时，会议室又往往成为加餐场所，摆满了香甜可口的食物。正是这样的"好"环境中，滋生了多少"马拉松"会、"清谈"会、"瞌睡"会、"聚餐"会……要知道，日本很多大公司内部用的会议室远不像我们国内这么舒适，普遍很简陋，不但无烟无茶，有的还没有桌椅，大家都站着开会。他们根本不是花不起钱装修和购置桌椅，而是通过简陋的条件和站着这种方式，利于控制会议的长度，优化时间资源管理，提高开会的效率。而且，他们对待时间，就像对待经营一样，有很强烈的"成本"的观念。不少公司开会前在会议室里张贴本次会议的成本核算表：多少人参加、每人每小时工时费用等，并公布会议总费用。如日本的太阳公司每次开会时，成本的算法是："会议成本 = 与会人员平均每小时工资的 3 倍 × 开会人数 × 会议时间（小时）× 2。"公式中平均工资所以乘 3，是因为劳动产值高于平均工资约 3 倍；乘 2 是因为参加会议要中断经常性工作，还有会前会后的途中时间等，因而损失时间要以开会时间的 2 倍来计算。这样的会议成本核算，使主持会议的人和参加会议的人都很有压力，更加重视少开会、开短会，说短话、不说废话，开解决问题的会、开高效率的会。

他山之石，可以攻玉，我们能不能也尝试一下将会议室设施简陋到谁也不恋会议室呢？能否也试试在会议室站着开会，每次核算会议成本呢？如果这样从具体事、具体环节抓起，或许会使时间利用的最优化出现新气象、迈上新台阶。

"管理时间＝管理我们自己。"

有个在管理学界受到推崇的"六点优先工作制"，就是你每天写下你第二天必须做的各项工作，并按重要性，请注意不是按紧迫性，编排出应最先承办的6件工作及次序。第二天你走进办公室后，马上从第一项工作做起，一直做到完成了，再做第二、三项……天天如此坚持下去。当然，每天优先做6件最重要的事有象征意义，没有这么多也不需凑数，能做更多件亦更好，也不排斥随时处理突发性的重要事。但一定要清楚，如何处理"重要事"和"紧急事"的差别，正是人们管理时间是否科学的最大差别之一。因为人的惯性是先做最紧急的事，但这么做往往会导致一些重要的事被耽误，甚至被荒废。

观察周围，你会认同：成功者都在花最多时间在做最重要的事，而不是最紧急的事情上，而一般人则都忙于做和满足于做紧急但不重要的事情上。"六点优先工作制"体现了目标管理、优先原则、一次做好一件事情、时间限制、今日事今日毕、复杂的事情简单化、简单的事情模式化等，但核心的是：最重要的事一定要优先办，少受甚至不受"最紧急"但不重要的事干扰，这是成功管理个人时间的精髓所在。这一个看起来非常简单的时间管理方法，能提升20%以上的工作效率。

归纳起来讲，管理时间应重视贯彻以下基本要求：

1. 坚持要事第一法则

这是时间管理领域最重要的法则。所有事务可分为四类：（1）重要且紧急，需要最优先处理，投入最大精力或派最精干的人去做。（2）重要但不紧急，可暂缓，但要高度重视，一有空就认真去做。（3）紧急但不重要，需要尽快处理，派比较能干的人去做。（4）不重要也不紧急，不需要马上处理，可考虑是否不做或推迟。作为团队确定处事优先次序更需要理智、勇气与自制力，要善于、敢于决定真正该做和真正该先做的工作，正确分配力量和时间的投入，始终坚持和落实"要事第一"不动摇，尤其不能只求暂时安全和一时方便。只有这样，你才能成为时间和任务的"主宰"，而不会成为它们的奴隶。

2. 坚持计划外服从计划内

我们常常感叹"计划赶不上变化"，从而对时间管理产生疑虑。常见到领导和机关干部日常工作按计划实施占用的总时间只有60%左右，其他时间分别被不期而至的不重要事或突发性的事占用了。这种状况不符合信息社会和科学管理要求，亟须改变。必须坚持计划外服从计划内，在此前提下实现计划性与灵活性的高度统一。为此，要让时间安排细起来、要事第一严起来、执行计划硬起来，努力达到占用总时间80%以上；避免完美主义，学会对别人说"不"，将灵活处置计划外事务占用的总时间压缩到20%以内。

3. 坚持心无旁骛专心做事

心无旁骛、专心做事，是时间管理出最优结果的重要前提。对量子宇宙论的发展作出了杰出贡献，著名的"黑洞理论"及《时间简史》的作者——残疾人史蒂芬·霍金这样说：我要感谢上帝，如果我不是残疾人，酒吧、舞厅就会留下我的脚步。我残疾，少了许多社会繁杂事务，可以有足够时间思考和解决问题。这一语道出了他成才的重要原因，也揭示出："打扰是第一时间大盗。"健康人今天想做这，明天想做那。既要谋利，又想出名，欲望又多又大。结果呢，时间被分割得七零八落，什么都想做，到头来什么都没有做好。只有摒弃各种分心的杂念和欲望，集中时间和精力做最重要的事，才能做成大事。

4. 运用系统方法提高时间利用率

管理实施重大工作，大量的时间浪费往往源于工作缺乏系统性、计划性。比如：没有考虑工作的可并行性，结果使并行的工作以串行的形式进行；没有考虑工作的后续性，结果工作做了一半，就发现有外部因素限制只能搁置；没有考虑工作过程的反馈并构成封闭回路，结果出现偏差得不到及时纠正、落实不到末端；没有考虑对工作方法的选择，结果长期用低效率高耗时的方法工作等。因此，要学会运用系统方法强化管理，科学统筹、划分阶段、明确节点、分配时间、落实责任人、确定检查反馈方法，完成一项填写一项，发现哪项滞后，采取补救措施，直至整体平衡，这些都有助于实现时间利用的最优化。

（三）谋求工作流程的最佳化

流程，在《现代汉语词典》中的解释是"工业品生产中，从原料到制成成品各项工作安排的程序"。现在泛指为实现一定的工作目的，而需要采取的一系列步骤和动作。

美国保险业巨子 CIGNA 曾经进行了 20 项的流程改革，统计结果是：流程改革搞好了，经营费用降低了 42%，经营周期缩短了一半，顾客满意度上升了 50%，质量标准提高了 75%。专家们认为，在流程改进中每"栽种"1 美元，在降低成本和提高收益上会收获 2～3 美元。可见工作流程是否科学，对工作结果具有重大影响。

我们在组织抓落实的过程中，常常发现节奏慢了误事，节奏乱了坏事，节奏太快又无济于事。实践反复证明，有些工作和任务不能高效地落实，很大程度上是落实的流程不合理所造成的。因此，要从根本上提高落实的质量和效益，必须审视工作流程是否科学合理，是否实现了最佳化。其中，很重要的是找出制约整个抓落实质量效益的"短板""瓶颈"在哪里。因为，木桶的容量取决于最短的木板，链条的最大强度取决于最薄弱的环节。找准了"短板""瓶颈"，再优化抓落实的流程设计。其中要着重把握好以下原则：

一是全局原则。一切从全局需要来考量，整合信息、资源和人力等各种组织要素，小局服务大局，局部服从整体，眼前服从长远。必须根据整体流程全局最优的目标来设计和优化落实流程，而不是根据局部最优和部门最优的目标来设计和优化落实流程。

二是目标原则。一切着眼达到最终目标的需要，选择和设计最有利于达成目标的工作流程，集中各项要素聚焦于达成最终目标，毫不犹豫地放弃对目标无关紧要的项目。

三是简约原则。哈佛大学的教授帕金森说过一句名言：机构会自动制造工作。为避免产生这个问题，必须精兵简政，删繁就简，将复杂的过程抽出核心要素，使烦琐过程清晰化，复杂工作简单化，为组织成员提供行动的具体指南和详尽的操作说明。

四是放权原则。将必须的权利和利益，一并给予负责抓落实的人；下令完成过河任务，要同时给予造桥、造船的钱物和权力。让抓落实者自我决策、自我管理，以利于最大限度地调动、激发抓落实者的积极性创造性。

有个学校上了一堂很有趣的课。教授在桌子上放了一个可装水的罐子，然后从桌子下面拿出一些正好可以从罐口放进罐子里的"鹅卵石"。当教授把石块放完后问他的学生道："你们说这罐子是不是满的？"

"是！"所有的学生异口同声地回答说。"真的吗？"教授笑着问。然后再从桌底下拿出一袋碎石子，把碎石子从罐口倒下去，摇一摇，再加一些，再问学生："你们说，这罐子现在是不是满的？"这回他的学生不敢回答得太快。最后班上有位学生怯生生地细声回答道："也许没满。"

"很好！"教授说完后，又从桌下拿出一袋沙子，慢慢地倒进罐子里。倒完后，再问班上的学生："现在你们再告诉我，这个罐子是满的呢？还是没满？"

"没有满。"全班同学这下学乖了，大家很有信心地回答说。"好极了！"教授再一次称赞这些"孺子可教"的学生们。称赞完了后，教授又从桌底下拿出一大瓶水，把水倒在看起来已经被鹅卵石、小碎石、沙子填满了的罐子。当这些事都做完之后，教授正色问他班上的同学："我们从上面这些事情得到什么重要的启示？"

班上一阵沉默，然后一位自以为聪明的学生回答说："无论我们的工作多忙，行程排得多满，如果要逼一下的话，还是可以多做些事的。"这位学生回答完后心中很得意地想："这门课到底讲的是时间管理啊！"

教授听到这样的回答后，点了点头，微笑道："答案不错，但并不是我要告诉你们的重要信息。"说到这里，这位教授故意顿住，用眼睛向全班同学扫了一遍说："我想告诉各位最重要的信息是，如果你不先将大的'鹅卵石'放进罐子里去，你也许以后永远没机会把它们再放进去了。"

这堂课深刻地启示我们，对于工作中林林总总的事情，必须按重要性、可行性和紧急性的不同组合，确定处理的先后顺序。这样才能使鹅卵石、碎石子、沙子、水按最佳流程、最合理组合放到罐子里去，才能发挥罐子的最大容量，取得最终的成功。否则，你可能留下"过了这个村，再也没这个店"的不可挽回的遗憾。可见，工作流程的最优化，对工作落实、取得最大成效有着举足轻重的影响。

美国休斯飞机制造公司经过5年的专题调查研究，提出了《有效分配工作的20条要求》。这些要求的贯彻，大大提升了企业抓工作落实的能力，从而使企业的生产质量和效率大幅度提高。20条要求是：

（1）分配的工作要保证组织总目标的实现，同时，要使组织成员感觉到组织的关心、信任和支持。

（2）分配的工作要与组织成员的能力、兴趣和爱好相适合，避免人才的浪费。

（3）分配的工作要保证组织成员既能充分发挥现有的才能，同时，又能在工作中获得进一步发展的机会。

（4）分配的工作应该让组织成员在完成工作任务后，能产生出一种自己对组织做出贡献的优越感，从而得到心理上的满足。

（5）分配的工作要保证适量、适度。

（6）分配的工作不要划得太细，分得太散。

（7）分配的工作既要紧凑，又要切合实际，留有一定的余地。

（8）分配的工作要考虑为工作任务的承担者提供完成工作的一切必要的手段。

（9）分配工作要职责分明，范围清楚，并尽量避免中途有变。

（10）分配工作要着眼于最终成果，尽量给组织成员以更多的机会来制定自己完成工作任务的具体计划和方案。

（11）最关键的工作要分配给能力最强的人去做。

（12）难度较高的工作要分配给创新能力强的人去做，而避免将单调、琐碎和重复的工作交给他们。

（13）对专业技术人员，要尽量避免将非技术性的工作分配给他们去做。

（14）除了主管工作之外，对于某些关键人员，要尽可能给他们委任一些特殊的使命。

（15）组织成员所担负的工作任务要力求公平合理，以避免那些"总能完成任务"的人，负担过重。

（16）尽量避免将组织成员借调到外单位去工作，防止本人产生不安心工作的情绪。

（17）将具有不同个性的组织成员组成工作小组，以便取长补短，达到最佳的协作效果。

（18）有计划地对组织成员的工作进行定期地调换或扩大工作范围，以提高他们的工作能力。

（19）分配工作时，要保留充分的储备。

（20）分配工作时要能提供相应的劳动保护。

在工作落实过程中，工作分配与工作流程是密切相关、相辅相成的。我反复琢磨了这20条，确实体现了科学性与实用性、操作性、人性化的高度统一，也进一步明白了其生产的飞机质量是世界一流的原因所在。

如何实现抓落实流程的最佳化呢？

从大的方面说，**一要着眼纲目关系设计流程**。即找准纲举目张的最重要的点，以纲带目、以大带小，来带动其他项目的落实。**二要着眼逻辑联系设计流程**。从逻辑因果上确定哪个项目先完成，才能再做下一项，以先带后、循序而进。**三要着眼节约角度设计流程**。以最少付出求得最大功能作用，尽最大可能精简流程，减少重复劳动、低效劳动，甚至是有害的劳动。著名的时间管理理论——崔西定律指出："任何工作的困难度与其执行步骤的数目平方成正比。例如完成一件工作有3个执行步骤，则此工作的困难度是9，而完成另一工作有5个步骤，则此工作的困难度是25，所以必须要简化工作流程。"华为公司要求员工们做到"能省就省"，并编制"分析工作流程的网络图"，每一次去掉一个多余的环节，就少了一个工作延误的可能，这意味着大量时间被节省了。

设计抓落实流程，**要明确路线图**。制定路线图，就是确立落实的方向和具体的量化目标，设计落实的主要步骤和环节，确定抓落实的方式和方法。并用必要的图表，明确显示和实时标记进展情况。有些单位的工作之所以半途而废，很重要的一个原因就是路线不够明确清晰，甚至没有路线图，走到哪里算哪里。有了路线图，落实时就不会迷失方向、偏离目标，就能够抓住关键环节，优化落实流程，促进各项落到实处。**要明确时间表**。明确清晰的各项工作落实时间表，既是一种计划，又是一种承诺；既是一种提醒，又是一种监督。有些早该落实的工作，一拖再拖；本该落实的事情，误了节点，往往是缺乏明确的时间表。有了时间表，就会增强紧迫感，时时关注进度、有利于克服不着急、慢慢来的心态，切实保证说了就要干，定了就要办，按时间节点高效、有序地完成任务。**要明确责任人**。责任不明会导致推诿扯皮，落实得好与不好一个样，会挫伤抓落实的积极性。必须将落实的责任明确分工到具体责任人，健全"事初建账、事中查账、事毕交账"等工作机制，做到责任主体明确、质量要求明确，通过完善目标责任制和责任追究制，实行纵向到底、横向到边的责任考核，对落实得好、成绩突出的进行奖励，对落实不好、工作不力的严肃惩戒，确保落实的高质量、高效益。

工作流程可以正向设计，即从起始阶段设计到达成目标；也可以反向设计，即从向往的目标，倒推设计至起始阶段。看到一个很经典的倒向设计成功故事：曾经创下台湾空前的震撼与模仿热潮的歌手李恕权，是曾获得格莱美音乐大奖提名的著名华裔流行歌手。他在《挑战你的信仰》一书中，详细讲述了自己成功历程中的一个关键情节：1976年的冬天，19岁的李恕权在休斯敦太空总署的实验室里工作，同时也在休斯敦大学主修计算机课程。平时稍有空闲，他都用来搞热爱的音乐创作。一位名叫薇乐莉的朋友，写作的诗词总是让他爱不释手,他们合写了许多很好的作品。一个星期六的早上,薇乐莉又热情地邀请李恕权到她家的牧场吃烤肉。突然间,她冒出了一句话:"嘿!告诉我,你心目中'最希望'5年后的你在做什么,你那个时候的生活是一个什么样子?"李恕权沉思了几分钟,告诉她说:"第一,5年后,我希望能有一张唱片在市场上,而这张唱片很受欢迎,可以得到许多人的肯定。第二,我住在一个有很多很多音乐的地方,能天天与一些世界一流的乐师一起工作。"薇乐莉接着说:"好,既然你确定了目标,我们就从这个目标倒算回来。如果第五年,你有一张唱片在市场上,那么你的第四年一定是要跟一家唱片公司签上合约。那么你的第三年,一定是要有一个完整的作品,可以拿给很多很多的唱片公司听,对不对?那么你的第二年,一定要有很棒的作品开始录音了。那么你的第一年,就一定要把你所有要准备录音的作品全部编曲,排练就位准备好。那么你的第六个月,就是要把那些没有完成的作品修饰好,然后让你自己可以逐一筛选。那么你的第一个月就是要有几首曲子完工。那么你的第一个礼拜就是要先列出一整个清单,排出哪些曲子需要完工。"她又补充说:"哦,对了。你还说你5年后,要生活在一个有很多音乐的地方,然后与许多一流的乐师一起工作,对吗?如果你的第五年已经在与这些人一起工作,那么你的第四年照道理应该有你自己的一个工作室或录音室。那么你的第三年,可能是先跟这个圈子里的人在一起工作。那么你的第二年,应该不是住在得州,而是已经住在纽约或是洛杉矶了。"最后,薇乐莉笑着说:"好了,我们现在不就已经知道你下个星期一要做什么了吗?"恍然大悟的李恕权很快辞掉了太空总署的工作,离开了休斯敦,搬到洛杉矶。说来也奇怪,虽然不是恰好5年,但在第六年的1982年,他的唱片在台湾及亚洲地区开始畅销起来，他已是一天到晚都忙着与一些顶尖的音乐高手一起工作。他的第一张唱片专辑《回》首次在台湾由宝丽金和滚石联合发行，并且连续两年蝉联排行榜第一名。

如果你正在为如何设计自己成长途径、方法、流程而困惑，那么，请你不妨静静地问一下自己：5年后你最希望得到什么？哪些工作能够帮助你达到目标？你现在所做的工作有助于你达到这个目标吗？如果不能，你为什么要做？如果能，你又应该怎样安排？想想为达到这个目标，你在第四年、第三年、第二年、第一年应做到何种程度？最近半年应该怎样安排？一直推算到这个月、这个星期你应该做什么。当你的目标足够明确，途径、方法、流程设计足够科学并锲而不舍地付诸行动，那么，你离实现梦想已不再遥远。

（四）创造工作效率的最大化

就效率而言，工作可以分为高效、低效、无效、负效四个层次。抓工作落实又好又快、"领先一步，胜人一筹"地达到目标，实现效率的最大化，这是抓落实的重要追求。

1. 用辩证思维创造高效率

抓落实不同的方法有不同的效率，怎样在众多的方法中选择效率高的方法？这需要学会运用辩证法。由美国哥伦比亚大学、斯坦福大学共同进行的研究表明：选项愈多反而可能造成负面结果。科学家们曾经做了一系列实验，其中一个实验是让一组被测试者在6种巧克力中选择自己想买的，另外一组被测试者在30种巧克力中选择自己想买的。结果，反而是后一组中有更多人感到所选巧克力不大好吃，后悔率高于前一组。另一个实验是在一个以食品种类繁多闻名的超市进行的。工作人员在超市里设置了两个吃摊，一个有6种口味，另一个有24种口味。同一时段结果显示：有24种口味的摊位吸引的顾客较多：242位经过的客人中，60%会停下试吃；而260个经过6种口味的摊位的客人中，停下试吃的只有40%。不过最终的结果却是出乎意料：在有6种口味的摊位前停下的试吃者有30%至少买了一种，而在有24种口味摊前的试吃者中只有3%的人购买东西。这里揭示了一个深刻的道理，太多的东西容易让人游移不定，拿不准主意；同理，对于抓落实者来说，太多的意见也会混淆视听。不要以为越多的人给出越多的意见就是好事，其实往往适得其反，由于每个人看问题的角度不同，给出意见的动机也不尽相同，所以太注重听取别人的意见很容易让自己拿不定主意。在征求意见之前，必须有一个属于自己的主见，要明确最终的目的是什么，这样才能在众多的声音中保持清醒的头脑，选准适合最终目的、具有更高效率的途径方法。

抓落实会碰到很多困难，但用辩证思维看，抓落实只要找准角度、找对方法，看似不可能的事情，实际是能够做到做好的。海尔集团首席执行官张瑞敏曾在一次中层干部会议上提出一个问题："怎样才能让石头在水上漂起来。"干部们的答案五花八门，但都解决不了这个看来不可思议的难题。后来，终于有一个人提出了一个正确答案，那就是"速度"，速度能够让石头在水上漂起来。我们小时候，恐怕都在江河或水塘边玩过打漂，只要扔出去的石片有足够的速度和合适的角度，石片在水面上是能够漂好远距离的。同理，抓落实虽然沉重如石头，一旦有足够大的力度，形成足够快的速度、达到足够高的效率,就完全可以在困难的江河上面漂起来,到达成功的彼岸。

美国当代最著名的篮球运动员迈克尔·乔丹到中国访问的时候,中国篮球协会官员问他,你认为我们中国的篮球运动员怎么样。乔丹回答说:"你们中国拥有非常优秀的球员,但他们都只会打篮球,不懂得打篮球的哲学。"我看到这个报道感到很惊奇,这么一个著名的外国篮球运动员,他指出我们中国篮球运动员的问题,居然是只会打篮球,不懂得打篮球哲学!但仔细想想,他说得非常深刻到位,可以说一针见血、入木三分。我们的篮球运动员虽然个人技术跟当今世界上的篮球强队,特别是美国NBA这样的顶级球员相比较,差距比较大,但这不是主要的。最大的差距还在于内在的本质的差距,这就是乔丹指出的不懂打篮球的哲学。哲学的观点是全面的观点、辩证的观点,球场如战场,如果有了哲学思维,那你和你的球队各种战术技术的运用就能高人家一大截,制胜的主要法宝就在这里。抓落实要创造效率最大化,就不能局限于从途径方法上解决问题,必须运用哲学思维才能从根本上创造效率的奇迹。

2. 第一次就把事情做对

这个概念是著名管理学家克劳士比提出来的,是他"零缺陷"管理理论的精髓。我国第一汽车制造厂的大众车间里就有这样一个巨幅标语牌:"请您第一次就把事情做对。"机关干部一定要牢牢记住,第一次就把事情做对,是最佳途径,是最高效率,是最经济的选择,也是最开心的事情。

第一次就把事情做对,需要专心致志于一个目标。法国著名思想家安德烈·莫洛亚在《生活的艺术》中说：对什么都有兴趣的人是讨人喜欢。但干事业想成功，就只能在一定的时间内，专心致志于一个目标。我们抓落实也很需要这样做，有时候面临很复杂的问题，有多种选择，千万不能贪多贪全、平分精力、多头推进。必须始终抓住一个主要目标，排除各种干扰和诱惑，集中力量打"歼灭战"，不达目的决不撒手。

第一次就把事情做对，需要学会化繁为简。有个著名的奥卡姆剃刀定律：切勿浪费较多东西，去做用较少的东西同样可以做好的事情。用简单的话来说明，就是我们不需要人为地把事情复杂化，应保持事情的简单性，抓住根本，解决实质，这样我们才能更快更有效率地将事情处理好。化繁为简，是管理实践的最高境界。越是简单的管理，越能实现高效率，越能体现创造和智慧。放眼世界卓有成效的管理者，大都是能够"剔"除繁琐机制、繁冗机构、繁多程序和各种"形式主义"的高手，所以，他们才有非凡卓越的高效率。对于一个事物，如果总是习惯于往复杂的框框里钻，那么结果只有两个：一是把本来简单的事情弄得复杂化；二是把复杂的事情弄得更加复杂。因此，要提高办事效率，把一件件复杂的事情做得简单、经济而卓有成效，最根本的还是要变革我们的思维，创新我们的思维，学会将复杂问题作简单操作。有一家媒体做过一个有奖征答活动。题目是，有一个充气不足的热气球飞行在茫茫大海上空，上面载着三位关系到人类命运的大科学家。一位是环保专家，一位是核能专家，一位是粮食专家。热气球即将坠毁，必须扔出一个人减轻载重，否则这三人就同归于尽了。请问该扔下哪一位科学家。这个问题刊出后，数万人寄来答案，结果巨奖得主是一个9岁的小男孩。他给出的是最简单而又正确的答案："将最胖的那位科学家扔下去。"这位小男孩没有像未获奖的其他数万人那样，从环保专家、核能专家、粮食专家哪个更重要这个角度去理解和做选择，他是从安全角度去考虑，恰恰这个问题的本质就是安全性。因为当热气球即将坠毁的时候，问题的本质是减轻它的载重，那么谁最重把他扔下去，安全系数就最高。他这样的考虑和选择，就将复杂的问题简单化了，第一次就把事情做对了。

3. 今日事力求今日毕

我国古代的伟大思想家庄子曾说：人生天地之间，若白驹过隙，忽然而已。李大钊说：我以为世间最可贵的就是"今"，最易丧失的也是"今"。因为它最容易丧失，所以更觉得它宝贵。是的，人生天地之间，几十年的生命是非常短暂的。时间给勤勉的人留下智慧和成就，给懒惰的人留下空虚和悔恨。不要等到人生快要走完的时候，才后悔自己还有很多事情没有来得及去做。做到今日事今日毕，充分用好每一天，就等于延长了我们的生命，也只有这样才可能实现工作效率的最大化。

古人写有《昨日谣》："昨日兮昨日，昨日何其好！昨日过去了，今日徒懊恼。世人但知悔昨日，不觉今日又过了。水去汨汨流，花落日日少，成事立业在今日，莫待明朝悔今朝。"古人又写有《今日诗》："今日复今日，今日何其少！今日又不为，此事何时了？人生百年几今日，今日不为真可惜！若言姑待明朝至，明朝又有明朝事。为君聊赋今日诗，努力请从今日始。"古人还写有《明日歌》："明日复明日，明日何其多，我生待明日，万事成蹉跎。世人若被明日累，春去秋来老将至。朝看水东流，暮看日西坠。百年明日能几何？请君听我明日歌。"这些诗词我们都耳熟能详，但现实生活中能真正做到"今日事今日毕"的人却是少之又少。很多人有意或无意地将本该当天完成的事拖到第二天。到了第二天，发现要做的事又增加了，于是又将其中的部分事情拖到了第三天。以此往复，发现手头总有做不完的事、越来越多的事，于是心烦气躁，抱怨自己的时间不够用，无可奈何中更加拖延应付，却不知道正是自己没有做到"今日事今日毕"，每天的小拖延，日积月累成为大积压，结果形成压在肩头喘不过气来的大包袱！

大多数成功者都知道这样一句话："拖延等于死亡。"阿莫斯·劳伦斯说，整个事情成功的秘诀在于形成立即行动的好习惯，才会站在时代潮流的前列，而另一些人的习惯是一直拖延，直到时代超越了他们，结果就被甩到后面去了。哈佛大学教授哈里克有一个大范围抽象统计得出的结论：世上有93%的人都因拖延的恶习而最终一事无成，这都是因为拖延能够杀伤人的积极性。

每个人心中都有一个梦，都想自己的愿望能够成真，在实现自己梦想的过程中，大体有五种做法的人：

第一种是有目标又有及时行动，即今日事今日毕的人。这部分人言必信、行必果，尽管不是人人都能够完全实现自己的梦想，但成功的比例很高。即使未能成功的人，也在追梦过程中，获得丰硕的收获。

第二种是有目标但没有及时的行动，即今日事明日毕或后日毕的人。这部分人虽然在口头上不断坚持自己对未来的构想，但缺乏与拖延斗争的坚定性与彻底性，常常小败或中败，实现自己梦想的比例比较低。

第三种是有目标但没行动，即今日事不当事、拖延常态化的人。这部分人的梦想只是空想、空谈，只有天上掉馅饼正好砸中他的话，他才可能成为成功者。

第四种是没目标但有行动，即今日事当回事的人。这部分人偶然也谈梦想，但模糊一片找不到路，只是随波逐流、随遇而安，可以有一点成就，但不可能成功大的事业。

第五种是没目标又没有行动的人。这部分人梦想是虚幻的白日梦，完全没有成功的希望，除非突然间继承一大笔遗产，但那只是别人的成功转嫁到了自己身上而已。

"日事日毕，日清日高"，这是海尔公司的口号。海尔的质量管理当中，最重要的一个原则就是全面的、全方位的、全过程的"三全"原则，其中，全面的质量管理主要是全员参与的管理。在整个质量管理过程中，"海尔"采取了日清管理法，对每人、每天所做的每件事进行全面的控制和清理，就是今天的工作今天必须完成，今天完成的事情必须比昨天有质的提高，明天的目标必须比今天更高才行。其实，"日事日毕，日清日高"也是自我管理的黄金法则，不但要今日事今日毕，而且要做到每天进步一点点。这些，都能强有力促进工作效率的最大化。

邓小平就非常珍惜"今日"，他有个好习惯，办公室里不积压文件，处理文件基本都是当日事当日毕。有个资料讲，当年"四人帮"迫害邓小平的时候，有一次组织一帮人到邓小平办公室去检查，搜集所谓第二号走资派这样那样的文字资料证据，居然在他的办公室里找不到一份积压的文件。

一位毕业于哈佛的商业巨子在谈到他的成功秘诀时，只说了四个字："现在就做"。的确，很多人习惯于等待，习惯于拖延，习惯于在自己认为合适的时间做事。但是，时间是残酷的，它不会因为你的等待就多陪伴你一会儿，无论你想怎样挽留，它也不会停下前进的脚步。记住塞缪尔·斯迈尔斯的话：利用好时间是非常重要的，一天的时间如果不好好规划一下，就会白白浪费掉，就会消失得无影无踪，我们就会一无所成。所以，想要早日登上成功殿堂的人，一定要根除拖延的坏习惯，一定不要将今天的事拖到明天再做。真正地做到"今日事今日毕"，你会发现成功也并不那么遥远。

4. 养成一丝不苟好习惯

古希腊哲学家亚里士多德说得好：我们每一个人都是由自己一再重复的行为所铸造成的。因而优秀不是一种行为，而是一种习惯。一个人是严谨的，还是轻浮的；是踏实的，还是轻佻的；是执着的，还是敷衍的，这些因素对提高工作效率至关重要。如果严谨细致、一丝不苟已成为你的习惯，那么，你的工作会轻松快乐地达到优质高效。如果粗心大意、磨磨蹭蹭成为你的习惯，那么，你的工作"习非成是"，会日复一日、月复一月地效率低下。可以说，好习惯幸福你一生，坏习惯坑害你一世。习惯是一种行为、倾向和作风，只要时时处处留心，久而久之，好习惯就成自然了，何难之有？

有一次，一位地方重点大学副校长很感慨地跟我讲，他们在科研中跟德国合作，在加工一个精密的零部件时，用同样的机械、按照同样的操作规程，加工同样的材质，中德双方技术人员加工出来的零部件，从外形尺寸上看都丝毫不差，但有个奇怪的现象，德方加工出来的使用寿命高很多。为解开这个谜，他直接观察中德双方技术人员加工过程，原来，规程上要求进数刀后，为防止过热，要退出来冷却一段时间后再进刀，德方技术人员经过实验做了模型，保证进刀时一圈不多一圈不少，退出来冷却刀具时卡钞表，保证一秒也不差；中方技术人员却是估摸着进刀圈数来确定退刀，冷却时瞄一眼手表，大致差不多就再进刀，甚至为了省事，中间不冷却直接一气呵成，这使产品的内在品质发生了变化，使用寿命当然大不一样了。德国人做事特别严谨认真，讲标准化的好习惯，确实值得我们好好学习。

机关干部一定要让每项工作的程序、制度、注意事项等，在大脑里"安家"，以规章制度为准绳，把每项工作都细化为一个个看得见、摸得着，能量化、可操作、合标准的具体工作规程，实施时不能嫌程序麻烦，不能越过规定图省事，养成了这样的好习惯，你工作的效率就会腾飞，你就会终身受益。

5. 学会不找任何借口地去抓落实

我们有不少同志，分管的工作落实不好的时候，往往是找借口，而借口是落实的天敌。作为一名机关干部，都有自己的上级，你们可能会或多或少关心过一个问题，就是领导干部最欣赏什么样的部属？请看一个典型调查。

著名方法学家吴甘霖先生曾经在清华大学举办的一个高级总裁班上对100名学员进行过一次调查。他调查的第一个问题是："哪一类员工是你们最不愿意接受的员工？"调查的结果，排在前五位的是：

第一，工作不努力而找借口的员工；

第二，损公肥私的员工；

第三，过于斤斤计较的员工；

第四，华而不实的员工；

第五，受不得委屈的员工。

他调查的第二个问题是："什么样的员工是你们最喜欢的员工？"调查的结果，排在前五位的是：

第一，没安排工作却能找事做的员工；

第二，通过找方法加倍提升业绩的员工；

第三，从不抱怨的员工；

第四，执行力强的员工；

第五，能为单位提建设性意见的员工。

通过调查，吴甘霖先生得出这样的结论：遇难事找借口的员工，一定是单位里最不受欢迎的员工。遇难事找方法的员工，一定是单位里最受欢迎的金牌员工。我感到这样的调查，对我们机关干部研究抓落实问题，也是很有启发的。因为我看到一些机关干部，他在抓落实过程中碰到了这样那样的困难，当工作滞后、工作出纰漏，领导过问的时候，他会一、二、三、四、五，给你找很多客观的原因，找很多这样那样的理由，好像是能够自圆其说。但实际上，每个领导同志对动不动就找借口的部属，心里头是自有一杆秤的。因为每项工作开展过程中，有困难才需要我们努力去克服。什么事情都想找借口来逃避自己的责任，那你是早晚会被淘汰的。人生本来就是一条布满荆棘的路，每个人在长途跋涉的过程中，都难免遭遇挫折、经历失败的时候。而我们应该做的就是正视前进中的困难，而不是一味地给自己找借口去卸责、去逃避。借口，如同一副慢性麻醉剂，在一个借口接一个借口的自我解脱中，我们不断被麻醉，慢慢就变得安于现状、小成则满，慢慢就丧失了奋斗的勇气、进取的雄心和拼搏的激情。让我们改变生活的态度,把寻找借口的时间和精力用到努力工作上来,因为工作中没有借口,人生中没有借口,成功永远不会属于那些寻找借口的人!

五、抓落实最高境界是遵循规律

人类活动是合目的性与合规律性的统一。规律,作为不以人的意志为转移的作用力,直接制约着人类目的的实现。毛泽东说:"人们要想得到工作的胜利即得到预想的结果,一定要使自己的思想合于客观外界的规律性,如果不合,就会在实践中失败。"这里所说的"合",指的就是对事物客观规律的准确把握。

抓落实作为一项受多种主客观条件影响制约的复杂系统工程,遵循规律是根本,遵循规律是最高境界。不管抓落实的任务、环境、条件发生什么样的变化,工作落实的规律是不会变的,只要正确认识、把握和遵循规律,就能牢牢掌握抓工作落实的制高点、主动权,只要我们的主观愿望与客观实际相符合,与事物发展的客观规律相吻合,就能使工作落实更加科学有效,就能创造成功的佳绩。如不能正确把握各种问题和矛盾的内在联系,抓落实即使在具体工作上下气力再多,也难有突破性成效。

那么,抓落实究竟有哪些规律呢?我看了不少相关专著和论文,没找到现存的答案。认识和把握规律是一件很困难的事,又是一件很必要很有意义的事。这里,我尝试着作了点研究和归纳,得出的看法是十分粗浅的,和大家一起探讨。我感到抓落实的规律主要有六条:

（一）价值观决定律

抓落实的主体（组织及责任人），具有什么样的核心价值观，从根本上决定抓落实的指导思想、责任心、作风、举措及成效。

价值观，通俗一点说就是社会成员用来评价行为或者事物的意义、价值的观念，是指挥人们行为的内部动力。举个例子：中国人、印度人和美国人一起来到一座瀑布前。中国人说：呀！太壮美了，我要在这住下来，它会给我创作的灵感；印度人说：呀！神的力量太伟大了，我要在这净个身，得到神的庇佑；美国人说：呀！多好的商机，我要在这建座水力发电厂，可以赚大钱。你看，对同样的事物，不同的价值观就会看到不同的价值：中国人看到的是瀑布的审美价值；印度人看到的是它的宗教价值；而美国人看到的是它的经济价值。

确立价值观有什么用呢？很简单，因为它直接决定你的行为选择。信奉"宁愿站着死，绝不跪着生"的人和信奉"好死不如赖活"的人，在不投降就死亡的威胁面前作选择，一个马上就成为英雄，一个即刻就沦为狗熊。人的价值观不同，决定了有不同的行为选择，这就是价值观的作用。

价值观决定律揭示了：在左右抓落实行为、决定抓落实成果的所有主客观因素中，人的因素第一；在人的因素中，价值观的作用第一。不同的价值观决定了不同的政绩观，不同的政绩观导致不同的抓落实的精神、标准、做法和成果。什么叫政绩？顾名思义，就是为政之绩，即为政的成绩、功绩、实绩。我们做事情、干工作，如果做到了上有利于国家、下有利于人民；既符合国家和人民眼前利益的要求，又符合国家和人民长远利益的要求；既能促进经济社会发展，又能促进国家富强和人民幸福，那就做出了党和人民所需要的真正的政绩。这些都是由价值观决定的。一些领导或机关干部工作落实抓得不好，根本上说是价值观出了问题，个人主义思想在作祟。各级领导和机关干部只有牢固树立正确的价值观，把抓落实的出发点真正放到为国尽责、为民造福上，而不是树立自身形象、为自己升迁铺路；把抓落实的落脚点真正放到办实事、求实效上，而不是追求表面政绩，搞华而不实、劳民伤财的"形象工程"；把抓落实的重点真正放到立足现实、着眼长远、打好基础上，而不是盲目攀比、竭泽而渔，那么，抓落实就能沿着正确轨道前进，就没有克服不了的困难，没有攀登不上的高峰。

遵循价值观决定律，就必须在抓落实的全过程中，坚持思想领先、以德为先，将端正核心价值观贯穿抓落实始终；将强有力的思想政治教育贯穿抓落实的始终，将健全激励与约束机制贯穿抓落实始终，务求从根本上增强抓落实者的事业心、责任心、进取心。

（二）合力推动律

抓落实的客体（对象）受到的推动力大小，是由主体（组织及责任人）沿着落实前进方向形成的合力大小所决定的，而不是由主体各个部分向客体施加所有力量的简单相加决定的。

也就是说，主体向客体施加的推动力只有与落实方向一致，才是正能量，角度偏了，或者方向反了，都会削弱推动力，甚至成为负能量。

北京师范大学附属小学的语文教材上有这样一个故事，名叫《天鹅、大虾和梭鱼》，内容是以诗歌的形式出现的：

合伙的人们如果不是心一条，

什么事情也办不好，

闹来闹去，白费力，

到头来只能是自寻烦恼。

有一次，天鹅、大虾和梭鱼，

想把一辆大车拖着跑，

它们都给自己上了套，

拼命地拉呀拉呀，

大车却一动也不动了，

车子虽说不算重，

可天鹅伸着脖子要往云里钻，

大虾弓着腰儿使劲往后靠，

梭鱼一心想往水里跳。

究竟谁是谁非，我们管不着，

只知道，大车至今仍在原处，

未动分毫。

这个寓言生动形象地揭示了，抓落实需要群策群力、齐抓共管，但光心齐不行、光一起用力也不行，只有不同部分使出力的方向高度一致才有用。

遵循合力推动律，就要求我们在抓落实中，必须明确抓落实的目标，并在出发点至终点之间画出路线，切实做到抓落实目标清楚、方向正确、路线明白。尤其要严密和科学地组织所有抓落实的力量，不但心往一处想，积极参与抓落实，更重要的是劲往一个方向使，坚决消除干扰落实的内耗、斜力甚至反力，确保形成方向正确的最强大的合力，才能获得抓落实的最大效率。

（三）层级衰减律

抓落实的上下层次之间，在贯彻执行落实的标准、任务和要求中，存在着逐级衰减的趋势。层次越多、任务越重，则衰减越大。

有这样一个算式：五个90%逐个相乘，等于59%。这个算式启示我们：假如每一级在贯彻落实上级指示要求时，有意降低或因工作不到位衰减了10%的话，那么，从空军到军区空军、到军、到师（旅）、再到团，上级指示要求的贯彻落实只剩59%了，已经不及格了；如果团到营、再到连队，也各降低10%的话，只剩47%了，一半以上都得不到贯彻落实了。请观察周围：上级布置十项工作只落实九项，或上级定的100分标准要求，只能达到90分左右的，这种现象少吗？实际上不少，甚至有更差的。层级衰减律揭示了：一级一级衰减落实的标准和要求是程度不同地客观存在的，因而抓落实要落实到末端，收到好的成效是很困难的。

面对层级衰减律，我们必须坚持：一是各级抓落实都要始终如一地坚持高标准、严要求，一级带着一级干，绝不允许打折扣、搞变通等随意性现象发生。二是各级都要紧密结合本单位实际，用更高标准将上级指示要求细化、量化、具体化，通过这样的自我从严、自我"加码"，抵消贯彻落实过程中产生的层级衰减。三是坚持反复抓、抓反复，这是防止和克服层级衰减很有效的手段。通过不打招呼抽查，"微服私访"、杀回马枪、领导深入一线调查听取反馈意见等方式跟踪问效,深查落实的质量、效益,一丝不苟纠正降低标准等问题,确保在末端环节高质量落到实处。

一位领导干部在谈到如何抓好工作落实时说,"抓落实至少要抓三个回合。第一个回合只能解决大多数单位、大多数人的问题;第二个回合只能解决由于主客观原因而没有落实的少数单位、少数人的问题;第三个回合才能解决死角、漏网的问题"。任何事物都要经历一个发生、发展、高潮和结局的过程,在其发展过程中,旧的矛盾得到解决,新的矛盾又会出现。事物就是在这种曲折中螺旋式地发展前进的。抓落实必须反复抓、抓反复,是由人对事物的认识规律和抓落实层级衰减律决定的。每经历一次反复,人们对客观事物的认识就加深一步。每经历一次反复,工作落实的层级衰减就减轻一分。抓落实如思想怕艰苦,工作怕辛苦,生活怕吃苦,是消灭不了"断层"、制止不了衰减、抓不好落实的。因此,抓落实务必与层级衰减作斗争,从上到下,全过程地坚持高标准,下苦功夫长期抓、反复抓,决不能虎头蛇尾。

(四)封闭循环律

抓落实从调研、制定目标任务、组织实施、检查反馈、考评总结到再调研,所构成的封闭循环回路的严密性,决定抓落实目标达成的完整性、实效性;构不成封闭循环,落实必定落空。

抓落实的封闭循环律告诉我们,在抓落实过程中,必须对系统内部的活动采取相对封闭性的管理,使其形成一个连续封闭循环的回路,才能促成有效的落实。其中包括运用系统原理(对管理进行充分的系统分析）、整分合原理（在整体规划下明确分工并进行有效综合）、反馈原理（由控制系统把信息送出去，又把其作用结果反送过来，并对信息的再输出发生影响，达到预定目的）、封闭原理（构成一个连续封闭回路，自如地吸收、加工和做功，如同封闭的输电线回路，形成有效的管理运动）、能级原理（把系统物理状态按能级大小排列犹如梯级，构成管理的能级场和势，使管理得以有规律地运动，以获得最佳管理效率和效益）、弹性原理（管理保持充分的弹性，及时适应客观事物各种可能的变化，有效实现动态管理）、能力原理（正确运用物质动力、精神动力和信息动力，使管理运动持续而有效地进行下去）。

目前抓落实实施封闭循环方面存在问题比较多。有的只重视制定目标、布置任务，忽视检查反馈、考评总结，只做"上篇文章"，少了"下篇文章"，结果布置的工作半途而废；有的抓落实全过程不搞监控、不作反馈，构不成回路，实施中出现的偏差，得不到重视和纠正，结果偏差积小为大，造成严重损失；有的没有将系统完成一个过程后返送回来的各种信息作梳理，丧失了总结提高、在更高层面上推动和部署新的落实的契机，使落实停留于低层次循环。

毛泽东就曾指出：不论在变革自然或变革社会的实践中，人们原定的思想、理论、计划、方案，毫无改变地实现出来的事，是很少的。认识有循环往复的过程，落实同样有循环往复的过程。在落实的过程中，通过反馈发现原定的指导思想、计划方案，部分地不切合实际，或部分错了的情况，都可能有，需要我们不断总结，不断完善，不断丰富理论，又通过丰富了的理论不断指导落实。这一循环过程也体现了实践、认识，再实践、再认识这一唯物辩证法的认识论。

贯彻封闭循环律，应建立具有能及时传递信息和灵敏捕抓信息的系统，完善具有相互制约和相互促进关系的职能机构和监督机制。不仅要有完整的执行方法，而且应有对执行的监督方法，还必须有反馈方法，包括对执行发生错误的处理方法等。尤其要高度重视运用能级原理、弹性原理和能力原理，使抓落实的封闭循环，始终有科学的管理和强大的动力。

（五）人才为本律

抓落实中人的因素起根本性作用，只有充分调动、激发人的积极性创造性，科学利用好人才资源，才能获得抓落实的最大效益。

抓落实是复杂的系统工程、艰巨的实践过程。抓落实水平的高低、速度的快慢、质量的优劣，虽然取决于诸多因素，但人才的数量和质量，起着基础性、根本性的作用。人才为本律揭示了人才与抓落实之间的本质联系，各级组织都应把培养高素质的人才队伍，作为抓好工作落实的根本大计，列入重要议事日程来抓。

遵循人才为本律，各级领导和机关不但要牢固树立人才是第一资源、人才是落实之本的观念，采取切实举措，加大人才培养投入，拓宽人才生长渠道，健全人才激励机制，还应特别重视在抓落实中慧眼识才、爱护人才、重用人才。自古以来，那些具有非凡创造力的思想家、政治家、科学家、发明家、艺术家，大多是在逆境中奋斗的，夭折的比存活的多，被埋没的比被发现的多，不得志的比得志的多。正因为杰出人才难得，领导和机关干部更应当细心地发掘，大胆地起用，加倍地呵护。

人才学者任彦申对人才工作需要科学的人才理念,有一段精辟论述。他指出:对待人才,不仅要善于发现和发挥他们的长处,而且要正确对待他的短处,在处理人才长处和短处的关系上,应当遵循以下三项基本原则:第一,就培养人才而言,应当扬长补短。既要发扬和发展他们的长处,又要弥补他们的缺失和不足。第二,就使用人才而言,应当扬长避短。用人之道千条万条,最根本的一条就是用其所长、避其所短。每个人最大的成长空间在其最强的优势领域。一个人才的奇迹都是在最适合自己的岗位上和最能发挥自己优势的领域中创造出来的。一个人克服缺点固然很有必要,但一个缺点少的人还只是一个平常的人,而只有充分发挥一个人的特长、优势,才可能使他成为一个卓越的人。第三,就保护人才而言,应当扬长容短,必要时敢于护短。古人讲:"有大略者不问其短,有厚德者不非小疵。"特别是一些初出茅庐、血气方刚的年轻人才,他们有棱有角,敢想敢干,"初生牛犊不怕虎",有时处事毛躁,难免"洒汤漏水",说话也会得罪人。作为领导者对成长中的年轻人才应当多一点偏爱,多一点袒护,多做一些补台的事情,使他们逐渐成熟起来、强壮起来。

"马桶里抢人才"的眼光决定了战后美国的超级地位。第二次世界大战末期,希特勒统治下的纳粹德国行将崩溃。美苏两国同时意识到德国在科学领域有许多项目领先于其他国家,德国的科学家无疑是一笔巨大的财富。于是,一场争夺德国科学家的斗争在两国之间悄然展开。1945年3月18日,美军第一步兵师开进波恩,在波恩大学实验室的一个坏了的抽水马桶里掏出了一堆碎纸。美情报人员把这些碎纸片小心翼翼地晾干,并拼接在一起,发现这是一份包含德国科研计划摘要和科学家、高级技术人员名单及家庭地址的重要文件，美军称之为"奥森伯格名单"。美军根据这份名单，在面积16万平方公里的图林根地区找出了100多名科学家。最终，在苏联军队占领这一地区前6个小时，把这些科学家安全转移到了美军占领区。这些德国科学家在此后几十年中推动了美国科技的进步，为将世界科学中心从德国转移到美国作出了杰出贡献，特别是核能科学研究、航天科学发展等方面，德国科学家的贡献最大，使美国科技远远地领先于世界，为确立美国全球霸权地位奠定了重要基础。美国从马桶里的碎纸片上得到德国科学家名单，以此抢在苏联人前面转移了这批人才，其惊险激烈程度并不亚于当时正在进行的战争。这场"人才战"让人叹为观止，对我们贯彻人才为本律也有着深刻的启示。

要注重从工作实绩中发现和挖掘人才。有一次，北平艺术学院院长徐悲鸿去看画展。一幅挂在展厅角落里的《河虾图》引起了他的注意。随同看展览的人告诉他，说作者是一位年纪很大的木匠。徐悲鸿仔细地观察着那幅画，说没想到这里还藏着一位杰出的国画大师。几天以后，徐悲鸿力排众议，聘请齐白石为艺术学院教授。一年后，又亲自作序，推荐《齐白石画册》。齐白石就这样被挖掘了出来，成为一代国画大师。

领导和机关干部应该牢记：人才是"珍珠"，人才为本则是串联珍珠的"线"，没有这根线，再多的珍珠都可能成为一盘散沙。用人导向是最重要的导向，"用一贤人，则贤人毕至；用一小人，则小人齐趋。"用好一个人，树起的是一面旗帜，能激励一大批；用错一个人，寒的是广大干部的心，会挫伤一大片。重用能抓好工作落实的干部，就要坚持用政治上靠得住、工作上有本事、作风上过得硬、人民群众信得过的干部；就要坚持有能则举之，无能则下之,不让老实人吃亏,不让投机钻营者得利;就要坚决贯彻公平公正公开、注重实绩、群众公认的选人用人准则,真正体现老老实实做人、踏踏实实干事、勇于开拓创新的人能被重用的鲜明导向。

(六)机制适合律

抓落实的巩固和持久发展,依赖制度机制的适合和健全,制度机制为工作落实提供最重要、最稳定和最长远的保障。

机制适合律表明,抓落实要治本、要巩固、要发展,必须建立健全适合抓落实实际需要的各种规章制度。抓落实的"内容",决定抓落实的机制这一"形式";机制这一"形式",又反过来对抓落实"内容"产生重大的反作用。形式适合内容,就促进内容发展,否则,就限制、阻碍内容发展。

邓小平非常强调制度建设的重要性,指出最重要的是一个制度问题。他在那篇《党和国家领导制度的改革》讲话中,关于"制度问题更带有根本性、全局性、稳定性和长期性"的"四性"论断,是对制度建设重要地位和作用非常精辟的概括。在这篇重要讲话以及其他论述中,他还提出制度建设要肃清封建主义流毒,要以生产力为标准,要以人为本等问题。提出了制度建设要符合国情、一切从实际出发;要学习借鉴国外经验但绝不照搬;坚持和完善相统一的"三大原则"。

习近平总书记深刻指出:抓好落实,具有良好的精神状态和优良的作风很重要,建立科学管用的制度和机制同样很重要。要制定强有力的组织措施、考核措施、激励措施,健全抓落实的工作机制。特别是要健全人人负责、层层负责、环环相扣、科学合理、行之有效的工作责任制。有些地方、部门和单位存在工作推诿扯皮现象，与目标责任不明确、工作任务没细化有很大关系。要科学进行责任分解，把目标任务分解到部门、具体到项目、落实到岗位、量化到个人，以责任制促落实、以责任制保成效，形成一级抓一级、层层抓落实的工作局面。

无数事实证明：制度制定和落实得好，可以使工作落实畅通无阻，好人可以大展身手做好事，坏人无法横行干坏事；制度制定或落实不好，往往使工作落不到实处，到不了末端，好人无法充分做好事，甚至会走向反面，坏人干坏事也得不到有效惩治。

上级机关树立抓落实的形象，有赖于鼓励抓落实的制度支持。如果"苦干不如汇报，实干不如虚报"，苦干实干者就会越来越少；而重用重奖一个勤奋刻苦、卓有成效抓落实的人，就会有百人、千人把工作牢牢抓实抓好。只有明确工作责任制，实行问责制，对敷衍塞责、弄虚作假，造成过失、带来损失的严肃追究责任、及时惩戒，才能使靠说的、玩虚的、搞假的人没机会、没市场、没好处，从而从根本方面促进工作落实。

抓落实如果突击成为常态，势必有悖法规制度。突击的一个常见现象是，其他工作为某项工作让路，正常工作服从某项临时任务。"让路"让得太频，其他工作就无路可走；"服从"过了头，正常工作就没法正常进行。因此，突击经常冲击正常的工作计划，打乱正常的工作秩序。长此以往，很多法规制度会流于形式，很多计划安排会形同虚设。遵循机制适合律，必须改变抓落实频繁靠突击的现象。

我国的航天战线已经形成了在研制过程中发现"5个归零"的

问题处理机制。就是任何一个问题出现:(一)必须准确查清问题发生的部位,定位准确;(二)分析问题发生的机理是否正确,要有理论根据,要经过试验验证;(三)所采取的措施要切实有效,并经过反复试验,或者是实物、半实物仿真;(四)问题要能复现,如果不能复现,则有可能措施不到位,或者是问题没有找准;(五)要举一反三,防止类似问题在其他地方或其他型号中出现。正是这一"5个归零"机制,强有力保证了中国航天人创造举世瞩目的航天奇迹。它也充分证明,有了适合的机制,抓落实就能无坚不摧、无往不胜。

漫谈收尾,我想冒昧给读者朋友提个问。

我曾经看过美国前总统卡特的自传,他在书中说,有句话在他年轻时代影响了他的一生。那是在他20世纪50年代初参加海军第一批核动力潜艇乘员的选拔中,接受海军海曼·里科弗上将的考核谈话。

里科弗问他在海军学院考了第几名。卡特自豪地回答:"在全年级820名学员中,我排第59名。"接着,他挺起了胸,准备接受考官的赞扬。因为,在这样一所名牌院校,有这样的名次是难能可贵的。可卡特却听到里科弗冷冷地问了一句:"你竭尽全力了吗?""报告将军,我并没有竭尽全力。我通常也都不是竭尽全力的。"里科弗凝视了卡特片刻,最后问了一句意味深长的话:"你为什么不竭尽全力呢?!"卡特倒吸一口冷气,愣了半天,最后向里科弗"啪"地行了一个标准的军礼,默默离开了考场。

从此,卡特变了,变成了时时、处处、事事都要问自己:"你竭尽全力了吗?"结果,木匠出身的他,逐渐从一个海军军官、种花生的农场主，一直奋斗到成为美国总统。而且退休后还竭尽全力，成为担负协调重大国际事务最多、最有影响的美国前总统。

  尊敬的读者朋友：**请问您，在提高自身素质，为热爱的事业奋斗中竭尽全力了吗？如果没有，您，为什么不竭尽全力呢？！**